Zu diesem Buch

Daß Faschismus nicht tot ist, haben spätestens die Soldaten der chilenischen Junta bewiesen, als sie nach deutschem Vorbild Bücher der besten Autoren ihres Landes öffentlich verbrannten. Jedoch bedarf der historische Faschismus historischer Analyse, ein Militärputsch ist etwas anderes als die faschistische Massenbewegung. Eines jedoch hat die Errichtung von Diktaturen der jüngsten Zeit (Griechenland 1967, Chile 1973) deutlich gemacht: Rechtsstaat und parlamentarische Demokratie bleiben so lange gefährdet, wie die relative Freiheit der Bürger zur Bedrohung innerer oder äußerer Kapitalinteressen werden kann. In seiner Einleitung zum vorliegenden Sammelband schreibt der Marburger Politologe Reinhard Kühnl: «Beide Fälle weisen die klassische Konstellation auf, aus denen in den 20er und 30er Jahren faschistische Systeme entstanden: Die herrschende Klasse versucht, das bürgerlich-demokratische Verfassungssystem in dem Augenblick zu beseitigen, in dem dieses System ihren Interessen nicht mehr dienlich ist, sondern im Gegenteil ihre sozialökonomische Herrschaft und die damit verbundenen Privilegien bedroht ...» Kühnl möchte durch diesen Band die Beschäftigung mit dem Entstehen des Faschismus dadurch erleichtern, daß er bislang verstreute Beiträge dieser wichtigen Diskussion zusammengestellt hat. So ist eine Textsammlung entstanden, die den gegenwärtigen Stand der wissenschaftlichen Diskussion über den Faschismus in der Bundesrepublik dokumentiert, soweit diese von einem sozialistischen Ansatz getragen ist. Kühnl: «Zwar sind sich die Autoren darüber einig, daß eine enge Beziehung zwischen Kapitalismus und Faschismus besteht, doch wird diese konkret sehr unterschiedlich bestimmt – sowohl was Ursachen und Funktion der faschistischen Massenbewegung als auch was die Herrschaftsstruktur des faschistischen Systems und die Rolle von Industrie und Banken in diesem System betrifft.» Aufgenommen wurden auch wichtige Beiträge der 30er Jahre: August Thalheimer, Wilhelm Reich und Georgi M. Dimitroff bilden mit ihren schon klassischen Essays den Einleitungsteil des Bandes.

Reinhard Kühnl, geb. 1936, ist Professor für wissenschaftliche Politik an der Universität Marburg. Veröff. u. a.: Die nationalsozialistische Linke 1925 bis 1930 (1966); Das Dritte Reich in der Presse der Bundesrepublik (1966); Die NPD. Struktur, Ideologie und Funktion einer neofaschistischen Partei (1969); Deutschland zwischen Demokratie und Faschismus (1969); Formen bürgerlicher Herrschaft I, Liberalismus – Faschismus (1971, rororo aktuell 1342); Hg.: Formen bürgerlicher Herrschaft II, Der bürgerliche Staat der Gegenwart (1972, rororo aktuell 1536); Geschichte und Ideologie (1973, rororo aktuell 1656).

Hinweise auf die Autoren finden sich am Schluß des Bandes.

Texte zur Faschismusdiskussion I

Positionen und Kontroversen

Herausgegeben von Reinhard Kühnl

rororo

Rowohlt

rororo aktuell – Herausgegeben von Freimut Duve

Erstausgabe

Veröffentlicht im Rowohlt Taschenbuch Verlag GmbH,
Reinbek bei Hamburg, November 1974

Quellennachweis über die einzelnen Beiträge im Anhang
Umschlagentwurf Werner Rebhuhn (Foto: Ullstein)

Gesamtherstellung Clausen & Bosse, Leck/Schleswig
Satz Baskerville IBM-Composer
Reprosatz Niko Jessen, Hamburg
Printed in Germany
ISBN 3 499 11824 6

Inhalt

Einleitung

I Daß das Faschismusproblem nicht nur wissenschaftlich interessant, sondern politisch auch höchst aktuell ist, haben einige Ereignisse der neuesten Zeit nachdrücklich in Erinnerung gerufen. Die Errichtung der Diktaturen in Griechenland 1967 und in Chile 1973 hat demonstriert, wie prekär der Zustand parlamentarisch-rechtsstaatlich verfaßter Systeme ist, in denen weder das große Kapital noch das Militär unter demokratischer Kontrolle stehen; und das Verhalten der großen Kapitalgesellschaften und der Regierungen der übrigen westlichen Länder diesen Diktaturen gegenüber läßt einige Schlüsse zu über ihr Verhältnis zu demokratischen und rechtsstaatlichen Verfassungsnormen. Beide Fälle weisen die klassische Konstellation auf, aus denen in den 20er und 30er Jahren faschistische Systeme entstanden: Die herrschende Klasse versucht, das bürgerlich-demokratische Verfassungssystem in dem Augenblick zu beseitigen, in dem dieses System ihren Interessen nicht mehr dienlich ist, sondern im Gegenteil ihre sozialökonomische Herrschaft und die damit verbundenen Privilegien bedroht.

Die Frage nach Ursachen, Erfolgsbedingungen und Struktur des Faschismus ist also gerade für diejenigen, die nicht nur die Vergangenheit unseres Landes und die weltpolitischen Ereignisse der Gegenwart und überhaupt die Ambivalenz der bürgerlichen Gesellschaft begreifen, sondern auch weitere Erfolge des Faschismus verhindern wollen, von eminentem Interesse. Es ist für den wissenschaftlich und politisch Interessierten bisher aber nicht leicht, sich über den Stand der Faschismusdiskussion zu informieren. Die relevanten Beiträge sind verstreut in einer Reihe von Zeitschriften, Broschüren und anderen Publikationen, die teilweise in geringer Auflage erschienen oder aus anderen Gründen nicht ohne weiteres zugänglich sind. Der vorliegende Band möchte diesem Mangel abhelfen, die wichtigsten Texte zusammenstellen und so den gegenwärtigen Stand der wissenschaftlichen Diskussion über den Faschismus in der Bundesrepublik dokumentieren. Zugleich aber kann er zeigen, wie kontrovers diese Diskussion selbst innerhalb der wissenschaftlichen Richtungen geführt wird, die sich selbst als marxistisch begreifen. Zwar sind sich alle diese Autoren darüber einig, daß eine enge Beziehung zwischen Kapitalismus und Faschismus besteht, doch wird diese konkret sehr unterschiedlich bestimmt – sowohl was Ursachen und Funktion der faschistischen Massenbewegung als auch was die Herrschaftsstruktur des faschistischen Systems und die Rolle von Industrie und Banken in diesem System betrifft.

Nicht jeder Autor, der sich zum Faschismusproblem geäußert hat, ist hier vertreten. Berücksichtigt wurden vorab nur solche Autoren, die der Ansicht sind, daß es Faschismus überhaupt gegeben habe – und nicht nur Hitlerismus[1] oder Totalitarismus[2]; daß es sich beim Faschismus ferner um ein internationales und nicht nur um ein auf Italien beschränktes Phänomen handelt (während z. B. der Nationalsozialismus etwas grundsätzlich anderes sei)[3]. Nicht berücksichtigt wurden schließlich solche Autoren, die die zentrale Frage nach den gesellschaftlichen Grundlagen und der sozialen Funktion des Faschismus ausklammern oder apologetisch beantworten im Sinne einer Rechtfertigung des Kapitalismus.[4] Kurzum: die folgende Auswahl enthält Texte, die die Frage nach dem Faschismus kritisch stellen, d. h. die Gesellschaftsordnung, die ihn hervorgebracht hat, wesentlich in die Analyse einbeziehen.

Die gegenwärtige Faschismusdiskussion ist nicht verständlich ohne die Diskussion, die in den 20er und 30er Jahren stattgefunden hat. Alle Autoren beziehen sich explizit oder implizit auf diese Diskussion – eine Tatsache, die dazu zwang, mindestens die Autoren, die dabei die größte Rolle spielen, in die Dokumentation einzubeziehen. Daß diese Texte hier nur in relativ kurzen Auszügen repräsentiert sein können, versteht sich von selbst.

II Schon in den 20er Jahren, nach dem Sieg des Faschismus in Italien, hatte es Versuche gegeben, mit Hilfe des Instrumentariums der Marxschen Gesellschaftstheorie dieses neue politische Phänomen des Faschismus wissenschaftlich zu analysieren und von hier aus eine wirksame antifaschistische Strategie zu entwickeln. Diese Analysen verstanden Wissenschaft also nicht als wertfrei und zweckneutral, sondern waren praxisbezogen in mehrfacher Hinsicht: Erstens war das Faschismusproblem von den konkreten Klassenkämpfen selbst gestellt worden, die in Italien im Herbst 1922 zu einer eklatanten Niederlage der Arbeiterklasse geführt hatten; die Erfahrungen dieser Kämpfe galt es also theoretisch aufzuarbeiten. Zweitens ging es darum, die allgemeinen gesellschaftlichen Grundlagen und Erfolgsbedingungen des Faschismus zu ermitteln, um für die Kämpfe in anderen Ländern gewappnet zu sein. Und drittens – das ergab sich aus dieser Konstellation von selbst – wurden diese Faschismusanalysen nicht von der professionellen Universitätswissenschaft entwickelt, die Marxisten in Deutschland bekanntlich auch nach 1918 so gut wie vollständig ausschloß, in allen Kämpfen der Weimarer Zeit – wie vorher im Kaiserreich und nachher während der faschistischen Diktatur – in ihrer großen Mehrheit auf der Seite der herrschenden Klasse stand und (unter dem ideologischen Deckmantel von Wertfreiheit und reiner Wissenschaft oder auch durch offene Parteinahme für die Reaktion) nicht unwesentlich dazu beitrug, den Boden für den Faschismus zu bereiten. Sondern diese Analysen entstanden innerhalb oder in direkter Verbindung mit der sozialistischen und kommunistischen Arbeiterbewegung, gegen die sich der faschistische Terror von Anfang an und hauptsächlich richtete und die von ihren elementarsten Interessen her zum Kampf gegen den Faschismus gezwungen war.

Obgleich diese Analysen bedeutsame Erkenntnisse über Ursprung und Wesen des Faschismus formulierten, die die zeitgenössischen bürgerlichen Einschätzungen an wissenschaftlichem Wert bei weitem übertrafen[5], erwies sich die Arbeiterbewegung zu Beginn der 30er Jahre, als der Faschismus in Deutschland zu einer konkreten Gefahr anwuchs, nicht als hinreichend vorbereitet, um ihm angemessen begegnen zu können. Über die Frage, welche Fehleinschätzungen dafür verantwortlich und wie sie begründet waren, fanden damals heftige Kontroversen statt, ohne die die gegenwärtige Faschismusdiskussion absolut unverständlich ist.

Die drei wichtigsten und wissenschaftlich folgenreichsten Positionen der damaligen Kontroversen sollen deshalb im Teil A dieses Buches dokumentiert werden. Die Dokumentation folgt dabei der historischen Chronologie: Am Anfang steht die Interpretation von August *Thalheimer*, der die Bonapartismusanalyse von Marx auf den Faschismus anzuwenden versucht. Thalheimer gehörte einer Gruppe an, die 1928 als Rechtsopposition aus der KPD ausgeschlossen worden war und dann die Kommunistische Partei Opposition (KPO) gebildet hatte, freilich keinen wesentlichen politischen Einfluß erlangen konnte.[6] Es folgt Wilhelm *Reich*, der Marxsche Gesellschaftstheorie und Psychoanalyse zu verbinden trachtet und mit dieser Methode vor allem den Erfolg der faschistischen Massenbewegung verständlich zu machen versucht.[7] Den Abschluß dieses ersten Teils bildet die Analyse *Dimitroffs*, die beim siebten Kongreß der Kommunistischen Internationale 1935 vorgetragen wurde und seither als Grundlage und Richtschnur der Faschismusinterpretation für die kommunistischen Parteien und die historische Forschung in den sozialistischen Ländern fungiert, wenngleich sie natürlich angesichts der Fülle seither erschlossener empirischer Materialien differenziert und modifiziert wurde.

III Nach 1945 war die Einsicht, daß es der Kapitalismus war, der den Faschismus hervorgebracht und benötigt hatte, und daß deshalb die Fundamente des Kapitalismus beseitigt werden müßten, wenn die Fundamente der Demokratie gefestigt werden sollten, in Deutschland weit verbreitet. Die konkreten Erfahrungen mit der Politik des Faschismus veranlaßten die nun neu gebildeten politischen Parteien bis hin zur CDU, aus eben diesem Grunde Sozialisierungsforderungen in ihre Programme aufzunehmen. Ähnliche Forderungen finden sich in den Landesverfassungen der damaligen Periode. Und schließlich bewiesen die Volksabstimmungen in Sachsen (SBZ) und in Hessen (US-Zone) 1946, daß auch die Bevölkerung mit großer Mehrheit für Sozialisierungsmaßnahmen votierte. Die Tatsache, daß das Internationale Militärtribunal nicht nur die Führer der faschistischen Partei und des faschistischen Staats, sondern auch führende Persönlichkeiten der Wirtschaft wie Friedrich Flick, Alfried Krupp von Bohlen und Halbach und andere als Kriegsverbrecher verurteilte, macht deutlich, daß diese Zusammenhänge auch den Siegermächten nicht unbekannt waren.

Die westlichen Besatzungsmächte, insbesondere die USA, unterdrückten jedoch die sozialistischen Tendenzen und restaurierten – im Bündnis mit den bedrohten kapitalistischen Kräften – im westlichen

Teil Deutschlands den Kapitalismus,[8] um Westdeutschland zu einer zuverlässigen antikommunistischen Bastion im Kalten Krieg ausbauen zu können. Zugleich mit dieser strukturellen Restauration, die zu Beginn der 50er Jahre abgeschlossen war, vollzog sich die personelle Restauration: die Rückkehr derjenigen Kräfte, die das faschistische System getragen hatten, in ihre Machtpositionen in Exekutivapparat und Justiz, Bildungswesen und Massenmedien, in der Wirtschaft und schließlich und besonders nachhaltig im Militär.

In diesem politischen Kontext sowie der Atmosphäre des Kalten Krieges und des geradezu hysterischen Antikommunismus der Adenauer-Periode sind die Faschismusdarstellungen zu interpretieren, die nun an Boden gewannen und bis zur Mitte der 60er Jahre das Feld absolut beherrschten: Versuche, Adolf Hitler für alles, was geschehen war, allein verantwortlich zu machen und sowohl die Bundesgenossen des Faschismus aus Wirtschaft, Militär, Staatsbürokratie und Kirchen wie auch das Bürgertum als Klasse und den Kapitalismus als gesellschaftliches System reinzuwaschen; Versuche, Faschismus und Kommunismus mit dem Begriff des Totalitarismus als wesensgleich darzustellen, um so die Restauration des Kapitalismus als antifaschistische Maßnahme ausgeben, die sozialistische Arbeiterbewegung im Innern und die sozialistischen Länder nach außen als Nachfolger und Wesensverwandte des Faschismus denunzieren und zugleich die antifaschistischen Stimmungen der Massen in antikommunistische Bahnen lenken zu können.[9] Viele Autoren – von den etablierten Historikern bis zu den Memoirenschreibern aus Militär, Wirtschaft und Politik – „bewältigten" dabei zugleich ihre eigene Vergangenheit, die in den meisten Fällen durch sehr enge Beziehungen zum Faschismus gekennzeichnet war. Kritische Analysen, die die Frage nach dem Zusammenhang zwischen kapitalistischer Gesellschaftsordnung und Faschismus stellten, konnten unter solchen Bedingungen keine Resonanz erfahren, zumal ihre Autoren ständig in Gefahr waren, als Staatsfeinde und Agenten Moskaus diffamiert und entsprechend behandelt zu werden.

Erst seit dem Beginn der 60er Jahre, als der Kalte Krieg zu Ende ging, die sozialen Mängel und die Krisenanfälligkeit des Kapitalismus auch in der Bundesrepublik wieder offenkundig wurden, sozialistische Kräfte sich wieder artikulieren und formieren konnten und eine neue Generation von Wissenschaftlern herangewachsen war, die an der Verschleierung von Ursprung und Wesen des Faschismus persönlich nicht interessiert waren, konnte die Frage nach dem Faschismus neu gestellt und – gestützt auf das wissenschaftliche Instrumentarium des Marxismus und anknüpfend an die Faschismusanalysen der Arbeiterbewegung aus den 20er und 30er Jahren – kritisch angegangen werden. Daß neuerdings ein gewaltiger Reklame- und Propagandaapparat in Bewegung gesetzt worden ist, um apologetische Interpretationen wieder stärker ins Gespräch zu bringen und die deutlich angewachsene Erkenntnis über die gesellschaftlichen Grundlagen des Faschismus wieder zurückzudrängen, ist eine durchaus verständliche Reaktion. Und daß die wachsende Instabilität des kapitalistischen Systems und die zunehmende soziale Unsicherheit der lohnabhängigen Massen ein Klima erzeugen kann, in dem die propagierte Sehnsucht nach einer starken Führerpersönlichkeit und also auch das Interesse an entsprechenden historischen Vorbildern an Boden gewinnt, ist aus der Geschichte ebenfalls bekannt. Die politischen Wirkungsmechanismen solcher Schriften wie der von J. Fest und W. Maser[10] sowie die Interessen, denen sie zugute kommen, bedürfen also der genauesten Analyse, um zu verhindern, daß sich aus dieser reaktionären Gesamtströmung nicht verstärkt faschistische Tendenzen entwickeln. Der wissenschaftliche Wert solcher mit enormem Werbe- und Geldaufwand verbreiteten Schriften ist allerdings so gut wie belanglos. Abgesehen davon, daß sie die eine oder andere neue Information über das Leben Hitlers enthalten (was für Maser noch eher gilt als für Fest), fallen sie methodisch auf ein Niveau zurück, das selbst innerhalb der bundesdeutschen Geschichts- und Sozialwissenschaft seit langem überwunden ist. Indem sie den deutschen Faschismus aus der Persönlichkeit Hitlers erklären wollen, verdunkeln sie die wirklichen Zusammenhänge und blockieren damit auch die Möglichkeit, aus den historischen Erfahrungen etwas zu lernen. Eben dies ist denn auch ihr wirklicher Daseinszweck, der den Geld- und Propagandaaufwand für sie erst verständlich macht.

Die Faschismusinterpretation des Herausgebers ist in diesem Band nicht enthalten. Sie ist ausführlicher dargestellt in dem Band „Formen bürgerlicher Herrschaft – Liberalismus und Faschismus“ (rororo aktuell 1342), der freilich eine Auseinandersetzung mit anderen Faschismusinterpretationen nicht enthält. Deshalb wird dem vorliegenden Band „Positionen und Kontroversen“ demnächst ein zweiter folgen mit dem Titel „Analyse und Kritik“. Dort sollen die wichtigsten bürgerlichen und marxistischen Darstellungen systematisch untersucht und kritisiert werden.

IV Der Teil B beginnt mit vier Analysen, die versuchen, die historische Stellung und soziale Funktion des Faschismus in der Geschichte der bürgerlichen Gesellschaft zu bestimmen und so einen allgemeinen Faschismusbegriff zu entwickeln, mit dessen Hilfe auch bestimmte Erscheinungen des gegenwärtigen Kapitalismus besser verstanden werden können.

Am Anfang steht ein Text des Berliner Politologen Johannes *Agnoli*, der insbesondere auch den italienischen Faschismus in seine Untersuchung einbezieht und sich dabei zugleich kritisch mit anderen aktuellen Faschismusauffassungen, vor allem der Ernst Noltes, auseinandersetzt. Die zentrale Frage der Faschismusdiskussion ist für Agnoli, die faschistischen Regime in ihrer „Stellung und Funktion in der Kontinuität kapitalistisch produzierender, bürgerlich verfaßter Gesellschaften“ zu erkennen, also die Frage zu klären, „inwiefern und welche faschistischen Strukturen in bestimmten (Krisen-)Situationen ‚unvermeidlich' für die Aufrechterhaltung bestehender sozialer Systeme werden".

Der folgende Beitrag des jetzt in Bremen lehrenden Historikers Wilhelm *Alff* bezieht ebenfalls in starkem Maße den italienischen Faschismus in seine Betrachtung ein, entwickelt eine Begriffsbestimmung des Faschismus und leitet aus seiner Untersuchung die Diagnose ab, daß „eine Wiederholung des faschistischen Experiments auf unüberwindliche Schwierigkeiten stoßen würde". Seit dem Zweiten Weltkrieg bleibe der „kapitalistischen Repression . . . auf die Dauer – abgesehen von der Konsumausweitung – nur noch das Mittel der direkten, unmittelbaren, nicht durch Propaganda vorbereiteten Unterdrückung der Volksmassen durch Waffengewalt". Insoweit gehört Alff also zu jenen Historikern, die die Epoche des Faschismus mit dem Jahre 1945 für beendet halten.

Um den „Versuch einer Begriffsbestimmung des Faschismus" geht es auch dem Frankfurter Politologen Manfred *Clemenz*. Er unterscheidet dabei zwischen der genetischen, der funktionalen und der phänomenologischen Dimension des Problems. Faschismus wird hier verstanden als eine besondere „Form der gegenrevolutionären Reaktion auf den proletarisch-mittelständischen Revolutionsversuch und das daraus resultierende relative Klassengleichgewicht". Ob diese Reaktion die Form des Faschismus oder die Form einer konservativen Diktatur (wie in Österreich, Ungarn und zum Teil in Spanien) annimmt, hänge „in erster Linie von der inneren Struktur und relativen Stärke der drei wichtigsten sozialen Machtfaktoren eines Landes: der Arbeiterschaft, des Kapitals und des Mittelstandes ab, damit zugleich vom ökonomischen Entwicklungsstand eines Landes". Sofern eine „politisch und sozial abgesicherte Demokratisierung des Systems fehlschlägt", sei die „Gefahr einer rechtsextremen oder faschistischen Gegenbewegung" im gegenwärtigen kapitalistischen System nach wie vor existent.

Der Frankfurter Politologe Eike *Hennig* versucht in seinem Beitrag, die gesellschaftliche Funktion des Faschismus und das Verhältnis zwischen Staat und Industrie genauer zu bestimmen. Dabei geht es ihm zunächst um einige methodische Voraussetzungen, die die Klärung einer solchen Fragestellung erst ermöglichen. Eine Kritik an der Theorie vom staatsmonopolistischen Kapitalismus und der auf ihrer Basis insbesondere von dem DDR-Historiker Kurt Gossweiler entwickelten Monopolgruppentheorie steht dann im Zentrum seiner Argumentation.

Um das Problem des „subjektiven Faktors" im Herrschaftsgefüge geht es Klaus *Horn* vom Sigmund-Freud-Institut in Frankfurt. Ausgehend von der Frage, wie der Massenanhang der NSDAP schon vor der Errichtung der faschistischen Diktatur zu erklären sei, untersucht er die „gesellschaftliche Verwertung individueller Psychopathologie, welche aus objektiven Gründen in epidemischen Ausmaßen erzeugt worden war", am Beispiel des „politisierten Antisemitismus". Politische Psychologie ist für ihn nicht ein „alternatives Konkurrenzmodell zum Marxschen Ansatz", sondern ein „notwendiger Bestandteil einer historisch-materialistischen Gesellschaftskritik".

Um den Stellenwert der faschistischen Massenbewegung geht es auch dem Kölner Politologen Reinhard *Opitz*. Er versucht nachzuweisen, daß der Faschismus nur vom Monopolkapitalismus her begriffen werden könne. Dies gelte auch für Entstehung und Aufstieg faschistischer Massenbewegungen, denen im übrigen für den Faschismus keine wesentliche Bedeutung zukomme. Von einer Autonomie dieser Bewegungen gegenüber dem Monopolkapital könne keine Rede sein. Daraus resultiert dann die Konsequenz, daß der Faschismusbegriff keineswegs auf jene reaktionär-terroristischen Systeme zu beschränken sei, die mit Hilfe faschistischer Massenbewegungen errichtet werden.

Explizit auf den „gegenwärtigen Faschismus" und „die Realität seiner Gefahr" bezogen ist die gekürzte Fassung des Referats von K. I. *Sarodow*, dem Chefredakteur der „Zeitschrift der kommunistischen und Arbeiterparteien": Probleme des Friedens und des Sozialismus, die in eben dieser Zeitschrift veröffentlicht wurde. Der Beitrag versucht einerseits zu klären, wo und aus welchen Gründen gegenwärtig faschistische Kräfte am Werk und faschistische Systeme existent seien; andererseits zielt er darauf ab, die Bedingungen deutlich zu machen, unter denen der Kampf gegen den Faschismus erfolgversprechend geführt werden könne. Der Beitrag zeigt, daß der Faschismusbegriff in den kommunistischen Parteien nach wie vor sehr weit gefaßt wird und z. B. unterentwickelte Länder durchaus einbezieht.

Im letzten Abschnitt folgt eine Kontroverse, die im Dezember 1970 in den „Blättern für deutsche und internationale Politik" zwischen dem Frankfurter Politologen Gert *Schäfer* und Reinhard *Opitz* ausgetragen wurde. Schäfer will in seinem Beitrag „einen Interpretationsrahmen im Hinblick auf die ökonomischen Bedingungen des Faschismus" formulieren und kommt dabei zu zwei zentralen Thesen. Die erste lautet: „Der Faschismus kann nur dort Erfolgschancen besitzen, wo eine plebejische Massenbasis proletarisierter, jedoch nicht proletarischer Schichten mobilisiert werden kann." Und die zweite: Die uns bekannten historischen faschistischen Regime seien Kompromißgebilde, „in denen vor allem der ökonomische Regelungsmechanismus" politischen Direktiven unterworfen gewesen sei. Wenn auch „wesentliche Strukturprinzipien fortdauerten, so leidet es doch auch keinen Zweifel, daß der konsequente Faschismus auch in ökonomischer Hinsicht nicht mehr kapitalistisch sein kann". Opitz antwortet mit einer ausführlichen und scharfen Kritik, die sowohl die Unhaltbarkeit der Argumentation Schäfers zu erweisen wie auch deren Einordnung in die wissenschaftlichen und ideologischen Auseinandersetzungen der Gegenwart vorzunehmen trachtet. Er liefert damit zugleich eine Kritik der Thalheimerschen Faschismustheorie, auf die sich Schäfer wesentlich stützt.

Marburg, im Juni 1974 Reinhard Kühnl

A. Texte aus den 20er und 30er Jahren

I. August Thalheimer
Über den Faschismus (1930)

I Der beste Ausgangspunkt für die Untersuchung des Faschismus scheint mir die Marxsche und Engelssche Analyse des Bonapartismus (Louis Bonaparte) zu sein. Wohlverstanden, ich setze nicht Faschismus und Bonapartismus gleich. Aber es sind verwandte Erscheinungen mit sowohl gemeinsamen als auch mit abweichenden Zügen, die beide herauszuarbeiten sind.

Ich beginne mit einer Stelle aus Marx' Vorwort zum „18. Brumaire", die lautet:

„Schließlich hoffe ich, daß meine Schrift zur Beseitigung der jetzt namentlich in Deutschland landläufigen Schulphrase vom Cäsarismus beitragen wird."[1]

Marx weist dann hin auf den grundlegenden Unterschied zwischen dem modernen und antiken Proletariat, aus dem sich weiter ergibt, daß der antike Cäsarismus und der moderne Bonapartismus klassenmäßig total verschiedene Dinge sind.

Marx unterstreicht aber die Notwendigkeit der bestimmten Klassenanalyse.

Aber nicht nur das. Neben der Analyse der klassenmäßigen sozialen und historischen Wurzeln des Bonapartismus sieht er als Ergebnis nicht nur das Vorhandensein bestimmter Klassen in einer gegebenen Gesellschaft, sondern auch eines bestimmten geschichtlich produzierten und darum geschichtlich sich auflösenden Verhältnisses dieser Klassen, einer bestimmten geschichtlichen Lage. Er untersucht auch aufs genaueste die politischen Erscheinungsformen des Bonapartismus, ihre ideologischen Wurzeln und Ausdrücke, ihre staatliche und parteimäßige Organisation. Marx entwickelt im einzelnen, wie die französische Bourgeoisie nach 1846–49 angesichts der Erhebung der Arbeiterklasse in der Junischlacht, um ihre soziale Existenz zu retten, ihre politische Existenz preisgibt, sich der Diktatur eines Abenteurers und seiner Bande preisgibt.

„Indem also die Bourgeoisie", sagt er, „was sie früher als ‚liberal' gefeiert, jetzt als ‚sozialistisch' verketzert, gesteht sie ein, daß ihr eigenes Interesse gebietet, sich der Gefahr des Selbstregierens zu überheben, daß, um die Ruhe im Lande herzustellen, vor allem ihr Bourgeoisieparlament zur Ruhe gebracht, um ihre gesellschaftliche Macht unversehrt zu erhalten, ihre politische Macht gebrochen werden müsse; daß die Privatbourgeois nur fortfahren können, die anderen Klassen zu exploitieren und sich ungetrübt des Eigentums, der Familie, der Religion und der Ordnung zu erfreuen unter der Bedingung, daß ihre Klasse neben den anderen Klassen zur politischen Nichtigkeit verdammt werde, daß, um ihren Beutel zu retten, die Krone ihr abgeschlagen und das Schwert, das sie beschützen soll, zugleich als Damoklesschwert über ihr eigenes Haupt gehängt werden müsse."[2]

Die Bourgeoisie ist also eine der sozialen Grundlagen des Bonapartismus, aber um ihre soziale Existenz in einer bestimmten geschichtlichen Lage zu retten, gibt sie die politische Macht preis – sie unterwirft sich „der verselbständigten Macht der Exekutivgewalt"[3]. Die andere tiefe und breite soziale Wurzel der „Verselbständigung der Exekutivgewalt", der Diktatur Bonapartes und seiner „Bande", ist der Parzellenbauer (der Zwerg- und Kleinbauer), und zwar nicht der revolutionäre, sondern der konservative Parzellenbauer, also nicht derjenige, der gegen die bürgerlichen Eigentumsverhältnisse rebelliert, sondern derjenige, der sein bäuerliches Privateigentum erhalten und verteidigt wissen will gegenüber der drohenden proletarischen Revolution. Diese Verteidigung, diesen Schutz kann die Bauernklasse infolge ihrer ökonomischen und gesellschaftlichen Zersplitterung, infolge fehlender eigener ökonomischer und sozialer Organisation nicht selbst ausüben.

„Insofern ein nur lokaler Zusammenhang unter den Parzellenbauern besteht, die Dieselbigkeit ihrer Interessen keine Gemeinsamkeit, keine nationale Verbindung und keine politische Organisation unter ihnen erzeugt, bilden sie keine Klasse. Sie sind daher unfähig, ihre Klasseninteressen im eigenen Namen, sei es durch ein Parlament, sei es durch einen Konvent, geltend zu machen. Sie können sich nicht vertreten, sie müssen vertreten werden. Ihr Vertreter muß zugleich als ein Herr, als eine Autorität über ihnen erscheinen, als eine unumschränkte Regierungsgewalt, die sie vor den anderen Klassen beschützt und ihnen von oben Regen und Sonnenschein schickt. Der politische Einfluß der Parzellenbauern findet also darin seinen letzten Ausdruck, daß die Exekutivgewalt sich das Parlament, der Staat sich die Gesellschaft unterordnet."[4]

Was die Arbeiterklasse anlangt, so macht sie beim Entstehen des Bonapartismus insofern mit, als sie zum revolutionären Sturm auf die bürgerliche Gesellschaft geschritten ist, sie in Furcht und Schrecken gejagt hat, aber sich noch nicht als fähig erwiesen hat, selbst die Gewalt an sich zu reißen und zu halten. Eine schwere Niederlage des Proletariats in einer tiefen sozialen Krisis ist also eine der Voraussetzungen des Bonapartismus. Andererseits ist der Bonapartismus in verschiedene Sektionen und Parteien gespalten: Die Zerklüftung der Bourgeoisie, das Hervortreten der Gegensätze zwischen ihren einzelnen Schichten ist ihrerseits wieder eine Wirkung der Niederlage der Arbeiterklasse (und darauf folgend des Kleinbürgertums). Die Exekutivgewalt erscheint jetzt der Bourgeoisie als der ersehnte Repräsentant des gemeinsamen Interesses ihrer einzelnen Schichten, die nicht mehr aus sich heraus diese Einheit zustande bringen.

Diesen Gesichtspunkt hebt besonders Friedrich Engels hervor, wenn er in der Einleitung zum „Bürgerkrieg in Frankreich" später sagte: „Konnte das Proletariat (nach 1848) noch nicht Frankreich regieren, so konnte die Bourgeoisie es schon nicht mehr. Wenigstens damals nicht, wo sie der Mehrzahl nach noch monarchistisch gesinnt und in drei dynastische Parteien und eine vierte republikanische gespalten war. Ihre inneren Zänkereien erlaubten dem Abenteurer Louis Bonaparte, alle Machtposten – Armee, Polizei, Verwaltungsmaschinerie – in Besitz zu nehmen und am 2. Dezember 1851 die letzte feste Burg der Bourgeoisie, die Nationalversammlung, zu sprengen."[5]

II In seinem nachgelassenen Aufsatz über „Gewalt und Ökonomie bei der Herstellung des neuen Deutschen Reiches" spricht F. Engels ebenfalls den Gegensatz zwischen der Rettung der sozialen Herrschaft der Bourgeoisie durch Louis Bonaparte bei Vernichtung ihrer politischen Herrschaft aus.

„Louis Napoleon", sagt hier Engels, „war jetzt der Abgott der europäischen Bourgeoisie. Nicht nur wegen seiner ‚Gesellschaftsrettung' vom 2. Dezember 1851, wo er zwar die politische Herrschaft der Bourgeoisie vernichtet, aber nur um ihre soziale Herrschaft zu retten."[6]

Und den sozialen Inhalt der Herrschaft Louis Bonapartes in bezug auf die Bourgeoisie kennzeichnet Engels folgendermaßen:

„Als Kaiser machte er nicht nur die Politik dem kapitalistischen Erwerb und dem Börsenschwindel dienstbar, sondern betrieb auch die Politik ganz nach den Grundsätzen der Fondsbörse und spekulierte auf das ‚Nationalitätsprinzip'."[7]

Marx gibt weiter im „18. Brumaire" eine Analyse des Herrschaftsmechanismus Louis Bonapartes, seiner organisatorischen Stützen und Mittel.

Da ist zuerst die geheime Parteiorganisation Louis Bonapartes, die „Gesellschaft des 10. Dezember".

Woraus besteht sie sozial?

Es ist zunächst das „Pariser Lumpenproletariat in geheimen Sektionen organisiert, an der Spitze bonapartistische Generale".

Dann deklassierte Bourgeoiselemente: „zerrüttete Roués . . . Spieler . . . Literaten usw."

Weiter deklassierter Adel.

Schließlich deklassierte bäuerliche Elemente.

Das Ganze faßt Marx unter dem Namen der „Bohème" zusammen. Es sind also Deklassierte aller Klassen, aus denen Louis Bonaparte seine ihm eigentümliche Parteiorganisation bildet und die er als Vertrauensleute, Beamte usw. um sich gruppiert. Das ist natürlich kein Zufall, sondern liegt im Wesen der Sache. Wirtschaftlich und sozial entwurzelte, von der unmittelbaren Produktion ausgestoßene parasitische Elemente aller Klassen sind der natürliche Stoff, die natürlichen Werkzeuge der „verselbständigten Exekutivgewalt". In diesem gesellschaftlichen Abhub sind die Unterscheidungsmerkmale der Klassen verwischt. Er ist frei von den ideologischen usw. Bindungen an die einzelne Klasse, deren Abfall er ist, insofern kann er sich über sie erheben und zwischen ihnen lavieren. Andererseits: Er stellt nicht die revolutionäre, sondern die konterrevolutionäre Aufhebung dieser Klassenmerkmale vor, die Negation des bürgerlichen Klassenprinzips, die innerhalb dieses Prinzips bleibt. Der Dieb z. B. vollzieht die Aufhebung des bürgerlichen Eigentums noch auf dem Boden des bürgerlichen Eigentums. Er hebt das Privateigentum anderer auf, um es für sich, also individuell herzustellen. Der bekannte Proudhonsche Satz: „La propriété c'est le vol", „das Eigentum ist Diebstahl", gilt also auch umgekehrt: „le vol c'est la propriété", Diebstahl ist das Eigentum. Und so sind diese Deklassierten aller Klassen zugleich Fleisch vom Fleische, Bein vom Beine des Privateigentums, der bürgerlichen Gesellschaft, und also fähig, indem sie ihre politische Herrschaft vernichten, zugleich ihre soziale Herrschaft zu verteidigen und zu schützen gegenüber der Klasse und den Klassen, die die revolutionäre Aufhebung der bürgerlichen Gesellschaft, die gesellschaftliche Aufhebung des individuellen bürgerlichen Eigentums, vertreten, des industriellen Proletariats und der proletarisierten Teile des Bauerntums.

Ökonomisch haben diese deklassierten Elemente, die Parasiten aller Klassen, einen natürlichen Drang, sich in der Regierungsmaschine und der bonapartistischen Parteimaschine eine Existenzquelle zu sichern. Daher das ungeheure Anschwellen des verselbständigten Exekutivapparates.

Von diesem Gesichtspunkt aus lohnt es sich auch, sich den militärischen Teil des bonapartistischen Staatsapparates näher anzusehen. Auch er weist eigentümliche soziale Züge und im Zusammenhang damit auch militär-organisatorische Züge auf.

Hören wir darüber wieder Marx:

„Der Kulminierpunkt der ‚idées napoléoniennes' endlich ist das Übergewicht der *Armee*. Die Armee war der point d'honneur der Parzellenbauern, sie selbst in Heroen verwandelt, nach außen hin den neuen Besitz verteidigend, ihre eben erst errungene Nationalität verherrlichend, die Welt plündernd und revolutionierend. Die glänzende Uniform war ihr eigenes Staatskostüm, der Krieg ihre Poesie, die in der Phantasie verlängerte und abgerundete Parzelle das Vaterland und der Patriotismus die ideale Form des Eigentumssinnes. Aber die Feinde, wogegen der französische Bauer jetzt sein Eigentum zu verteidigen hat, es sind nicht die Kosaken, es sind die Huissiers und Steuerexekutoren. Die Parzelle liegt nicht mehr im sogenannten Vaterland, sondern im Hypothekenbuch. Die Armee selbst ist nicht mehr die Blüte der Bauernjugend, sie ist die Sumpfblume des bäuerlichen Lumpenproletariats. Sie besteht größtenteils aus Remplaçants, aus Ersatzmännern, wie der zweite Bonaparte selbst nur Remplaçant, der Ersatzmann für Napoleon ist. Ihre Heldentaten verrichtet sie jetzt in Gems- und Treibjagden auf die Bauern, im Gendarmendienst, und wenn die inneren Widersprüche seines Systems den Chef der Gesellschaft des 10. Dezembers über die französische Grenze jagen, wird sie nach einigen Banditenstreichen keine Lorbeeren, sondern Prügel ernten."[8]

Die bonapartistische Armee besteht aus deklassierten bäuerlichen

Elementen. Der Heeresdienst ist für sie Gewerbe, Ersatz für die verlorene oder nicht erreichbare Parzelle. Es sind größtenteils Berufssoldaten mit langjähriger Dienstzeit, zu jedem konterrevolutionären Zweck zu gebrauchen, militärisch aber ein faules Element, denn sie wollen für ihren Sold nicht sterben, sondern leben. Losgelöst von ihrem Klassenboden sind sie das gegebene Machtwerkzeug für die „verselbständigte Exekutive", die bestrebt sein muß, ihren Gegensatz zur Volksmasse zu befestigen und noch zu verstärken. Die Korruption muß hier immer tiefer einfressen. Sie sind daher zugleich das denkbar ungeeignetste Werkzeug, um in einem ernsten Kriege nach außen die nationale Existenz zu verteidigen. Marx' Voraussage über die künftige Niederlage der bonapartistischen Armee 1870/71 wurzelte in der tiefen und scharfen Klassenanalyse dieser Armee.

Schließlich kennzeichnet Marx die Rolle der bonapartistischen Tradition, der napoleonischen Legende für die Herrschaft Louis Napoleons. Die Kraft der napoleonischen Legende beruhte auf der Vereinigung dreier Momente: erstens des nationalen: des Ruhmesglanzes der Napoleonischen Kriege, zweitens des revolutionären: des Kampfes gegen den Feudalismus außerhalb Europas, wie der Verteidigung des revolutionär erworbenen bäuerlichen Eigentums gegen die französischen Feudalherren, die Emigranten, die im Bunde mit den Feudalen Europas die bäuerliche Parzelle bedrohten, drittens die Unterordnung der Bourgeoisie unter die revolutionäre Armee und ihren Heros Napoleon: ihre politische Entrechtung und die Zähmung ihrer Ausbeutungsgelüste.

Schließlich entwickelt Marx die inneren Widersprüche des bonapartistischen Systems, die es zermürben und seine schließliche Auflösung herbeiführen müssen:

„Bonaparte, als die verselbständigte Macht der Exekutivgewalt fühlt seinen Beruf, die ‚bürgerliche Ordnung' sicherzustellen. Aber die Stärke dieser bürgerlichen Ordnung ist die Mittelklasse. Er weiß sich daher als Repräsentant der Mittelklasse und erläßt Dekrete in diesem Sinne. Er ist jedoch nur dadurch etwas, daß er die politische Macht der Mittelklasse gebrochen hat und täglich von neuem bricht. Er weiß sich daher als Gegner der politischen und literarischen Macht der Mittelklasse. Aber indem er ihre materielle Macht beschützt, erzeugt er von neuem ihre öffentliche, ihre politische Macht. Die Ursache muß daher am Leben erhalten, aber die Wirkung, wo sie sich zeigt, aus der Welt geschafft werden. Aber ohne kleine Verwechslungen von Ursache und Wirkung kann dies nicht abgehen, da beide in der Wechselwirkung ihre Unterscheidungsmerkmale verlieren. Neue Dekrete, die die Grenzlinie verwischen. Bonaparte weiß sich zugleich gegen die Bourgeoisie als Vertreter der Bauern und des Volkes überhaupt, der innerhalb der bürgerlichen Gesellschaft die unteren Volksklassen beglücken will. Neue Dekrete, die die ‚wahren Sozialisten' im voraus in ihrer Regierungsweisheit prellen. Aber Bonaparte weiß sich vor allem als Chef der Gesellschaft vom 10. Dezember, als Repräsentanten des Lumpenproletariats, dem er selbst, seine entourage, seine Regierung und seine Armee angehören, und für das es sich vor allem darum handelt, sich wohlzutun und kalifornische Lose aus dem Staatsschatz zu ziehen. Und er bestätigt sich als Chef der Gesellschaft vom 10. Dezember mit Dekreten, ohne Dekrete und trotz der Dekrete."[9]

III Schließlich finden wir die zusammenfassende Charakteristik und Perspektive des Bonapartismus oder „Imperialismus" (nicht im modernen Sinne) als Form der bürgerlichen Staatsmacht in einer bestimmten Situation der bürgerlichen Klassengesellschaft im „Bürgerkrieg in Frankreich".

Hier sagt Marx:

„Das Kaisertum mit dem Staatsstreich als Geburtsschein, dem allgemeinen Stimmrecht als Beglaubigung und dem Säbel als Zepter, gab vor, sich auf die Bauern zu stützen, auf jene große Masse der Produzenten, die nicht unmittelbar in den Kampf zwischen Kapital und Arbeit verwickelt waren. Es gab vor, die Arbeiterklasse zu retten, indem es den Parlamentarismus brach und mit ihm die unverhüllte Unterwürfigkeit der Regierung unter die besitzenden Klassen. Es gab vor, die besitzenden Klassen zu retten durch Aufrechterhaltung ihrer ökonomischen Hoheit über die Arbeiterklasse; und schließlich gab es vor, alle Klassen zu vereinigen durch die Wiederbelebung des Trugbilds des nationalen Ruhmes. In Wirklichkeit war es die einzige mögliche Regierungsform zu einer Zeit, wo die Bourgeoisie die Fähigkeit, die Nation zu beherrschen, schon verloren, und wo die Arbeiterklasse diese Fähigkeit noch nicht erworben hatte ... Der Imperialismus ist die prostituierteste und zugleich die schließliche Form jener Staatsmacht, die von der entstehenden bürgerlichen Gesellschaft ins Leben gerufen war als das Werkzeug ihrer eigenen Befreiung vom Feudalismus und die die vollentwickelte Bourgeoisiegesellschaft verwandelt hatte in ein Werkzeug zur Knechtung der Arbeit durch das Kapital."[10]

Diese Stelle ist von der größten Wichtigkeit, gerade für die Einsicht in das Wesen des Faschismus.

Marx hebt hier am Bonapartismus oder Imperialismus die allgemeinen, die internationalen Züge heraus. Er sieht ab von den spezifisch französischen Zügen und nimmt sie als eine typische Erscheinungsform, als eine typische Form der Staatsmacht der kapitalistischen Gesellschaft in einem bestimmten Stadium ihrer Entwicklung. Sie ist nach ihm die „schließliche", das heißt letzte Form der bürgerlichen Staatsmacht, die Form, die die Staatsmacht in der vollentwickelten Bourgeoisgesellschaft annimmt, die prostituierteste, das heißt entartetste, verfaulteste Form. Anders ausgedrückt, ist es die Form der Staatsmacht, mit der die bürgerliche Gesellschaft untergeht, ihre letzte Zuflucht vor der proletarischen Revolution und zugleich ihr Verderben, weil ihre äußerste Verderbnis.

Hier stutzt der Leser. Ist nicht augenscheinlich die Marxsche Analyse hier in eine Sackgasse geraten? Der „Bonapartismus" oder „Imperialismus“ (im alten Sinne) soll die letzte Form der bürgerlichen Staatsmacht sein? Aber, wird er sofort antworten, ist nicht in Frankreich selbst 1870 nach dem Sturz des bonapartistischen Systems im Gefolge von Sedan und nach dem kurzen Zwischenspiel der Kommune die dritte Republik an dessen Stelle getreten? Rein zeitlich also, wird er folgern, ist der Bonapartismus nicht die „schließliche“ oder die letzte Form der bürgerlichen Staatsmacht. In Frankreich ist es jedenfalls die bürgerlich-parlamentarische Republik. Weiter wird er fragen, wenn der Bonapartismus die letzte und verfaulteste Form der bürgerlichen Staatsmacht ist, was ist dann der Faschismus? Weiter wird er fragen, der Bonapartismus soll die Staatsform der „vollentwickelten Bourgeoisherrschaft“ sein? Aber der Kapitalismus befand sich im Frankreich Louis Bonapartes noch im Stadium der freien Konkurrenz. Seitdem hat der Kapitalismus eine neue höhere Stufe erreicht, die des Monopols, darunter auch in Frankreich. Sicherlich kann mit weit mehr Recht der imperialistische Kapitalismus als die „vollentwickeltste“ Bourgeoisherrschaft bezeichnet werden als der vorimperialistische. Aber wo ist da der Bonapartismus? Oder wenn wir gutmütigerweise uns die faschistische Staatsform als ein modernes Äquivalent des Bonapartismus einreden lassen wollen: so ist die faschistische Staatsform nicht herrschend in den kapitalistisch entwickeltsten Ländern, in den Vereinigten Staaten von Nordamerika, in England, in Deutschland, in Frankreich. Hier ist die Staatsform die bürgerlich-parlamentarische Republik, im englischen Fall noch mit der Krone als äußerlicher Dekoration. Die faschistische Staatsform herrscht gerade in Ländern, die in der kapitalistischen Entwicklung sicher nicht an der Spitze stehen. In Italien, das in Hinsicht der kapitalistischen Entwicklung sicher hinter all den genannten Ländern zurücksteht, mit einem höheren Prozentsatz ländlicher Bevölkerung als die genannten Staaten, mit noch starken feudalen Einschlägen in der Landwirtschaft (vor allem in Sizilien). In Polen, in Bulgarien, Ländern mit schwacher Industrie, mit vorwiegend bäuerlicher Bevölkerung, kapitalistisch gesprochen rückständig. Noch mehr gilt das von Spanien.

Dieser Knäuel von Widersprüchen ist jedoch gerade geeignet, uns über die Tiefe und Schärfe der Marxschen Analyse aufzuklären, den Wesenskern aus ihr herauszuschälen und damit auch den Schlüssel zum Wesen des Faschismus zu finden.

Es ist an Hand der angeführten Tatsachen klar, daß der Bonapartismus als „schließliche“ Staatsform der bürgerlichen Gesellschaft nicht rein äußerlich und zeitlich gemeint sein kann. Daß sie auch nicht eine einfache Funktion des ökonomischen Entwicklungsgrades der bürgerlichen Gesellschaft sei. In diesem Falle hätte man der Marxschen Analyse schon zu ihrer Zeit vorwerfen können, daß ja England im Vergleich zu Frankreich in den Jahren 1850–1870 zweifellos das kapitalistisch weit höher entwickelte Land und mit weit mehr Recht als das Land der „vollentwickelten Bourgeoisherrschaft“ zu bezeichnen sei. Daraus ergibt sich klar die Lösung.

Das Entscheidende ist die Gesamtheit der Klassenverhältnisse eines gegebenen Landes, einer gegebenen Gesellschaft. Der Bonapartismus, die Verselbständigung der Exekutivgewalt ist die „schließliche" und zugleich verfaulteste Form der bürgerlichen Staatsmacht in dem Stadium, nachdem diese bürgerliche Gesellschaft am stärksten bedroht gewesen ist durch den Ansturm der proletarischen Revolution und nachdem die Bourgeoisie ihre Kraft erschöpft hat in der Abwehr dieses Ansturmes, wenn alle Klassen erschöpft und entkräftet am Boden liegen und die Bourgeoisie nach der stärksten Verschanzung für ihre soziale Herrschaft ausschaut. Der Bonapartismus ist also eine Form der bürgerlichen Staatsmacht im Zustand der Verteidigung, der Verschanzung, der Neubefestigung gegenüber der proletarischen Revolution. Er ist eine Form der offenen Diktatur des Kapitals. Seine andere Form, aber nahe verwandte Form, ist die faschistische Staatsform. Der gemeinsame Nenner ist die offene Diktatur des Kapitals. Ihre Erscheinungsform ist die Verselbständigung der Exekutivgewalt, der Vernichtung der politischen Herrschaft der Bourgeoisie und die politische Unterwerfung aller übrigen Gesellschaftsklassen unter die Exekutive. Ihr sozialer oder klassenmäßiger Inhalt aber ist die Herrschaft der Bourgeoisie und der Privateigentümer überhaupt über die Arbeiterklasse und alle anderen kapitalistisch ausgebeuteten Schichten.

Der Bonapartismus ist die „schließliche" Form der bürgerlichen Staatsmacht, insofern er eine Form der offenen kapitalistischen Diktatur ist und insofern die offene kapitalistische Diktatur eintritt, wenn die bürgerliche Gesellschaft, eben am Rande des Grabes angelangt, tödlich bedroht war von der proletarischen Revolution. Dasselbe ist im Wesen der Faschismus: eine Form der offenen kapitalistischen Diktatur.

Hier ist die wichtigste anzubringende Korrektur. Sie besteht nur in einem kleinen Wörtchen. Statt zu sagen, der Faschismus ist die offene Diktatur der Bourgeoisie, ist zu setzen: er ist eine Form.

Das ZK der Kommunistischen Partei Italiens gibt in seinen Thesen zur zweiten Parteikonferenz über die italienische Lage und die Aufgaben der Partei folgende Begriffsbestimmung des Faschismus:

„Was ist der Faschismus? Wir haben den Faschismus definiert als den Versuch der Stabilisierung des italienischen Kapitalismus, das heißt des Kapitalismus eines Landes mit vorwiegender Landwirtschaft, versehen mit Rohstoffen und Auslandsmärkten und einem großen Innenmarkt . . . Die Formen der kapitalistischen Stabilisierung sind verschieden von Land zu Land und entsprechend der wirtschaftlichen Struktur der verschiedenen Länder und dem Grade ihres Reichtums . . . Der Faschismus stellt nicht eine fortschrittliche Stufe des italienischen Kapitalismus vor. Er hat nur neue Formen der industriellen Organisation (Truste usw.) und der Bankorganisation (Vereinheitlichung der Emissionsbanken) entwickelt, aber diese neuen Formen bleiben im Dienste der traditionellen politischen Ökonomie der herrschenden Klassen Italiens, sie sind ferner ein Mittel, mit dem diese Politik unter neuen Bedingungen fortgesetzt und erschwert wird.

Der Faschismus stellt daher eine höhere kapitalistische Form der Staatsorganisation vor, einen Typus der Organisation, durch den der Staat sich enger verschmilzt mit den leitenden Gruppen des Kapitalismus und sich in den Produktionsprozeß einmischt, nachdem er die Kräfte konzentriert und zusammengeballt hat."[11]

Der Mangel dieser Begriffsbestimmung ist, daß über dem sozialen Inhalt nicht die besondere politische Form des Faschismus, sein Charakter als besondere Form der bürgerlichen Staatsmacht, zur Geltung kommt. Die Stabilisierung des Kapitalismus in Deutschland und in Italien hat wesentlich denselben ökonomischen und sozialen Inhalt; dagegen sind die Formen der Staatsmacht, unter denen die eine und die andere sich vollzieht, verschieden. Die Form der Staatsmacht ist also bei der Begriffsbestimmung des Faschismus die spezifische Differenz, das Artmerkmal.

Dasselbe gilt für den Bonapartismus. Die Korrektur ist formell unscheinbar, inhaltlich aber weittragend.

Verwenden wir zunächst diese Lösung für die Vergangenheit. Daß der Faschismus eine Spezies, eine Art der „schließlichen Form der bürgerlichen Staatsmacht" sei, das beweist die Kommune. Dem Zusammenbruch des Bonapartismus folgte die proletarische Revolution. Sie wurde nach kurzer Dauer niedergeworfen, das französische Proletariat vermochte zwar jetzt für einige Monate seine Herrschaft aufzurichten, aber noch nicht sich zu halten. Aber der Bonapartismus war dann auch nicht mehr wiederherzustellen. Die katastrophale Niederlage des Bonapartismus nach außen, gegen Deutschland, hatte die napoleonische Legende bis auf den Grund zerstört. Dazu kam die Wirkung der Korruption des Systems. Seine inneren Widersprüche hatten sich so ausgewirkt, vor allem in bezug auf die Bourgeoisie. Die materielle Stärkung, die der Bonapartismus hatte fördern müssen, während er die politische Macht verweigert, hatte ihrerseits zu ihrer politischen Stärkung geführt. Sie wollte und konnte jetzt, nachdem sie der Kommune Herr geworden, auch politisch unmittelbar herrschen. Ebenso war die Bauernschaft politisch erstarkt. Sie wollte mitregieren. Louis Bonaparte hatte ihr den Krieg gebracht, sie wollte den Frieden. Die Arbeiterklasse aber hatte eben im Kommuneaufstand ihre gegenüber 1848 gewachsene Kraft und Reife bewiesen. Es war der Bourgeoisie klar, daß sie nach dem alljährigen Versuch des bonapartistischen Regimes nicht mehr offen diktatorisch niederzuhalten war. Man konnte ihr jetzt, nachdem sie niedergeschlagen war, den bürgerlich demokratischen Schein geben. Und schließlich machte der französischen Bourgeoisie die Niederlage, die sie mit der bonapartistischen Armee der „Ersatzleute", der Berufssoldaten, erlitt, klar, daß das Heer auf eine andere organisatorische Grundlage gestellt werden müsse, so wirkliche Durchführung der allgemeinen Wehrpflicht, Verkürzung der Dienstzeit, um nicht nur das dörfliche Lumpenproletariat, sondern die ganze wehrpflichtige Volksmasse hereinzuziehen. Aber ohne bonapartistische Armee kein Bonapartismus als Form der Staatsmacht.

Das Ergebnis war die bürgerlich-parlamentarische Republik, die Staatsform der materiell und politisch gestärkten Bourgeoisie und zugleich der gestärkten Arbeiterklasse.

Die Hauptbasis Louis Bonapartes in der Bourgeoisie war nicht die alte Bank- und Finanzaristokratie (die unter dem Bürgerkönig Louis Philip geherrscht hatte), sondern die junge, emporstrebende, noch schwache und traditionslose industrielle Bourgeoisie, ohne politische Schulung und feste Parteibildung. Sie war noch nicht in der Lage, selbst zu regieren. Louis Bonaparte, der Emporkömmling und Abenteurer, war der dieser Emporkömmlingsbourgeoisie angemessene Schutzherr. Der militärische Zusammenbruch Louis Bonapartes zusammen mit ihrer materiellen Stärkung während der Periode 1850–1870 schufen die Voraussetzungen für ihre politische Selbständigkeit in der dritten Republik. Die militärischen Prügel, mit denen die Herrschaft Louis Bonapartes endete, waren eine drastische politische Schule für sie. (Auch an der deutschen Bourgeoisie zeigt es sich, welchen politischen Erziehungswert militärische Niederlagen besitzen. Hatten die Schläge, die das bismarckische Deutschland 1870/71 Louis Bonaparte versetzte, den Bonapartismus erledigt, so revanchierte sich dafür Frankreich im Weltkrieg, indem es durch die Niederlage, die es im Bunde mit den Alliierten dem hohenzollernschen Deutschland beibrachte, das hohenzollern-bismarckische Regime stürzte und die preußisch-deutsche Großbourgeoisie direkt in den Sattel setzte. Nicht nur geschlagene Feldherren, auch geschlagene Klassen lernen gut.)

Formen der offenen Diktatur der Bourgeoisie sind also dem Wesen nach keine einmaligen Erscheinungen: sie sind an ein bestimmtes Gesamtverhältnis der Klassen gebunden, und sie kehren periodisch wieder, sobald dies Verhältnis wiederkehrt – solange nicht der Zusammenbruch der oder jener Form dieser kapitalistischen Diktatur die Herrschaft der Arbeiterklasse dauernd macht, wodurch dieser Zyklus, wenigstens für das betreffende Land, abgeschlossen wird.

Aus dem Gesagten ergibt sich auch, warum nicht in England nach 1848/49 die offene Diktatur der Bourgeoisie eintrat. Sie war dafür zu stark, sozial und politisch. Der Chartistenaufmarsch 1848 war nur eine unbedeutende Episode, der die Ohnmacht der englischen Arbeiterklasse bewies, ernsthaft die bürgerliche Gesellschaft zu erschüttern. Daher auch, um auf die Gegenwart zu kommen, in Deutschland 1923 kein Sieg des Faschismus, der bei der ersten Probe kläglich in sich zusammensank, sondern der großen Bourgeoisie, Befestigung ihrer direkten politischen Herrschaft in Gestalt der bürgerlich-parlamentarischen Republik. Daher auch heute keine faschistische Form der Staatsmacht in Amerika, in England, in Frankreich.

IV Kommen wir nun zur heutigen Form der offenen Diktatur der Bourgeoisie in Italien, dem faschistischen Staat. Unverkennbar sind wesentliche Züge gemeinsam mit der bonapartistischen Form der Diktatur: wieder die „Verselbständigung der Exekutivgewalt", die politische Unterwerfung aller Massen, einschließlich der Bourgeoisie selbst, unter die faschistische Staatsmacht bei sozialer Herrschaft der Großbourgeoisie und der Großgrundbesitzer. Gleichzeitig will der Faschismus, wie der Bonapartismus, der allgemeine Wohltäter aller Klassen sein: daher ständige Ausspielung einer Klasse gegen die andere, ständige Bewegung in Widersprüchen im Innern. Der Herrschaftsapparat trägt ebenfalls dieselben Züge. Die faschistische Partei ist ein Gegenstück zu der „Dezemberbande" Louis Bonapartes. Ihr sozialer Bestand: Deklassierte aller Klassen, des Adels, der Bourgeoisie, des städtischen Kleinbürgertums, der Bauernschaft, der Arbeiterschaft. Was die Arbeiterklasse anlangt, so hängen hierbei zwei entgegengesetzte Pole der Deklassierung zusammen: unten das Lumpenproletariat, „oben" Teile der Arbeiteraristokratie und -bürokratie, der reformistischen Gewerkschaften und Parteien. Die Verwandtschaft trifft auch zu auf die bewaffnete Macht. Die faschistische Miliz ist sozial das Gegenstück zur bonapartistischen Armee. Wie sie, ist sie Existenzquelle für deklassierte Elemente. Daneben besteht in Italien die Armee der allgemeinen Wehrpflicht. Sie findet kein Gegenstück in Frankreich. Der Existenz neben der faschistischen Miliz entspricht das Bedürfnis der Organisation der Wehrmacht unter imperialistischen Verhältnissen, das eine bloße Berufs- oder Söldnerarmee allein als ungenügend erscheinen läßt und Massenheere mit breitester Ausdehnung der Wehrpflicht fordert.

Ebenso findet sich Übereinstimmung in der Situation des Klassenkampfes, aus der hier die bonapartistische, dort die faschistische Form der Staatsmacht hervorging. Im Falle des italienischen Faschismus, wie in dem des Bonapartismus, ein gescheiterter Ansturm des Proletariats, darauffolgende Enttäuschung in der Arbeiterklasse, die Bourgeoisie erschöpft, zerfahren, energielos nach einem Retter ausschauend, der ihre soziale Macht befestigt. Übereinstimmung auch in der Ideologie: als Hauptmittel die „nationale" Idee, der Scheinkampf gegen parlamentarische und bürokratische Korruption, Theaterdonner gegen das Kapital usw. Verwandte Züge schließlich bei den „Helden" des Staatsstreiches.

Friedrich Engels hebt folgende Züge an dem Helden des Staatsstreiches hervor, die ihn zu seiner Rolle befähigen:

„‚In allen Wassern gewaschen', karbonaristischer Verschwörer in Italien, Artillerieoffizier in der Schweiz, verschuldeter vornehmer Lumpacivagabundus und Spezialkonstabler in England, aber stets und überall Prätendent."[12]

Die Bourgeoisie, sagt er weiter, erblickt in ihm den ersten „großen Staatsmann", Fleisch von ihrem Fleische – er ist wie sie Emporkömmling. Auch Mussolini ist Emporkömmling, Maurersohn. Den veränderten Zeiten entsprechend ist jetzt der Emporkömmling aus der Arbeiterklasse geeigneter als der aus dem Kleinadel, wie dies bei Bonaparte der Fall war. Der Betätigung Louis Bonapartes bei den italienischen

Karbonari entspricht die Mussolinis bei der italienischen Sozialdemokratie. Überhaupt ist in neuerer Zeit der Durchgang durch die Sozialdemokratie obligatorisch für die „großen Staatsmänner“ und Gesellschaftsretter der Bourgeoisie. In allerneuester Zeit auch der Durchgang durch den Kommunismus: siehe China. Bei Mussolini wie bei Louis Bonaparte lange Jahre der Emigration, des Elends. Sie schärfen in bestimmten Naturen den Hunger nach Macht und nach Reichtum, den Blick für Menschen, härten den Willen und schaffen die nötige Geschmeidigkeit. Das gibt unter bestimmten objektiven und subjektiven Voraussetzungen stahlharte und erfahrene Revolutionäre, unter anderem den „in allen Wassern gewaschenen“ zynischen konterrevolutionären Staatsstreichler.

Die inneren Widersprüche zwischen der materiellen und sozialen Stärkung der Bourgeoisie, bei ihrer politischen Niederhaltung. Der Schein der Beschützung der materiellen Interessen des Proletariats bei ihrer wirklichen Auslieferung an das Kapital. Der faschistische Staat als „Vermittler“ zwischen Bourgeoisie und Arbeiterklasse, der sich als solcher ständig in praktischen Widersprüchen bewegen muß. Dasselbe in bezug auf die Bauern und Kleinbürger. Faschismus und Bonapartismus haben der bürgerlichen Gesellschaft „Ruhe und Sicherheit“ versprochen. Aber um ihre Unentbehrlichkeit als permanente „Retter der Gesellschaft“ zu erweisen, müssen sie die Gesellschaft ständig als bedroht erscheinen lassen: also beständige Unruhe und Unsicherheit. Die materiellen Interessen der Bourgeoisie wie der Bauernschaft erfordern sparsame Staatswirtschaft, ein „Regime der Ökonomie“. Das materielle Interesse der Parasitenbande, die die faschistische Parteiorganisation, die faschistischen Staats- und Gemeindebeamten, die faschistische Miliz zusammensetzen, erfordern umgekehrt die ständige Erweiterung und Bereicherung der faschistischen Staats- und Parteimaschine. Daher abwechselnde Verletzung beider Interessen. Jede Zügelung der faschistischen Bande im Interesse der bürgerlichen „Ruhe und Ordnung“ wie ihrer Ökonomie muß alsbald kompensiert werden durch eine neue Erlaubnis zu terroristischen Exzessen, Plünderungen usw.

Die inneren Widersprüche, wie die national-imperialistische Ideologie, treiben den Diktator zu Vorstößen nach außen. Schließlich zum Krieg. Aber hier stößt das italienische Gegenstück zum Louis Bonaparte nicht nur auf den alten Widerspruch, daß das militärische Herrschaftsinstrument im Innern, in diesem Falle die nationale Miliz, durch die innere Funktion wie ihre soziale Zusammensetzung untauglich gemacht wird als imperialistisches Eroberungswerkzeug gegen Staaten, die noch nicht genötigt waren, die „prostituierteste“ aller Formen der bürgerlichen Staatsmacht sich anzulegen, sondern auch auf den weiteren Widerspruch zwischen der privilegierten faschistischen Truppe und der regulären Armee.

Welche wesentlichen Unterschiede bestehen zwischen Bonapartismus und Faschismus?

Sie sind teils lokal bedingt – durch die lokale Verschiedenheit der

Klassenverhältnisse, geschichtlichen Traditionen usw. In Frankreich und Italien wurzeln sie teils in der Veränderung des allgemeinen Charakters der bürgerlichen Gesellschaft und des kapitalistischen Systems.

Durch die lokale geschichtliche Tradition bedingt ist natürlich, daß der Diktator in Frankreich auf Grund der napoleonischen Legende und der Rolle, die sie bei der Bauernschaft spielt, als „Kaiser" auftritt; in Italien muß er sich mit der Rolle des „Duce" begnügen und neben sich die Krone bestehen lassen. Statt der napoleonischen Maskerade die altrömische, sullanische und caesarianische, die aber künstlicher ist als jene. Diese Unterschiede sind aber unwesentlich.

Wichtiger sind aber die Unterschiede, die der Veränderung des allgemeinen Charakters des Kapitalismus entspringen. Der dritte Napoleon operierte noch im Zeitalter des Kapitalismus der freien Konkurrenz und der unvollendeten bürgerlichen Revolution in Italien, in Deutschland. Der revolutionäre Rechtstitel, der für gewisse Zeit auf der Seite Napoleons I. gewesen war, und den er auszubeuten sucht, arbeitet jetzt wider ihn. Im italienischen Krieg zieht er die italienische Befreiungsbewegung an, um sie alsbald von sich abzustoßen, indem er im Interesse seiner dynastischen Eroberungen sie nach kurzem Anlauf im Stiche läßt. Im Deutsch-Französischen Kriege stößt er unmittelbar mit dem revolutionären Interesse Deutschlands nach nationaler Einigung zusammen und zerschellt daran. Der dynastische Eroberungskrieg, den er, getrieben von der napoleonischen Legende und von den inneren Widersprüchen des Systems, führen muß, ist zeitwidrig: zu spät, da er kein revolutionäres Prinzip mehr vertritt, zu früh, da er das imperialistische Prinzip im modernen Sinne, mangels der geeigneten ökonomischen Basis, noch nicht vertreten kann. Mussolinis Außenpolitik dagegen ist von vornherein imperialistisch im modernen Sinne des Wortes begründet und gerichtet. Sie ist so „zeitgemäß", wenn auch antik maskiert, aber von vornherein und offen reaktionär. Sie muß zerschellen an dem Widerspruch einerseits zwischen den überspannten Zielen, die sie sich steckt, und den geringen Mitteln zu ihrer Ausführung, andererseits an dem Widerspruch zwischen dem Zuschnitt und der sozialen Struktur einer militärischen Organisation, entsprechend dem Bedürfnis, alle Klassen der Gesellschaft niederzureißen und auf ihre Kosten zu leben, und mit den abweichenden Bedürfnissen imperialistischer Kriegführung.

Ein weiterer Unterschied, der durch die allgemeine Entwicklung der bürgerlichen Gesellschaft und den Stand des internationalen Klassenkampfes bedingt ist, zeigt sich in den organisatorischen Grundlagen und Mitteln der faschistischen Staatsmacht. Die „Dezemberbande" von Louis Napoleon war das Gegenstück zu der kleinen revolutionären Geheimorganisation der damaligen französischen Arbeiterklasse. Die faschistische Partei ist das konterrevolutionäre Gegenstück zur Kommunistischen Partei Sowjetrußlands. Sie ist also, im Unterschied von der Louis Napoleons, von vornherein eine breite Massenorganisation. Das macht sie in gewissen Stadien stärker, aber steigert auch die Widersprüche in ihrem Innern, die Widersprüche zwischen den sozialen

Interessen dieser Massen und dem Interesse der herrschenden Klassen, denen sie dienstbar gemacht wird.

Behandeln wir noch kurz den Faschismus in Polen. Die Grundlage für die faschistische Diktatur Pilsudskis ist hier ebenfalls ein abgeschlagener revolutionärer Ansturm von seiten des Proletariats (der russisch-polnische Krieg von 1920), andererseits die Schwäche, Energielosigkeit und Zerrissenheit der einheimischen Bourgeoisie, die es nicht zu einem einheitlichen Auftreten, nicht einmal für die Stabilisierung, zu bringen vermag. Das konterrevolutionäre Interesse der Bourgeoisie und der Großgrundbesitzer ist die soziale Grundlage der faschistischen Staatsmacht in Polen; der Faschismus verstand es leicht, sich die Enttäuschung der Bauernmasse über die bisherige Sabotage der Agrarreform zunutze zu machen, obwohl seine Politik ausgesprochen den Interessen der Großgrundbesitzer und der bäuerlichen Oberschicht dient. Der „Held" des Staatsstreichs stützt sich ideologisch auf die Tradition des national-revolutionären Befreiungskampfes, organisatorisch auf die Legionäre, auf ihre Enttäuschung über das Resultat des nationalen Befreiungskampfes – die bürgerliche Fäulnis –, und auf ihr ökonomisches Bedürfnis nach einem Erwerb, das auf dem Felde der Produktion nicht befriedigt werden kann. Also auch Deklassierte aller Klassen als Material des faschistischen Heeres. Die parteimäßige Organisation wird gestellt von Überläufern aus allen Parteien, die von Adjutanten des Marschalls, früheren Terroristen und Legionären geführt werden.

In Polen aber spielt bereits ein Faktor hinein, der in Spanien und in einer Reihe anderer Länder ausschlaggebend ist und dort die „faschistische Staatsmacht" nur äußerlich dem italienischen Faschismus und dem französischen Bonapartismus an die Seite stellt, während das klassenmäßige Wesen grundverschieden ist.

Ich wähle zur Illustration die extremen Fälle des Regimes, der Formen der Staatsmacht in südamerikanischen Republiken. Auch hier ist das Heer Träger der politischen Macht, die Exekutive „verselbständigt". Gewöhnliche politische Kursänderungen vollziehen sich in Militärputschen, die, obwohl äußerlich gewaltsam, keineswegs revolutionär sind, da sie an dem bestehenden Machtverhältnis der Klassen grundsätzlich nichts ändern.

Hier ist die Militärdiktatur, die Verselbständigung der Exekutive, nicht Wirkung der „vollentwickelten bürgerlichen Gesellschaft", ihrer Überreife, ihrer Betonung durch die proletarische Revolution und der Notwendigkeit für die bürgerliche Gesellschaft, sich dagegen schließlich zu verschanzen, sondern gerade umgekehrt. Es ist hier die Unreife der bürgerlichen Entwicklung, die zahlenmäßige und organisatorische Schwäche der Bourgeoisie, der noch feudale Grundbesitzelemente gegenüberstehen, die es noch nicht zu einer starken politischen Organisation der Bourgeoisie kommen läßt. Das Heer, vielmehr sein Offizierkorps, ist hier die festeste und entwickeltste politische Organisation. Es übt die Herrschaft aus an Stelle der Bourgeoisie, die sie noch nicht ausüben kann. Im Fall des Bonapartismus und des italienischen Faschismus konnte sie sie in der gegebenen Situation des Klassenkampfes nicht mehr ausüben.

Unter demselben äußeren Anstrich des Faschismus (wie in Spanien) verbergen sich also total verschiedene Klassenverhältnisse, Stufen des Klassenkampfes, Entwicklungsstufen der bürgerlichen Gesellschaft.

Ohne die konkrete Klassenanalyse gerät man also hier theoretisch wie praktisch in die größten Irrtümer.

Von unseren italienischen Genossen ist, wenn ich richtig unterrichtet bin, die Frage aufgeworfen worden, ob der faschistischen Form der Staatsmacht unmittelbar die proletarische Diktatur folgen müsse oder ob sie noch durch die eine oder andere Form der bürgerlichen Staatsmacht, etwa die bürgerlich-demokratisch-parlamentarische Republik, abgelöst werden könne. Die Antwort darauf ist bereits durch Lenin auf dem II. Kongreß der Kommunistischen Internationale gegeben worden. Auf die Frage, ob die Krise des Kapitalismus nach Kriegsende unvermeidlich zur sozialistischen Revolution führen müßte, antwortet Lenin bekanntlich, die Antwort darauf sei nicht theoretisch zu geben. Das sei nur Wortmacherei, Scholastik. Die Antwort darauf könne nur der wirkliche Kampf geben. Die Aufgabe der kommunistischen Parteien bestehe darin, ihn möglichst gut vorzubereiten. Dieselbe Antwort gibt das Ende des Bonapartismus. Die eine oder die andere Form der offenen Diktatur des Kapitals in vollentwickelter bürgerlicher Gesellschaft wird dann die „schließliche" oder letzte Form bürgerlicher Staatsmacht sein, wenn die Arbeiterklasse des Landes als Führer in der übrigen werktätigen Klasse stark genug ist, die Krise dieses Regimes zur dauernden Aufrichtung der proletarischen Diktatur zu benutzen. Das entscheidet der Kampf. Und diesen entscheidet der objektive wie der subjektive Faktor zusammen: die tatsächliche Kraft und Reife der Arbeiterklasse, ihr Verhältnis zu den anderen Klassen der Werktätigen, die Situation des internationalen Klassenkampfes und nicht zuletzt die Stärke, Reife und Kampffähigkeit der kommunistischen Partei der betreffenden Länder.

Eine andere Frage ist, ob auf den Sturz des Faschismus in Italien unmittelbar, ohne Zwischenglied, die Aufrichtung der proletarischen Diktatur folgen kann. In Frankreich folgte bekanntlich auf den Sturz des Bonapartismus am 4. September 1870 als Zwischenglied die Republik mit Thiers, Favre & Co., den Legitimisten und Orleanisten, der Bourgeoisie und den Junkern an der Spitze. Erst nachdem sie sich abgewirtschaftet hatten, folgte am 18. März 1871 die Kommune. Die bürgerlich-republikanische Zwischenperiode, in der die bürgerlich-demokratischen Elemente einstweilen zur Macht gelangen, ist aus allgemeinen Gründen auch möglich in Italien, ja wahrscheinlich. Sie mag Monate, Wochen, ja nur Tage dauern. Sie mag Formen einer Doppelregierung oder andere eigenartige Formen annehmen. Aber der geschichtlichen Erfahrung und den italienischen Klassenverhältnissen entsprechend wird es eines gewissen Zeitabschnittes und einer gewissen Massenerfahrung bedürfen, um bei der Masse der Kleinbürger, Bauern und auch bei Teilen der Arbeiterschaft die kleinbürgerlich-demokratischen Illusionen und Hoffnungen zu zerstören. Es steht nicht im Belieben der kommunistischen Partei, ob ein solches Zwischenstück eintritt oder übersprungen wird. Aber es hängt jedenfalls in hohem Maße von ihr ab, wie stark die Machtpositionen sind, die die Arbeiterklasse im Augenblick des Sturzes des Faschismus einnimmt und wie schnell sie das Zwischenstadium erledigt.

Eine weitere Folgerung, die wir aus den bisherigen Ergebnissen ziehen, ist die, daß die offene Diktatur des Kapitals in anderen Ländern, wie in Polen, Italien, Bulgarien, andere Formen annehmen kann und wahrscheinlich wird als in diesen Ländern. Gewisse Züge werden dieselben sein, andere verschieden. Sie theoretisch von vornherein zu konstruieren ist unmöglich. Die Formen offener Diktatur der Bourgeoisie sind aber nicht willkürlich, nicht in beliebigen Situationen des Klassenkampfes und bei beliebiger Struktur der Klassenverhältnisse möglich. Sie sind an ganz bestimmte Klassenverhältnisse und Situationen des Klassenkampfes gebunden, die oben angegeben worden sind.

Ziemlich allgemein ist heute in der Bourgeoisie vollentwickelter kapitalistischer Länder das Bestreben, das parlamentarische System abzubauen, einzuengen, stärkere politische Garantien für die Bourgeoisherrschaft zu schaffen. Solche Strömungen sind vor allem sichtbar in solchen hochkapitalistischen Ländern wie England, Deutschland, Frankreich, die durch das Ergebnis des Krieges mehr oder weniger sozial und ökonomisch erschüttert worden sind. Das bewegt sich in der Richtung des Faschismus, es kann in kritischen Situationen zu Formen offener Diktatur des Kapitals führen. Aber diese müssen nicht identisch sein mit denen des Faschismus.

Dabei ist noch folgendes sich klarzumachen. Die Aushöhlung des bürgerlich-parlamentarischen Regimes erfolgt schrittweise. Und die Bourgeoisie selbst ist dabei der Hauptagent. Marx' „18. Brumaire" schildert gerade diesen Aushöhlungsprozeß in seinen einzelnen Etappen. Die Herstellung der offenen Diktatur selbst kann aber nur durch einen Sprung, einen Putsch oder einen Staatsstreich erfolgen, bei dem die Bourgeoisie selber das passive Element ist. Ihre Sache ist es, die Bedingungen zu schaffen, damit sie sozial „gerettet" und politisch vergewaltigt werden kann. Das Vergewaltigen selber aber besorgt der Held des Staatsstreiches oder Putsches. Das Individuum oder die Organisation findet sich dazu immer, wenn ein Bedürfnis dazu da ist. Die entsprechenden Organisationen fördert die Bourgeoisie selber aktiv oder passiv.

Das Noskeregiment in Deutschland war zweifellos ein Regiment offener konterrevolutionärer Gewalt. Aber die Form der Staatsmacht war nicht die faschistische. Das Noskeexperiment war keine „Verselbständigung der Exekutive". Es führte, da es eine Säbelherrschaft herstellte, dazu, daß ein Versuch in dieser Richtung erfolgte. Dieser Versuch der militärischen Exekutivgewalt, der Kapp-Putsch, schlug aber fehl.

II. Wilhelm Reich
Massenpsychologie des Faschismus (1933)

Die Ideologie als materielle Gewalt

1. Die Schere

Im Verlaufe der Monate seit der Machtergreifung durch den Nationalsozialismus in Deutschland konnte man sehr oft eine Feststellung machen, von der wir ausgehen wollen. Es zeigten sich Zweifel an der Richtigkeit der marxistischen Grundauffassung des gesellschaftlichen Geschehens auch bei solchen, die durch die Tat jahrelang ihre revolutionäre Festigkeit bewiesen hatten. Diese Zweifel knüpfen an einer zunächst unverständlichen Tatsache an, die nicht wegzuleugnen ist: Der Faschismus, seinen objektiven Zielen und seinem Wesen nach der extremste Vertreter der politischen und wirtschaftlichen Reaktion, wird seit mehreren Jahren zu einer internationalen Erscheinung und überflügelt in vielen Ländern sichtbar und unleugbar die proletarisch-revolutionäre Bewegung. Daß sich diese Erscheinung in den hochindustriellen Ländern am stärksten ausprägt, verschärft nur das Problem. Dem internationalen Erstarken des Nationalismus steht die Tatsache des Versagens der Arbeiterbewegung in einer ökonomisch zur Sprengung der kapitalistischen Produktionsweise reif gewordenen Phase der neuzeitlichen Geschichte gegenüber. Dazu kommt die unauslöschliche Erinnerung an das Versagen der Arbeiterinternationale beim Ausbruch des Weltkrieges und das Ersticken der revolutionären Erhebung 1918–1923 außerhalb Rußlands. Die genannten Zweifel knüpfen also an schwerwiegenden Tatsachen an; bestehen sie zu Recht, ist die Marxsche Grundauffassung unrichtig, dann bedarf es entschlossener Neuorientierung der Arbeiterbewegung, wenn man ihr Ziel dennoch erreichen will; bestehen aber die Zweifel nicht zu Recht, ist die Marxsche Grundauffassung richtig, dann bedarf es gründlichster, vielseitiger Analyse sowohl der Ursachen des bisherigen Versagens der Arbeiterbewegung als auch – und dies vor allem – einer restlosen Klärung der in der Geschichte neuartigen Massenbewegung des Faschismus, aus der sich eine neue Praxis ergeben würde. ...

Es wurde immer klarer, daß die politische Massenpropaganda, wenn sie sich nur auf die Erörterung der *objektiven* sozialökonomischen Krisenprozesse (kapitalistische Produktionsweise, wirtschaftliche Anarchie etc.) bezog, außer der Minderheit der bereits in der linken Front Eingereihten niemand erfaßte, daß die Herausstellung der materiellen Not, des Hungers der Massen, nicht genügte, denn das tat jede politische Partei, sogar die Kirche; und schließlich siegte die Mystik der Nationalsozialisten in tiefster Krise und Verelendung über den wissenschaftlichen Sozialismus. Man mußte sich also sagen, daß es offenbar eine klaffende Lücke in der Propaganda und in der Gesamtauffassung gab, aus der sich die politischen Fehler der kommunistischen Partei erklären ließen; man konnte auch feststellen, daß es sich um Mängel in der marxistischen Erfassung der politischen Wirklichkeit handelte, zu deren Behebung in der Methode des dialektischen Materialismus alle Voraussetzungen enthalten waren. Diese Möglichkeiten waren aber unausgenützt geblieben, die marxistische Politik hatte, um es kurz vorwegzunehmen, die Psychologie der Massen und die soziale Wirkung des Mystizismus in ihre Kalkulationen und ihre politische Praxis nicht oder unrichtig einbezogen.

Wer die Theorie und Praxis des Marxismus der letzten Jahre in der revolutionären Linken verfolgte und praktisch miterlebte, mußte feststellen, daß sie auf das Gebiet der *objektiven* Prozesse der Wirtschaft und auf die engere Staatspolitik eingeschränkt war, den sogenannten „subjektiven Faktor" der Geschichte, die Ideologie der Massen, in ihrer Entwicklung und ihren Widersprüchen weder aufmerksam verfolgte noch erfaßte; sie unterließ es vor allem, die Methode des dialektischen Materialismus immer neu anzuwenden, immer lebendig zu erhalten, jede *neue* gesellschaftliche Erscheinung mit dieser Methode neu zu erfassen. Die Anwendung des dialektischen Materialismus auf neue historische Erscheinungen (und der Faschismus ist eine derartige Erscheinung, die weder Marx noch Engels bekannt war und von Lenin erst in ihren Anfängen gesichtet wurde) kann zu keiner falschen Praxis führen; aus einem sehr einfachen, bisher schwer vernachlässigten Grunde: Die bürgerliche Erfassung der Wirklichkeit geht an ihren Widersprüchen und realen Verhältnissen vorbei; die bürgerliche Praxis der Politik bedient sich automatisch derjenigen Kräfte der Geschichte, die sich gegen die Entwicklung stemmen; sie kann dies erfolgreich nur so lange tun, als die revolutionäre Wissenschaft nicht diejenigen Kräfte *restlos* aufdeckt, die jenen gegenübergestellt, sie überwinden *müssen*. Wie wir später darlegen werden, waren in der Massenbasis des Faschismus, im rebellierenden Kleinbürgertum, nicht nur die rückwärtstreibenden, sondern auch ganz energisch vorwärtstreibende Kräfte der Geschichte in Erscheinung getreten; dieser Widerspruch wurde übersehen, mehr, die ganze Frage der Rolle des Kleinbürgertums stand bis knapp vor der Machtergreifung durch Hitler überhaupt nicht im Vordergrunde der Diskussion, und wenn hier und da, so einseitig, mechanistisch. ...

Der vulgäre Marxismus, dessen wesentlichstes Kennzeichen ist, die dialektisch-materialistische Methode praktisch durch Nichtanwendung zu negieren, mußte daher zur Auffassung gelangen, daß eine wirtschaftliche Krise solchen Ausmaßes wie die 1929–1933 *notwendigerweise* zu einer ideologischen Linksentwicklung der betroffenen Massen führen *müsse*. Während sogar noch nach der Niederlage im Januar 1933 von einem „revolutionären Aufschwung" in Deutschland gesprochen wurde, zeigte die Wirklichkeit, daß die wirtschaftliche Krise, die der Erwartung nach eine Linksentwicklung der Ideologie der Massen hätte mit sich bringen müssen, zu einer extremen Rechtsentwicklung in der Ideologie der proletarisierten Schichten und derjenigen, die in tieferes Elend als bisher versanken, geführt hatte. Es ergab sich eine *Schere* zwischen der Entwicklung in der ökonomischen Basis, die nach links drängte, und der Entwicklung der Ideologie breiter Schichten, die nach rechts erfolgte. Diese Schere wurde übersehen. Und weil sie übersehen wurde, konnte auch die Frage nicht gestellt werden, wie ein Nationalistischwerden der breiten Masse in der Pauperisierung möglich ist. Mit Worten wie „Chauvinismus", „Psychose", „Folgen von Versailles" läßt sich etwa die Neigung des Kleinbürgers, in der Verelendung rechtsradikal zu werden, nicht praktisch bewältigen, weil sie den Prozeß nicht wirklich erfaßt. Zudem waren es ja nicht nur Kleinbürger, sondern breite und nicht immer die schlechtesten Teile des Proletariats, die nach rechts abschwenkten. Man übersah, daß die Bourgeoisie, gewarnt durch den Erfolg der Russischen Revolution, zu neuen, noch nicht verstandenen, von der Arbeiterbewegung unanalysierten, sehr merkwürdigen Vorbeugungsversuchen greift (etwa der Roosevelt-Plan); man übersah, daß der Faschismus in seinem Ansatz und im Beginne seiner Entwicklung zur Massenbewegung sich zunächst gegen die Großbourgeoisie richtet und als „*nur* eine Garde des Finanzkapitals" nicht erledigt werden kann, schon deshalb nicht, weil er eine Massenbewegung ist.

Wo liegt das Problem?

Die Marxsche Grundkonzeption erfaßte zunächst die Ausbeutung der Ware Arbeitskraft und die prozeßhafte, notwendige Konzentration des Kapitals in wenigen Händen, mit der die fortschreitende Verelendung der Mehrheit der arbeitenden Menschheit, des Proletariats in erster Linie, Hand in Hand geht. Aus diesem Prozeß leitete Marx die objektive Notwendigkeit der „Expropriation der Expropriateure" ab. Die Produktivkräfte der kapitalistischen Gesellschaft sprengen den Rahmen der Produktionsweise, der Widerspruch zwischen *gesellschaftlicher* Produktion und *privater* Aneignung der Produkte durch das Kapital kann nur durch die Angleichung der Produktionsweise an den Stand der Produktivkräfte gelöst werden. Zur gesellschaftlichen Produktion muß die gesellschaftliche Aneignung der Erzeugnisse hinzukommen. Der erste Akt dieser Angleichung ist die soziale Revolution; das ist das ökonomische Grundprinzip des wissenschaftlichen Sozialismus. Diese Angleichung kann nur so erfolgen, daß die verelendete Mehrheit die „Diktatur des Proletariats" errichtet, als Diktatur der Mehrheit der Schaffenden über die Minderheit der nunmehr enteigneten Besitzer der Produktionsmittel. Die *ökonomischen* Voraussetzungen der sozialen Revolution trafen entsprechend der Theorie von Marx zu. Das Kapital ist in wenigen Händen konzentriert, die Entwicklung der Nationalwirtschaft zur Weltwirtschaft steht in schärfstem Widerspruch zum Zollsystem der nationalen Staaten, die kapitalistische Wirtschaft erreicht die Produktionskapazität kaum zur Hälfte und hat ihre Anarchie restlos enthüllt, die Mehrheit der Bevölkerung der hochindustriellen Länder ist verelendet, etwa 50 Millionen Menschen sind arbeitslos, Hunderte Millionen Schaffender fristen ein Hungerdasein.

Aber die Expropriation der Expropriateure bleibt aus, und die Geschichte scheint, im Gegensatz zu den Erwartungen, sich am Scheideweg zwischen Sozialismus und Barbarei zunächst in der Richtung zur Barbarei hinzubewegen, denn nichts anderes ist das internationale Erstarken des Faschismus und das Zurückbleiben der Arbeiterbewegung. . . .

2. Ökonomische und ideologische Struktur der Gesellschaft

Wenn unsere Auffassung von der zunächst merkwürdigen Schere zwischen ökonomischer Lage und Ideologie der proletarischen und proletarisierten Massen, die dem Faschismus zur Macht in Deutschland verhalfen, richtig ist, so müssen wir sie mit Hilfe unserer dialektisch-materialistischen Methode erfassen können. Es handelt sich gewiß um die Frage nach der Rolle der Ideologie und der gefühlsmäßigen Einstellung dieser Massen als geschichtlichen Faktors, um die *Rückwirkung der Ideologie auf die ökonomische Basis.* Wenn die materielle Verelendung breiter Massen nicht zu einer Revolutionierung im Sinne der proletarischen Revolution geführt hat, wenn sich aus der Krise, objektiv gesehen, der Revolution konträre Ideologien ergeben haben, so hat die Entwicklung der Ideologie der Masse in den letzten Jahren die Entfaltung der Produktivkräfte, die revolutionäre Lösung des Widerspruchs zwischen den Produktivkräften des monopolistischen Kapitalismus und seiner Produktionsweise gehemmt.

Die Klassengliederung in Deutschland (nach Kunik: „Versuch einer Feststellung der sozialen Gliederung der deutschen Bevölkerung", „Die Internationale" 1928, zusammengestellt von Lenz: „Proletarische Politik", Internationaler Arbeiterverlag 1931) enthüllt folgendes Bild:

	Erwerbstätige in Mill.		m. Familienangeh. in Mill.
Proletarier	21,789		40,7
Städt. Mittelstand	6,157		10,7
Klein- und Mittelbauern	6,598		9,0
Bourgeoisie (einschl. d. Grundbesitzer u. Großbauern)	0,718		2,0
Bevölkerung (ohne Kinder und Hausfrauen)	35,262	Ges.	62,4

Schichten des Proletariats:	in Mill.
Arbeiter in Industrie, Verkehr, Handel etc.	11,826
Landarbeiter	2,607
Heimarbeiter	0,138
Hausangestellte	1,326
Sozialrentner	1,717
Untere Angestellte (bis 250 Mark monatl.)	2,775
Untere Beamte (+ Pensionierte)	1,400
	21,789

Schichten des städtischen Mittelstandes:	in Mill.
Untere Schichten der Kleingewerbetreibenden (Heimgewerbe, Pächter, Alleinbetriebe und Betriebe bis zu zwei Beschäftigten)	1,916
Kleingewerbetreibende mit drei und mehr Beschäftigten	1,403
Höhere Angestellte und Beamte	1,763
Freie Berufe und Studenten	0,431
Kleinrentner und Kleinbesitzer	0,644
	6,157

Mittelschichten auf dem Lande:	in Mill.
Kleinbauern und Pächter (bis zu 5 ha Land)	2,366
Mittelbauern (5–50 ha)	4,232
	6,598

Diese Zahlen entsprechen der Bevölkerungszählung 1925

Sie geben aber, das müssen wir festhalten, nur die Schichtung nach der sozialökonomischen Lage wieder, nicht die ideologische Schichtung, die eine andere ist. *Sozialökonomisch* umfaßte also Deutschland 1925:

	Erwerbstätige	m. Familienangeh.
Proletariat	21,789 Mill.	40,7 Mill.
Mittelstand	12,755 Mill.	19,7 Mill.

Nach roher Schätzung sieht die *ideologische* Struktur wie folgt aus:

	in Mill.	in Mill.
Proletarisch (kollektive Produktion; Arbeiter in Industrie, Handel, Verkehr etc. und Landarbeiter)		14,433
Kleinbürgerlich		20,111
Heimarbeiter (individuelle Produktion)	0,138	
Hausangestellte (Erfahrungen bei Hauspropaganda)	1,326	
Sozialrentner	1,717	
Untere Angestellte (Erfahrung aus Großbetrieben, z. B. „Nordstern“, Berlin)	2,775	
Untere Beamte (z. B. Steuerrevisoren, Postbeamte)	1,400	
	7,356 (von ökonomischen Proletariern)	
Städtischer Mittelstand	6,157	
Ländlicher Mittelstand	6,598	
	20,111	

Wie viele Mittelständler auch Linksparteien und umgekehrt Proletarier Rechtsparteien gewählt haben mögen, so fällt doch auf, daß die von uns errechneten *Zahlen der ideologischen Schichtung ungefähr mit den Wahlziffern 1932 übereinstimmen:* Kommunisten und Sozialdemokraten umfaßten zusammen zuletzt 12 bis 13 Millionen Stimmen, die NSDAP und die Deutschnationalen zusammen etwa 19 bis 20 Millionen. Das spricht dafür, daß praktisch-politisch nicht die wirtschaftliche, sondern die ideologische Schichtung entschieden hat. Dem Mittelstand kommt somit eine höhere Bedeutung zu, als ihm beigemessen war.

In die Zeit des rapiden Niedergangs der deutschen Wirtschaft 1929–1932 fällt der große Sprung der NSDAP von 800 000 Stimmen im Jahre 1928 auf 6,4 Millionen im Herbst 1930, 13 Millionen im Sommer 1932 und 17 Millionen im Januar 1933.[2] Nach einer Berechnung von Jäger („Hitler", „Roter Aufbau", Oktober 1930), die ich auf ihre Genauigkeit nicht überprüfen konnte, enthielten bereits die 6,4 Millionen nationalsozialistischen Stimmen etwa drei Millionen ökonomisch-proletarische, und zwar 60–70 % Angestellte und 30–40 % Arbeiter.

Das Problematische des jüngsten soziologischen Prozesses erfaßte meines Wissens am klarsten Karl Radek schon im Jahre 1930 nach dem ersten Aufschwung der NSDAP; er schrieb:

> „Nichts Ähnliches ist in der Geschichte des politischen Kampfes bekannt, besonders in einem Lande mit alter politischer Differenzierung, wo jede neue Partei sehr schwer einen Platz an dem durch die alten Parteien besetzten Tische erkämpfen muß. Es gibt nichts Charakteristischeres, als daß über diese Partei, die den zweiten Platz im deutschen politischen Leben einnimmt, sowohl in der bürgerlichen wie in der sozialistischen Literatur nichts gesagt worden ist. Das ist eine Partei ohne Geschichte, die sich plötzlich im politischen Leben Deutschlands emporhebt, wie plötzlich mitten im Meer durch die Wirkung vulkanischer Kräfte ein Eiland emportaucht."
>
> („Deutsche Wahlen", „Roter Aufbau", Okt. 1930)

Wir zweifeln nicht daran, daß auch dieses Eiland seine Geschichte hat und über eine innere Logik verfügt.

Die Entscheidung in der Alternative: „Untergang in der Barbarei", oder: „Aufstieg zum Sozialismus", liegt, nach allem, was die Überlegung bisher ergibt, daran, ob sich die ideologische Struktur der beherrschten Schichten nach ihrer ökonomischen Lage ausrichtet oder ob sie auseinanderfallen; sei es in der Form, daß die Ausbeutung passiv geduldet wird, wie in den großen asiatischen Gesellschaften, sei es in der Form, daß die Ideologie der Mehrheit der Unterdrückten der ökonomischen Lage konträr ist wie heute in Deutschland.

Das Grundproblem ist also, was das beschriebene Auseinanderfallen bedingt bzw. den Zusammenklang von wirtschaftlicher Lage und Ideologie verhindert.

Es kommt also auf die Erfassung des Wesens der ideologischen Struktur und ihrer Beziehung zur ökonomischen Basis, der sie entsprang, an.

Um dies zu begreifen, müssen wir uns zunächst von einigen vulgärmarxistischen Auffassungen befreien, die den Weg zum Verständnis des Faschismus versperren. Es sind im wesentlichen folgende:

Der Vulgärmarxismus trennt schematisch das gesellschaftliche, meist das wirtschaftliche Sein vom Sein überhaupt ab und behauptet, daß die Ideologie und das „Bewußtsein" der Menschen durch das wirtschaftliche Sein *allein* und *unmittelbar* bestimmt werden. So gelangt er zu einer mechanischen Gegenüberstellung von Wirtschaft und Ideologie, von Basis und Überbau; er macht die Ideologie schematisch und einseitig abhängig von der Wirtschaft und übersieht die Abhängigkeit der Entwicklung der Wirtschaft von der der Ideologie. Aus diesem Grunde ist ihm das Problem der sogenannten „Rückwirkung der Ideologie" verschlossen. Obwohl er nun vom „Zurückbleiben des subjektiven Faktors", wie ihn Lenin verstand, spricht, kann er dieses Zurückbleiben nicht praktisch bewältigen, weil er ihn früher aus der wirtschaftlichen Situation einseitig hervorgehen ließ, ohne erstens die Widersprüche der Ökonomie in der Ideologie aufzusuchen, und zweitens ohne die Ideologie als geschichtliche Kraft zu erfassen.

In der Tat sträubt er sich gegen die Erfassung der Struktur und Dynamik der Ideologie, indem er sie als „Psychologie", die unmarxistisch sei, abtut, und überläßt die Handhabung des subjektiven Faktors, des sogenannten „Seelenlebens" in der Geschichte, dem metaphysischen Idealismus der politischen Reaktion, den Gentile und Rosenberg, die den „Geist" und die „Seele" *allein* Geschichte machen lassen, womit sie merkwürdigerweise sogar Erfolg haben. Die Vernachlässigung *dieser* Seite des historischen Materialismus ist ein Vorgehen, das Marx seinerzeit prinzipiell schon am Materialismus des 18. Jahrhunderts kritisierte. Dem Vulgärmarxisten ist die Psychologie an sich ein von vornherein metaphysisches System, und er denkt nicht daran, den metaphysischen Charakter der bürgerlichen Psychologie von ihren materialistischen Grundelementen, die die bürgerliche psychologische Forschung erbringt und die wir weiterentwickeln müssen, zu trennen. Er verwirft, statt produktive Kritik zu üben, und fühlt sich als Materialist, wenn er Tatsachen wie „Trieb", „Bedürfnis" oder „seelischer Prozeß" als „idealistisch" verwirft. Er gerät dadurch in größte Schwierigkeiten und erntet nur Mißerfolge, weil er gezwungen ist, in der politischen Praxis unausgesetzt praktische Psychologie zu betreiben, von den Bedürfnissen der Massen, von revolutionärem Bewußtsein, vom Streikwillen etc. zu sprechen. Je mehr er nun die Psychologie leugnet, desto mehr betreibt er selbst metaphysischen Psychologismus und Schlimmeres, wie öden Couéismus, etwa indem er eine historische Situation aus der „Hitlerpsychose" erklärt oder die Massen tröstet, sie sollten doch auf ihn vertrauen, es gehe trotz alledem vorwärts, die Revolution lasse sich nicht niederringen usf. Er versinkt schließlich darin, illusionär Mut einzupumpen, ohne in Wirklichkeit etwas Sachliches zur Situation zu sagen, ohne zu begreifen, was vorgegangen ist. Daß es für die Bourgeoisie nie eine ausweglose Situation gibt, daß eine scharfe ökonomische Krise ebensogut zum Sozialismus wie in die Barbarei führen kann, muß ihm als Problem ein Buch mit sieben Siegeln bleiben. Statt aus der Wirklichkeit Gedanken und Tat abzuleiten, formt er die Wirklichkeit in der Phantasie so um, wie es seinen Wünschen entspricht.

Die dialektisch-materialistische Psychologie kann nichts anderes sein als die Forschung nach diesem subjektiven Faktor der Geschichte, nach der ideologischen Struktur der Menschen einer Epoche und der ideologischen Struktur der Gesellschaft, die sie bilden. Sie stellt sich nicht wie die bürgerliche Psychologie und die psychologistische Ökonomie der Marxschen Soziologie gegenüber, indem sie ihr eine „psychologische Auffassung“ des Gesellschaftlichen entgegensetzt, sondern sie ordnet sich ihr, die das Bewußtsein aus dem Sein ableitet, an einer ganz bestimmten Stelle unter und ein.

Der Marxsche Satz, daß sich das Materielle (das Sein) im Menschenkopfe in Ideelles (in Bewußtsein) umsetzt, und nicht ursprünglich umgekehrt, läßt zwei Fragen offen: erstens, *wie* das geschieht, was dabei „im Menschenkopfe“ vorgeht, zweitens wie das so entstandene Bewußtsein (wir werden von nun an von *psychischer Struktur* sprechen) auf dem ökonomischen Prozeß zurückwirkt. Diese Lücke füllt die analytische Psychologie aus, indem sie den Prozeß im menschlichen Seelenleben aufdeckt, der von den Seinsbedingungen bestimmt ist, und somit den subjektiven Faktor wirklich erfaßt. Sie hat also eine streng umschriebene Aufgabe. Sie kann nicht etwa die Entstehung der Klassengesellschaft oder die kapitalistische Produktionsweise erklären (sofern sie solches versucht, kommt regelmäßig reaktionärer Unsinn heraus, z. B. der Kapitalismus sei eine Erscheinung der Habgier der Menschen), wohl aber ist allein sie befähigt – und nicht die Sozialökonomie – zu erforschen, wie der Mensch einer Epoche etwa aussieht, denkt, handelt, wie sich die Widersprüche seines Daseins in ihm auswirken, wie er mit diesem Dasein fertig zu werden versucht etc. Sie untersucht zwar nur den einzelnen Menschen, wenn sie sich aber zur Erforschung der einer Schichte, Klasse, Berufsgruppe etc. *gemeinsamen*, typischen psychischen Prozesse spezialisiert und das Unterschiedliche ausschaltet, wird sie zur Massenpsychologie.

Sie knüpft dabei an Marx selbst an:

„Die Voraussetzungen, mit denen wir beginnen, sind keine willkürlichen, keine Dogmen, es sind wirkliche Voraussetzungen, von denen man nur in der Einbildung abstrahieren kann. Es sind die wirklichen Individuen, ihre Aktion und ihre materiellen Lebensbedingungen, sowohl die vorgefundenen wie die durch die Aktion erzeugten.“

(Deutsche Ideologie, I)

„Der Mensch ist selbst die Basis seiner materiellen Produktion wie jeder anderen, die er verrichtet. Alle Umstände also, die den Menschen, das Subjekt der Produktion affizieren, modifizieren mehr oder weniger alle seine Funktionen und Tätigkeiten als Schöpfer des materiellen Reichtums, der Waren. In dieser Hinsicht kann in der Tat nachgewiesen werden, daß alle menschlichen Verhältnisse und Funktionen, wie und wann sie sich immer darstellen, die materielle Produktion beeinflussen und mehr oder minder bestimmend auf sie einwirken."

(Theorien über den Mehrwert, 1905, I, S. 388 f)

Wir sagen also keine Neuigkeiten und revidieren nicht Marx, wie wir sicher zu hören bekommen werden: „*Alle* menschlichen Verhältnisse" – dazu gehören die Verhältnisse des Arbeitsprozesses ebenso wie die persönlichen und privatesten und die höchsten Sublimierungen des menschlichen Trieblebens und Denkens, also auch etwa das Geschlechtsleben der Frauen und Jugendlichen und Kinder ebenso wie der Stand der marxistischen Forschung über diese Verhältnisse und ihre Anwendung auf neue gesellschaftliche Fragen. Hitler vermochte mit einer bestimmten Art dieser menschlichen Verhältnisse Geschichte zu machen, die durch Verlachen nicht aus der Welt zu schaffen ist. Wenn also Marx keine Sexualsoziologie entwickelt hat und nicht entwickeln konnte, weil es damals keine Sexualwissenschaft gab, so kommt es darauf an, nicht nur die wirtschaftlichen, sondern auch *diese* Verhältnisse in das Gebäude des historischen Materialismus einzubauen, die Hegemonie der Mystiker und Metaphysiker über dieses Gebiet zu zerstören.

Wenn eine Ideologie auf den wirtschaftlichen Prozeß rückwirkt, muß sie zu einer materiellen Kraft geworden sein. Wenn eine Ideologie zur materiellen Kraft wird, sobald sie Massen ergreift, so müssen wir weiter fragen: Auf welchem Wege geschieht das? Wie wird die materielle Auswirkung eines ideologischen Tatbestandes möglich, also etwa einer Theorie, die geschichtsumwälzend wirkt? Die Antwort auf diese Frage muß gleichzeitig die Antwort auf die Frage nach der Praxis der Massenpsychologie sein.

Die Ideologie jeder gesellschaftlichen Formation hat nicht nur die Funktion, den ökonomischen Prozeß dieser Gesellschaft zu spiegeln, sondern vielmehr auch die, ihn in den psychischen Strukturen der Menschen dieser Gesellschaft zu verankern. Die Menschen unterliegen ihren Seinsverhältnissen auf doppelte Art: direkt der unmittelbaren Einwirkung ihrer ökonomischen und sozialen Lage, und indirekt vermittels der ideologischen Struktur der Gesellschaft; sie müssen also immer einen Widerspruch in ihrer psychischen Struktur entwickeln, der dem Widerspruch zwischen der Einwirkung durch ihre materielle Lage und der Einwirkung durch die ideologische Struktur der Gesellschaft entspricht. Der Arbeiter etwa ist sowohl seiner Klassensituation wie der allgemeinen Ideologie der bürgerlichen Gesellschaft ausgesetzt. Indem die Menschen der verschiedenen Schichten aber nicht nur Objekte dieser Einwirkungen sind, sondern sie auch als tätige Subjekte reproduzieren, muß ihr Denken und Handeln ebenso widerspruchsvoll sein, wie die Gesellschaft, der es entspringt. Indem aber eine Ideologie die psychische Struktur der Menschen verändert, hat sie sich nicht nur in diesen Menschen reproduziert, sondern was bedeutsamer ist, sie ist in Gestalt des derart konkret veränderten und infolgedessen verändert und widerspruchsvoll handelnden Menschen zur aktiven Kraft, zur materiellen Gewalt geworden. Auf diese Weise wird die Rückwirkung der Ideologie einer Gesellschaft auf die ökonomische Basis, der sie entsprang, möglich, und *nur* auf diese Weise. Die „Rückwirkung" verliert ihren anscheinend metaphysischen oder psychologistischen Charakter, wenn sie in ihrer materiellen Gegebenheit als psychische Struktur des handelnden Menschen erfaßt werden kann. Als solche ist sie dann Objekt der naturwissenschaftlichen, d. h. marxistischen Psychologie. Die Feststellung, daß sich die Ideologie langsamer umwälzt als die ökonomische Basis, erfährt hier bestimmte Präzision. Da die psychischen Strukturen, die einer bestimmten historischen Situation entsprechen, in der frühen Kindheit in den Grundzügen formiert werden und einen weit konservativeren Charakter haben als die technischen Produktivkräfte, so ergibt sich, daß mit der Zeit die psychischen Strukturen hinter der Entwicklung der Seinsverhältnisse, denen sie entsprangen und die sich rasch weiterentwickeln, zurückbleiben und mit den späteren Lebensformen in Konflikt geraten müssen. Das ist der Grundzug des Wesens der sogenannten Tradition, die wir aber dadurch noch nicht inhaltlich begreifen.

3. Die Fragestellung der Massenpsychologie

Wir haben bisher gesehen, daß die wirtschaftliche und ideologische Situation der Massen sich nicht decken müssen und sogar beträchtlich auseinanderfallen können. Wir müssen nun weiter feststellen, daß die ökonomische Lage sich nicht unmittelbar und direkt in politisches Bewußtsein umsetzt. Wäre das der Fall, die soziale Revolution wäre längst da. Entsprechend diesem Auseinanderfallen von ökonomischer Lage und Ideologie oder politischem Bewußtsein muß die Untersuchung der Wirklichkeit eine doppelte sein: Ungeachtet der Tatsache, daß sich die Ideologie grob gefaßt aus dem wirtschaftlichen Dasein ableitet, muß die wirtschaftliche Situation mit anderer Fragestellung erfaßt werden als die ideologische Struktur: jene sozialökonomisch, diese psychologisch. Wir wollen das Gesagte an einem einfachen Beispiel darstellen: Wenn Arbeiter, die infolge Lohndrucks hungern, streiken, so ergibt sich ihr Handeln direkt aus ihrer wirtschaftlichen Lage. Das gleiche gilt für den Hungernden, der stiehlt. Zur Erklärung des Diebstahls aus Hunger oder des Streiks aus der Ausbeutung bedarf es keiner weiten psychologischen Erklärung. In diesem Falle entsprechen Ideologie und Handeln dem wirtschaftlichen Druck. Ökonomische Lage und Ideologie decken sich. Die bürgerliche Psychologie pflegt in diesem Falle psychologisch erklären zu wollen, aus welchen angeblich irrationalen Motiven gestohlen oder gestreikt wird, was immer zu reaktionären Erklärungen führt. Für die dialektisch-materialistische Psychologie steht die Frage gerade umgekehrt: nicht, daß der Hungernde stiehlt oder daß der Ausgebeutete streikt, ist zu erklären, sondern warum die Mehrheit der Hungernden nicht stiehlt und die Mehrheit der Ausgebeuteten nicht streikt. Die Sozialökonomie erklärt also einen gesellschaftlichen Tatbestand restlos dann, wenn das Handeln und Denken rational-zweckmäßig ist, d. h. der Bedürfnisbefriedigung dient und die ökonomische Situation unmittelbar wiedergibt und fortsetzt. Sie versagt, wenn das Denken und Handeln der Menschen der ökonomischen Situation *widerspricht*, also *irrational* ist. Der Vulgärmarxismus und der Ökonomismus, die die Psychologie nicht anerkennen, stehen einem solchen Widerspruch hilflos gegenüber. Je mechanistischer, ökonomistischer der vulgäre Marxist ist, je mehr er die Psychologie des Menschen leugnet, desto mehr verfällt er dem oberflächlichsten Psychologismus in der Praxis der Massenpropaganda, indem er, statt den psychischen Widerspruch im Massenindividuum zu erraten und zu beseitigen, öden Couéismus betreibt oder die nationalistische Bewegung aus einer „Massenpsychose" erklärt. Die Fragestellung der marxistischen Massenpsychologie setzt also gerade dort an, wo die *unmittelbare* sozialökonomische Erklärung versagt. Stellt sich die Massenpsychologie dadurch in Gegensatz zur Sozialökonomie? Nein. Um es vorwegzunehmen: das irrationale, also der unmittelbaren sozialökonomischen Situation widersprechende Denken und Handeln der Massen ist selbst die Folge einer früheren, *älteren* sozialökonomischen Situation. Man pflegt die Hemmung der Entwicklung des revolutionären Bewußtseins aus der sogenannten Tradition zu erklären. Es ist aber bisher nicht untersucht worden, was das ist: „Tradition", an welchen materiellen, psychischen Tatbeständen sie sich abspielt. Der Ökonomismus hat bisher übersehen, daß die wesentlichste Frage nicht die ist, daß und wie Klassenbewußtsein beim Werktätigen vorhanden ist (das ist selbstverständlich!), sondern *was die Entwicklung des Klassenbewußtseins hemmt*.

Die Ablehnung der psychologischen Beobachtung und Praxis in der proletarischen Politik ergab bisher in den Diskussionen eine unproduktive politische Fragestellung. Die Kommunisten erklärten z. B. die Machtergreifung durch den Faschismus aus der illusionären, irreführenden Politik der Sozialdemokratie. Diese Erklärung führt im Grunde in eine Sackgasse, denn es ist ja eben die Funktion der Sozialdemokratie, als objektive Stütze des Kapitalismus, Illusionen zu verbreiten. Das wird sie immer tun, solange sie besteht. Diese Erklärung ergibt keine neue Praxis. Ebenso unproduktiv ist die Erklärung, die politische Reaktion hätte in Gestalt des Faschismus die Massen „vernebelt", „verführt" und „hypnotisiert". Das ist und bleibt die Funktion des Faschismus, solange er existiert. Es ist unproduktiv, weil es keinen Ausweg zeigt, die Politik nur auf die objektive Funktion einer kapitalistischen Partei, nämlich Stütze der kapitalistischen Herrschaft zu sein, zu begründen. Man muß natürlich die objektive Funktion der Sozialdemokratie und des Faschismus enthüllen. Die Erfahrung lehrt aber, daß die tausendfältige Enthüllung dieser Rolle die Massen nicht überzeugte, daß also die sozialökonomische Fragestellung allein nicht genügt.

Liegt nicht nahe zu fragen, *was in den Massen vorgeht*, daß sie diese Rolle nicht erkennen konnten und wollten? Mit der typischen Auskunft „Die Arbeiter *müssen* nun erkennen ...“ oder „Wir haben es nicht verstanden ...“ ist nicht gedient. Warum erkennen die Arbeiter nicht, und warum haben wir nicht verstanden? Als unproduktive Fragestellung ist z. B. auch jene zu betrachten, die der Diskussion zwischen der rechten Opposition und der Komintern zugrunde lag. Die Rechten behaupteten, die Arbeiter seien nicht kampfgewillt, die „Linke“ dagegen behauptete, das sei falsch, die Arbeiter seien revolutionär, und die Behauptung der Rechten bedeute Verrat am revolutionären Gedanken. Beide Fragestellungen waren, weil sie ein Entweder-Oder darstellten, mechanisch, undialektisch. Der Wirklichkeit hätte entsprochen festzustellen, daß der durchschnittliche Arbeiter einen *Widerspruch, gleichzeitig* die Gegensätze von revolutionärer Einstellung und bürgerlicher Hemmung (z. B. Führerbindung des sozialdemokratischen Arbeiters) in sich trägt, daß er also weder eindeutig revolutionär noch eindeutig bürgerlich ist, sondern in einem Konflikt steht: seine psychische Struktur leitet sich einerseits aus seiner Klassenlage ab, die revolutionäre Einstellungen anbahnt, andererseits aus der Gesamtatmosphäre der bürgerlichen Gesellschaft, was einander widerspricht.

Es ist nicht nur entscheidend, einen solchen Widerspruch zu sehen, sondern auch zu erfahren, worin sich konkret das Bürgerliche und das Klassenmäßige im Arbeiter darstellt. Die gleiche Fragestellung gilt natürlich auch für den Mittelständler. Daß er in der Krise gegen das „System“ rebelliert, verstehen wir unmittelbar. Daß er aber, obwohl bereits ökonomisch proletarisiert, trotzdem das Absinken ins Proletariat fürchtet und extrem reaktionär wird, ist nicht unmittelbar sozialökonomisch zu verstehen. Auch er hat also einen Widerspruch in sich zwischen rebellierendem Fühlen und reaktionären Zielen und Inhalten. ...

Es würde einen Widerspruch zur marxistischen Theorie des Klassenbewußtseins bedeuten, wenn man die Massen auf der anderen Seite derart einschätzen würde, daß sie einer bloßen Vernebelung zugänglich seien. Es handelt sich offenbar um die große Frage, daß jede Gesellschaftsordnung sich in den Massen ihrer Mitglieder diejenigen Strukturen erzeugt, die sie für ihre Hauptziele braucht.[1]

Es muß eine wichtige Korrelation bestehen zwischen der ökonomischen Struktur einer Gesellschaft und der massenpsychologischen Struktur ihrer Mitglieder; nicht nur in dem Sinne, daß die herrschenden Ideologien die Ideologien der herrschenden Klasse sind, sondern, was für die Lösung von praktischen Fragen der Politik bedeutsamer ist: auch die *Widersprüche* der ökonomischen Struktur einer Gesellschaft müssen in den massenpsychologischen Strukturen der Unterdrückten repräsentiert sein. Anders wäre nicht denkbar, daß die ökonomischen Gesetze einer Gesellschaft nur durch die „Aktion“, das heißt die psychischen Strukturen der ihnen unterworfenen Massen zur konkreten Auswirkung gelangen können.

Die proletarische Bewegung wußte zwar von der Wichtigkeit des sogenannten „subjektiven Faktors der Geschichte" (bei Marx ist im Gegensatz zu mechanischen Materialismus der Mensch als Subjekt der Geschichte im Prinzip erfaßt, und Lenin baute gerade diese Seite des Marxismus aus); woran es mangelte, war die *Erfassung des irrationalen, unzweckmäßigen Handelns*, anders ausgedrückt, das Auseinanderfallen von Ökonomie und Ideologie. Wir müssen erklären können, wie es möglich wurde, daß Mystik über wissenschaftliche Soziologie gesiegt hat. Diese Aufgabe kann nur dann geleistet werden, wenn unsere Fragestellung derart ist, daß sich aus der Erklärung automatisch neue Praxis ergibt. Wenn der Werktätige weder eindeutig bürgerlich noch eindeutig revolutionär ist, sondern in einem Widerspruch zwischen reaktionären und revolutionären Strebungen steht, so muß sich, wenn wir diesen Widerspruch entdecken, zwangsläufig eine Praxis ergeben, die den konservativen psychischen Kräften die revolutionären entgegensetzt. Die Mystik ist reaktionär, der bürgerliche Mensch ist mystisch. Wenn man die Mystik verlacht, als Vernebelung oder als Psychose unerklärt abtut, so geht keine Praxis gegen die Mystik daraus hervor. Wenn man aber die Mystik materialistisch erklären kann, so muß sich zwangsläufig ein politisches Gegengift gegen sie ergeben. Um aber diese Aufgabe zu leisten, müssen die Beziehungen zwischen sozialer Lage und Ideologiebildung, im besonderen die nicht unmittelbar sozialökonomisch erklärbaren, *irrationalen*, soweit die Erkenntnismittel reichen, erfaßt werden.

4. Die gesellschaftliche Funktion der Sexualunterdrückung

...

Marx fand das gesellschaftliche Leben beherrscht von den Bedingungen der wirtschaftlichen Produktion und den aus ihnen von einem bestimmten Zeitpunkt der Geschichte ab hervorgehenden Klassenkämpfen. Die Beherrschung der unterdrückten Klasse durch die Besitzer der Produktionsmittel bedient sich nur selten der Mittel der brutalen Gewalt; ihre Hauptwaffe ist die ideologische Macht über die Unterdrückten, die den Staatsapparat mächtig stützt. Daß Marx als erste Voraussetzung der Geschichte und Politik den lebendigen, produzierenden Menschen mit seiner psychischen und physischen Beschaffenheit setzte, haben wir bereits gehört. Die Struktur des handelnden Menschen, der sog. „subjektive Faktor der Geschichte", blieb unerforscht, weil Marx Soziologe und nicht Psychologe war, und weil es damals keine naturwissenschaftliche Psychologie gab. Das Problem, aus welchem Grunde sich die Menschen die Ausbeutung, moralische Erniedrigung, kurz die Sklaverei seit Jahrtausenden gefallen lassen, blieb unbeantwortet; ermittelt war nur der ökonomische Prozeß der Gesellschaft und der Mechanismus der privatwirtschaftlichen Ausbeutung.

Ein knapp halbes Jahrhundert später entdeckte Freud mit einer speziellen Methode, die er Psychoanalyse nannte, den Prozeß, der das

Seelenleben beherrscht. Seine wichtigsten Entdeckungen, die auf eine große Reihe bisheriger Anschauungen verheerend und an sich umstürzlerisch wirkten, was ihm anfangs den Haß der Welt eintrug, sind folgende.

Das Bewußtsein ist nur ein kleiner Teil des Seelischen; es wird selbst dirigiert von seelischen Prozessen, die unbewußt ablaufen und deshalb der Kontrolle des Bewußtseins nicht zugänglich sind; jedes scheinbar noch so sinnlose psychische Geschehen, wie der Traum, die Fehlleistung, die absurden Äußerungen der seelisch Kranken und Geistesgestörten etc., hat eine Funktion und einen „Sinn" und läßt sich restlos verstehen, wenn man es in die Entwicklungsgeschichte des betreffenden Menschen einzuordnen vermag. Dadurch reihte sich die Psychologie, die bis dahin entweder als eine Art Physik des Gehirns („Hirnmythologie") oder als Lehre von einem mysteriösen objektiven Geist vegetierte, in die Reihe der Naturwissenschaften ein.

Die zweite große Entdeckung war die, daß schon das kleine Kind eine lebhafte Sexualität entwickelt, die nichts mit der Fortpflanzung zu tun hat, daß also *Sexualität* und *Fortpflanzung, sexuell* und *genital* nicht dasselbe seien; die analytische Zerlegung der psychischen Prozesse wies ferner nach, daß die Sexualität bzw. deren Energie, die *Libido*, aus körperlichen Quellen stammend, der zentrale Motor des Seelenlebens ist, sobald sie in Konflikt mit realen Bedingungen des Daseins gerät. Biologische Voraussetzungen und soziale Bedingungen des Lebens treffen also im Seelischen aufeinander.

Die dritte große Entdeckung war, daß die kindliche Sexualität, zu der auch das meiste und wesentlichste an der Kind-Eltern-Beziehung („Ödipuskomplex") gehört, gewöhnlich aus Angst vor Strafe für sexuelles Tun und Denken (im Kern „Kastrationsangst") verdrängt wird, das heißt von der Aktion ausgesperrt und in der Erinnerung ausgelöscht wird. Die Verdrängung der kindlichen Sexualität entzieht sie also der Herrschaft des Bewußtseins, nimmt ihr aber nicht die Kraft, erhöht sie vielmehr und befähigt sie derart, sich in verschiedenen krankhaften Störungen des Seelenlebens zu äußern. Da es kaum eine Ausnahme von dieser Regel beim Kulturmenschen gibt, konnte Freud sagen, daß er die ganze Menschheit zum Patienten habe.

Die vierte hier wichtige Entdeckung war, daß die moralischen Instanzen im Menschen, weit entfernt davon, überirdischer Herkunft zu sein, sich zentral aus den Erziehungsmaßnahmen der Eltern und ihrer Vertreter in frühester Kindheit ableiten. Im Kern dieser Erziehungsmaßnahmen wirken diejenigen, die sich gegen die Sexualität des Kindes richten. Der Konflikt, der sich ursprünglich zwischen den Wünschen des Kindes und den Verboten der Eltern abspielt, setzt sich später als Konflikt zwischen Trieb und Moral *innerhalb* der Person fort. Die moralischen Instanzen, die selbst unbewußt sind, wirken sich beim Erwachsenen gegen die Erkenntnisse der Gesetze der Sexualität und des unbewußten Seelenlebens aus; sie unterstützen die Sexualverdrängung („Sexualwiderstand") und erklären den Widerstand der Welt gegen die Entdeckung der kindlichen Sexualität.

Jede dieser Entdeckungen (wir nannten nur die für unser Thema wichtigsten) bedeutete schon durch ihre Existenz einen schweren Schlag gegen die bürgerliche Moralphilosophie und insbesondere gegen die Religion, die ewige sittliche Werte verteidigten, einen objektiven Geist die Welt beherrschen ließen und die kindliche Sexualität leugneten sowie die Geschlechtlichkeit auf die Fortpflanzungsfunktion einengten. Diese Entdeckungen konnten bisher ihre Wirkung nicht entfalten, weil die psychoanalytische Soziologie, die sich darauf aufbaute, zum größten Teile ihnen wieder nahm, was sie an Fortschrittlichem und Umstürzlerischem gegeben hatten. Hier ist nicht der Ort, dies zu beweisen. Die analytische Soziologie versuchte die Gesellschaft wie ein Individuum zu analysieren, setzte einen absoluten Gegensatz von Kulturprozeß und Sexualbefriedigung, faßte die destruktiven Triebe als ursprüngliche biologische Gegebenheiten auf, die das menschliche Geschick unausrottbar beherrschen, leugnete die mutterrechtliche Urzeit und landete in einer lähmenden Skepsis, weil sie vor den Konsequenzen der eigenen Entdeckungen zurückschrak. Heute steht sie Bestrebungen, diese Konsequenzen zu ziehen, feindlich gegenüber, und ihre Vertreter erweisen sich im Kampfe gegen diese Bestrebungen keineswegs inkonsequent. Das ändert nichts daran, daß wir die großen Freudschen Entdeckungen gegen jeden Angriff, von welcher Seite immer er kommen mag, aufs schärfste zu verteidigen entschlossen sind.

Die Fragestellung der Sexualökonomie, die von diesen Entdeckungen ausging, ist nicht einer der üblichen Versuche, Marx durch Freud oder Freud durch Marx zu ersetzen, zu ergänzen, sie zu vermengen etc. (von der dialektisch-materialistischen Kritik der psychoanalytischen Theorie sehen wir dabei ab). Wir haben früher die Stelle im historischen Materialismus angegeben, an der die Psychoanalyse eine wissenschaftliche Funktion zu erfüllen hat, die die Sozialökonomie nicht zu leisten vermag: die Erfassung der Struktur und Dynamik der Ideologie, nicht deren historischen Bodens.

Die Psychoanalyse ist in ihrem klinischen Kern *die* Grundlage einer künftigen dialektisch-materialistischen Psychologie. Durch Einbeziehung ihrer Erkenntnisse gelangt die Soziologie auf ein höheres Niveau, vermag sie die Wirklichkeit viel besser zu bewältigen, weil endlich der Mensch in seiner Beschaffenheit erfaßt ist. Daß sie nicht sofort billige praktische Ratschläge erteilen kann, wird ihr nur der bornierte Politiker zum Vorwurf machen. Daß sie mit allen Verzerrungen, die bürgerlicher Wissenschaft anzuhängen pflegt, behaftet ist, wird nur ein politischer Schreier zum Anlaß nehmen, sie als Ganzes zu verwerfen. Daß sie die Sexualität erfaßt hat, wird ihr der echte Marxist als wissenschaftlich-revolutionäre Tat hoch anrechnen.

Es ergibt sich daraus von selbst, daß die Wissenschaft der Sexualökonomie, die sich auf dem soziologischen Fundament von Marx und dem psychologischen von Freud aufbaut, eine im wesentlichen massenpsychologische und sexualsoziologische zugleich ist. Sie beginnt dort, wo, nach Ablehnung der idealistischen Soziologie und Kulturphilosophie Freuds,[3] die klinisch-psychologische Fragestellung der Psychoanalyse endet.

Die Psychoanalyse enthüllt uns die Wirkungen und Mechanismen der Sexualunterdrückung und -verdrängung und deren krankhafte Folgen. Die Sexualökonomie setzt fort: Aus welchem *soziologischen* Grunde wird die Sexualität von der Gesellschaft unterdrückt und vom Individuum zur Verdrängung gebracht? Die Kirche sagt, um des Seelenheils im Jenseits willen, die mystische Moralphilosophie sagt, aus der ewigen ethisch-sittlichen Natur des Menschen heraus; die Freudsche Kulturphilosophie behauptet, dies geschehe um der „Kultur" willen; man wird skeptisch und fragt sich, warum denn die Onanie der Kleinkinder und der Geschlechtsverkehr der Puberilen die Errichtung von Tankstellen und die Erzeugung von Flugschiffen stören sollte. Man ahnt, daß nicht die kulturelle Tätigkeit an sich, sondern nur die gegenwärtigen Formen dieser Tätigkeit dies erfordern, und ist gern bereit, die Formen zu opfern, wenn dadurch das maßlose Kinder- und Jugendelend beseitigt werden könnte. Die Frage ist dann nicht mehr eine der Kultur, sondern eine der Gesellschaftsordnung. Man untersucht die Geschichte der Sexualunterdrückung und die Herkunft der Sexualverdrängung und findet, daß sie nicht im Beginne der Kulturentwicklung einsetzt, also nicht die Voraussetzung der Kulturbildung ist, sondern erst relativ spät sich mit dem Privateigentum an den Produktionsmitteln und dem Beginne der Klassenteilung herauszubilden beginnt. Die Geschlechtsinteressen aller beginnen in den Dienst der wirtschaftlichen Profitinteressen einer Minderheit zu treten; in Form der monogamen Ehe und der vaterrechtlichen Familie hat dieser Tatbestand feste organisatorische Gestalt gewonnen. Mit der Einschränkung und Unterdrückung der Geschlechtlichkeit verändert das menschliche Fühlen seine Art, es entsteht die sexualverneinende Religion, und allmählich baut die herrschende Klasse eine eigene sexualpolitische Organisation auf, die Kirche mit allen ihren Vorläufern, die nichts anderes als die Ausrottung der sexuellen Lust der Menschen und mithin des geringen Glücks auf Erden zum Ziele hat. Das hat seinen guten soziologischen Sinn im Zusammenhange mit der nunmehr blühenden Ausbeutung menschlicher Arbeitskraft.

Um diesen Zusammenhang zu begreifen, ist es notwendig, die gesellschaftliche Kerninstitution zu erfassen, in der die wirtschaftliche und die sexualökonomische Situation der privatwirtschaftlichen Gesellschaft sich ineinanderflechten. Ohne Einbeziehung dieser Institution ist ein Verständnis der sexuellen Ökonomie und des ideologischen Prozesses des Patriarchats unmöglich. Die Psychoanalyse von Menschen jeder Altersstufe, aus allen Ländern und jeder sozialen Schicht ergibt: Die Verknüpfung der sozialökonomischen mit der sexuellen Struktur der Gesellschaft und die ideologische Reproduktion der Gesellschaft erfolgen in den ersten vier bis fünf Lebensjahren und in der Familie.

Die Kirche setzt diese Funktion später nur fort. So gewinnt der Klassenstaat sein ungeheures Interesse an der Familie: Sie ist seine Struktur- und Ideologiefabrik geworden.

Wir fanden die Institution, in der sich die sexuellen und die wirtschaftlichen Interessen verknüpfen. Wir müssen nun fragen, wie diese Verknüpfung erfolgt und wie ihr Mechanismus ist. Auch darauf gibt die Analyse der typischen Struktur des bürgerlichen Menschen (des Proletariers eingeschlossen) eine Antwort, freilich nur dann, wenn man sich solche Fragen in der individuellen Analyse überhaupt vorlegt. Die moralische Hemmung der natürlichen Geschlechtlichkeit des Kindes, deren letzte Etappe die schwere Beeinträchtigung der *genitalen* Sexualität des Kleinkindes ist, macht ängstlich, scheu, autoritätsfürchtig, gehorsam, im bürgerlichen Sinne brav und erziehbar; sie lähmt, weil nunmehr jede aggressive Regung mit schwerer Angst besetzt ist, die auflehnenden Kräfte im Menschen, setzt durch das sexuelle Denkverbot eine allgemeine Denkhemmung und Kritikunfähigkeit; kurz, ihr Ziel ist die Herstellung des an die privateigentümliche Ordnung angepaßten, trotz Not und Erniedrigung sie duldenden Staatsbürgers. Als Vorstufe dazu durchläuft das Kind den autoritären Miniaturstaat der Familie, an deren Struktur sich das Kind zunächst anpassen muß, um später dem allgemeinen gesellschaftlichen Rahmen einordnungsfähig zu sein. Die Umstrukturierung des Menschen erfolgt – das muß genau festgehalten werden – zentral durch Verankerung sexueller Hemmung und Angst am lebendigen Material der sexuellen Antriebe.

Wir werden sofort begreifen, warum die Familie von der Sexualökonomie als die wichtigste ideologische Reproduktionsstätte des privatwirtschaftlichen Gesellschaftssystems aufgefaßt wird, wenn wir uns das Beispiel einer durchschnittlichen christlichen Arbeiterfrau vor Augen halten. Sie hungert ebensosehr wie eine kommunistische, ist also der gleichen ökonomischen Lage unterworfen, wählt aber Zentrum und später NSDAP; wenn wir uns auch noch die Wirklichkeit des Unterschiedes in der Sexualideologie der durchschnittlichen klassenbewußten und der durchschnittlichen christlichen Frau klarmachen, dann erkennen wir die entscheidende Bedeutung der Sexualstruktur: Die antisexuelle, moralische Hemmung verhindert die christliche Frau zum Bewußtsein ihrer sozialen Lage zu gelangen und bindet sie ebenso fest an die Kirche, wie sie sie den „Sexualbolschewismus" fürchten läßt. Theoretisch stellt sich die Sachlage wie folgt dar. Der mechanistisch denkende Vulgärmarxist wird annehmen, daß das Klassenbewußtsein, d. h. die Einsicht in die soziale Lage, besonders ausgeprägt dann sein müßte, wenn sich zur wirtschaftlichen Notlage die sexuelle hinzuaddiert. Nach dieser Annahme müßten die Masse der Jugendlichen und die Masse der Frauen weit klassenbewußter sein als die der Männer. Die Wirklichkeit zeigt das gerade Gegenteil, und der Vulgärmarxist steht dem völlig hilflos gegenüber. Er wird es unverstehbar finden, daß die christliche Frau sich sträubt, sein Wirtschaftsprogramm auch nur anzuhören. Die Erklärung ist die: Die Unterdrückung der grob materiellen Bedürfnisbefriedigung erzielt ein anderes Resultat als die der sexuellen Bedürfnisse. Erste treibt zur Rebellion, die zweite jedoch verhindert dadurch, daß sie die sexuellen Ansprüche zur Verdrängung bringt, sie dem Bewußtsein entzieht und sich als moralische Abwehr innerlich verankert, den Vollzug der Auflehnung aus *beiden* Arten von Unterdrückung. Ja auch die Hemmung der Auflehnung selbst ist unbewußt. Es findet sich beim durchschnittlichen unpolitischen Menschen im Bewußtsein nicht einmal ein Ansatz dazu. Zur Verdeutlichung der Beziehung diene folgendes Schema:

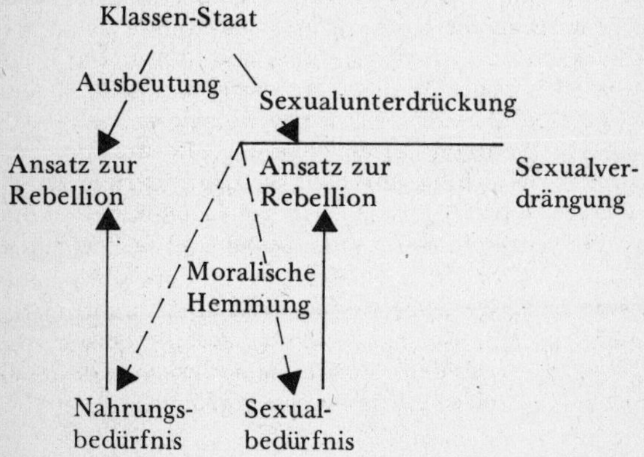

Die Sexualverdrängung stärkt die politische Reaktion nicht nur durch den beschriebenen Vorgang, der die Massenindividuen passiv und unpolitisch macht; sie schafft in der Struktur des bürgerlichen Menschen eine sekundäre Kraft, ein künstliches Interesse, das die herrschende Ordnung auch aktiv unterstützt. Ist nämlich die Sexualität durch den Prozeß der Sexualverdrängung aus den naturgemäß gegebenen Bahnen der Befriedigung ausgeschlossen, so beschreitet sie Wege der Ersatzbefriedigung verschiedener Art. So zum Beispiel steigert sich die natürliche Aggression zum brutalen Sadismus, der ein wesentliches Stück der massenpsychologischen Grundlage desjenigen Krieges bildet, der von einigen wenigen aus imperialistischen Interessen inszeniert wird. Um ein anderes Beispiel zu nennen: Die Wirkung des Militarismus beruht massenpsychologisch im wesentlichen auf einem libidinösen Mechanismus; die sexuelle Wirkung der Uniform, die erotisch aufreizende, weil rhythmisch vollendete Wirkung der Parademärsche, der exhibitionistische Charakter des militärischen Auftretens sind einer Hausgehilfin oder einer durchschnittlichen Angestellten bisher praktisch klarer geworden als unseren gebildetsten Politikern. Dagegen bedient sich die politische Reaktion bewußt dieser sexuellen Interessen. Sie schafft nicht nur pfauenartig ausstaffierte Uniformen für die Männer, sondern sie läßt wie in Amerika die Anwerbung durch anziehende Frauen durchführen. Am Schluß sei noch an die Werbeplakate der kriegslüsternen Mächte erinnert, die etwa folgenden Inhalt haben: „Willst du fremde Länder kennenlernen, dann tritt in die Marine des Königs ein!"; und die fremden Länder sind durch exotische Frauen dargestellt. Und warum wirken diese Plakate? Weil unsere Jugend durch die Sexualeinschränkung sexualhungrig geworden ist.

Sowohl die das Klassenbewußtsein hemmende Sexualmoral als auch diejenigen Kräfte, die den kapitalistischen Interessen entgegenkommen, beziehen ihre Energie aus der verdrängten Sexualität. Wir begreifen nun besser ein Kernstück im Prozeß der Rückwirkung der Ideologie auf die ökonomische Basis: Die Sexualhemmung verändert den wirtschaftlich unterdrückten Menschen strukturell derart, daß er gegen sein materielles Interesse handelt, fühlt und denkt. Das ist gleichbedeutend mit ideologischer Angleichung an die Bourgeoisie. ...

Das praktische Problem der Massenpsychologie ist somit die Aktivierung der passiven Mehrheit der Bevölkerung, die stets der politischen Reaktion zum Siege verhilft, und die Beseitigung derjenigen Hemmungen, die der Entwicklung des aus der sozialökonomischen Lage strömenden Klassenbewußtseins entgegenwirken. Die seelischen Energien einer durchschnittlichen Masse, die ein Fußballspiel erregt verfolgt oder eine kitschige Operette miterlebt, von ihren Fesseln gelöst, in die Bahnen zu den rationalen Zielen der Arbeiterbewegung gelenkt, wären nicht mehr zu binden. Von diesem Gesichtspunkt aus ist die folgende sexualökonomische Untersuchung geleitet.

Die Familienideologie in der Massenpsychologie des Faschismus

1. Führer und Massenstruktur

Ließe die Geschichte des gesellschaftlichen Prozesses den bürgerlichen Historikern Zeit, Betrachtungen über die deutsche Vergangenheit nach einigen Jahrzehnten anzustellen, sie würden im Erfolg Hitlers in den Jahren 1928–1933 sicher den Beweis dafür erblicken, daß nur der große Mann Geschichte macht, indem er die Massen mit „seiner Idee" entflammt: und ein Grundzug der nationalsozialistischen Propaganda baut sich in der Tat auf dieser Führerideologie auf. Sowenig den Propagandisten des Nationalsozialismus die Mechanik ihres Erfolges bekannt ist, sowenig dürfen sie den historischen Boden der nationalsozialistischen Bewegung je erfassen. Es ist daher vollkommen konsequent, wenn der Nationalsozialist Wilhelm Stapel in seiner Schrift „Christentum und Nationalsozialismus" seinerzeit schrieb: „Weil der Nationalsozialismus eine *elementare* Bewegung ist, darum kann man ihm nicht mit „Argumenten" beikommen. Argumente würden nur wirken, wenn die Bewegung durch Argumente großgeworden wäre." Das sachliche Niveau der nationalsozialistischen Versammlungsreden zeichnete sich entsprechend dieser Charakteristik durch sehr geschickte Maßnahmen aus, mit den Gefühlen der Massenindividuen zu operieren und sachliche Argumentation tunlichst zu vermeiden. Hitler betont an verschiedenen Stellen seines Buches „Mein Kampf", daß die richtige massenpsychologische Taktik auf Argumentation verzichten und nur das „große Endziel" unausgesetzt den Massen vorführen müsse. Wie es dann mit dem Endziel *nach* der Machtergreifung aussieht, läßt sich am italienischen Faschismus leicht zeigen, wie ja auch die jüngsten Erlässe Görings gegen die wirtschaftlichen Organisationen des Mittelstandes, die Absage an die von den Anhängern erwartete „zweite Revolution", die Nichterfüllung der versprochenen sozialistischen Maßnahmen etc. bereits die eigentliche objektive Funktion des Faschismus enthüllen. Wie wenig Hitler selbst den Mechanismus seiner Erfolge kennt, zeigt folgende Ansicht:

„Diese große Linie allein, die nie verlassen werden darf, läßt bei immer gleichbleibender konsequenter Betonung den endgültigen Erfolg heranreifen. Dann aber wird man mit Staunen feststellen können, zu welch ungeheuren, kaum verständlichen Ergebnissen solch eine Beharrlichkeit führt."

(„Mein Kampf", S. 203)

Hitlers Erfolg läßt sich also keinesfalls aus seiner objektiven Rolle in der Geschichte des Kapitalismus erklären, denn diese hätte, wäre sie unmittelbarer Inhalt der Propaganda gewesen, das Gegenteil des Beabsichtigten erzielt. Die Erforschung der massenpsychologischen Wirkung Hitlers muß von der Voraussetzung ausgehen, daß ein Führer oder auch nur Vertreter einer Idee nur dann Erfolg haben kann (wenn auch nicht in historischer, so doch in begrenzter Perspektive), wenn seine persönliche Anschauung, seine Ideologie oder sein Programm an die durchschnittliche Struktur einer breiten Schicht von Massenindividuen anklingt. Dann ergibt sich die weitere Frage, welcher historischen und soziologischen Situation diese Massenstrukturen ihr Entstehen verdanken. So verlegt sich die Fragestellung der Massenpsychologie aus der Metaphysik in die Wirklichkeit des gesellschaftlichen Lebens. *Nur dann, wenn die Struktur einer Führerpersönlichkeit mit massenindividuellen Strukturen breiter Kreise zusammenklingt, kann ein „Führer" Geschichte machen.* Und ob er *endgültig* Geschichte macht oder nur *vorübergehend*, hängt einzig und allein davon ab, ob sein Programm in der Richtung des fortschreitenden gesellschaftlichen Prozesses liegt oder sich dagegen anstemmt. Es ist daher nicht nur verfehlt, sondern auch politisch irreführend, wenn man den Hitlerschen Erfolg allein aus der Demagogie der Nationalsozialisten, mit der „Vernebelung der Massen", ihrer „Irreführung" oder gar mit dem vagen, nichtssagenden Begriff der „Nazipsychose" zu erklären versucht, wie sogar Kommunisten es vielfach taten. Kommt es doch gerade darauf an zu begreifen, *warum sich die Massen der (objektiv gesehen) tatsächlichen Irreführung, Vernebelung und psychotischen Situation zugänglich erwiesen.* Das heißt, ohne die genaue Analyse dessen, was in den Massen vorgeht, kann man das Problem nicht lösen. Auch nicht mit der Angabe der objektiven Rolle der Hitler-Bewegung im historischen

Prozeß. Denn wie gesagt, der Erfolg der NSDAP widerspricht dieser ihrer Rolle, ein Widerspruch, der nur massenpsychologisch zu lösen ist.

Der Nationalsozialismus bediente sich gegenüber den verschiedenen Objekten seiner Propaganda verschiedener Mittel und machte, je nach der sozialen Schicht, die er gerade brauchte, verschiedene Versprechungen. So trat z. B. im Frühjahr 1933 in der Propaganda die Betonung des revolutionären Charakters der Nazi-Bewegung hervor, weil man die Industriearbeiter gewinnen wollte, und man feierte den 1. Mai, nachdem man in Potsdam den Adel zufriedengestellt hatte. Wollte man daraus ableiten, daß der Erfolg nur politischem Schwindel zuzuschreiben ist, man geriete als Marxist in Widerspruch mit sich selbst und würde dadurch praktisch die soziale Revolution negieren. Die Grundfrage ist: *Warum lassen sich die Massen politisch beschwindeln?* Sie hatten alle Möglichkeiten, die Propaganda der verschiedenen Parteien zu kontrollieren. Warum entdeckten sie nicht etwa, daß Hitler den Arbeitern Enteignung des Besitzes an Produktionsmitteln und den Kapitalisten Schutz vor Streiks gleichzeitig versprach?

Hitlers persönliche Struktur und seine Lebensgeschichte sind für das Verständnis des Nationalsozialismus von keinerlei Belang. Es ist allerdings akademisch interessant, daß die kleinbürgerliche Herkunft seiner Ideen sich mit dem massenpsychologischen Milieu der Strukturen, die diese Ideen bereitwillig aufnahmen, in den Hauptzügen deckt.

Hitler stützt sich wie jede faschistische Bewegung auf die verschiedenen Schichten des Kleinbürgertums. Der Nationalsozialismus offenbart somit sämtliche Widersprüche, die die Massenpsychologie des Kleinbürgertums kennzeichnen. Es kommt nur darauf an, erstens diese Widersprüche selbst in ihrem ideologischen Gefüge zu erfassen, zweitens die gemeinsame Herkunft dieser Widersprüche aus den Produktionsverhältnissen des imperialistischen Kapitalismus kennenzulernen. . . .

2. Zur Massenpsychologie des Kleinbürgertums

Wir sagten, der Erfolg Hitlers sei weder aus seiner „Persönlichkeit" noch aus der objektiven Rolle, die seine Ideologie im zerrütteten Kapitalismus spielt, zu verstehen. Ebensowenig aus einer bloßen „Vernebelung" der Massen, die ihm folgten. *Wir stellten die Frage ins Zentrum, was in den Massen vorging, daß sie einer Partei Gefolgschaft leisteten, deren Führung objektiv sowohl wie subjektiv nur die Interessen des Großkapitals vertritt.*

Zur Beantwortung dieser Frage ist zunächst festzuhalten, daß die nationalsozialistische Bewegung in ihrem ersten erfolgreichen Anlauf sich auf die breiten Schichten des sogenannten Mittelstandes stützte, also der Millionen privater und öffentlicher Beamter, der mittleren Kaufmannschaft und des mittleren und kleinen Bauerntums. *Vom Standpunkt seiner sozialen Basis gesehen ist der Nationalsozialismus eine kleinbürgerliche Bewegung, und dies überall, wo er auftritt.* Dieses Kleinbürgertum, das vorher im Lager der verschiedenen bürgerlich-demokratischen Parteien stand, mußte also eine innere Wandlung durchgemacht haben, daß es seinen politischen Standort wechselte. Aus der sozialen Lage und der ihr entsprechenden psychologischen Struktur des Kleinbürgertums erklären sich sowohl die grundsätzlichen Gleichheiten wie die Verschiedenheiten der bürgerlich-liberalen und der nationalsozialistischen Ideologien.

Das nationalsozialistische Kleinbürgertum ist das gleiche des kleinbürgerlichen demokratischen Liberalismus in einer anderen historischen Epoche des Kapitalismus. Der Nationalsozialismus bezog seinen Zuwachs in den Wahljahren 1930 bis 1932 fast ausschließlich aus der Deutschnationalen Partei, der Wirtschaftspartei und den kleineren Splitterparteien des Deutschen Reiches. Nur das katholische Zentrum bewahrte sogar in der Preußenwahl 1932 seine Position. Erst bei der Preußenwahl 1932 gelang dem Nationalsozialismus auch ein Einbruch in die Arbeitermassen. Doch nach wie vor blieb der Mittelstand die Kerntruppe des Hakenkreuzes. In der schwersten wirtschaftlichen Erschütterung des kapitalistischen Systems seit seinem Bestande trat in Gestalt des Nationalsozialismus der Mittelstand auf die politische Tribüne und hält den revolutionären Untergang der kapitalistischen Herrschaft auf. Die politische Reaktion weiß diese Bedeutung des Kleinbürgertums sehr richtig einzuschätzen. „Der Mittelstand ist für die Existenz eines Staates von entscheidender Bedeutung", hieß es in einem Flugblatt der Deutschnationalen vom 8. April 1932. . . .

Die Tatsache, daß der Nationalsozialismus sich nach der Machtergreifung immer mehr als imperialistischer Nationalismus des Großbürgertums enthüllte, der eifrig bestrebt war, alles „Sozialistische" aus der Bewegung auszuschalten, und den Krieg mit allen Mitteln vorbereitet, widerspricht nicht der anderen Tatsache, daß der Faschismus, von seiner Massenbasis her gesehen, in der Tat eine Mittelstandsbewegung war. Ohne das Versprechen, den Kampf gegen das Großkapital aufzunehmen, hätte Hitler die Mittelstandsschichten nie gewonnen. Sie verhalfen ihm zum Siege, weil sie *gegen* das Großkapital waren. Unter ihrem Drucke mußten die führenden Stellen zu *anti*kapitalistischen Maßnahmen ansetzen, wie sie sie unter dem Drucke der Großbourgeoisie wieder abstoppen mußten. Wenn man nicht die Interessen in der Massenbasis einer politischen Bewegung von der objektiven Funktion unterscheidet, die einander widersprechen und in der Ganzheit der Nazi-Bewegung zunächst vereinigt waren, muß man aneinander vorbeireden, indem der eine die objektive Rolle des Faschismus, der andere die subjektiven Interessen der faschistischen Massen meint, wenn er von „Faschismus" spricht. In der Gegensätzlichkeit dieser zwei Seiten des Faschismus sind sämtliche seiner Widersprüche begründet, ebenso wie ihre Vereinigung in der *einen* Form: „Nationalsozialismus", die Hitlerbewegung kennzeichnet. Sofern der Nationalsozialismus seinen Charakter als Mittelstandsbewegung hervorzukehren gezwungen war (*vor* der Machtergreifung und knapp nachher), ist er in der Tat *antikapitalistisch*; sofern er zur Festigung und Erhaltung der einmal errungenen Macht – da er das Großkapital *nicht* entrechtet – immer mehr seinen antikapitalistischen Charakter abstreift und seine kapitalistische Funktion immer ausschließlicher hervorkehrt, wird er zum extremen Verfechter und Festiger der großkapitalistischen Wirtschaftsordnung. Dabei ist völlig gleichgültig, ob und wie viele seiner Führer ehrlich oder unehrlich „sozialistisch" (in ihrer Auffassung!) gesinnt sind, ebensowenig wie, ob und wie viele Volksbetrüger und Machtjäger sind.

Diejenigen, die die Funktion der Massenbasis des Faschismus entweder leugnen oder nicht gebührend einschätzen, stehen gebannt in der großen historischen Perspektive, daß der Mittelstand, weil er weder über die Hauptproduktionsmittel verfügt noch an ihnen arbeitet, auf die Dauer keine Geschichte machen kann, daher zwischen Bourgeoisie und Proletariat hin- und herschwanken muß. Über der großen übersehen sie aber die *kleine* historische Perspektive, daß der Mittelstand wenn auch nicht *auf die Dauer*, so doch für *geschichtlich kurz begrenzte Zeit* „Geschichte machen" kann und macht, wie es der italienische und deutsche Faschismus lehren. Nicht nur die Zerschlagung der Arbeiterorganisationen, die unzähligen Opfer, der Einbruch der Barbarei sind dabei gemeint, sondern vor allem die Verhinderung der Entwicklung der ökonomischen Krise zur politischen Umwälzung der Gesellschaft, zur sozialen Revolution. Es ist klar: Je größer Umfang und Gewicht der Mittelstandsschichten in einer Nation sind, desto entscheidendere Bedeutung kommt ihnen als zeitlich begrenzter, aber doch entscheidend wirkender gesellschaftlicher Kraft zu.

Wenn der Mittelstand wirklich in Bewegung geriet, in der Gestalt des Faschismus als gesellschaftliche Kraft auf die Bühne der Geschichte trat, so kommt es weniger auf die reaktionäre Absicht der Hitler und Göring als auf die Interessen der Mittelstandsschichten an, wenn man sie gewinnen oder neutralisieren will.

Daß eine faschistische Bewegung überhaupt existiert, ist zweifellos gesellschaftlicher Ausdruck der Angst der Großbourgeoisie vor dem Bolschewismus in der Phase des drohenden Zusammenbruchs. Daß aber diese faschistische Bewegung zu einer Massenbewegung werden, ja an die Macht gelangen kann, was ihre objektive Funktion, das Großkapital zu stützen und die Arbeiterbewegung niederzuschlagen, erst erfüllt, ist nicht mehr eine Frage der Interessen der Großbourgeoisie, sondern eine Frage der Massenbewegung des Mittelstandes, die das ermöglicht. Nur unter Beachtung dieser Gegensätze und Widersprüche, jedes zu seiner Zeit, kann man die einander widersprechenden Erscheinungen erfassen und nicht zuletzt müßige Diskussionsstreitereien und Fraktionsbildungen ersparen.

Die Stellung des Mittelstandes ist bestimmt:
durch seine Stellung im kapitalistischen Produktionsprozeß,
durch seine Stellung im kapitalistischen Staatsapparat,

durch seine besondere familiäre Situation,
die unmittelbar von der Stellung im Produktionsprozeß bestimmt ist, aber den Schlüssel zum Verständnis seiner Ideologie abgibt. Das ist sofort daran zu sehen, daß die Stellung des Kleinbauerntums, des Beamtentums und der mittleren Kaufmannschaft wirtschaftliche Verschiedenheiten zeigt, sich aber durch eine in den Grundzügen *gleichartige* familiäre Situation kennzeichnet.

Die rasche Entwicklung der kapitalistischen Produktivkräfte, die stetig und rasch fortschreitende Mechanisierung der Produktion, die Zusammenfassung der verschiedenen Produktionszweige in monopolistische Syndikate und Trusts sind die Grundlage der fortschreitenden Proletarisierung der kleinbürgerlichen Kaufleute und Gewerbetreibenden. Der Konkurrenz der billiger und rationeller arbeitenden Großindustrie nicht gewachsen, verfallen die kleinen Unternehmungen unrettbar. . . .

Sosehr nun diese Schichten des Kleinbürgertums in der Krise zum organisierten Zusammenschluß drängten, die wirtschaftliche Konkurrenz der kleinen Unternehmungen hatte sich doch gegen die Grundlegung eines dem des Proletariats entsprechenden Solidaritätsgefühls ausgewirkt. Schon infolge seiner sozialen Lage kann der Kleinbürger sich weder mit seiner sozialen Schichte noch auch mit dem Proletariat solidarisieren; mit seiner eigenen Schichte nicht, weil da die Konkurrenz vorherrscht, mit dem Industrieproletariat nicht, weil er gerade die Proletarisierung am meisten fürchtet. Trotzdem bedeutete die faschistische Bewegung gleichzeitig einen Zusammenschluß des Kleinbürgertums. Auf welcher massenpsychologischen Basis?

Die Antwort darauf gibt die Stellung des kleinen und mittleren staatlichen und privaten Beamtentums. Der durchschnittliche Beamte ist wirtschaftlich schlechter gestellt als der durchschnittliche gelernte Industriearbeiter; die schlechtere Stellung wird zum Teil wettgemacht durch die geringfügige Aussicht auf Karriere, vor allem aber beim Staatsbeamten durch die lebenslängliche Versorgung. Derart von der obrigkeitlichen Autorität abhängig, bildet sich auch in dieser Schichte eine psychologische Konkurrenzhaltung gegenüber den Kollegen heraus, die der Entwicklung der Klassensolidarität entgegenwirkt. Das soziale Bewußtsein des Beamten ist nicht gekennzeichnet durch das Bewußtsein der Schicksalsgemeinschaft mit seinen Arbeitskollegen, sondern durch seine Stellung zur staatlichen Obrigkeit und zur „Nation". Diese besteht in einer völligen *Identifizierung mit der Staatsmacht*[4], beim privaten Angestellten in einer Identifizierung mit dem Unternehmen, dem er dient. Er ist ebenso ausgebeutet wie der Industriearbeiter. Warum entwickelt er kein Solidaritätsgefühl wie dieser? Das beruht auf seiner Zwischenstellung zwischen Obrigkeit und Proletariat. Nach oben Untergebener, ist er nach unten Vertreter dieser Obrigkeit und genießt als solcher eine besondere moralische (nicht materielle) Schutzstellung. Die restlose Ausbildung dieses massenpsychologischen Typs finden wir in den Feldwebeln der verschiedenen Armeen.

Zunächst schwebt dem Angestellten und Beamten nur das Ideal, so wie der Vorgesetzte zu sein, vor, bis allmählich durch die chronische materielle Abhängigkeit sich das Wesen im Sinne der herrschenden Klasse umbaut. Ständig den *Blick nach oben gerichtet*, bildet der Kleinbürger eine *Schere aus zwischen seiner wirtschaftlichen Lage und seiner Ideologie*. Er lebt in kleinen Verhältnissen, aber er tritt nach außen repräsentativ auf, dies oft bis zur Lächerlichkeit übertreibend. Er ißt schlecht und ungenügend, aber er legt großen Wert auf „anständige Kleidung". Der Zylinder und der Bratenrock werden die materiellen Symbole dieser Struktur. Und weniges ist für die massenpsychologische Beurteilung einer Bevölkerung auf den ersten Blick geeigneter als die Beobachtung ihrer Kleidung. Durch den „Blick nach oben" unterscheidet sich die kleinbürgerliche Struktur spezifisch von der Klassenstruktur des Industriearbeiters. . . .

Zunächst ist die familiäre Lage der verschiedenen Schichten des Kleinbürgertums nicht gesondert von ihrer unmittelbaren wirtschaftlichen Stellung. Die Familie bildet dort, wo die kapitalistische Krise noch nicht zugegriffen hat – das Beamtentum ausgenommen –, gleichzeitig den wirtschaftlichen Kleinbetrieb. In dem Unternehmen des kleinen Kaufmannes arbeitet die Familie mit, werden doch dadurch fremde und teurere Arbeitskräfte erspart. In der kleinen und mittleren Bauernwirtschaft ist dieses Zusammenfallen von Familie und Produktionsweise noch ausgesprochener. Darauf beruht im Grunde die Wirtschaftsweise des Großpatriarchats (z. B. Zadruga). Und in dieser innigen Verflochtenheit von Familie und Wirtschaft liegt die Lösung der Frage, warum das Bauerntum „erdgebunden", „traditionell" und darum der politischen Reaktion so leicht zugänglich ist. Das nicht in dem Sinne, daß die Wirtschaftsweise allein die Erdgebundenheit und Tradition bedingte, sondern in dem Sinne, daß die Produktionsweise des Bauern eine strenge familiäre Bindung aller Familienmitglieder aneinander erfordert, und diese Bindung setzt weitgehende sexuelle Unterdrückung und Sexualverdrängung voraus. Erst auf dieser doppelten Basis erhebt sich dann das typische bäuerliche Denken, dessen Zentrum Verehrung des Privateigentums und die patriarchalische Sexualmoral bilden. . . .

Der wirtschaftlichen Abgrenzung der kleinen Betriebe gegeneinander entspricht die familiäre Abkapselung und die Konkurrenz der Familien untereinander, die für das Kleinbürgertum typisch sind. Schon jetzt wird verständlich, daß das individualistische Denken, das dem Kollektivgedanken des Kommunismus so sehr entgegenwirkt, hier seine Quelle hat. Aber dieser Tatbestand bedarf einer viel ausführlicheren Begründung.[5]

Diese wirtschaftliche und familiäre Situation wäre in Anbetracht der natürlichen Organisation der Menschen unhaltbar, wenn sie nicht durch weitere Tatbestände gesichert wäre. Dazu gehört ein bestimmtes Verhältnis von Mann und Frau, das wir als das patriarchalische bezeichnen, und eine bestimmte sexuelle Lebensweise.

In seinem Bestreben, sich vom Proletariat abzugrenzen, kann das städtische Kleinbürgertum, da es wirtschaftlich nicht besser gestellt ist als das Industrieproletariat, nur auf seine familiären und sexuellen Lebensformen sich stützen, die es dann in bestimmter Weise ausbaut. Was wirtschaftlich unzulänglich ist, muß moralisch kompensiert werden. Dieses Motiv ist beim Beamtentum das wirksamste Element seiner Identifizierung mit der Staatsmacht. Da man nicht so gestellt ist wie die Großbourgeoisie, gleichzeitig aber mit ihr identifiziert ist, müssen die kulturellen Ideologien wettmachen, was die wirtschaftliche Lage nimmt. Die sexuellen und die von ihnen abhängigen sonstigen kulturellen Lebensformen dienen im wesentlichen der Abgrenzung gegen *unten*.

Die Summe dieser moralischen Haltungen, die sich um die Stellung zum Sexuellen gruppieren und gemeinhin als „Spießertum" bezeichnet werden, gipfelt in den Vorstellungen – wir sagen Vorstellungen, nicht Taten – von *Ehre* und *Pflicht*. Man muß die Wirkung dieser beiden Worte auf das Kleinbürgertum richtig einschätzen, um es auch der Mühe wert zu halten, sich mit ihnen eingehend zu beschäftigen. Kehren sie doch auch in der faschistischen Ideologie und Rassetheorie immer wieder. Praktisch und wirklich zwingen ja gerade die kleinbürgerliche Daseinsweise und der kleinbürgerliche Warenverkehr vielfach das gerade gegenteilige Verhalten auf. In der privaten Warenwirtschaft gehört ein Stück Unehrenhaftigkeit sogar zur Existenz. Kauft ein Bauer ein Pferd, so wird er es in jeder Weise entwerten. Verkauft er das gleiche Pferd ein Jahr später, so wird es jünger, besser und tüchtiger geworden sein als ein Jahr vorher. Die Pflicht beruht auf Geschäftsinteressen und nicht auf nationalen Charaktereigenschaften. Die eigene Ware wird immer die beste sein, die fremde immer die schlechtere. Auftreten und Benehmen der kleinen Geschäftsleute zeugen in ihrer Überhöflichkeit und in ihrer Unterwerfung unter den Kunden von dem grausamen Zwang der wirtschaftlichen Daseinsweise, die den besten Charakter auf die Dauer verbiegen muß. Trotzdem spielt der Begriff der Ehre und der Pflicht im Kleinbürgertum eine so entscheidende Rolle. Das läßt sich aus Verdeckungsabsichten grob materieller Herkunft nicht allein erklären. Denn bei aller Heuchelei, die psychische Ekstase dabei ist echt. Es fragt sich nur, aus welchen Quellen sie strömt.

Sie kommt aus Quellen des unbewußten Gefühlslebens, die man zunächst nicht beachtet, deren Zusammenhang vor allem mit jener Ideologie man typisch und gern übersieht. Die Analyse des Kleinbürgers läßt aber keinen Zweifel über die Bedeutung des Zusammenhanges seines sexuellen Lebens mit seiner Ideologie von Pflicht und Ehre.

Zunächst spiegelt sich die staatliche und ökonomische Stellung des Vaters in seinem patriarchalischen Verhältnis zur übrigen Familie wider. Der autoritäre Staat hat als seinen Vertreter in jeder Familie den Vater, wodurch sie sein wertvollstes Machtinstrument wird.

Diese Stellung des Vaters gibt seine politische Rolle wieder und enthüllt die Beziehung der Familie zum autoritären Staat. Die gleiche Stellung, die der Vorgesetzte dem Vater gegenüber im Produktionsprozeß einnimmt, hält er selbst innerhalb der Familie fest. Und seine Untertanenstellung zur Obrigkeit erzeugt er neu in seinen Kindern, besonders seinen Söhnen. Aus diesen Verhältnissen strömt die passive, hörige Haltung der kleinbürgerlichen Menschen zu Führergestalten. Und Hitler baut, ohne es in der Tiefe zu ahnen, auf diese Haltungen der kleinbürgerlichen Massen, wenn er schreibt:

„Das Volk ist in seiner überwiegenden Mehrheit so feminin veranlagt und eingestellt, daß weniger nüchterne Überlegung, vielmehr gefühlsmäßige Empfindung sein Denken und Handeln bestimmt."

„Diese Empfindung aber ist nicht kompliziert, sondern sehr einfach und geschlossen. Es gibt hier nicht viel Differenzierungen, sondern ein Positiv oder ein Negativ, Liebe oder Haß, Recht oder Unrecht, Wahrheit oder Lüge, niemals aber halb so und halb so oder teilweise usw."

(„Mein Kampf", S. 201)

Es handelt sich nicht um eine „Veranlagung", sondern um ein typisches Beispiel der Reproduktion eines gesellschaftlichen Systems in den Strukturen seiner Mitglieder.

Diese Stellung des Vaters erfordert nämlich strengste Sexualeinschränkung der Frauen und Kinder. Entwickeln die Frauen unter kleinbürgerlichen Einflüssen eine resignierende Haltung, die unterbaut ist von verdrängter sexueller Rebellion, so die Söhne neben einer untertänigen Stellung zur Autorität gleichzeitig eine starke Identifizierung mit dem Vater, die später zur gefühlsbetonten Identifizierung mit jeder Obrigkeit wird. Es wird noch lange ein ungelöstes Rätsel bleiben, wie es möglich ist, daß Herstellung und Formierung der psychischen Strukturen der tragenden Schichte einer Gesellschaft so genau in das ökonomische Gefüge und zu den Zwecken der herrschenden Klasse passen wie die Teile einer Präzisionsmaschine. Was wir als massenpsychologische Reproduktion des ökonomischen Systems einer Gesellschaft beschreiben, scheint jedenfalls der Kernmechanismus des ideologischen Prozesses zu sein.

Zur Entwicklung der individualistischen Struktur des Kleinbürgertums trägt die wirtschaftliche und soziale Konkurrenzeinstellung erst sehr spät bei, und was hier an reaktionären Ideologien gebildet wird, baut sich sekundär auf psychischen Prozessen auf, die sich schon in der Psyche des Kleinkindes abspielen, das im Familienmilieu aufwächst. Da ist zunächst die Konkurrenz zwischen den Kindern und den Erwachsenen, ferner die weittragendere zwischen den Kindern ein und derselben Familie in ihrer Beziehung zu den Eltern. Diese Konkurrenz, die später in der Erwachsenheit und im außerfamiliären Leben eine überwiegend wirtschaftliche ist, spielt sich in der Kindheit hauptsächlich an den stark gefühlsbetonten Haß-Liebesbeziehungen der Familienmitglieder ab. Hier ist nicht der Ort, diese Zusammenhänge weiter in ihre Details zu verfolgen. Das muß Spezialuntersuchungen vorbehalten bleiben. Hier genügt die Feststellung, daß die sexuellen

Hemmungen und Schwächungen, die die wichtigsten Voraussetzungen des Bestehens der bürgerlichen Familie bilden und die wesentlichsten Grundlagen der Strukturbildung des kleinbürgerlichen Menschen sind, ausschlaggebend mit Hilfe der religiösen Angst durchgesetzt werden, die sich derart mit sexuellem Schuldgefühl erfüllt und gefühlsmäßig tief verankert. Von hier zweigt das Problem der Beziehung der Religion zur Verneinung der sexuellen Lust ab. Die sexuelle Schwäche hat eine Herabsetzung des Selbstbewußtseins zur Folge, die in dem einen Falle durch Brutalisierung des Geschlechtlichen, im anderen durch besondere Charakterzüge wettgemacht wird. Der Zwang zur sexuellen Selbstbeherrschung, d. h. zur Aufrechterhaltung der sexuellen Verdrängung führt zur Entwicklung krampfhafter, besonders gefühlsmäßig betonter Vorstellungen von Ehre und Pflicht, Tapferkeit und Selbstbeherrschung.[6]

III. Georgi Dimitroff
Arbeiterklasse gegen Faschismus (1935)

...

Unter den Verhältnissen der hereingebrochenen überaus tiefen Wirtschaftskrise, der heftigen Zuspitzung der allgemeinen Krise des Kapitalismus, der Revolutionierung der werktätigen Massen ist der Faschismus zum breiten Angriff übergegangen. Die herrschende Bourgeoisie sucht immer mehr ihre Rettung im Faschismus, um die schlimmsten Ausplünderungsmaßnahmen gegen die Werktätigen durchzuführen, um einen imperialistischen Raubkrieg, um den Überfall auf die Sowjetunion, die Versklavung und Aufteilung Chinas vorzubereiten und durch alle diese Maßnahmen die Revolution zu verhindern.

Die imperialistischen Kreise suchen die *ganze* Last der Krise auf die Schultern der Werktätigen abzuwälzen. *Dazu brauchen sie den Faschismus.*

Sie wollen das Problem der Märkte durch Versklavung der schwachen Völker, durch Steigerung der kolonialen Unterdrückung und durch eine Neuaufteilung der Welt auf dem Wege des Krieges lösen. *Dazu brauchen sie den Faschismus.*

Sie suchen dem Anwachsen der Kräfte der Revolution durch Zerschlagung der revolutionären Bewegung der Arbeiter und Bauern und durch den militärischen Überfall auf die Sowjetunion – das Bollwerk des Weltproletariats – *zuvorzukommen. Dazu brauchen sie den Faschismus.*

In einer Reihe von Ländern – insbesondere in Deutschland – gelang es diesen imperialistischen Kreisen, *vor* der entscheidenden Schwenkung der Massen zur Revolution dem Proletariat eine Niederlage zu bereiten und die faschistische Diktatur aufzurichten.

Bezeichnend für den Sieg des Faschismus ist aber gerade der Umstand, daß dieser Sieg einerseits von der Schwäche des Proletariats zeugt, das durch die sozialdemokratische Spaltungspolitik der Arbeitsgemeinschaft mit der Bourgeoisie desorganisiert und paralysiert wurde, andererseits aber die Schwäche der Bourgeoisie selbst zum Ausdruck bringt, die vor der Herstellung der Kampfeinheit der Arbeiterklasse Angst hat, vor der Revolution Angst hat und nicht mehr imstande ist, ihre Diktatur über die Massen mit den alten Methoden der bürgerlichen Demokratie und des Parlamentarismus aufrechtzuerhalten.

Den Sieg des Faschismus in Deutschland – sagte Genosse Stalin auf dem XVII. Parteitag der Kommunistischen Partei der Sowjetunion (Bolschewiki):

„darf man nicht nur als Zeichen der Schwäche der Arbeiterklasse und als Ergebnis des Verrats der Sozialdemokratie an der Arbeiterklasse betrachten, die dem Faschismus den Weg ebnete. Man muß ihn auch als Zeichen der Schwäche der Bourgeoisie betrachten, als ein Zeichen dafür, daß die Bourgeoisie nicht mehr imstande ist, mit den alten Methoden des Parlamentarismus und der bürgerlichen Demokratie zu herrschen, weshalb sie in der Innenpolitik gezwungen ist, zu terroristischen Regierungsmethoden zu greifen; als ein Zeichen dafür, daß sie nicht mehr imstande ist, einen Ausweg aus der jetzigen Lage auf dem Boden einer friedlichen Außenpolitik zu finden, weshalb sie gezwungen ist, zur Politik des Krieges zu greifen."

1. Der Klassencharakter des Faschismus

Der Faschismus an der Macht, Genossen, ist, wie ihn das 13. Plenum des EKKI richtig charakterisiert hat, *die offene, terroristische Diktatur der reaktionärsten, chauvinistischsten, am meisten imperialistischen Elemente des Finanzkapitals.*

Die reaktionärste Spielart des Faschismus ist der Faschismus *deutschen Schlages*. Er hat die Dreistigkeit, sich Nationalsozialismus zu nennen, obwohl er nichts mit Sozialismus gemein hat. Der Hitlerfaschismus ist nicht bloß bürgerlicher Nationalismus, er ist ein tierischer Chauvinismus. Das ist ein Regierungssystem des politischen Banditentums, ein System der Provokationen und Folterungen gegenüber der Arbeiterklasse und den revolutionären Elementen der Bauernschaft, des Kleinbürgertums und der Intelligenz. Das ist mittelalterliche Barbarei und Grausamkeit, zügellose Aggressivität gegenüber den anderen Völkern und Ländern.

Der deutsche Faschismus spielt die Rolle des *Stoßtrupps der internationalen Konterrevolution, des Hauptanstifters des imperialistischen Krieges, des Initiators eines Kreuzzuges gegen die Sowjetunion, das große Vaterland der Werktätigen der ganzen Welt.*

Der Faschismus ist nicht eine Form der Staatsmacht, die angeblich „über beiden Klassen, dem Proletariat und der Bourgeoisie steht", wie das z. B. Otto Bauer behauptet hat. Das ist nicht das „aufständische Kleinbürgertum, das von der Staatsmaschine Besitz ergriffen hat", wie der englische Sozialist Brailsford erklärt. Nein, der Faschismus ist keine über den Klassen stehende Macht und keine Macht des Kleinbürgertums oder des Lumpenproletariats über das Finanzkapital. Der

Faschismus ist die Macht des Finanzkapitals selbst. Das ist die Organisierung der terroristischen Abrechnung mit der Arbeiterklasse und dem revolutionären Teil der Bauernschaft und der Intelligenz. Der Faschismus in der Außenpolitik ist der Chauvinismus in seiner brutalsten Form, der einen tierischen Haß gegen die anderen Völker kultiviert.

Dieser wirkliche Charakter des Faschismus muß besonders stark unterstrichen werden, weil der Deckmantel der sozialen Demagogie dem Faschismus die Möglichkeit gegeben hat, in einer Reihe von Ländern die durch die Krise aus ihrem Geleise geworfenen Massen des Kleinbürgertums und sogar manche Teile der rückständigsten Schichten des Proletariats mitzureißen, die niemals dem Faschismus gefolgt wären, wenn sie seinen wirklichen Klassencharakter, seine wirkliche Natur begriffen hätten.

Die Entwicklung des Faschismus und die faschistische Diktatur selbst nehmen in den verschiedenen Ländern *verschiedene Formen* an, je nach den historischen, sozialen und wirtschaftlichen Verhältnissen, je nach den nationalen Besonderheiten und der internationalen Stellung des betreffenden Landes. In den einen Ländern, vor allem dort, wo der Faschismus keine breite Massenbasis besitzt und wo der Kampf zwischen den einzelnen Gruppierungen im Lager der faschistischen Bourgeoisie selbst ziemlich stark ist, entschließt er sich nicht sofort, das Parlament zu liquidieren, und beläßt den andern bürgerlichen Parteien und auch der Sozialdemokratie eine gewisse Legalität. In andern Ländern, wo die herrschende Bourgeoisie den *nahen* Ausbruch der Revolution befürchtet, errichtet der Faschismus seine schrankenlose politische Monopolherrschaft entweder sofort oder indem er den Terror und die Abrechnung mit allen konkurrierenden Parteien und Gruppierungen immer mehr verstärkt. Das schließt nicht aus, daß der Faschismus im Augenblick einer *besonderen* Verschärfung seiner Lage Versuche macht, seine Basis zu erweitern und, ohne sein Klassenwesen zu ändern, die offene terroristische Diktatur mit einer groben Fälschung des Parlamentarismus *zu vereinen.*

Der Machtantritt des Faschismus ist *keine einfache Ersetzung* der einen bürgerlichen Regierung durch eine andere, sondern eine *Ablösung* der einen Staatsform der Klassenherrschaft der Bourgeoisie – der bürgerlichen Demokratie – durch eine andere Form – durch die offene terroristische Diktatur. Die Ignorierung dieses Unterschiedes wäre ein ernster Fehler, der das revolutionäre Proletariat daran hindern würde, die breitesten Schichten der Werktätigen in Stadt und Land zum Kampf gegen die Gefahr einer Ergreifung der Macht durch die Faschisten zu mobilisieren sowie die Gegensätze auszunutzen, die im Lager der Bourgeoisie selbst vorhanden sind. Doch ein nicht minder ernster und gefährlicher Fehler ist die *Unterschätzung* der Bedeutung, *die die gegenwärtig in den Ländern der bürgerlichen Demokratie sich verschärfenden reaktionären Maßnahmen* für die Aufrichtung der faschistischen Diktatur haben, jene Maßnahmen, die die demokratischen Freiheiten der Werktätigen unterdrücken, die Rechte des Parlaments fälschen und beschneiden, die Unterdrückungsmaßnahmen gegen die revolutionäre Bewegung verschärfen.

Genossen, man darf sich den Machtantritt des Faschismus nicht so simpel und glatt vorstellen, als ob irgendein Komitee des Finanzkapitals den Beschluß faßt, an diesem und diesem Tage die faschistische Diktatur aufzurichten. In Wirklichkeit gelangt der Faschismus gewöhnlich zur Macht im gegenseitigen, zuweilen scharfen Kampf mit den alten bürgerlichen Parteien oder mit einem bestimmten Teil dieser Parteien, im Kampf sogar innerhalb des faschistischen Lagers selbst, der manchmal bis zu bewaffneten Zusammenstößen führt, wie wir das in Deutschland, Österreich und anderen Ländern gesehen haben. Alles das verringert indessen nicht die Bedeutung der Tatsache, daß vor der Errichtung der faschistischen Diktatur die bürgerlichen Regierungen in der Regel eine Reihe von Vorbereitungsetappen durchlaufen und eine Reihe reaktionärer Maßnahmen durchführen, die den Machtantritt des Faschismus unmittelbar fördern. Wer in diesen Vorbereitungsetappen nicht gegen die reaktionären Maßnahmen der Bourgeoisie und gegen den anwachsenden Faschismus kämpft, *der ist nicht imstande, den Sieg des Faschismus zu verhindern, der erleichtert ihn vielmehr.*

Die Führer der Sozialdemokratie vertuschten und verhüllten vor den Massen den wirklichen Klassencharakter des Faschismus und riefen nicht zum Kampf gegen die immer schärferen reaktionären Maßnahmen der Bourgeoisie auf. Sie tragen die große *historische Verantwortung* dafür, daß im entscheidenden Moment der faschistischen Offensive ein bedeutender Teil der werktätigen Massen in Deutschland und einer Reihe anderer faschistischer Länder im Faschismus nicht das blutdürstige Raubtier des Finanzkapitals, seinen schlimmsten Feind, erkannte, und daß diese Massen nicht zur Abwehr bereit waren.

Welches ist die Quelle des Einflusses des Faschismus auf die Massen? Es gelingt dem Faschismus, die Massen zu gewinnen, weil er in demagogischer Weise an ihre *brennendsten Nöte und Bedürfnisse* appelliert. Der Faschismus entfacht nicht nur die in den Massen tief verwurzelten Vorurteile, sondern er spekuliert auch mit den besten Empfindungen der Massen, ihrem Gerechtigkeitsgefühl und mitunter sogar ihren revolutionären Traditionen. Warum spielen sich die deutschen Faschisten, diese Lakaien der Großbourgeoisie und Todfeinde des Sozialismus, vor den Massen als „Sozialisten" auf und stellen ihren Machtantritt als „Revolution" hin? Weil sie bestrebt sind, den Glauben an die Revolution, den Drang zum Sozialismus auszunutzen, der in den Herzen der breiten werktätigen Massen Deutschlands lebt.

Der Faschismus handelt im Interesse der extremen Imperialisten, aber vor den Massen tritt er unter der Maske des Beschützers der beleidigten Nation auf und appelliert an das gekränkte Nationalgefühl, wie z. B. der deutsche Faschismus, der die Massen mit der Losung „Gegen Versailles!" mit sich riß.

Der Faschismus erstrebt die zügelloseste Ausbeutung der Massen, tritt aber mit einer raffinierten antikapitalistischen Demagogie an sie heran, macht sich den tiefen Haß der Werktätigen gegen die räuberische Bourgeoisie, gegen die Banken, die Trusts und die Finanzmagnaten zunutze und stellt Losungen auf, die im gegebenen Moment für die politisch unreifen Massen die verlockendsten sind: in Deutschland – „Gemeinnutz geht vor Eigennutz"; in Italien – „Unser Staat ist kein kapitalistischer, sondern ein Korporativstaat"; in Japan – „Für ein Japan ohne Ausbeutung"; in den Vereinigten Staaten – „Für die Aufteilung der Reichtümer" usw.

Der Faschismus liefert das Volk den korruptesten, käuflichsten Elementen zur Ausplünderung aus, tritt aber vor dem Volk mit der Forderung einer „ehrlichen und unbestechlichen Regierung" auf. Der Faschismus, der mit der tiefen Enttäuschung der Massen über die Regierungen der bürgerlichen Demokratie spekuliert, entrüstet sich scheinheilig über die Korruption (z. B. die Barmat- und Sklarekaffäre in Deutschland, die Stavitskiaffäre in Frankreich und eine Reihe von anderen).

Der Faschismus fängt im Interesse der reaktionärsten Kreise der Bourgeoisie die enttäuschten Massen ein, die sich von den alten bürgerlichen Parteien abkehren. Aber er imponiert diesen Massen *durch die Heftigkeit seiner Angriffe* gegen die bürgerlichen Regierungen, durch seine Unversöhnlichkeit gegenüber den alten Parteien der Bourgeoisie.

Durch seinen Zynismus und seine Verlogenheit alle anderen Spielarten der bürgerlichen Reaktion in den Schatten stellend, *paßt der Faschismus* seine Demagogie den nationalen *Besonderheiten* jedes Landes an, sogar den Besonderheiten der verschiedenen sozialen Schichten in ein und demselben Lande. Und die Massen des Kleinbürgertums, selbst ein Teil der Arbeiter, durch die Not, die Arbeitslosigkeit und die Unsicherheit ihrer Existenz zur Verzweiflung getrieben, werden zu Opfern der sozialen und chauvinistischen Demagogie des Faschismus.

Der Faschismus kommt zur Macht als *Partei des Angriffs* gegen die revolutionäre Bewegung des Proletariats, gegen die in Gärung befindlichen Volksmassen, er stellt jedoch seinen Machtantritt hin als eine „revolutionäre" Bewegung gegen die Bourgeoisie im Namen der „ganzen Nation" und zur „Rettung der Nation" (man denke an den „Marsch" Mussolinis nach Rom, an den „Marsch" Pilsudskis nach Warschau, an die nationalsozialistische „Revolution" Hitlers in Deutschland usw.).

Aber welche Maske der Faschismus auch aufsetzen mag, in welchen Formen er auch auftreten mag, auf welchem Wege er immer auch zur Macht gelangen mag –

Der Faschismus ist die wütendste Offensive des Kapitals gegen die werktätigen Massen.

Der Faschismus ist zügellosester Chauvinismus und Raubkrieg.

Der Faschismus ist wütende Reaktion und Konterrevolution.

Der Faschismus ist der schlimmste Feind der Arbeiterklasse und aller Werktätigen.

2. Was bringt der siegreiche Faschismus den Massen?

Der Faschismus versprach den Arbeitern einen „gerechten Lohn", in Wirklichkeit brachte er ihnen ein noch niedrigeres, ein bettlerhaftes Lebensniveau. Er versprach den Erwerbslosen Arbeit, in Wirklichkeit brachte er ihnen noch größere Hungerqualen, Sklavenarbeit, Zwangsarbeit. In Wirklichkeit verwandelt er Arbeiter und Arbeitslose in völlig rechtlose Parias der kapitalistischen Gesellschaft, zerstört ihre Gewerkschaften, raubt ihnen das Streikrecht und die Arbeiterpresse, treibt sie mit Gewalt in die faschistischen Organisationen hinein, raubt ihre Sozialversicherungsfonds, verwandelt die Fabriken und Betriebe in Kasernen, in denen die zügellose Willkür der Kapitalisten herrscht.

Der Faschismus versprach der werktätigen *Jugend*, ihr einen breiten Weg in eine glänzende Zukunft zu öffnen. In Wirklichkeit brachte er der Jugend Massenentlassungen aus den Betrieben, Arbeitsdienstlager und ununterbrochenen militärischen Drill für einen Raubkrieg.

Der Faschismus versprach den *Angestellten, den kleinen Beamten, den Intellektuellen*, ihre Existenz zu sichern, die Allmacht der Trusts und die Spekulation des Bankkapitals zu beseitigen. In Wirklichkeit stürzte er sie in noch größere Hoffnungslosigkeit und Unsicherheit, unterwirft er sie einer neuen, aus seinen gehorsamsten Anhängern bestehenden Bürokratie, schafft er eine unerträgliche Diktatur der Trusts, verbreitet er in einem nie dagewesenen Maße Korruption und Zersetzung.

Der Faschismus versprach der ruinierten, verelendeten *Bauernschaft* die Beseitigung der Schuldknechtschaft, die Abschaffung der Pachtzahlungen und sogar die unentgeltliche Enteignung des grundherrlichen Bodens zugunsten der landlosen und dem Ruin verfallenden Bauern. In Wirklichkeit schafft er eine noch nie dagewesene Versklavung der werktätigen Bauernschaft durch die Trusts und den faschistischen Staatsapparat und steigert die Ausbeutung der Hauptmassen der Bauernschaft durch die Großagrarier, die Banken und die Wucherer aufs äußerste.

„Deutschland wird ein Bauernland oder überhaupt nicht sein" – erklärte feierlich Hitler. Was aber haben die Bauern in Deutschland unter Hitler bekommen? Ein Moratorium, das bereits aufgehoben ist? Oder das Erbhofgesetz, das zur Verdrängung von Millionen Bauernsöhnen und Töchtern aus dem Dorf und zu ihrer Verwandlung in Paupers (Bettler) führt. Die Landarbeiter wurden in halbe Leibeigene verwandelt, die sogar des elementaren Rechtes der Freizügigkeit beraubt sind. Die werktätige Bauernschaft ist der Möglichkeit beraubt, die Produkte ihrer Wirtschaft auf dem Markt zu verkaufen. . . .

Warum und wie konnte der Faschismus siegen?

Der Faschismus ist der schlimmste Feind der Arbeiterklasse und der Werktätigen. Der Faschismus ist der Feind von neun Zehnteln des deutschen Volkes, von neun Zehnteln des österreichischen Volkes, von neun Zehnteln der anderen Völker der faschistischen Länder. Wie, auf welche Weise konnte dieser schlimmste Feind siegen?

Der Faschismus konnte *vor allem* deshalb zur Macht kommen, weil die Arbeiterklasse dank der Politik der Arbeitsgemeinschaft mit der Bourgeoisie, die von den Führern der Sozialdemokratie betrieben wurde, *gespalten* war, *politisch und organisatorisch* gegenüber der angreifenden Bourgeoisie *entwaffnet* war. Die kommunistischen Parteien aber waren *nicht stark genug*, um ohne und gegen die Sozialdemokratie die Massen auf die Beine zu bringen und sie in den entscheidenden Kampf gegen den Faschismus zu führen.

In der Tat! Mögen die Millionen sozialdemokratischer Arbeiter, die jetzt zusammen mit ihren kommunistischen Brüdern die Schrecken der faschistischen Barbarei auskosten, ernsthaft über folgendes nachdenken: wenn das österreichische und das deutsche Proletariat im Jahre 1918, als die Revolution in Deutschland und Österreich ausbrach, nicht der sozialdemokratischen Führung der Otto Bauer, Friedrich Adler und Renner in Österreich, der Ebert und Scheidemann in Deutschland Gefolgschaft geleistet hätte, sondern den Weg der russischen Bolschewiki, den Weg Lenins und Stalins gegangen wäre, dann würde es jetzt keinen Faschismus geben, weder in Österreich noch in Deutschland, weder in Italien noch in Ungarn, weder in Polen noch auf dem Balkan. Nicht die Bourgeoisie, sondern die Arbeiterklasse wäre bereits längst der Herr der Lage in Europa. *(Beifall.)* . . .

War der Sieg des Faschismus in *Deutschland* unvermeidlich? Nein, die deutsche Arbeiterklasse hätte ihn verhindern können.

Aber dazu hätte sie die Herstellung der antifaschistischen proletarischen Einheitsfront durchsetzen, die Führer der Sozialdemokratie zwingen müssen, den Feldzug gegen die Kommunisten einzustellen und die wiederholten Angebote der Kommunistischen Partei über die Aktionseinheit gegen den Faschismus anzunehmen.

Sie hätte bei dem Angriff des Faschismus und bei der allmählichen Liquidierung der bürgerlich-demokratischen Freiheiten durch die Bourgeoisie sich nicht mit den schönen Resolutionen der Sozialdemokratie zufriedengeben dürfen, sondern hätte mit einem wirklichen Massenkampf antworten müssen, der die faschistischen Pläne der deutschen Bourgeoisie erschwerte.

Sie hätte nicht das Verbot des Roten Frontkämpferbundes durch die Regierung Braun-Severing zulassen dürfen, sondern hätte zwischen dem Roten Frontkämpferbund und dem fast eine Million zählenden Reichsbanner einen Kampfkontakt herstellen und Braun und Severing zwingen müssen, sowohl die eine als auch die andere Organisation zur Abwehr und Zerschlagung der faschistischen Banden zu bewaffnen.

Sie hätte die Führer der Sozialdemokratie, die an der Spitze der Regierung in Preußen standen, zwingen müssen, Verteidigungsmaßnahmen gegen den Faschismus zu ergreifen, die faschistischen Führer zu verhaften, ihre Presse zu verbieten, ihre materiellen Mittel sowie die Mittel der Kapitalisten, die die faschistische Bewegung subsidierten, zu konfiszieren, die faschistischen Organisationen aufzulösen, ihnen die

Waffen abzunehmen usw.

Weiter hätte sie es durchsetzen müssen, daß alle Arten von Sozialleistungen wiederhergestellt und erweitert werden, daß ein Moratorium und eine Krisenhilfe für die unter dem Einfluß der Krise ruinierten Bauern eingeführt werden, und zwar durch Besteuerung der Banken und der Trusts, um sich auf diese Weise die Unterstützung der werktätigen Bauernschaft zu sichern. Das wurde nicht getan, und schuld daran war die Sozialdemokratie Deutschlands; deshalb *konnte* der Faschismus siegen. ...

Genossen, der Faschismus siegte *auch*, weil das Proletariat isoliert war von seinen natürlichen Bundesgenossen. Der Faschismus siegte, weil es ihm gelang, *die großen Massen der Bauernschaft* mit sich zu reißen, dank der Tatsache, daß die Sozialdemokratie im Namen der Arbeiterklasse im Grunde genommen eine bauernfeindliche Politik trieb. Der Bauer sah an der Macht eine Reihe von sozialdemokratischen Regierungen, die in seinen Augen die Macht der Arbeiterklasse verkörperten, aber keine einzige dieser Regierungen bereitete der Notlage der Bauern ein Ende, keine einzige von ihnen gab den Bauern Land. Die Sozialdemokratie in Deutschland hat die Gutsbesitzer nicht angetastet. Sie arbeitete den Streiks der Landarbeiter entgegen, und die Folge davon war, daß die Landarbeiter in Deutschland noch lange vor dem Machtantritt Hitlers die reformistischen Gewerkschaften verließen und in den meisten Fällen zum „Stahlhelm" und den Nationalsozialisten übergingen.

Der Faschismus siegte auch, weil es ihm gelang, in die Reihen der *Jugend* einzudringen, während die Sozialdemokratie die Arbeiterjugend vom Klassenkampf ablenkte, das revolutionäre Proletariat aber unter der Jugend nicht die notwendige Erziehungsarbeit entfaltete und dem Kampf für ihre besonderen Interessen und Forderungen nicht die genügende Aufmerksamkeit zuwandte. Der Faschismus packte bei dem unter der Jugend besonders scharf ausgeprägten Drang nach Kampfaktivität an und zog einen großen Teil der Jugend in seine Kampftrupps. Die neue Generation der männlichen und weiblichen Jugend hat nicht die Schrecken des Krieges durchgemacht. Sie kostet am eigenen Leibe die ganze Schwere der Wirtschaftskrise, der Arbeitslosigkeit und des Zerfalls der bürgerlichen Demokratie aus. Da bedeutende Teile der Jugend keine Perspektiven für die Zukunft sahen, so waren sie besonders empfänglich für die faschistische Demagogie, die ihnen eine verlockende Zukunft ausmalte, wenn der Faschismus siegte.

In diesem Zusammenhang können wir auch nicht an einer Reihe von *Fehlern der kommunistischen Parteien* vorbeigehen, von Fehlern, die unseren Kampf gegen den Faschismus hemmten.

In unseren Reihen hatten wir eine unzulässige Unterschätzung der faschistischen Gefahr, die auch bis auf den heutigen Tag nicht überall liquidiert ist. Eine solche Einstellung, wie sie früher in unseren Parteien zu finden war, daß „Deutschland nicht Italien" sei, in dem Sinne, daß der Faschismus in Italien siegen konnte, daß aber sein Sieg in Deutschland ausgeschlossen sei, weil wir hier ein industriell hochentwickeltes Land, ein kulturell hochentwickeltes Land haben, das eine 40jährige Tradition der Arbeiterbewegung besitzt, ein Land, in dem der Faschismus unmöglich sei. Oder jene Einstellung, die jetzt vorhanden ist, daß in den Ländern der „klassischen" bürgerlichen Demokratie kein Boden vorhanden sei für den Faschismus. Eine solche Einstellung konnte und kann die Verringerung der Wachsamkeit gegenüber der faschistischen Gefahr begünstigen und die Mobilisierung des Proletariats im Kampf gegen den Faschismus erschweren.

Man kann auch nicht wenig Fälle anführen, wo die Kommunisten durch einen faschistischen Umsturz überrumpelt wurden. Denkt an Bulgarien, wo die Führung unserer Partei eine „neutrale", im Grunde genommen aber eine opportunistische Stellung zum Umsturz vom 9. Juni 1923 einnahm; denkt an Polen, wo im Mai 1926 die Führung der Kommunistischen Partei, die die Triebkräfte der polnischen Revolution nicht richtig einschätzte, es nicht vermochte, den faschistischen Charakter des Pilsudski-Umsturzes zu durchschauen, und den Ereignissen nachhinkte; denkt an Finnland, wo unsere Partei von der unrichtigen Vorstellung einer langsamen, allmählichen Faschisierung ausging und den von der führenden Gruppe der Bourgeoisie vorbereiteten faschistischen Umsturz übersah, der die Partei und die Arbeiterklasse überrumpelte.

Als der Nationalsozialismus bereits zu einer drohenden Massenbewegung in Deutschland wurde, da erklärten Genossen, wie Heinz Neumann, für die die Brüning-Regierung bereits eine Regierung der faschistischen Diktatur war, in prahlerischer Weise: „Wenn das ‚Dritte Reich' Hitlers einmal kommen sollte, dann nur anderthalb Meter unter der Erde, über der Erde aber werden wir eine siegreiche Arbeitermacht haben."

Unsere Genossen in Deutschland haben lange Zeit das gekränkte Nationalgefühl und die Empörung der Massen gegen den Versailler Friedensvertrag nicht genügend in Rechnung gestellt, sie haben sich zu den Schwankungen der Bauernschaft und des Kleinbürgertums geringschätzig verhalten, haben sich mit dem Programm der sozialen und nationalen Befreiung verspätet, und als sie es aufstellten, da verstanden sie nicht, es entsprechend den konkreten Bedürfnissen und dem Niveau der Massen anzuwenden; da verstanden sie es nicht einmal, es unter den Massen großzügig zu popularisieren.

In einer Reihe von Ländern wurde die notwendige Entfaltung des Massenkampfes gegen den Faschismus durch ein fruchtloses *Räsonieren* über den Charakter des Faschismus „im allgemeinen" und durch eine *sektiererische Beschränktheit* in bezug auf die Stellung und Lösung der aktuellen politischen Aufgaben der Partei ersetzt.

Genossen, wir sprechen von den Ursachen des Sieges des Faschismus, wir weisen auf die historische Verantwortung der Sozialdemokratie für die Niederlage der Arbeiterklasse hin, wir stellen auch unsere eigenen Fehler im Kampf gegen den Faschismus fest, nicht einfach deshalb, weil wir in der Vergangenheit herumwühlen wollen. Wir sind keine vom Leben losgelösten Historiker, wir sind Kämpfer der Arbeiterklasse, die verpflichtet sind, eine Antwort auf die Frage zu geben, die Millionen Arbeiter quält: *Kann man den Sieg des Faschismus verhindern, und wie kann man das tun?* Und wir antworten diesen Millionen Arbeitern: Jawohl, Genossen, man kann dem Faschismus den Weg versperren. Das ist durchaus möglich. Das hängt von uns selbst ab, von den Arbeitern, den Bauern, von allen Werktätigen.

Die Verhinderung des Sieges des Faschismus hängt *vor allem* von der Kampfaktivität der Arbeiterklasse selbst ab, vom Zusammenschluß ihrer Kräfte zu einer einheitlichen, gegen die Offensive des Kapitals und des Faschismus kämpfenden Armee. Das Proletariat, das seine Kampfeinheit herstellt, würde den Einfluß des Faschismus auf die Bauernschaft, auf das städtische Kleinbürgertum, auf die Jugend und die Intelligenz paralysieren, würde einen Teil neutralisieren, den anderen Teil auf seine Seite herüberziehen.

Zweitens hängt das vom Vorhandensein einer starken revolutionären Partei ab, die den Kampf der Werktätigen gegen den Faschismus richtig leitet. Eine Partei, die systematisch die Arbeiter zum Rückzug vor dem Faschismus ruft und der faschistischen Bourgeoisie erlaubt, ihre Stellungen zu stärken – eine solche Partei wird unvermeidlich die Arbeiter der Niederlage entgegenführen.

Drittens hängt das von der richtigen Politik der Arbeiterklasse gegenüber der Bauernschaft und den kleinbürgerlichen Massen in den Städten ab. Diese Massen muß man so nehmen, wie sie sind, und nicht so, wie wir sie sehen möchten. Nur im Laufe des Kampfes werden sie ihre Zweifel und Schwankungen abwerfen, nur wenn man ihren unvermeidlichen Schwankungen gegenüber Geduld an den Tag legt und wenn das Proletariat sie politisch unterstützt, werden sie sich auf eine höhere Stufe des revolutionären Bewußtseins und der Aktivität emporschwingen.

Viertens hängt das von der Wachsamkeit und den rechtzeitigen Aktionen des revolutionären Proletariats ab. Man darf sich nicht vom Faschismus überrumpeln lassen; man darf ihm nicht die Initiative überlassen; man muß ihm entscheidende Schläge versetzen, wenn er es noch nicht vermocht hat, seine Kräfte zu sammeln; man darf es nicht zulassen, daß er seine Stellung stärkt; man muß ihm auf Schritt und Tritt entgegentreten, wo er sich zeigt; man darf es nicht zulassen, daß er neue Stellungen erobert, so wie das französische Proletariat das mit Erfolg zu tun versucht. *(Beifall.)* . . .

Millionen von Arbeitern und Werktätigen in den kapitalistischen Ländern fragen: wie kann man verhindern, daß der Faschismus an die Macht gelangt, und wie kann man den Faschismus stürzen, wenn er gesiegt hat? Die Kommunistische Internationale antwortet: *das erste, was gemacht werden muß, womit man beginnen muß, ist die Schaffung der Einheitsfront, die Herstellung der Aktionseinheit der Arbei-*

ter in jedem Betrieb, in jedem Bezirk, in jedem Gebiet, in jedem Lande, in der ganzen Welt. Die Aktionseinheit des Proletariats im nationalen und internationalen Maßstab ist die mächtige Waffe, die die Arbeiterklasse nicht nur zur erfolgreichen Verteidigung, sondern auch zur erfolgreichen Gegenoffensive gegen den Faschismus, gegen den Klassenfeind fähig macht.

3. Die Bedeutung der Einheitsfront

Ist es nicht klar, daß gemeinsame Aktionen der Anhänger der Parteien und Organisationen der zwei Internationalen – der Kommunistischen Internationale und der II. Internationale – den Massen die Abwehr des faschistischen Ansturms erleichtern und das politische Gewicht der Arbeiterklasse erhöhen würden?

Gemeinsame Aktionen der Parteien der beiden Internationalen gegen den Faschismus würden jedoch nicht nur einen Einfluß auf ihre gegenwärtigen Anhänger, auf die Kommunisten und die Sozialdemokraten haben, sie würden auch einen mächtigen Einfluß auf die Reihen *der christlichen, anarchistischen und unorganisierten Arbeiter ausüben, sogar auf diejenigen, die vorübergehend ein Opfer der faschistischen Demagogie geworden sind.*

Ja noch mehr. Die machtvolle Einheitsfront des Proletariats würde einen ungeheuren Einfluß *auf alle anderen Schichten des werktätigen Volkes* ausüben, auf die Bauernschaft, auf das städtische Kleinbürgertum, auf die Intellektuellen. Die Einheitsfront würde den schwankenden Schichten den Glauben an die Kräfte der Arbeiterklasse geben.

Aber auch das ist noch nicht alles. Das Proletariat der imperialistischen Länder hat potentielle Verbündete nicht nur in den Werktätigen des eigenen Landes, sondern auch in den *unterdrückten Völkern der Kolonien und Halbkolonien.* Die Tatsache, daß das Proletariat im nationalen und internationalen Maßstab gespalten ist, daß einer seiner Teile die Politik der Arbeitsgemeinschaft mit der Bourgeoisie und namentlich ihr Unterdrückungsregime in den Kolonien und Halbkolonien unterstützt, stößt die unterdrückten Völker der Kolonien und Halbkolonien von der Arbeiterklasse ab und schwächt die internationale antiimperialistische Front. Jeder Schritt auf dem Wege zur Aktionseinheit, der auf die Unterstützung des Befreiungskampfes der Kolonialvölker durch das Proletariat der imperialistischen Mutterländer gerichtet ist, bedeutet die Verwandlung der Kolonien und Halbkolonien in eine der Hauptreserven des Weltproletariats.

Wenn wir schließlich in Betracht ziehen, daß die internationale Aktionseinheit des Proletariats sich auf die ständig wachsende Macht des proletarischen Staates, des Landes des Sozialismus, der Sowjetunion, stützt, so sehen wir, welche breiten Perspektiven die Herstellung der Aktionseinheit des Proletariats im nationalen und internationalen Maßstab eröffnet.

Die Herstellung der Aktionseinheit aller Teile der Arbeiterklasse, unabhängig von ihrer Zugehörigkeit zu der einen oder anderen Partei und Organisation, ist notwendig, *noch bevor die Mehrheit der Arbeiterklasse sich zum Kampf für den Sturz des Kapitalismus und für den Sieg der proletarischen Revolution vereinigt haben wird.*

Ist es möglich, diese Aktionseinheit des Proletariats in den einzelnen Ländern und in der ganzen Welt zu verwirklichen? Jawohl, es ist möglich, und es ist sofort möglich. Die Kommunistische Internationale *stellt für die Aktionseinheit keinerlei Bedingungen, mit Ausnahme einer einzigen, elementaren, für alle Arbeiter annehmbaren Bedingung, und zwar, daß die Aktionseinheit sich gegen den Faschismus, gegen die Offensive des Kapitals, gegen die Kriegsgefahr, gegen den Klassenfeind richtet.* Das ist unsere Bedingung.

4. Die Hauptargumente der Gegner der Einheitsfront

Welche Einwände können die Gegner der Einheitsfront machen, und welche Einwände machen sie?

Die einen sagen: „Die Losung der Einheitsfront ist für die Kommunisten nur ein Manöver." Wäre das aber ein Manöver – antworten wir –, dann muß man fragen, warum ihr dieses „kommunistische Manöver" nicht durch eure ehrliche Beteiligung an der Einheitsfront entlarvt? Wir erklären offen: wir wollen die Aktionseinheit der Arbeiterklasse, damit das Proletariat in seinem Kampfe gegen die Bourgeoisie erstarke, damit es, wenn es heute seine Tagesinteressen gegen das angreifende Kapital, gegen den Faschismus verteidigt, imstande sein soll, morgen die Voraussetzungen für seine endgültige Befreiung zu schaffen.

„Die Kommunisten greifen uns an" – sagen die anderen. Aber hört doch, wir haben bereits wiederholt erklärt: wir werden niemanden angreifen, weder Personen noch Organisationen, noch Parteien, die für die Einheitsfront der Arbeiterklasse gegen den Klassenfeind sind. Gleichzeitig aber haben wir im Interesse des Proletariats und seiner Sache die Pflicht, die Personen, Organisationen und Parteien zu kritisieren, die die Aktionseinheit der Arbeiter stören.

„Wir können keine Einheitsfront mit den Kommunisten bilden, weil sie ein anderes Programm haben" – sagen die dritten. Aber ihr behauptet doch, daß ihr ein Programm habt, das sich vom Programm der bürgerlichen Parteien unterscheidet. Und das hat euch nicht gehindert und hindert euch nicht daran, Koalitionen mit diesen Parteien zu bilden.

„Die bürgerlich-demokratischen Parteien sind bessere Verbündete gegen den Faschismus als die Kommunisten" – sagen die Gegner der Einheitsfront und die Verteidiger der Koalition mit der Bourgeoisie. Was zeigt aber die Erfahrung Deutschlands? Dort haben doch die Sozialdemokraten einen Block mit diesen „besseren" Verbündeten gebildet. Und was sind die Ergebnisse?

„Wenn wir eine Einheitsfront mit den Kommunisten bilden, werden die Kleinbürger Angst vor der ‚roten Gefahr' bekommen und zu den Faschisten überlaufen" – hören wir oft. Bedroht etwa die Einheitsfront die Bauern, die Kleinhändler, die Handwerker, die werktätige Intelligenz? Nein, die Einheitsfront bedroht die Großbourgeoisie, die Finanzmagnaten, die Junker und andere Ausbeuter, deren Regime allen diesen Schichten den völligen Ruin bringt.

„Die Sozialdemokratie ist für die Demokratie, die Kommunisten aber sind für die Diktatur, deshalb können wir mit den Kommunisten keine Einheitsfront bilden" – sagt eine Reihe von sozialdemokratischen Führern. Aber schlagen wir euch heute etwa eine Einheitsfront zur Proklamierung der Diktatur des Proletariats vor? Das schlagen wir doch einstweilen nicht vor.

„Mögen die Kommunisten die Demokratie anerkennen und für ihre Verteidigung eintreten, dann sind wir zur Einheitsfront bereit." Darauf erwidern wir: wir sind Anhänger der Sowjetdemokratie, der Demokratie der Werktätigen, der konsequentesten Demokratie der Welt. Aber wir verteidigen in den kapitalistischen Ländern jeden Fußbreit der bürgerlich-demokratischen Freiheiten, die der Faschismus und die bürgerliche Reaktion angreifen, und werden es auch in Zukunft tun, weil das die Interessen des Klassenkampfes des Proletariats verlangen. ...

„Wollten wir eine Einheitsfront mit den Kommunisten bilden, so würden wir aus der Koalition austreten müssen, und in die Regierung würden die reaktionären und faschistischen Parteien eintreten" – sagen die sozialdemokratischen Führer, die in den Regierungen der verschiedenen Länder sitzen. Nun gut. Hat die deutsche Sozialdemokratie einer Koalitionsregierung angehört? Jawohl! Hat die österreichische Sozialdemokratie der Regierung angehört? Ebenfalls! Waren die spanischen Sozialisten in einer Regierung mit der Bourgeoisie? Jawohl, auch sie! Hat in diesen Ländern die Beteiligung der Sozialdemokratie an den bürgerlichen Koalitionsregierungen den Überfall des Faschismus auf das Proletariat verhindert? Nein, das hat ihn nicht verhindert. Also ist es sonnenklar, daß die Beteiligung sozialdemokratischer Minister an einer bürgerlichen Regierung *keinen* Schutzwall gegen den Faschismus bildet.

„Die Kommunisten handeln diktatorisch, sie wollen uns alles vorschreiben und diktieren." Nein. Wir schreiben nichts vor und diktieren nichts. Wir machen nur unsere Vorschläge, von denen wir überzeugt sind, daß ihre Verwirklichung im Interesse des werktätigen Volkes liegt. Das ist nicht nur ein Recht, sondern auch die Pflicht aller, die im Namen der Arbeiter auftreten. Ihr fürchtet eine „Diktatur" der Kommunisten? Dann laßt uns gemeinsam alle Vorschläge den Arbeitern vorlegen, eure und unsere, sie gemeinsam durchberaten zusammen mit allen Arbeitern und diejenigen Vorschläge auswählen, die für die Sache der Arbeiterklasse am nützlichsten sind.

Also, alle diese Argumente gegen die Einheitsfront *halten keinerlei Kritik stand.* Das sind eher Ausreden der reaktionären Führer der Sozialdemokratie, die ihre Einheitsfront mit der Bourgeoisie der Einheitsfront des Proletariats vorziehen.

Nein! Diese Ausreden gelten nicht! Das internationale Proletariat hat die Folgen der Spaltung der Arbeiterbewegung ausgekostet und überzeugt sich immer mehr davon, daß die *Einheitsfront, die Aktionseinheit des Proletariats im nationalen und internationalen Maßstab notwendig und durchaus möglich sind. (Beifall.)* ...

Bei der Mobilisierung der werktätigen Massen zum Kampf gegen den Faschismus ist die Schaffung einer *breiten antifaschistischen Volksfront auf der Grundlage der proletarischen Einheitsfront* eine besonders wichtige Aufgabe. Der Erfolg des gesamten Kampfes des Proletariats ist eng verbunden mit der Herstellung des Kampfbündnisses des Proletariats mit der werktätigen Bauernschaft und der Hauptmasse des städtischen Kleinbürgertums, das die Mehrheit der Bevölkerung sogar in den industriell entwickelten Ländern bildet.

Der Faschismus, der diese Massen gewinnen will, versucht in seiner Agitation, die arbeitenden Massen in Stadt und Land dem revolutionären Proletariat entgegenzustellen und den Kleinbürger mit dem Gespenst der „roten Gefahr" zu schrecken. Wir müssen *den Spieß umdrehen* und den werktätigen Bauern, den Handwerkern sowie der werktätigen Intelligenz zeigen, woher ihnen die wirkliche Gefahr droht: wir müssen ihnen *konkret zeigen*, wer dem Bauern die Last der Steuern und Abgaben aufbürdet, aus ihm Wucherzinsen herauspreßt; wer selbst den besten Boden und alle Reichtümer besitzt, aber den Bauern und seine Familie von seiner Scholle vertreibt und ihn der Arbeitslosigkeit und dem Elend preisgibt. Wir müssen konkret aufzeigen, geduldig und beharrlich erklären, wer Handwerker und Gewerbetreibende durch Steuern, Gebühren, hohen Pachtzins und für sie unerträgliche Konkurrenz ruiniert; wer die breiten Massen der werktätigen Intelligenz auf die Straße wirft und arbeitslos macht.

Aber das *genügt nicht*.

Das Grundlegende, das Entscheidendste für die Herstellung der antifaschistischen Volksfront ist die *entschiedene Aktion des revolutionären Proletariats* zur Verteidigung der Forderungen dieser Schichten und insbesondere der werktätigen Bauernschaft, der Forderungen, die den Grundinteressen des Proletariats entsprechen, wobei man im Laufe des Kampfes die Forderungen der Arbeiterklasse mit diesen Forderungen verknüpfen muß. ...

Um der faschistischen Diktatur einen empfindlichen Stoß zu versetzen, müssen wir ihre verwundbarste Stelle kennen. Wo befindet sich die Achillesferse der faschistischen Diktatur? In ihrer sozialen Basis. Und die ist außerordentlich buntscheckig. Sie umfaßt verschiedene Klassen und verschiedene Schichten der Gesellschaft. Der Faschismus proklamierte sich zum einzigen Repräsentanten aller Klassen und Schichten der Bevölkerung: des Fabrikanten und des Arbeiters, des

Millionärs und des Arbeitslosen, des Junkers und des Kleinbauern, des Großkapitalisten und des Handwerkers. Er tut so, als ob er die Interessen *aller* dieser Schichten, die Interessen der Nation verteidigt. Da aber der Faschismus die Diktatur der Großbourgeoisie ist, so muß er unvermeidlich mit seiner sozialen Massenbasis in Konflikt geraten, um so mehr, als gerade unter der faschistischen Diktatur die Klassengegensätze zwischen der Meute der Finanzmagnaten und der erdrückenden Mehrheit des Volkes am krassesten hervortreten.

Wir können die Massen in den entscheidenden Kampf für den Sturz der faschistischen Diktatur nur dann führen, wenn wir die Arbeiter, die gewaltsam in die faschistischen Organisationen hineingejagt wurden oder aus mangelndem Klassenbewußtsein in sie eingetreten sind, in die *elementarsten Bewegungen* zum Schutze ihrer wirtschaftlichen, politischen und kulturellen Interessen hineinziehen. Eben darum müssen die Kommunisten als die besten Verteidiger der tagtäglichen Interessen der Mitgliedermasse in diesen Organisationen arbeiten, eingedenk dessen, daß in dem Maße, wie die in diesen Organisationen befindlichen Arbeiter anfangen, immer häufiger Rechte für sich zu fordern und ihre Interessen zu verteidigen, sie unweigerlich mit der faschistischen Diktatur in Konflikt geraten werden.

Auf dem Boden der Verteidigung der dringendsten, in der ersten Zeit der elementarsten Interessen der werktätigen Massen in Stadt und Land ist es verhältnismäßig leichter, eine gemeinsame Sprache nicht nur mit den aufgeklärten Antifaschisten, sondern auch mit denjenigen Werktätigen zu finden, die noch Anhänger des Faschismus sind, aber über seine Politik enttäuscht und unzufrieden sind, die nörgeln und nach einer Gelegenheit suchen, um ihrer Unzufriedenheit Luft zu machen. Wir müssen uns überhaupt Rechenschaft darüber ablegen, daß unsere ganze Taktik in den Ländern der faschistischen Diktatur einen solchen Charakter tragen muß, daß wir die einfachen Anhänger des Faschismus nicht von uns abstoßen, daß wir sie nicht von neuem in die Arme des Faschismus stoßen, sondern daß wir die Kluft zwischen den faschistischen Spitzen und der Masse der enttäuschten, einfachen Anhänger des Faschismus unter den werktätigen Schichten vertiefen.

Man braucht sich nicht daran zu stoßen, Genossen, wenn Leute, die auf Grund dieser Tagesinteressen mobilisiert wurden, sich entweder für indifferent in der Politik oder sogar für Anhänger des Faschismus halten. Wichtig für uns ist, daß wir sie in die Bewegung hineinziehen, die anfänglich vielleicht noch nicht offen unter den Losungen des Kampfes gegen den Faschismus marschiert, jedoch objektiv bereits eine antifaschistische Bewegung ist, weil sie diese Massen der faschistischen Diktatur entgegenstellt. . . .

Ich habe bereits darauf hingewiesen, von welcher Bedeutung die Einbeziehung der Jugend in die faschistischen Organisationen für den Sieg des Faschismus war. Wenn wir von der Jugend sprechen, müssen wir offen erklären: wir haben unsere Aufgabe der Einbeziehung der Massen der werktätigen Jugend in den Kampf gegen die Offensive des

Kapitals, gegen Faschismus und Kriegsgefahr vernachlässigt; wir haben diese Aufgabe in einer Reihe von Ländern vernachlässigt. Wir haben die ungeheure Bedeutung der Jugend für den Kampf gegen den Faschismus unterschätzt. Wir haben nicht immer den besonderen wirtschaftlichen, politischen und kulturellen Interessen der Jugend Rechnung getragen. Wir wendeten auch der revolutionären Erziehung der Jugend nicht die nötige Aufmerksamkeit zu.

Dies alles hat der Faschismus sehr geschickt ausgenützt und in einigen Ländern, namentlich in Deutschland, große Teile der Jugend auf den gegen das Proletariat gerichteten Weg hinübergezogen. Man muß sich vergegenwärtigen, daß der Faschismus die Jugend nicht nur mit der militaristischen Romantik einfängt. Manche füttert, kleidet er in seinen militärischen Abteilungen, den anderen gibt er Arbeit, er gründet sogar sogenannte Kulturanstalten für die Jugend und ist auf diese Weise bestrebt, der Jugend den Glauben einzuflößen, daß er wirklich gewillt und imstande sei, der Masse der werktätigen Jugend Brot und Kleidung zu geben, sie lernen zu lassen und ihr Arbeit zu verschaffen.

Unsere kommunistischen Jugendverbände sind in einer Reihe kapitalistischer Länder immer noch vorwiegend sektiererische, von den Massen losgelöste Organisationen. Ihre Hauptschwäche besteht darin, daß sie immer noch bestrebt sind, die kommunistischen Parteien und ihre Formen und Methoden der Arbeit zu kopieren, und vergessen, daß der kommunistische Jugendverband *nicht die kommunistische Partei der Jugend ist.* Sie berücksichtigen nicht genügend den Umstand, daß der KJV eine Organisation ist, die ihre besonderen Aufgaben hat. Ihre Methoden und Formen der Arbeit, der Erziehung, des Kampfes müssen dem konkreten Niveau und den Anforderungen der Jugend angepaßt sein. . . .

Eine nicht geringere Unterschätzung als in bezug auf die Jugend ist auch bezüglich der Arbeit unter den werktätigen Frauen, den Arbeiterinnen, arbeitslosen Frauen, Bäuerinnen und Hausfrauen hervorgetreten. Während aber der Faschismus der Jugend mehr als allen anderen nimmt, versklavt er die Frau besonders rücksichtslos und zynisch, indem er mit den am tiefsten verwurzelten Gefühlen der Mutter, der Hausfrau, der alleinstehenden Arbeiterin, die nicht sicher sind, was ihnen der morgige Tag bringt, spekuliert. Der Faschismus, der in der Rolle des Wohltäters auftritt, wirft der hungernden Familie ein elendes Almosen hin und versucht damit, die bitteren Gefühle zu ersticken, die besonders bei den werktätigen Frauen durch die unerhörte Knechtung hervorgerufen werden, die ihnen der Faschismus bringt. Er vertreibt die Arbeiterinnen aus dem Betrieb. Er verschickt notleidende Mädchen zwangsweise aufs Land und verurteilt sie dazu, unbezahlte Dienstboten der Großbauern und Großgrundbesitzer zu werden. Während er der Frau ein glückliches Heim verspricht, treibt er die Frau wie kein anderes kapitalistisches Regime auf den Weg der Prostitution.

Die Kommunisten, und vor allem unsere Kommunistinnen, müssen stets eingedenk sein, daß es keinen erfolgreichen Kampf gegen Faschismus und gegen Krieg geben kann, wenn die breiten Massen der Frauen nicht in diesen Kampf hineingezogen werden. Das läßt sich aber durch bloße Agitation nicht erreichen. Wir müssen unter Berücksichtigung jeder konkreten Situation die Möglichkeit finden, die Massen der werktätigen Frauen für ihre lebenswichtigen Interessen und Forderungen zu mobilisieren, im Kampfe für die Forderungen: gegen die Teuerung, für Lohnerhöhung nach dem Grundsatz „gleicher Lohn für gleiche Arbeit", gegen die Massenentlassungen, gegen jede Form der Nichtgleichberechtigung und der faschistischen Knechtung der Frau.

In unserem Streben, die werktätigen Frauen in die revolutionäre Bewegung hineinzuziehen, dürfen wir zu diesem Zwecke auch vor der Bildung besonderer Frauenorganisationen nicht zurückschrecken, wo das notwendig ist.

Das Vorurteil, daß es notwendig sei, die unter der Führung der kommunistischen Partei stehenden Frauenorganisationen in den kapitalistischen Ländern im Interesse des Kampfes gegen den „Frauenseparatismus" in der Arbeiterbewegung aufzulösen, dieses Vorurteil brachte oft großen Schaden.

Man muß die einfachsten und elastischsten Formen für die Herstellung des Kontakts und der Kampfgemeinschaft der revolutionären, sozialdemokratischen und fortschrittlichen antifaschistischen und Antikriegsorganisationen der Frauen ausfindig machen. Wir müssen um jeden Preis erreichen, daß die Arbeiterinnen und werktätigen Frauen Schulter an Schulter mit ihren Klassenbrüdern in den Reihen der Einheitsfront der Arbeiterklasse und der antifaschistischen Volksfront kämpfen. ...

Eine der schwächsten Seiten des antifaschistischen Kampfes unserer Parteien besteht darin, daß sie *ungenügend und nicht rechtzeitig auf die Demagogie des Faschismus reagieren* und bis auf den heutigen Tag fortfahren, die Fragen des Kampfes gegen die faschistische Ideologie mit Geringschätzung zu behandeln. Viele Genossen glaubten nicht, daß eine so reaktionäre Abart der bürgerlichen Ideologie, wie die Ideologie des Faschismus, die sich in ihrer Unsinnigkeit häufig bis zum Wahnwitz versteigt, überhaupt fähig ist, Einfluß auf die Massen zu gewinnen. Das war ein großer Fehler. Die weit vorgeschrittene Verwesung des Kapitalismus dringt in das Kernstück seiner Ideologie und Kultur, und die verzweifelte Lage der breiten Volksmassen macht gewisse Schichten für die Ansteckung mit den ideologischen Abfällen dieser Verwesung empfänglich.

Diese Kraft der ideologischen Seuche des Faschismus dürfen wir auf keinen Fall unterschätzen. Wir müssen im Gegenteil unsererseits einen breiten ideologischen Kampf auf der Grundlage einer klaren, populären Argumentation und eines richtigen, gut durchdachten Herangehens an die Eigenart der nationalen Psychologie der Volksmassen entfalten.

Die Faschisten durchstöbern die ganze *Geschichte* jedes Volkes, um sich als Nachfolger und Fortsetzer alles Erhabenen und Heldenhaften in seiner Vergangenheit hinzustellen, und benützen alles, was die nationalen Gefühle des Volkes erniedrigte und beleidigte, als Waffe gegen die Feinde des Faschismus. In Deutschland werden Hunderte Bücher herausgegeben, die nur ein Ziel verfolgen – die Geschichte des deutschen Volkes auf faschistische Art zu verfälschen.

Die neugebackenen nationalsozialistischen Geschichtsschreiber sind bemüht, die Geschichte Deutschlands so darzustellen, als ob kraft irgendeiner „historischen Gesetzmäßigkeit" sich durch 2000 Jahre wie ein roter Faden eine Entwicklungslinie hindurchzöge, die zum Erscheinen eines nationalen „Retters" auf dem historischen Schauplatz, eines „Messias" des *deutschen* Volkes, des bekannten „Gefreiten" *österreichischer* Abstammung geführt hat! In diesen Büchern werden die größten Männer des deutschen Volkes in der Vergangenheit als Faschisten und die großen Bauernbewegungen als direkte Vorläufer der faschistischen Bewegung hingestellt.

Mussolini bemüht sich krampfhaft, aus der Heldengestalt Garibaldis Kapital zu schlagen. Die französischen Faschisten erheben die Jungfrau von Orleans als ihre Heldin auf den Schild. Die amerikanischen Faschisten appellieren an die Traditionen der amerikanischen Unabhängigkeitskriege, an die Traditionen Washingtons, Lincolns. Die bulgarischen Faschisten nützen die nationale Befreiungsbewegung der siebziger Jahre und die vom Volke geliebten Helden dieser Bewegung Wassil Lewski, Stefan Karadsh u. a. aus.

Kommunisten, die glauben, daß dies alles die Sache der Arbeiterklasse nichts angehe, die nichts tun, um vor den werktätigen Massen die Vergangenheit ihres eigenen Volkes historisch treu, in wirklich marxistischem, leninistisch-marxistischem, im Leninschen-Stalinschen Geiste zu beleuchten, *um ihren gegenwärtigen Kampf mit den revolutionären Traditionen ihres Volkes in der Vergangenheit zu verknüpfen,* solche Kommunisten überlassen alles, was in der historischen Vergangenheit der Nation wertvoll ist, freiwillig den faschistischen Fälschern zur Verdummung der Volksmassen. *(Beifall.)*

Nein! Genossen! *Uns geht jede wichtige Frage nicht nur der Gegenwart und der Zukunft, sondern auch der Vergangenheit unseres eigenen Volkes an.* Führen doch wir, Kommunisten, keine enge Politik der zünftlerischen Interessen der Arbeiter. Wir sind keine beschränkten Funktionäre von Trade-Unions oder Führer mittelalterlicher Handwerker- und Gesellengilden. Wir sind Vertreter der Klasseninteressen der wichtigsten, größten Klasse der modernen Gesellschaft, der Arbeiterklasse, die berufen ist, die Menschheit von den Qualen des kapitalistischen Systems zu befreien, der Arbeiterklasse, die schon auf einem Sechstel der Erde das Joch des Kapitalismus niedergeworfen hat und die regierende Klasse ist. Wir verteidigen die Lebensinteressen aller ausgebeuteten werktätigen Schichten, d. h. der überwältigenden Mehrheit des Volkes in jedem kapitalistischen Land.

Wir Kommunisten sind *unversöhnliche grundsätzliche* Gegner des bürgerlichen Nationalismus in allen seinen Spielarten. Wir sind aber *keine Anhänger des nationalen Nihilismus* und dürfen niemals als solche auftreten. Die Aufgabe der Erziehung der Arbeiter und aller Werktätigen im Geiste des proletarischen Internationalismus ist eine der grundlegenden Aufgaben jeder kommunistischen Partei. Aber derjenige, der glaubt, daß ihm dies gestatte oder ihn gar veranlasse, alle nationalen Gefühle der breiten werktätigen Massen zu mißachten, der ist vom wirklichen Bolschewismus weit entfernt, hat von der Lehre Lenins und Stalins über die nationale Frage nichts verstanden. *(Beifall.)*

B. Neuere Interpretationen

I. Johannes Agnoli
Zur Faschismusdiskussion (1968)

Vorbemerkung

1968 schrieb ich, daß die Faschismusforschung und selbst das verlegerische Interesse am Faschismus in Westdeutschland „von italienischen Zuständen quantitativ wie qualitativ weit entfernt" seien. Inzwischen hat sich diese Lage wesentlich geändert, dank der wissenschaftlichen Arbeit vor allem jüngerer Autoren, die von einer politischen Motivation ausgehen: im Faschismus keinen bloßen historiographischen Gegenstand, sondern eine potentielle Gefahr unserer Gesellschaft zu sehen.

Auf die neueren Publikationen kann ich hier verständlicherweise nicht eingehen. Ich finde es erfreulich, daß sie im großen und ganzen gerade die Probleme in Angriff nehmen, die in diesem älteren Aufsatz an Hand einer Besprechung der damaligen Literatur als die wesentlichen Aspekte des Faschismus aufgezeigt wurden.

Die zentrale, gewiß noch nicht völlig geklärte und ohnehin nur kollektiv zu bewältigende Frage betrifft nicht mehr die besonderen geschichtlichen Eigenschaften und Erscheinungsformen faschistischer Regime, sondern deren Stellung und Funktion in der Kontinuität kapitalistisch produzierender, bürgerlich verfaßter Gesellschaften. In dieser Hinsicht gilt es, die korrekte Darstellung geschichtlicher Erscheinungen in den konkreteren Bezug unserer heutigen Wirklichkeit einzubringen. Es muß genauer untersucht werden, inwiefern und welche faschistischen Strukturen in bestimmten (Krisen-)Situationen „unvermeidlich" für die Aufrechterhaltung bestehender sozialer Systeme werden; und was durch solche Strukturen am Verhältnis zwischen Ökonomie und Politik, Gesellschaft und Staat und an dem Verhältnis der Klassen und sonstiger sozialer Gruppierungen zur politischen Macht sich ändert.

Die These, der Faschismus sei eine in sich geschlossene, endgültig abgeschlossene Phase, läßt sich heute so oder so nicht mehr vertreten. Historisch ein Durchgangsstadium, hat der Faschismus Komponenten entwickelt (wirtschafts- und sozialpolitische Organisationsformen; Tendenzen zur Verrechtlichung gesellschaftlicher Beziehungen, vor allem des Verhältnisses Kapital–Arbeit; politisch in erster Linie institutionelle Strategien zur präventiven Abwehr „radikaler" Umwälzung), die in die Kontinuität des bürgerlichen Staats eingegangen und irreversibel sind, will der bürgerliche Staat seine spezifische Aufgabe erfüllen.

Dies näher zu untersuchen ist die aktuelle Zielsetzung der Faschismusforschung. Sie ist ebenso wissenschaftlich wichtig wie politisch dringend und unerläßlich.

Politische Ereignisse der letzten Zeit (Militärdiktatur in Griechenland; SIFAR-Affäre in Italien; Notstandsgesetze in Westdeutschland; soziale und politische Unruhen; die Abwehrmaßnahmen der gestörten Ruhe und der angegriffenen Ordnung) haben zu einer Reaktivierung der Diskussionen über und um den Faschismus geführt.[1]

Da aber diese Reaktivierung politisch bedingt und motiviert ist, kann Faschismusliteratur heute nicht mehr bloß objektivistisch-historiographisch gelesen und benutzt werden.[2] Das Bedürfnis nach Klärung und Orientierung – früher akademisch-literarisch – ist praktisch geworden. Der *Gegenstand selbst* liefert wissenschaftliche Kriterien und ideologische Mittel für die Austragung politischer Konflikte, so daß die Kritik wie auch die Affirmation unserer heutigen Gesellschaft sich in zunehmendem Maß des Faschismus-Arguments (und -Vorwurfs) bedienen.

An beiden zeigt sich die dringende Notwendigkeit einer Spezifizierung. Zunächst gilt dies für die demokratische Protest- und sozialistische Oppositionsbewegung. Es ist für sie eine praktische Forderung, die eigene Strategie aus einer präziseren Analyse der Wirklichkeit in der Bundesrepublik, allgemeiner in den modernen bürgerlichen Staaten abzuleiten. Sie neigt dazu, unvermittelt (oder bedingt durch schematische, unhistorische Vermittlung) unerfreuliche und unerträgliche Zustände, Institutionen oder Personen als faschistisch zu bezeichnen, und begibt sich so der Möglichkeit einer differenzierenden Taktik. Die Schwierigkeit liegt dabei weniger in der Reflexion als in der Unsicherheit, zuweilen in einem schlichten Mangel an historischem Wissen. Die Praktiken der Polizei und die sonstigen Repressionsmaßnahmen des staatlichen Apparates gegen die außerparlamentarische Opposition sind gewiß ein Symptom sich manifestierender gesellschaftlicher Widersprüche (und des antagonistischen Widerspruchscharakters der Gesellschaft). Werden sie aber mit der historisch letzten, extremsten Konsequenz der Widersprüche: mit dem Nazismus gleichgesetzt, so fehlt offensichtlich sowohl die konkrete Erfahrung (und das heißt: die theoretische Vermittlung des historischen Wissens) wie die unmittelbare Kenntnis des Einsatzes des Polizeiapparates im Nazideutschland. Noch wichtiger freilich ist eine Korrektur an der Umkehrung der polemischen Positionen – einer Umkehrung, die häufig vorkommt: man vergleicht in affirmativer Absicht unsere politischen Zustände mit früheren und kann an Hand der Praktiken des nazistischen Apparates *e contrario* den demokratisch-freiheitlichen Charakter unserer Staatsorgane nachweisen. Gemessen an Himmler zeigt ohne Zweifel der rüdeste Polizeiminister der Bundesrepublik einschließlich West-Berlins, aber auch der italienischen oder der französischen Republik, ein freundliches Gesicht. Nur benahm sich schon Federzoni anders als Himmler, Mussolini anders als Gömbös. Gentiles Erziehungspolitik sah erheblich anders aus als die Blut-und-Boden-Kulturpolitik seines deutschen Kollegen. Faschistisch waren sie beide. Man übersieht also (sofern es sich um wissenschaftliche Analysen handelt: bewußt) die vielen „Formen des Faschismus, die maskierten oder offenen" (Tasca[3]), und dessen vielfältige Möglichkeiten; oder aber man kürzt künstlich die Perspektive ab und schließt aus der eigenen „Faschismus-Definition" alle staatlichen, gesellschaftlichen und wirtschaftlichen Komponenten aus, die auf Vorkommnisse und Strukturen des Verfassungsstaates, der bürgerlichen Gesellschaft und der kapitalistischen Wirtschaft zutreffen könnten. Wird der Faschismus auf die formalisierte Barbarei von „totalitärer Herrschaft", Eroberung, Ausrottung und Vergasung reduziert, so erübrigt sich eine jede Diskussion darüber, was zum Beispiel am westdeutschen Programm der sozialen Symmetrie oder an der Politik der französischen *planification* generell technokratische und was speziell faschistisch-korporative Züge aufweist. Wenn die französischen Planungskommissionen sich in der gleichen Dreierrepräsentation von Gewerkschaften, Unternehmern und Staatsfunktionären strukturieren, die die korporativen Organe des faschistischen Italien charakterisierte, so muß man gerade für eine korrekte und konkrete Spezifizierung des sozialen Inhalts eines Herrschafts- und Organisationssystems nach dem geschichtlich-gesellschaftlichen Zusammenhang und nach der möglichen Kontinuität solcher Erscheinungen fragen. Von zufälliger terminologischer Ähnlichkeit oder von einer bloßen historischen Analogie zu reden ist zwar denkbar und gängig, nur nicht ganz zulässig. Die wirtschaftlichen und gesellschaftlichen Aspekte der *planification* und der korporativen Ordnung und die den beiden zugrunde liegenden Strukturen (die privatwirtschaftliche Produktionsweise und die Kollektivität der Produktivkräfte etwa) sind die gleichen. Anders wiederum ist es mit den politischen Aspekten der Dreierrepräsentation bestellt.[4] Es wäre also für eine Weiterführung der Faschismusdiskussion zu klären, inwiefern in der Etablierung solcher besonderen, im „Verfassungsgebilde" nicht vorgesehenen Entscheidungsinstanzen sich eine allgemeine Tendenz der modernen privatwirtschaftlichen, zugleich aber staatlich gesicherten Produktionsweise organisatorisch verwirklicht, der auch der Faschismus – allerdings vorwegnehmend – unterstand; oder aber ob diese allgemeine Tendenz (des Kapitalismus) eine spezifische Nötigung zu faschistischen Organisationsformen enthält. In diesem Fall wäre der faschistische Versuch keine Vorwegnahme mehr, sondern schon ein Vorbild.

Der Klärung dieser und ähnlicher Probleme – Probleme des Bruchs und der Kontinuität in der Entwicklung unserer Gesellschaft – stehen Versuche entgegen, durch Zusammenstellung sogenannter „Wesensmerkmale" einen „Faschismus an sich" philosophisch oder politologisch zu rekonstruieren. Dazu gehören Globalvorstellungen wie etwa die „Revolution des Nihilismus" (Rauschning) oder die „Negation der Transzendenz" (Nolte); aber auch die Aufzählung besonderer formaler Erscheinungen faschistischer Regime: vom Führerprinzip zum Terrorismus. Es steht außer Frage, daß der Faschismus nihilistisch und terroristisch war. Nur läßt sich – nach altem Brauch der dialektischen

Logik – die Urteilsbeziehung nicht dahin umkehren, daß alles Nihilistische und Terroristische jenseits spezifizierbarer geschichtlicher Situationen und Tendenzen faschistisch sei. Ebensowenig läßt sich ausmachen, daß der Faschismus immer nihilistisch – in einem besonderen moralischen Sinn – ist oder sein wird. Franco neigt moralisch nicht gerade zum Nihilismus. Stalin scheute bekanntlich vor der Anwendung des Terrors nicht zurück. Der Stalinismus jedoch baute in Zentralasien Universitäten auf – während der Nazismus Polens Universitäten schließen ließ.

Wie bedenklich solche Konstruktionen sich auswirken, zeigt sich deutlich in den Arbeiten, in denen der Faschismus auf die ökonomischen Grundlagen der von ihm beherrschten Nationalgesellschaften zurückbezogen wird; also gerade wenn Faschismus dem ersten Zusehen nach konkret-materialistisch und nicht etwa geistesgeschichtlich untersucht wird. Macht man zeitlich und räumlich lokalisierbare Erscheinungen zu einer „Bewegung an sich“, oder schreibt man eine solche Bewegung einer geschichtlich festgelegten, von ihr geprägten Epoche zu, so läßt sich die Verbindung mit besonderen wirtschaftlichen Situationen und dem jeweiligen Stand des wirtschaftlich-technischen Fortschritts eines Landes nicht mehr herstellen. Die Variabilität politischer Formen verschwindet aus dem Blick, die sich aus der ungleichmäßigen Entwicklung des Kapitalismus ergeben – und die übrigens auch zu institutionell und ideologisch variablen Typen des Parlamentarismus geführt hat. Unvermeidlich folgen darauf grobe Fehleinschätzungen. So war für Franz Borkenau die faschistische Bewegung, genauer: die objektive Nötigung zum Faschismus, derart an die Bedingungen eines entstehenden Kapitalismus in zurückgebliebenen Ländern mit „*dolce far niente* . . . Unpünktlichkeit . . .“ und einem „zur lebensfrohen Bummelei“ neigenden Proletariat verknüpft, daß er noch im Februar 1933 daraus auf die Unmöglichkeit eines erfolgreichen deutschen Faschismus schloß. „Die deutsche Bourgeoisie kann sich . . . nicht durch eine faschistische Partei vertreten lassen . . . Sie kann die Herrschaft der einen totalitären Partei nicht brauchen.“[5] Aber selbst bei Tasca taucht die Tendenz zur Verabsolutierung historischer Bedingungen gelegentlich auf. Auf der einen Seite fordert gerade Tasca die Spezifizierung: „Es gibt mehrere Arten von Faschismus, und jede enthält vielfältige und manchmal sich widersprechende Tendenzen, die sich entwickeln und sogar einige ihrer Grundzüge ändern können.“[6] Andererseits erliegt auch er der Gefahr, aus geschichtlichen Erscheinungen metaphysische Wesenheiten zu machen: „Unter den allgemeinen Bedingungen, den den ‚Nährboden‘ des Faschismus bereiten, steht die ökonomische Krise an erster Stelle. Ohne ökonomische Krise kein Faschismus.“[7] Der Zusammenhang zwischen Krise des Kapitalismus und Entstehung des Faschismus läßt sich sicherlich weder empirisch noch theoretisch leugnen. Indessen zeigt die Vergangenheit – und auch dies nur in einzelnen Fällen – eine zeitliche Abfolge: zuerst Wirtschaftskrise, daraufhin Faschismus, deren

Dogmatisierung den ständigen Wandel dynamischer Gesellschaften nicht beachtet. Sie vergißt vor allem, daß eine durch bestimmte Bedingungen hervorgerufene Veränderung der Wirklichkeit die eigenen ursprünglichen Bedingungen selbst verändert. Das will heißen: die Bedingungen, die in der bürgerlichen Gesellschaft zum Faschismus geführt haben, sind heute anders geworden, weil die bürgerliche Gesellschaft durch den Faschismus staats- und gesellschaftspolitische, übrigens auch kulturelle „Erfahrungen" machte und dabei die Bedingungen des Übergangs des Rechtsstaats zum faschistischen Staat verändert hat. Was unter anderem mit sich bringt, daß eine mögliche neue faschistische Qualität des Staates an diesen neuen Bedingungen zu messen wäre und nicht an vergangenen. Im Bereich der Wirtschaftspolitik wird das Verhältnis ohne Schwierigkeiten einsichtig. Einmal „erfahren", welche Organisationsformen und -methoden der Faschismus in einzelnen Nationalgesellschaften zur Rettung der bestehenden Herrschaftsstrukturen in einer Wirtschaftskrise entwickelte, verschiebt sich prospektiv die politische Vorsorge für den Krisenfall. Es können zum Beispiel faschistische Modelle übernommen werden, um den politischen Folgen einer wirtschaftlichen Krise präventiv zu begegnen. Altmanns oder Voegelins Vorschläge sind vielleicht aus dem Gedächtnis der meisten entschwunden, aber immer noch aktuell.[8]

Ideologisch allerdings tendiert das Generalisierungsstreben nach der Definition eines „Faschismus an sich", die gesellschaftlich bedingte Einzelbestimmungen abstreift, spezifische soziale Funktionen einer politischen Bewegung und die sozialen Inhalte einer Herrschaftsmethode nicht berücksichtigt – oder gar als materiale und daher unscharfe, zufällige Besonderheiten (die sogenannten Kontingenzien) abweist. *Omnis determinatio est negatio*. Nur bildet gerade die Negation die Seite der Wirklichkeit. Von Terzaghis oder Pantaleonis Liberalfaschismus über Codreanus „Legion des Erzengels Michael" bis zu Himmlers Ausrottungswut; von De Stefanis Reprivatisierung des Fernsprechdienstes bis zur Schaffung von SS-eigenen Unternehmungen; von der Erhebung des Futurismus zur Staatskunst bis zur staatlich verordneten Zerstörung futuristischer Kunstwerke: so weit reicht die Möglichkeit dessen, was alles im besonderen wirtschaftlichen, politischen, kulturellen Fall Faschismus sein kann – und zwar nicht in einem als denkmöglich vorgestellten, sondern in einem unmittelbar geschichtlich praktizierten Sinn.

Daß zu den „maskierten" Formen des Faschismus auch die parlamentarisch verdeckte und gedeckte gehört, daß es also auch einen faschistisch funktionierenden Parlamentarismus geben kann, ist zumindest doktrinär in Paretos Beiträgen im „Giornale economico" von 1923 nachzulesen. Eine, allerdings nicht übertragbare, Verbindung von Mehrparteiensystem und Faschismus ging bekanntlich Ungarn unter Horthy ein.[9] Daß die Vorstellung eines faschistischen Parlamentarismus aber auch bei einigen führenden italienischen Faschisten eine beachtliche Rolle spielte, läßt sich an dem harten Konflikt feststellen, der kurz nach dem Matteotti-Mord innerhalb der faschistischen Führungsgruppe über die von Mussolini geplante Wiedereinführung der Mehrheitswahl ausbrach.[10]

Unterschiede – und damit die Varietät der Masken – zeigen sich selbst dort, wo die historischen Formen des Faschismus am meisten untereinander zu ähneln scheinen: in der formalen Methode der Ausübung unkontrollierter Herrschaft. Der etatisierte italienische Faschismus funktioniert anders und entwickelt andersgeartete Unterdrükkungsmechanismen als der auch nach der Machtergreifung weiterhin als Bewegung tätige Nazismus. Dabei liegt einer der interessanten Aspekte des italienischen Faschismus in einer für die Beurteilung der politischen und Verfassungsentwicklung bürgerlicher Staaten bedeutsamen Verbindung von totalem Herrschaftsprogramm und Konstitutionalität, die das Regime zwischen 1925 und 1926 einging und die dieses Regime eindeutig vom deutschen abhebt. Ideologisch drückte sich der Unterschied in der Ablehnung des Carl-Schmittschen Begriffs des Politischen und seiner doktrinären Begründung des Nationalsozialismus aus.[11] Mussolinis Flucht in den zweiten „Staatsstreich" vom 3. 1. 1925 – nach der Weigerung des Königs, die Kammer aufzulösen, und damit nach dem Scheitern der Mehrheitswahl-Pläne – bedeutete zugleich einen Sprung zurück in den Legalismus: in die Wiederherstellung der Machtbefugnisse staatlicher Instanzen (*prefetti!*) gegenüber der Partei und gegenüber den *squadre d'azione* (den italienischen SA). Bekanntlich verlief die Entwicklung in Deutschland anders. Der „Führerstaat" wurde in Deutschland durch ein legalistisch zustande gekommenes Ermächtigungsgesetz eingeleitet, das angeblich im Rahmen der Verfassung blieb, in Wirklichkeit den Staat zum Herrschaftsmittel der Bewegung und zum Machtmittel des Volksführers machte. In Italien begann der „totalitäre Staat" mit einer Verfassungsänderung, die zugleich das legalistische Ende von Mussolinis Vollmachten und das Ende der bis dahin unmittelbar ausgeübten Herrschaft der Bewegung mit sich brachte.[12] Faschisten entgegengesetzten politischen Temperaments wie der konservative Extremist Kurt Suckert (alias Curzio Malaparte) und der Anführer der sogenannten Revisionisten Giuseppe Bottai sahen voraus, daß nach dem 3. 1. 1925 mit dem Ende der demokratischen Parteien auch das Ende der „faschistischen Revolution" kommen würde. Beide trafen den Kern der Sache: der Faschismus schaffte es, mit der Eliminierung des bürgerlichen Parteiensystems den bürgerlichen Staat wiederherzustellen. „Es wäre höchste Zeit für die Faschistische Partei zu merken, daß in Italien eine vorsichtige und erdrückende liberale Konterrevolution in vollem Gange ist, die sich des Faschismus . . . bedient, um jene bürgerliche Normalität herzustellen, in der unsere Revolution ohne Rettungsmöglichkeit ertrinken würde" (Bottai[13]). Bottais Argwohn gegen die „Konterrevolution" (der er sich übrigens kurz darauf anschloß) entsprach einige Jahre später – mutatis mutandis – der Argwohn der SA gegen Reichswehr und konservative Ministerien, aber auch gegen die Industrie. Nun unternahmen es in Italien weder die Armee (die sich politisch neutral verhielt, d. i. nach den königlichen Befehlen handelte) noch das Königshaus (dem es nur auf die erneut garantierte verfassungsmäßige Position der Krone ankam), den konterrevolutionären Charakter des Faschismus zu bestätigen, sondern einzig und allein die Industrie. Erst nach der „Normalisierung", die auf den Matteotti-Mord folgte, begann die offene Allianz des mächtigen Industriellenverbandes, der Confindustria, mit den „höchsten Hierarchien" des Faschismus; und deren ebenso offen angemeldeter Entscheidungsanspruch in Fragen der Währungs- und Wirtschaftspolitik.[14] Am 2. 10. 1925 kam es dann zum Pakt des Palazzo Vidoni, der das ganze Verhältnis zurechtrückte und die staatliche Sicherung des Kapitalismus – über die bis dahin gewährte Unterstützung hinaus – einleitete.[15] Korporativistisch-linke Strömungen vermochten in Italien nicht das Gewicht zu erlangen, das in Deutschland die sklavenwirtschaftlich-antiplutokratische Konzeption des SS-Brigadeführers Ohlendorf hatte, auch wenn selbst die SS-Unternehmungen den privatwirtschaftlichen Grundcharakter der deutschen Wirtschaft kaum antasten konnten.[16] In Italien blieb es bei der Produktionsweise, die Himmler schlicht die „totale kapitalistische Wirtschaft" nannte.[17]

Diese Unterschiede zeigen uns wiederum, wie variabel faschistisch-konterrevolutionäre Praktiken sein, ebenso aber, wie variabel sich die Beziehungen zwischen faschistischen Bewegungen und gesellschaftlichen Herrschaftsgruppen entwickeln können. Mit Recht meint Horkheimer, daß man Kapitalismus und Faschismus nur im Zusammenhang behandeln könne. Allein führt die Ungleichmäßigkeit des ersteren zur Wandelbarkeit des letzteren.

Mit der Variabilität des Faschismus sind wir zugleich bei der zweiten Quelle des gesteigerten westdeutschen Interesses am Faschismus angelangt. Es hat im Faschismus schon von Anfang an eine Strömung gegeben, die sozial von Randgruppen des rebellischen Bürgertums, zum Teil von Intellektuellen und Studenten getragen wurde und sich *fascismo di sinistra* nannte. Der Begriff „Linksfaschismus" besitzt also eine historische Qualität. Leider geriet der Begriff alsbald auf die schiefe Bahn und schließlich – wie es in diesen Fällen meist zuzugehen pflegt – in die falschen Hände.

Dieses Begriffs bediente sich Luigi Sturzo schon 1926 in seiner leidenschaftlichen Kampfansage gegen links und rechts: „Insgesamt kann man zwischen Rußland und Italien nur einen einzigen Unterschied (sic!) feststellen, daß nämlich der Bolschewismus eine kommunistische Diktatur oder ein Linksfaschismus ist und der Faschismus eine konservative Diktatur oder ein Rechtsbolschewismus ist."[18] Sehr differenziert gedacht war das nicht. Sturzo, der im Faschismus mehr den politischen Gegner sah als eine Bewegung im gesellschaftlichen Kontext, nahm mit der Kategorisierung beider Systeme als „Diktatur" gleich am Anfang die ganze Abstraktion und die Konfusion der Totalitarismus-Vorstellung vorweg. Es kann allerdings nicht bestritten werden, daß in Italien der *fascismo di sinistra* sich sozialistische Gedanken und Tendenzen angeeignet hatte – in einer übrigens präziseren und durchdachteren Form als etwa bei dem vergleichbaren Strasser-Flügel der Nazisten.

Inwiefern der sogenannte „deutsche Sozialismus" der Gebrüder Strasser seinen Ideen und seinen sozialen Inhalten nach zum Linksfaschismus zu rechnen ist, müßte im einzelnen geklärt werden. Die meisten seiner doktrinären Forderungen: Zünfte (die doch etwas anderes waren als Rossonis integralistische Korporationen), Erblehen, Reagrarisierung der Gesellschaft (gegenüber den eindeutig technokratischen Perspektiven etwa Fontanellis) und Kriegeradel (ohnehin ein teutonisches Spezifikum)[19] fügen sich in die linksfaschistische Doktrin nur schwer ein. Unter einen gemeinsamen Nenner lassen sich eher die italienischen und die französischen Bestrebungen am linken Flügel des Faschismus bringen. G. Gressent-Valois' Bewegung der *Faisceau des combattants et des producteurs* erinnert nicht nur dem Namen nach an den *Sansepolcrismo*, also an die teils radikaldemokratische erste Phase der italienischen Bewegung. Seine syndikalistischen Wendungen und seine – allerdings vagen – Vorstellungen eines Bündnisses mit den Kommunisten liegen auf der gleichen Linie wie Ugo Spiritos (des Philosophen des Linksfaschismus) Anspruch auf einen antikapitalistisch-revolutionären Charakter des Korporativismus. Bei beiden: Valois und Spirito, fielen denn auch die *producteurs*, die *producenti*, mit den Arbeitern zusammen und nicht – wie etwa bei Mussolini – mit den Unternehmern, die offiziell als *classe produttrice della nazione* anerkannt wurden.[20] Im geringeren Grade damit verwandt dürfte auch Drieus Auffassung vom *socialisme fasciste* sein, als eines Reformsozialismus, dessen Kritik nicht den Unternehmern als solchen galt, sondern nur der modernen Fassung des Kapitalismus: der Industriekonzentration.[21] Andererseits darf nicht vergessen werden, daß der Faschismus, auch der linke, Konzentration und Kartellisierung eher begünstigte.

Leider geht die deutsche Literatur – wenn man von gelegentlichen Hinweisen auf den Syndikalismus absieht[22] – auf den *fascismo di sinistra* nicht ein. Selbst Nolte, der Begriff und Sache kennt, bringt in seiner sonst breitangelegten Theorienauswahl keinen linksfaschistischen Beitrag. Und das ist angesichts der aktuellen Linksfaschismus-Vorwürfe gegen oppositionelle Aktionen der Studentenschaft um so betrüblicher, als zum Beispiel schon Ugo Spiritos berühmte (und glänzende) Ferrara-Rede auf dem Nationalkongreß der Korporationen 1932 mit ihrer Zentralthese von der *corporazione proprietaria* allein genügen dürfte, die Ignoranz deutscher Publizisten in diesem strittigen Punkt zu verdeutlichen: die unglückliche von Habermas und die korrupte der Walden, Zehm und diverser *personarum magnificarum*. Linksfaschismus verstand sich historisch und sollte (sofern man gesellschaftlich-geschichtliche Zusammenhänge als Erkenntnisgegenstand betrachtet und nicht *ad hoc* produzierte Vorstellungen zum Gegenstand von Vorstellungen macht) begrifflich gefaßt werden auf keinem Fall als eine linke Bewegung, die „faschistische Methoden" übernimmt oder sich die faschistische Aktivismus- und Voluntarismusideologie aneignet. Die Methodenanalogie (im wesentlichen handelt es sich um die Anwendung von Gewalt in der Politik und um die Taktik der direkten Aktion) ist so offensichtlich brüchig, daß man sie beiseite lassen sollte. Sie streift gesellschaftliche Inhalte völlig ab und vergißt, daß es bei der Gewaltanwendung in der Politik nicht auf die Gewalt ankommt, sondern auf ihren emanzipatorischen oder repressiven Charakter. Es sei denn, man sähe keinen Unterschied zwischen Tyrannenmord und dem von einem Tyrannen verübten Mord; zwischen den Mordtaten der SS und den Aktionen des Widerstands. Der – von Habermas erhobene – ebenso analogisch abgeleitete Voluntarismus-Vorwurf verdiente eine längere Betrachtung. Logisch-empirisch scheint er zuzutreffen. Es steht aber zu vermuten, daß er nur ein unvermitteltes geistesgeschichtliches Denken wirklich bestechen kann. Der faschistische Voluntarismus kennt weder Theorie noch sonstige Reflexionsvermittlung. Er postuliert Velleität als Substanz der Geschichte und sieht – deutsch gesprochen – immer dort einen Weg, wo es auch einen Willen gibt. Wie weiland bei Johannes Duns Scotus setzt der Wille von sich aus und unbekümmert um objektive, rationale und rational faßbare Voraussetzungen die Bedingungen des Handelns und des Erfolgs. Der heutige „Voluntarismus" der Linken hat damit im Grunde nichts gemein. Er kennt kein Willenspostulat, weder ideologisch noch politisch – abgesehen von der banalen, dennoch durchaus richtigen Forderung, daß der Revolutionär die Revolution zu machen hat. Vielmehr versucht er, durch eine Analyse des heutigen Verwertungsprozesses des Kapitals und dessen staatlicher Organisierbarkeit, eine genauere Einschätzung des subjektiven Faktors für die Revolutionierung der Gesellschaft vorzunehmen. Die Einschätzung weicht in vielem von traditionellen marxistischen Vorstellungen ab. In ihr ist aber das rationale Verhältnis von Theorie und Praxis nicht zerstört, sondern – genau besehen – gegenüber früheren, veralteten und daher irrational gewordenen Formen wiederhergestellt. Die Theorie von der punktuell vorangetriebenen Desintegration des bürgerlichen Herrschaftsapparats (des öffentlich-rechtlichen wie des ökonomischen) mag irrig sein. Sie läßt sich aber ebensowenig unter den Voluntarismus subsumieren wie die Marxsche Hypothese von der parlamentarischen Chance der Revolution in bestimmten, fortgeschrittenen Nationalgesellschaften. Ihre Praxis mit dem faschistischen Aktivismus zu vergleichen ist das Ergebnis einer abstrakten, wiederum weitgehend geistesgeschichtlichen Deduktion (von Bakunin und den Narodniki über Sorel und Mussolini bis zum SDS) oder eines nicht mehr logischen, sondern grob sinnlichen Empirismus: die Analogie der eingeschlagenen Fensterscheiben. Indessen kommentierte Gollwitzer mit Recht Adolf Arndts Kotau vor der „Morgenpost" mit dem Hinweis, ob die Sozialdemokraten oder die Kommunisten, die dem „Völkischen Beobachter" die Scheiben einschlugen, denn auch Faschisten gewesen wären. Was allerdings auch eine analogische Prämisse enthält. Der Linksfaschismus übernimmt vielmehr – ungeachtet der Diskrepanzen und Widersprüche – spezifische sozialistische Tendenzen und vor allem die sozialistische Perspektive, daß gesellschaftliche Veränderungen wesentlich Veränderungen von Produktions- und Eigentumsverhältnissen sind. Deshalb auch das erhöhte Interesse der zumindest theoretisch fundierten Vertreter des Linksfaschismus für Fragen der Ökonomie; ein Interesse, das bekanntlich den eher dem „Geist", der Dichtung und der Musik zugetanen Faschisten fast völlig abging.[23]

Nicht etwa, daß man sich dabei gegen die bürgerliche Organisation der Gesellschaft gewendet hätte, sosehr antibürgerliche Parolen auch zum linksfaschistischen Repertoire gehörten. Die Machtfrage galt nicht als Klassenfrage, sondern als Problem der Auslese der tüchtigen Söhne des Bürgertums. Die bekämpfte Bourgeoisie wurde nicht als Klasse verstanden, sondern als *stato d'animo*, als ohnehin sehr vage gedachte, am bequemen Leben orientierte Verhaltensweise. Politiker und Doktrinäre wie Rossini, Spirito, selbst der frühere Linkssyndikalist Rigola, aber auch G. Strasser oder Valois blieben genau in dem Maße faschistisch, in dem für sie die Veränderung im Verhältnis Kapital–Arbeit tendenziell mit der Erhärtung der Abhängigkeit der Arbeiter, programmatisch mit der Existenzsicherung kleinbürgerlicher Techniker und „Führer" verbunden blieb – und also gar keine Veränderung war. Hierin lag – und liegt – denn auch der Widerspruch. Fontanelli – der radikalste von allen – wollte die Kapitalisten abschaffen, das Kapital aber als soziale Funktion der Gesellschaft (nicht nur als Mittel der Produktion), damit als soziales Machtreservat für neue, junge Führungsgruppen aus dem geläuterten Bürgertum beibehalten.[24] All dies machte den leicht instrumentalisierbaren Charakter und die Ambiguität des Linksfaschismus aus. Seine Auseinandersetzungen mit dem Kapitalismus waren moralisch, seine hierarchische Grundtendenz eignete sich ausgezeichnet dazu, die Position der kapitalistischen Herrschaftsgruppen ideologisch zu festigen. Männer wie Falck, Agnelli oder Marzotto konnten sich mit Leichtigkeit als die Vertreter der neuen, modernen, technisch denkenden Führungsschicht ausgeben, ohne auf ihre Kapitalanteile verzichten zu müssen.

Die – in der deutschen Literatur bisher kaum berücksichtigte – modernistisch-technokratische Wendung des italienischen Korporativismus[25] zeigt, wie der Faschismus weder als historische Erscheinung noch als aktuelle Qualität der bürgerlich-kapitalistischen Gesellschaft sich durch einfache Schemata fassen läßt. Dazu war – und ist – der Entwicklungsgrad der einzelnen Staaten zu verschieden: sei es in den quantitativen Beziehungen etwa zwischen Landwirtschaft und Industrie; in den qualitativen, geschichtlich bestimmten Klassenverhältnissen; oder in der Verschiedenheit der Kapitalakkumulation. So konnte sich in den deutschen Agrargebieten kein spezifischer Agrarfaschismus entwickeln: er hatte gesellschaftlich keine zureichende

Basis, weil es dort kein Tagelöhnerproletariat gab, das sich – wie in Italien – mit den Industriearbeitern identifiziert und revolutionäre Versuche unternommen hätte.

Anders als bei Nolte, der offenbar zwischen Industrialisierungsgrad der einzelnen Nationalgesellschaften und Faschisierungsformen keinen wesentlichen Zusammenhang sieht,[26] dürfte vermutlich in einem solchen Zusammenhang eines der wichtigsten Unterscheidungsmerkmale der einzelnen Faschismen zu suchen sein. Es wäre zum Beispiel einer Untersuchung wert – und diese Untersuchung wäre überdies dringend erforderlich –, inwiefern die besondere Brutalität der nazistischen Expansions- und Eroberungspolitik nicht sosehr mit der deutschen militaristischen Tradition oder mit irgendwelchen mystischen Vorbestimmungen des deutschen Volkes zu tun hatte, als eher mit der Expansionskraft und dem Expansionsbedarf der deutschen Industrie, deren Potential gegenüber den bekannten Schwierigkeiten der Rohstoffbasis, der Absatz- und Ausweichmärkte und der Schaffung einer industriellen Reservearmee die koloniale Sicherung und die Möglichkeit des Rückzugs in den kolonialen Binnenverkehr nicht kannte.[27]

Solche Unterschiede müßten kritisch unter den konkret-allgemeinen Zusammenhang einer Theorie subsumierbar sein. Erst dadurch ließen sich die Ansätze der älteren Theoretisierungsversuche fortführen und ausweiten, die im Sammelband „Faschismus und Kapitalismus" vorliegen.[28] Und dadurch ließe sich auch der vorerst noch abstrakte Charakter der Formel: „Kapitalismus führt zum Faschismus" überwinden. Unreflektiert übernommen, macht die Formel aus einem dialektischen Vorgang einen unverständlichen und unbegründbaren Willensakt: aus der geschichtlich verschieden auftretenden Nötigung des Kapitalismus, sich in Autoritätsstrukturen und in besonderen Formen der politisch-staatlichen Befehlsgewalt zu organisieren, einen bloßen Plan finsterer Mächte. Das will keineswegs heißen, daß die Herrschaftsgruppen der Produktionssphäre unserer Gesellschaft hell-heitere Mächte darstellen und nirgends Pläne zur Faschisierung öffentlich-rechtlicher Verhältnisse aushecken würden. Daß dies durchaus der Fall ist, hat in letzter Zeit Griechenland gezeigt; und darauf scheint auch einige Tätigkeit des CIA hinzuweisen.[29] Ebenso dürfte es abseits von geplanten Staatsstreichen Instrumentalisierungsversuche geben, wenn sozusagen vom Himmel her (Mussolini galt doch als „l'Uomo della Provvidenza") und aus anderen sozialen Gruppen hervorgehend als aus der Oberschicht sich eine antisozialistische Massenbewegung bietet – wie in Italien 1920. Solche Versuche unternimmt der Kapitalismus indessen mit allen bürgerlichen Bewegungen und mit allen vorhandenen staatlichen Institutionen und politischen Organisationen. Seit dem Auftreten proletarischer Parteien, spätestens seit dem Sieg der Oktoberrevolution, entwickelt er – aus seiner Sicht legitimerweise – nicht so sehr finstere Pläne als vielmehr Defensivmechanismen (Eduard März) und erstrebt mit wechselndem Erfolg die Umfunktionalisierung zuweilen völlig fremder Kräfte und Apparate (zum Beispiel gewerkschaftlicher Art) in einen solchen Mechanismus. Insofern werden auch heute vor sich gehende Veränderungen in der staatlichen Organisation nicht nur durch die Veränderung der Produktionsweise, der Klassenlage, der Bedürfnisse usw. bedingt, sondern ebensosehr gewollt. Es wäre blanke Verfassungsromantik, wollte man annehmen, die Interorganverschiebungen des modernen bürgerlichen Staates, die zunehmende Autonomie der Exekutive, der Verlust des Öffentlichkeitscharakters politischer Entscheidungen u. ä. hätten sich „von selbst", aus irgendwelchen verfassungsimmanenten Gründen ergeben. Genauso romantisch wie der geschichtsästhetische Gedanke, ein Führer sei plötzlich erschienen und habe mit einer Handvoll „Rabauken" ohne Mitwirkung von Interessierten und ohne sogenannten gruppenspezifischen, also klassenmäßigen Nutzeffekt ein ganzes Volk samt Finanzkapital und Schwerindustrie unterjocht. Ob nun die Defensivmechanismen so funktionieren, wie sie im Sinne des Versuchs sollten, ist eine andere Frage;[30] wieder eine andere Frage, inwieweit einmal geschichtlich entstandene, ausprobierte Mechanismen in veränderter Form beliebig reproduzierbar und machbar werden.[31] Von Anfang an hat das italienische Großkapital den Faschismus für sich instrumentalisiert, hat sich seiner bedient – hatte ihn aber nicht eingeplant. Daher betrachtete es in der „Kampf"periode zwischen 1920 und 1925 die *squadre d'azione* als eigene Hilfstrupps, die Gesamtbewegung aber mit einiger Skepsis, obwohl die Skepsis sich lokal mit gesteigertem Wohlwollen paarte (solche geographischen Unterschiede gab es bekanntlich auch im Nazismus, und sie tauchen heute beim Neonazismus wieder auf).

Von einem Plan kann eher bei dem obenerwähnten Agrarfaschismus die Rede sein. Die Großgrundbesitzer begnügten sich nicht, schon vorhandene *squadre* zu finanzieren. Sie gehörten vielmehr zu deren Gründern und Anführern und versuchten, aktiv auch in die politische Entwicklung des Faschismus einzugreifen. Auch Finnland kannte eine Art von Agrarfaschismus, der bis zu einem gewissen Grad ebenso „eingeplant" war, jedoch – der Struktur der finnischen Landwirtschaft entsprechend – die besondere Form einer Bewegung des bedrohten selbständigen Bauerntums annahm.

Bei dem politischen Verhalten der deutschen Industrie sah die Sache ganz anders aus. Wie man weiß, war ihre Haltung vor Hitlers Annäherungsversuchen zunächst durchaus zwiespältig. Sie befand sich auf der Suche nach einer autoritären Staatsform und nach deren möglichen neuen Trägern – eine verständliche Haltung und ein verständliches Programm für gesellschaftliche Gruppen, die traditionell politische Herrschaft selten unmittelbar ausüben, der Regel nach lieber delegieren. Hitler bot dabei höchstens eine neue Führungsgruppe – der italienische Faschismus hingegen lieferte schon ein Modell, das in der Sicht der geforderten staatlichen Sicherung der Produktion als erprobt und erfolgreich galt. Insofern stand die Annäherung an Hitler schon im Zeichen bewußter Politik; vermutlich auch bewußter Übernahme des faschistischen sozialen Experiments. Als bei der Mitgliederversammlung des Reichsverbands der Deutschen Industrie am 12. 12. 1929 der Berliner Schnaas ausrief: „... in Deutschland wird nicht eher Wirtschaftsfriede sein, als bis 100 000 Parteifunktionäre außer Landes gewiesen sind", gab er sich eindeutig als Faschist zu erkennen. Aus dem Publikum wurde denn auch der Zuruf laut: „Mussolini."[32]

Doch selbst die deutsche Industrie orientierte sich am italienischen Faschismus nicht um der abstrakten Form einer, allem Anschein nach erfolgreichen, terroristischen Disziplinierung der proletarischen Massen willen. Sie hatte gewiß nichts Prinzipielles gegen das gewaltsame Vorgehen staatlicher Organe oder parastaatlicher bewaffneter Gruppen einzuwenden, wenn nur die Funktionalität der Maßnahmen dabei bewahrt blieb. Was jedoch als zwingend notwendig empfunden wurde und was sich auch objektiv für die Aufrechterhaltung der bürgerlichen Gesellschaft als notwendig erwies, hieß nicht offen und in klarer ideologischer Ausprägung: Faschismus, sondern – und eben eher funktional: starker Staat, Autonomie der Exekutive gegenüber kontrollierenden Vertretungsorganen, stabile Regierungen. Dies alles freilich auch verbunden mit einem konterrevolutionären Inhalt: mit der Bekämpfung emanzipatorischer Bestrebungen; und mit einem präzisen gesellschaftlich-wirtschaftlichen Zweck: nicht etwa der (zuweilen in der Literatur nach vorne geschobenen) Befriedigung von Macht- und Herrschaftstendenzen; sondern mit dem Zweck einer durch den Markt nicht mehr erzielbaren Absatzsicherung und einer mit friedlich-konstitutionellen Mitteln nicht mehr erzielbaren Stabilisierung der Produktivität[33] gegen die desintegrierende Tätigkeit der Streiks, der gewerkschaftlichen Forderungen und so fort.

Darin liegt der Grund, warum langfristig nicht Ideologien, Strafexpeditionen und sonstige Aktionen, sondern die staatlich vorgenommene Regelung der Arbeitskonflikte und die staatlich mitorganisierte Produktion, also das korporative System als Bestandteil des Faschismus eine zentrale Bedeutung gewann, sich sozusagen vom faschistischen Ursprung frei machte und als gültiges Modell einer modernen, privatwirtschaftlich produzierenden Industriegesellschaft empfahl.[34] Gerade diese Möglichkeit macht den Faschismus in seiner originären, italienischen Prägung viel wichtiger für die Analyse der modernen bürgerlichen Gesellschaft als den in Hinsicht auf Klassenfunktionen atypischen Nazismus.

Fraglos liegt dem Verwandtschaftsverhältnis Kapitalismus–Faschismus in letzter Instanz auch die strukturelle Ähnlichkeit zugrunde, die zwischen der Befehlsstruktur eines kapitalistischen Betriebs und der direkten, nicht konstitutionell vermittelten Ausübung von Herrschaft im faschistischen Staat besteht. Seit der berühmten Äußerung im „Industriekurier" weiß in Deutschland ein jeder, daß in der Sicht der Unternehmer die Demokratie etwas ist, was mit Wirtschaft und Universität ebensowenig zu tun hat wie mit Zuchthäusern. Danach ließen sich „Leistungsgemeinschaften" demokratisch nicht organisieren.[35]

Solche Ansichten weisen nicht nur auf bedenkliche, sondern auf eindeutig faschistoide Tendenzen hin, vor allem, wenn man ihre Implikationen mitdenkt: Der Staat selbst nämlich ist – sieht man von dem Wahlsonntag ab – ein Leistungsverband! Dennoch ist die Beziehung vermittelbar: Der Kapitalismus will keinen Faschismus, sondern die Sicherung der Profite. Das bedeutet aber eine doppelte Transformation der geschichtlich gesehen anfänglichen Stellung des Faschismus – eine Transformation, deren Berücksichtigung erst es ermöglicht, Sinn und Zweck des Faschismus in der modernen Gesellschaft, seine soziale Funktion also, zu begreifen. Es geht auf der einen Seite ideologisch um die Abkehr von populistischen Tendenzen, die sowohl die italienische wie die deutsche Bewegung ursprünglich charakterisierten; gesellschaftlich geht es darum, die Massenbasis des Faschismus zu verschieben. Am klarsten hat Otto Bauer das Problem gesehen, das in den Klassenbeziehungen nach einer faschistischen Machtergreifung entsteht: die Macht wird errungen durch die Unterstützung einer rebellischen kleinbürgerlichen Masse, die aber gerade um der angestrebten Sicherungseffekte willen nunmehr zurückgedrängt werden muß.[36] An die Stelle des rebellischen Kleinbürgers trat der Ordnungsbürger mit seiner traditionellen Tendenz, sich mit der jeweiligen politischen Herrschaft und mit der herrschenden Klasse zu identifizieren. Studienräte waren weder in Italien noch in Deutschland in nennenswerter Zahl an Strafexpeditionen beteiligt; nach der Machtergreifung wurden sie zu wertvollen Apologeten des neuen Systems. Die zweite Seite betrifft den willkürlich ausgeübten Terror – sozusagen die klassische faschistische Eigenschaft. Sobald der Terror seinen Charakter als punktuell gegen das tätig werdende Proletariat (oder andere Emanzipation anstrebende Gruppen) anwendbare Waffe verliert und sich als Herrschaftsmethode etabliert, wird er für die Konservation bestehender Strukturen disfunktional. Er überrollt die eigene Brauchbarkeit, die eigene Teilrationalität: er zerschlägt nicht nur die Arbeiterorganisationen, sondern auch die Organisierbarkeit der Kapitalverwertung. Daher die oben schon behandelte Forderung nach Konstitutionalisierung des Faschismus: man zielte durchaus auf Rechtssicherheit für die Organisation des Marktes und im (nunmehr geordneten) Warenverkehr, verbunden mit der Rechtssicherheit bestimmter Gruppen – während für andere Gruppen die Rechtsunsicherheit und der geordnete, polizeistaatliche Terror immer aus dem Hinterhalt drohte. Der alte liberale Staat zeigte seine Liberalität immer nur im Verhältnis mit der herrschenden Klasse und mit sonstigen Privilegierten. Der faschistische, auch totalitär genannte Staat ging im Umgang mit Freunden oder (vermutbaren) Auftraggebern sehr differenziert vor. Hier ist noch ein Punkt zu erwähnen. Es scheint immer noch Schwierigkeiten zu bereiten, daß die faschistischen „Ordnungsvorstellungen" und Praktiken die tradierten Schemata des Kapitalismus durchbrachen; daß der Staat in die Verfügungsgewalt der Privatwirtschaft eingriff. Es sind dies Schwierigkeiten, die meist mit ungenauen Kenntnissen der Erfordernisse eines organisierten Kapitalismus zusammenhängen und mit der daraus resultierenden Tendenz, Erscheinungsformen einer spezifischen Produktionsweise für Machtgelüste der Politik zu halten. So meint z. B. Nolte: „Zu Anfang der dreißiger Jahre war die totalitäre Natur des Faschismus in der Innenpolitik überall anschaulich geworden: an die Stelle der liberalen und dem Privatkapitalismus günstigen Wirtschaftspolitik De Stefanis war ein staatlicher Dirigismus getreten, der einige Bereiche der Privatwirtschaft ebenso schädigte wie er andere förderte ..."[37] Abgesehen davon, daß De Stefani, ein liberalfaschistischer Professor der Nationalökonomie, durch einen unmittelbaren Vertreter des italienischen Unternehmerverbandes abgelöst wurde (durch den Grafen Volpi di Misurata[38]): der Dirigismus der dreißiger Jahre fand seine Ursachen keineswegs in einem totalen Führungsanspruch des Staates. Ihn hatte vielmehr das Privatkapital, vor allem das Großkapital ausdrücklich herbeigewünscht. Es versprach sich davon sowohl die Sanierung schwacher Betriebe durch staatliche Beteiligung (IRI) wie auch die Profitsicherung für die Betriebe, die den Markt nicht monopolistisch beherrschten oder (wie in Italien) vom billigen Import bedroht waren. Die Zwangskartellierung sah – wie der Name sagt – nach einem brutalen Eingriff des Staates aus, entsprach aber durchaus den Interessen der Kartellierten.[39]

Bei solchen Sachverhalten befindet man sich schon jenseits der Ideologie, also jenseits der landläufig als zentral geltenden Erscheinungsform. Das will nicht heißen, daß die jeweilige ideologische Begründung und Rechtfertigung der Herrschaft (und der Barbarei) für das Verständnis des Faschismus oder gar für den Faschismus selbst entbehrlich sei. Sie bildet einen festen Bestandteil sowohl auf der Seite der Herrschaft – als politische Formel im Sinne Moscas – wie auf der Seite der Unterdrückten, denen zumindest noch als Trost die ideologisch herbeigeführte Identifikation mit der Macht sich bietet. In diesem Sinn ist Ideologie für den Faschismus – wie für alle Herrschaft – konstitutiv. Sekundär aber dürfte der jeweilige Vorstellungsinhalt sein: es zeigt sich, daß er auswechselbar ist; sogar, daß gerade seine Auswechselbarkeit für den italienischen Faschismus mitkonstitutiv war. Proletarisch, kapitalistisch, reaktionär, monarchisch, republikanisch, demokratisch, friedliebend, kriegerisch: nach Auffassung der italienischen faschistischen Führer ebenso wie in der Rezeption bei den Geführten sind dies alles Positionen, die je nach Lage der Dinge ausgetauscht werden können wie die Einstellung zur Religion, die philosophische Ausstattung, die Begründung einzelner Maßnahmen oder Aktionen. Soziale Inhalte gelten zwar nicht als auswechselbar – aber eben weil sie nicht mehr Inhalte der Ideologie, sondern der Praktik darstellen. So gehören Hierarchie und Führerprinzip nicht zur „Weltanschauung", sondern zur Doktrin der Macht – *dottrina del potere*. Daß die Hierarchisierung der Befehlsstruktur die Form eines ewigen Gesetzes der gerechten Gesellschaft annahm, ist also materiell begründet: ein Organisationsprinzip und keine politische Formel; ein Verteilungsprinzip für Privilegien und kein Trost in der Misere. Für den Faschismus als soziales Experiment gilt nun das gleiche, was auch seine Herrschaftsmethode kennzeichnet. Er blieb immer an Formen der Integration und des Consensus orientiert, die zwar repressiv waren, aber keineswegs durch permanent aktuellen Terror hergestellt werden sollten. Repressiv, weil in faschistischer Sicht das Volk immer den unbotmäßigen Teil darstellt, der nie weiß, was sich ziemt: „Volkswille" wurde nur als Nachvollzug befohlener Führungsentscheidungen verstanden und praktiziert. Nicht aktuell terroristisch, weil der Faschismus immer manipulativ vorgeht, solange dies möglich ist; den Terror aktualisiert, nur sofern antiintegrative Tendenzen das soziale Experiment selbst ernsthaft gefährden. Die Verfolgung kommunistischer und sozialistischer Arbeiter (in romanischen Ländern kommen die Anarchisten dazu) hörte potentiell nie auf. Aktuell war aber auf der ganzen historischen Strecke der Versuch, „sozialistische conati" durch sozialtechnische Maßnahmen zu verhindern – wie die „Quadragesimo Anno" lobend feststellte. Diese sozialfriedliche Ergänzung zur geheimpolizeilichen Praktik bildete die eigentliche, wenn nicht theoretisch durchdachte, so doch zumindest doktrinär reflektierte Methode zur Steuerung der abhängigen Massen.[40]

Es liegt auf der Hand, welche Bedeutung solche Aspekte des Faschismus für die Analyse der Möglichkeiten gewinnen, die in einer bürgerlichen Gesellschaft stecken. Freilich wird hier zugleich auch das materielle Interesse einer kritisch-materialistischen Behandlung des Gegenstandes deutlich und die kritische Perspektive bei der Beurteilung der Faschismus-Literatur. Die angedeuteten „Masken" oder „Gesichter" des Faschismus (Gesichter, die die polizeistaatliche Grimasse ebenso zeigen wie die partnerschaftliche), die mit den herkömmlichen Totalitarismus- und sonstigen politologischen Schutz- und Trutzkategorien nicht faßbar sind, eignen sich dazu, Pauschalurteile zu zerstören und die scharfe Gegenüberstellung von Faschismus und liberaldemokratischem Staat aufzulösen. Dadurch verliert das quantitative Bild der Unterschiede der einzelnen Faschismen (mehr und weniger Terror; mehr und weniger Totalitarismus; mehr und weniger Militarismus) ebenso an Gültigkeit wie die qualitative Abhebung von anderen Herrschaftsformen, die sich unter dem Kapitalismus entwickelt haben.

Dies gilt aber nicht nur für theoretische Versuche. Selbst für die bloß historiographische Darstellung empfiehlt es sich, die soziale Funktion des Faschismus, seine systemerhaltende Teilrationalität und auch seinen Umschlag in eine totale Irrationalität, die diese Funktion zerstört, zu berücksichtigen. Sonst setzt sich die Historiographie der Gefahr aus, in die Chronik von Staats- und Hauptaktionen zurückzufallen. Damit sollen keineswegs die bekannten halboffenen Türen vollends aufgerissen werden. Vielmehr stellt sich die Gefahr vom Gegenstand her automatisch ein, weil der Faschismus tatsächlich seine eigene geschichtliche Besonderheit mit Vorliebe durch eine ganze Reihe spektakulärer Staats- und Hauptaktionen demonstriert hat. Insofern scheint Noltes Dokumentenband (besser gesagt: kommentierte Bildersammlung) „Faschismus – von Mussolini zu Hitler“[41] partiell das Richtige zu treffen, indem er meist Uniformierte, Paradierende, Waffenträger, Führergestalten und Untertanenglück zeigt. Nur: Ähnliches wurde schon – in apologetischer Absicht – zum Beispiel im kaiserlichen Deutschland über das kaiserliche Deutschland veröffentlicht, ohne daß durch Bilder die feudal-kapitalistische Gesellschaft hinlänglich erkennbar geworden wäre. Die wirklichen „Bilder“ ließen sich – im kaiserlichen Deutschland wie im Faschismus – doch sehr schlecht fotografisch festhalten. Einige Nachrichten und Berichte über die informellen Verhandlungen zwischen Reichsführung und Reichsverband der Deutschen Industrie geben zum Beispiel für eine Analyse des Nazismus mehr her als Prachtfotos, Mussolini in den Krupp-Werken als der „Waffenschmiede des Reiches“ zeigend. Daß – im Gegensatz zur lückenlosen Zerschlagung der alten Gewerkschaften und zur Bildung der Arbeitsfront – der Nazismus beim RDI nur eine „Neugestaltung“ der alten Organisation vornahm, besitzt nicht nur mehr theoretische Bedeutung, sondern hat auch mehr historiographischen Wert als der im Bild festgehaltene Jubel von – sagen wir – Grubenarbeitern beim Besuch des Führers.[42]

Mit einem Wort: Faschismus-Geschichte ist immer spannend. Wissenschaftlich ertragreich und politisch erträglich ist sie nur als Sozialgeschichte.

Deutlich wird dies an den Aufsätzen im Sammelband „Internationaler Faschismus 1920–1945“. So interessant oder gar bunt sie im einzelnen auch ausfallen mögen: nur selten gelingt es ihren Autoren, den Rahmen herkömmlicher Darstellungen zu überspringen. Meist liefern sie Material, das erst aufgearbeitet werden müßte. So z. B. B. L. Jedlicka mit seinem Überblick über die ideologischen, partei- und verbandspolitischen Komponenten der österreichischen Heimwehr; oder E. Oberländer mit dem Beitrag zur „Allrussischen Faschistischen Partei“. Letzteres freilich sowie P. M. Hayes' Ausführungen über „Quislings politische Ideen“ werden bei den Lesern selbst die Neugier nur knapp befriedigen können, die bei der Begegnung mit einem bis dahin unbekannten Gegenstand entsteht. Brauchbarer sind R. J. Soucys und G. D. Allardyces Beiträge zum französischen Faschismus. Vor allem Soucy geht ausführlich, wenn nicht auf die wirtschaftlichen Hintergründe, so doch zumindest auf das Wirtschaftsprogramm und auf das Wirtschaftsverständnis der französischen Faschisten ein.[43] Von der bloßen Fakten- und Ideologiendarstellung entfernt sich G. L. Mosse am entschiedensten. Auch wenn Sozialgeschichte von ihm methodisch nur als Geschichte klassenspezifischer Kulturtypen verstanden wird, so gelingt es ihm doch, in der „Entstehung des Faschismus“ den Bezug Faschismus–Bürgertum überzeugend darzustellen. Aus den kulturellen Widersprüchen bürgerlicher Interessen und Tendenzen gewinnt er beachtliche Einsichten in die Doppelnatur der sozialen

Basis und in die dadurch ermöglichte Verschiebung in den Massenträgern des Faschismus. Die daraus sich ergebende Zwangsläufigkeit der Koppelung von „Chaos“ und „Ordnung“ wird klar gezeigt: „Der Schlüssel zum Faschismus ist nicht allein die Revolte, sondern auch die Bindung.“[44]

In jeder Hinsicht ärgerlich ist hingegen der Beitrag von E. Weber „Die Männer des Erzengels“, über Rumäniens faschistische Garde also. Ärgerlich schon deshalb, weil eine ganze Menge wesentlicher und brauchbarer Daten in einen derart schiefen Bezugsrahmen gestellt werden, daß man am Ende selbst an der Richtigkeit des vorgelegten Materials zweifelt. Dabei hat Weber die gesellschaftliche Perspektive durchaus im Auge. Sein Versuch, am rumänischen Beispiel die für ihn ominöse Formel Faschismus—Bürgertum aufzulösen, mutet durchaus gerecht an. Leider greift er zu Mitteln, die im besten Falle Naivität beweisen, zuweilen aber den Charakter der Geschichtsklitterung annehmen. Ist die „menschliche Natur“ zwischen Rumänien und China wirklich so unbürgerlich-korrupt, daß die Kommunisten nur durch Terror „jene schlichten bürgerlichen Tugenden wie Ehrlichkeit, Pünktlichkeit, Verantwortung und Fleiß“ bei den Slawen einführen konnten?[45] Und das Bemühen, das Bürgertum zu entlasten, mündet am Ende doch in eine verhaltene moralische Rechtfertigung faschistischer Bewegungen, die keineswegs durch das bekannte Denkschema abgeschwächt wird, wonach politische Ideen und Kräfte erst durch die Machtergreifung pervertiert werden.[46] Über Hugh Seton-Watson („Faschismus – rechts und links“) ist nur zu sagen, daß nach ihm faschistische Bewegungen „als politische Kraft eher demokratisch (sind) als oligarchisch“, und daß die Neger an allem schuld sind: am nordamerikanischen Faschismus, den sie selbst hervorbringen, und an dem südafrikanischen, den sie durch einen „unglückseligen Druck“ auf die Weißen verursachen.[47]

Wie sozialgeschichtliche Faktoren: Ökonomie und Organisation der Gesellschaft einerseits, sozialpsychologisch ermittelte Sachverhalte und Prozesse andererseits ineinandergreifen; und wie daraus sich Differenzierungen in der Beurteilung geschichtlicher Ereignisse und Gestalten (wie Luther, Calvin und Reformation) ergeben, zeigt Erich Fromm in „Escape From Freedom“, deutsch verwandelt in eine „Furcht vor der Freiheit“[48]. Für Fromm bestehen zwischen der Position des aufstrebenden Bürgertums der Reformzeit und der Position des bedrohten Bürgertums in der modernen Gesellschaft sozial-psychische Ähnlichkeiten, die nicht nur geschichtlich relevant sind. Sie gewinnen Aktualität in der von Fromm klargelegten Verbindung zwischen psychischen „Fluchtmechanismen“ und den in westlichen Demokratien auftretenden Anpassungszwängen – beides die Folge der bürgerlichen Entwicklung. Solche Zwänge zu verinnerlichen ist keineswegs – wie Bauer zu meinen scheint – nationales Merkmal der Deutschen. Die Verinnerlichung (in der wissenschaftlichen Terminologie: Internalisation) ergibt sich nach Fromm vielmehr in allen bürgerlichen Gesellschaften als Folge einer vermittelten Identität, in der die kapitalistische Produktionsweise und psychische Struktur der die Massenbasis der bürgerlichen Macht bildenden, zugleich durch den Kapitalismus entmachteten Zwischenschichten sich gegenseitig bedingen. Der Unterdrückte identifiziert sich mit demjenigen, der ihn beherrscht und zugleich bedroht. Das bedeutet sozialpsychologisch eine Annäherung von autoritären Tendenzen, die die Hinwendung zum Faschismus einleiten, und Anpassungsmechanismen, wie sie als besondere Form des Autoritätssyndroms in der westlichen Welt (Fromm denkt vor allem an die USA) auftreten. „Die Hauptstraßen dieser Flucht (vor der Freiheit in die durch Herrschaft garantierte Sicherheit – J. A.) waren in den faschistischen Ländern die Unterwerfung unter einen Führer und in unseren großen Demokratien eine zwanghafte Gleichförmigkeit" ... d. h. eine „Automatisierung des Menschen".[49]

Nachdrücklich weist Fromm auf die Hilfsfunktion hin, die die Wissenschaft, vor allem die Psychiatrie und die Psychoanalyse, bei der Zurichtung automatisiert-konformer Menschen ausüben kann; und – wenn auch emphatisch – auf die gleichgeartete Funktion positivistischer Lehr- und Forschungsmethoden.[50] Ein Sozialpsychologe dürfte eher in der Lage sein, Fromms Ausführungen richtig einzuschätzen. Eines läßt sich mit Sicherheit sagen: aus ihnen ist abzulesen, daß eine gesamtgesellschaftliche Theorie des Faschismus ohne die Aufdeckung psychischer Vorgänge und ihres Bezugs zu Produktions- und Herrschaftsstrukturen nicht mehr auskommen kann.

Gemessen an den bisher besprochenen Büchern, ist „Der Aufstieg des Faschismus in Europa" von Francis L. Carsten nicht mehr (und nicht weniger) als ein nützliches Repetitorium. Carsten, bekannt als Verfasser von „Reichswehr und Politik 1918–1933" (1964), bemüht sich redlich um eine sozialgeschichtliche Darstellung der wichtigsten europäischen Faschismen. Am Anfang allerdings, bei der Behandlung geschichtlicher Voraussetzungen, verliert sich Carsten zu sehr in nationalistischen und antisemitischen Ideologien. Es steht außer Frage, daß der Antisemitismus – zumal für Mitteleuropa – auch zu den sozialen Ursachen faschistischer Bewegungen gehört. Nur läßt der Autor die Gelegenheit verstreichen, endlich einen viel wichtigeren, materialen Aspekt des Antisemitismus zu untersuchen: seine doppelte Rolle bei der Brutalisierung des Faschismus in Deutschland. Einmal müßte die Verknüpfung vom klassenintegrierenden Antisemitismus einerseits, rassenideologischer Verblödung und Anstachelung der Bevölkerung andererseits an Hand historischer Fakten dargestellt werden. Zweitens geht es um die Klärung, inwiefern der Antisemitismus die entscheidende Rolle bei jener Form der Brutalität nazistischer Praktiken spielte, an der die (angedeutete) sozioökonomische, auf Expansionstendenzen des deutschen Kapitals zurückgehende Analyse scheitert. Denn diese führt die Eroberungs- und Unterjochungspolitik auf ihren Begriff, deckt den zureichenden Grund für die versuchte Wiedereinführung der sklavenwirtschaftlichen Produktion auf – wird aber vor den Gaskammern machtlos; dort also, wo sich die totale Irrationalität der Herrschaft einstellt.[51]

Am ausführlichsten beschäftigt sich Carsten mit dem Nationalsozialismus. Er kann da auf persönliche Erinnerungen und Erfahrungen zurückgreifen, die ihm bei den anderen Spielarten des Faschismus verständlicherweise fehlen. Offensichtlich fehlt ihm aber auch die unmittelbare Kenntnis des Materials, so daß er auf Sekundärliteratur angewiesen ist. Das führt zuweilen zu einigen nicht sehr schwerwiegenden Fehlern. So ist es nicht ganz korrekt, die „Associazione nazionalista italiana" als Partei zu bezeichnen.[52] Der Antisemitismus wurde nicht erst im Verlauf des 2. Weltkrieges aus Deutschland importiert, sondern gleich zu Beginn der italienisch-deutschen Bündnispolitik. Richtig ist allerdings, daß der Antisemitismus keinen nennenswerten Faktor innerhalb des italienischen Faschismus bildete – weder ideologisch noch sozial: ein Sachverhalt, der nicht immer genügend reflektiert wird, so daß die Gleichung Faschismus = Antisemitismus sich zu schnell einstellt und zu schiefen Urteilen sowohl über Personen wie über Bewegungen führt. In Italien wäre die Gleichung schon personell unmöglich gewesen: man denke an Arias, an die Sarfatti, an Finzi (über dessen Schicksal Carsten selbst berichtet)[53] – nur um die Namen einiger bedeutender jüdischer Faschisten zu nennen. Die Begründung allerdings, die Carsten dafür anführt, verläßt gänzlich den Boden der Sozial- und der Ideengeschichte und wird selbst in skurriler Weise rassistisch: „Rassenideen konnten in einem Lande (wie Italien – J. A.), in dem Juden und Christen gleich aussehen, kaum entstehen."[54] Dort aber, wo Darstellung sich mit Ansätzen einer Analyse verbindet, zeigt Carsten eine überraschend kritische Einsicht, die die üblichen Klischees zumindest antastet. Während E. Nolte immer noch ungenau meint, „dem Faschismus (sei es) gelungen, den Staat der Partei zu unterwerfen", stellt Carsten im Zusammenhang mit dem politischen Niedergang der spanischen Falange richtig: wie über die letztere, so ließe sich auch über die „faschistische Partei in Italien und (die) nationalsozialistische in Deutschland sagen: ihre wirklich wichtige Rolle lag vor und nicht nach der Machtergreifung"[55]. Und mindestens perspektivisch richtig heißt es:

„Die faschistische ‚Revolution' wurde nicht auf den Barrikaden ausgefochten, sondern in den Ministerien und Regierungsgebäuden. In diesem Sinne gab es eine ‚Machtergreifung'; die Macht wurde den neuen Führern von den alten leitenden Schichten übergeben, und jene benutzten sie zu ihren eigenen Zwecken."[56]

Damit spricht Carsten am Ende seiner geschichtlichen Darstellung das wichtigste Problem der faschistischen Anfänge an: die Kontinuität und Diskontinuität der politischen Herrschaft in der bürgerlichen Gesellschaft. Die „Revolution" in den Ministerien impliziert jedenfalls den nicht-revolutionären Übergang von der alten in die neue Herrschaftsform, der im bürokratischen Apparat stattfand. Es fragt sich allerdings, ob Carsten das Problem in seiner ganzen Bedeutung erkennt.

Der kritische Blick, der dazu erforderlich ist, bleibt versperrt durch eine politische Gesinnung, die sich weigert, die qualitative Gemeinsamkeit – nämlich im sozialen Inhalt – formell konträrer Regierungssysteme überhaupt ins Auge zu fassen. Da aber die Kontinuitätsfrage zugleich eine der wichtigsten Fragen der Nachkriegszeit darstellt und – siehe Anfang dieses Beitrags – dazu noch durch die bekannten Ereignisse an Aktualität gewonnen hat, nimmt es nicht wunder, daß von allen hier besprochenen Büchern das mit den älteren Beiträgen auch das aktuellste ist. Die im Band „Faschismus und Kapitalismus" gesammelten Aufsätze beschäftigen sich genau mit den Beziehungen zwischen bürgerlicher Gesellschaft und faschistischem Staat und mit dem ihnen zugrunde liegenden Prozeß der Reproduktion und der politischen Organisation des Kapitalismus.

Wie in der Einleitung zur Sammlung hervorgehoben wird, handelt es sich keineswegs um Autoren, die ein einheitliches Ganzes bilden. Sie gehen vielmehr von einer kritischen Fassung des Marxismus aus, die in der Methode und in den Ergebnissen sich durch beachtliche Unterschiede auszeichnet. In den Ergebnissen weichen zum Beispiel die Urteile über die parlamentarische Demokratie bei Thalheimer („Über den Faschismus", aus dem Jahr 1930) und O. Bauer („Der Faschismus", 1936) voneinander ab; methodisch bestehen zwischen dem Beitrag von Tasca („Allgemeine Bedingungen der Entstehung und des Aufstiegs des Faschismus", 1938) und dem von Marcuse („Der Kampf gegen den Liberalismus in der totalitären Staatsauffassung", 1934) erhebliche Differenzen. Allen Autoren gemeinsam ist aber, daß für sie die bürgerliche Gesellschaft sich in einem geschichtlichen Negationsverhältnis zu ihrer eigenen liberalen Verfassungsform befindet; und daß dieses Negationsverhältnis zugleich keine Negation der bürgerlichen, klassenbedingten Qualität des neuen, nicht mehr liberalen Staates mit sich bringt.

Der von der Kommunistischen Internationale vertretenen Auffassung dieses Verhältnisses am nächsten steht Arthur Rosenbergs Beitrag aus dem Jahr 1934: „Der Faschismus als Massenbewegung." Der Titel selbst weist aber in seiner allgemeinen Tendenz auf den Unterschied zur offiziellen Faschismus-Definition der Komintern hin.[57] Eher schließt sich Rosenberg der Interpretation der italienischen Kommunisten an, ohne deren Differenzierung hinsichtlich der sozialen Ambivalenz des Faschismus zu übernehmen.[58] Kommt dadurch der relativ autonome Charakter der ursprünglich kleinbürgerlichen Revolte auch zu kurz, so wird um so klarer deren Instrumentalisierung durch die Großbourgeoisie herausgestellt. In einem historischen Rückblick will Rosenberg zugleich grundsätzlich die Verfügbarkeit der Zwischenschichten für eine Allianz mit der Großbourgeoisie zeigen. Dabei spielen nach ihm sowohl die soziale Verunsicherung durch die mittlere Klassenstellung eine Rolle wie die dadurch mitbedingte Tendenz, sich mit der Macht zu identifizieren. Vor allem das letztere wirkt sich entscheidend aus:

„Der Respekt vor dem Staat und seinen Behörden, der Glaube an die Kraft der Gesetze ist eine der stärksten Waffen in der Hand der herrschenden Klasse.“[59]

– eine durchaus zutreffende Feststellung, soweit sie sich auf das Ordnungsbürgertum bezieht. Nur müßte hinzugefügt werden, daß in den Anfängen des italienischen Faschismus wie der deutschen Nazi-Bewegung zuweilen die herrschende Klasse stärker an sozialen Gruppen interessiert war, die an die Kraft der Gesetze nicht glaubten. In der Analyse der sozialen Basis des Faschismus kommen Thalheimer und Bauer zu einem anderen Resultat als Rosenberg. Bei Thalheimer betrifft die Differenzierung vor allem die Klassenbeziehung zwischen Großbourgeoisie und faschistischem Staat. Die Differenzierung lehnt sich an Marxens Theorie vom Bonapartismus an – und korrigiert sie. Erst diese Korrektur macht die Marxsche Theorie anwendbar auf diktatorische Formen der politischen Herrschaft in einer Gesellschaft, deren Reproduktion nicht mehr durch den naiven Konkurrenzkapitalismus bestimmt wird. In diesem Zusammenhang steht auch Thalheimers Hinweis auf die nach seiner Auffassung qualitativen Unterschiede in der „besonderen politischen Form“, die den Parlamentarismus vom Faschismus trennen. Nicht etwa, daß die Durchgängigkeit sozialer Interessen geleugnet wäre oder als belanglos betrachtet würde. Für Thalheimer steht fest, daß der Faschismus eine Herrschaftsform des Kapitalismus darstellt. Nur gilt ihm die politische Form, in der sich diese Interessen organisieren und durchsetzen, nicht als sekundär: „Die Form der Staatsmacht ist . . . bei der begrifflichen Bestimmung des Faschismus die spezifische Differenz, das Artmerkmal.“[60] Damit hebt sich Thalheimer von der sonst gängigen marxistischen Perspektive ab, die – von der Priorität der sozialen Interessen ausgehend – gerade den bloß quantitativen Unterschied zwischen dem parlamentarischen Regierungssystem und der faschistischen Diktatur hervorhebt. Man denke etwa an P. Serings (R. Löwenthal) Aufsatz „Der Faschismus“, der übrigens auf Grund seiner Entstehungszeit und Bedeutsamkeit auch hätte in diesem Sammelband aufgenommen werden müssen.[61]

In einem Punkt schließt sich Thalheimer Marx ohne Vorbehalte an, der in Wirklichkeit bei der Übertragung auf neuere Vorgänge einer Korrektur bedurft hätte: in der Auffassung von der „Verselbständigung der Exekutivgewalt“ gegenüber dem sozialen Auftrag, die Marx am Phänomen des Bonapartismus aufgezeigt hatte; und in der damit zusammenhängenden These von der „politischen Unterwerfung aller Massen, einschließlich der Bourgeoisie selbst, unter die faschistische Staatsmacht bei sozialer Herrschaft der Großbourgeoisie und der Großgrundbesitzer“[62]. Es geht wieder um die oben angeschnittene Frage nach dem Primat der Wirtschaft oder der Politik, näher auch um den gesamtgesellschaftlichen Realitäts- und Effektivitätsgrad staatlicher Herrschaftsgruppen im Faschismus. In der Tendenz zur Verselbständigung politischer Verbände, Gruppen oder Führer von der herrschenden Klasse ein „Artmerkmal“ bonapartistischer oder faschistischer Staaten zu sehen, zeugt von einer schiefen Einschätzung des Verhältnisses der bürgerlichen Gesellschaft zu ihrer eigenen staatlichen Organisation. Selbst im früheren liberalen Staat bestand eine relative Autonomie der politischen Klasse, die genau mit dem vermittelten Charakter der ganzen kapitalistischen Warenproduktion zusammenhängt und bekanntlich zur Doktrin der Trennung von Staat und Gesellschaft ideologisiert wurde. Eine solche Autonomie findet sich in feudal organisierten Gesellschaften nicht, weil da wirtschaftliche Macht, gesellschaftliches Privileg und politische Herrschaft zusammenfielen. Die Regierung eines liberalen Staates besaß zwar nur delegierte Macht – aber diese war streckenweise eine Vollmacht. Es sei hier nur an Disraeli oder an Giolitti erinnert. Im Faschismus vollzog sich in dieser Hinsicht eine Veränderung, die nicht überall die von Thalheimer angegebene Form der Verselbständigung annahm. Während in Deutschland die Trennung von politischer Führung und Industrie – anscheinend – immer stärker wurde, verhielt es sich in Italien damit umgekehrt. Führungsgruppen der Produktionssphäre verfilzten sich mit der Staatshierarchie in einem Maße, das der alte Staat gar nicht kannte.[63]

Am deutlichsten arbeitet Otto Bauer, „Der Faschismus“ (1936), die Widersprüchlichkeit der Klassenbeziehungen innerhalb des Bürgertums heraus, aber auch innerhalb der „Kapitalistenklasse“, in der er einen pazifistischen (vorwiegend am Export von Konsumgütern orientierten) Flügel erkennt. Sehr richtig schätzt er den antiplutokratischen Charakter der deklassierten Träger anfänglicher faschistischer Tendenzen ein: keine fundamentale antikapitalistische Einstellung, sondern lediglich Gefühle gegen das „raffende“, begleitet von Bejahung des „schaffenden“ Kapitals.[64] Von der Geschichtsforschung bestätigt wurde seine These, daß der Faschismus nur dort zum Erfolg gelangt, wo sich das Großkapital für die kleinbürgerliche Revolution interessierte. Damit ist die Grenze einer von den Zwischenschichten getragenen politischen Bewegung angegeben, die bei der Beurteilung wiederauflebender, altfaschistischer Parteiversuche in Westdeutschland für die politische Praxis neu reflektiert werden muß.

Mit Thalheimer einig ist Bauer hinsichtlich der bürgerlichen Demokratie – aber nur soweit es sich um eine historisch schon überwundene Form des Parlamentarismus in besonderen Kampfperioden handelt. „Einmal stabilisiert, ist (die bürgerliche Demokratie) zum Herrschaftsmittel der Kapitalistenklasse geworden.“ Die praxisbezogene Konsequenz bleibt nicht aus: nach Bauer ist „die Illusion des reformistischen Sozialismus (zerstört), daß die Arbeiterklasse friedlich und allmählich, durch bloße Ausnutzung der demokratischen Institutionen, ohne revolutionären Sprung die Formen der Demokratie mit sozialistischem Inhalt erfüllen, die kapitalistische Gesellschaftsordnung zu einer sozialistischen entwickeln könne“[65]. Sieht Bauer die neuen Widersprüche auch nicht, die sich aus der unmittelbaren Beteiligung des Staates an der Kapitalverwertung ergeben, so öffnet ihm der Faschismus offensichtlich die Perspektive der neuen Verfilzung von Wirtschaft und Politik. Bekanntlich ist die Transformation des bürgerlichen Staates seitdem noch weiter fortgeschritten.

H. Marcuses Aufsatz „Der Kampf gegen den Liberalismus in der totalitären Staatsauffassung" (1934) ist wohl der streitbarste und der bestreitbarste. Er ist auch der am weitesten verbreitete. Wie Fromm am Ende des historischen Faschismus, beschäftigt sich Marcuse an dessen deutschem Anfang mit der Kontinuität, überdies mit der Komplizität der liberalen Gesellschaft beim Übergang vom alten Verfassungsstaat und Rechtsstaat zum autoritären Regime. Liest man heute die Dokumente der Zusammenarbeit von Industrie und „Bewegung" – italienischen wie deutschen Ursprungs – und erfährt man dadurch die Gründe, die zum fatalen (d. i.: unvermeidlichen) Bündnis führten, so wird man Marcuse zustimmen müssen:

„Der charismatisch-autoritäre Führergedanke ist schon präformiert in der liberalistischen Feier des genialen Wirtschaftsführers, des ‚geborenen' Chefs."[66]

An die analytische Schärfe der Autoren des Sammelbandes „Faschismus und Kapitalismus" reichen die Aufsätze nicht heran, die E. Nolte in seinem Band „Theorien über den Faschismus" herausgegeben hat. Das schmälert natürlich weder Verdienst des Herausgebers noch Bedeutung der Sammlung selbst, die vielmehr für eine Beschäftigung mit dem Faschismus unentbehrlich ist. Ihre Unvollständigkeit scheint zum Teil technische und drucktechnische Gründe zu haben, zum Teil freilich hängt sie mit einer besonderen Ausgangsposition zusammen, die sich zwar um ein weites Spektrum der Meinungen bemüht, das weite Spektrum der wissenschaftlich-methodischen Perspektive aber vernachlässigt oder ignoriert. Fromm und Reich existieren für Nolte nur bibliographisch; die Nationalökonomen W. Koch und A. Bertelé (die sich intensiv mit den liberalistischen und kapitalistischen Komponenten des Faschismus beschäftigt haben[67]) existieren gar nicht. Immerhin: das Spektrum bleibt weit, die Vielfalt der Meinungen vermittelt mit der Verschiedenheit der Faschismus-Interpretationen auch die Vielfalt in dem besonderen Verhältnis der bürgerlichen Reflexion und der bürgerlichen Politik zum Faschismus. Bedauerlich ist allerdings, daß an einem der wesentlichen Punkte nach wie vor die rezensionsbekannte Lücke klafft: für die Rezeption des italienischen Faschismus in Deutschland steht stellvertretend ein Abdruck aus Joseph Goebbels' Schrift „Der Faschismus und seine praktischen Ergebnisse" (1934) – eine Schrift, die politisch interessant sein mag, deren theoretischer Ertrag sich in der – allerdings niveaumäßig repräsentativen – Formel konzentriert: „Mussolini selbst ist Phänomen des Willens und der Idee." Indessen: Es gab als Vermittler zwischen Mussolini und dem deutschen Bürgertum, zumal dem gebildeten, nicht nur Goebbels, sondern auch Georg Mehlis (in der Nolteschen Bibliographie S. 496) und – theoretisch keineswegs belanglos – den unscheinbaren W. Müller mit seinen „Briefen" über den „Sozialen Kapitalismus" (bei Nolte wieder nicht existent), m. W. der erste deutsche Autor, der den Faschismus als Versuch einer modernen Organisation des Kapitalismus erkannte.[68]

Lesenswert sind fast alle Aufsätze. Einige zeichnen sich durch Sicherheit des Urteils und analytische Genauigkeit aus und verdienen, hervorgehoben zu werden. G. Zibordi („Der Faschismus als antisozialistische Koalition" – der Titel stammt von Nolte) gehört zu den ersten Autoren, die den konterrevolutionären und ideologisch „konvulsen" Charakter des Faschismus dargestellt haben. L. Salvatorelli („Nationalfaschismus", 1923) deckt die gemeinsame Wurzel von Nationalismus und Faschismus auf und gibt einen (in den von Nolte veröffentlichten, knappen Teilen seiner Schrift) ersten Überblick über die Faschismus-Interpretation. Borkenau und Sturzo wurden schon erwähnt. Don Sturzos Auszug aus „Italien und der Faschismus" (Köln 1926) liest sich heute wie die Rekapitulation eines tragischen Irrtums, an dessen Ende der politische Tod eines mutigen katholischen Antifaschisten steht.[69] M. J. Bonns „Das faschistische und das demokratische Prinzip" (1928) gibt die ganze Unsicherheit des Liberalismus gegenüber dem Faschismus wieder – und ist überdies als Gegengewicht gegen die marxistische und die marcusische Auffassung von der Verwandtschaft zwischen Liberalismus und Faschismus sehr zu empfehlen – sei es, um apologetisch ein Gegengewicht zu gewinnen, sei es kritisch, um die Inkonsistenz des Gegengewichts näher zu erfahren. Die Auszüge aus D. Guérins „Fascisme Et Grand Capital" reichen bei weitem nicht aus, die von Guérin entwickelten (und zum Teil belegten) Thesen zu vermitteln, und regen höchstens zu einer deutschen Übersetzung des ganzen Buches an. Von Sering-Löwenthal wird leider nur ein Abschnitt aus „Jenseits des Kapitalismus" von 1946 geboten, in dem sowohl die Präzision wie das Niveau des früheren Faschismus-Aufsatzes (siehe oben) sich in einigen richtigen, aber generischen Feststellungen auflösen. Im Gegensatz zum Herausgeber meint übrigens der Rezensent, daß del Noces Aufsatz „Ideen zur Interpretation des Faschismus" (1960) überzeugend die Unfruchtbarkeit, um nicht zu sagen Sinnlosigkeit bestimmter, „rein" philosophischer Interpretationen des Faschismus unter Beweis stellt.

Damit ist man nicht bei Noltes Hauptwerk angelangt, wohl aber in die Nähe seiner eigenen Problematik. Um auf eine traditionelle Formel zurückzugreifen: hier ist nicht der Ort, sich eingehend mit der gewichtigsten deutschen Abhandlung zum Thema zu beschäftigen. „Der Faschismus in seiner Epoche" ist inzwischen zu bekannt geworden, um den Leser mit einem bloßen Inhaltsreferat zu informieren oder ihn durch ein rezensierendes Herausgreifen wichtiger Einzelergebnisse oder verblüffender Fehlinterpretationen zu irritieren. Am anderen Ort wird eine nähere Auseinandersetzung mit Methode, Systematik und Ergebnissen der – ohne Zweifel mühevollen und verdienstvollen – Arbeit erfolgen. Hier nur so viel: Zunächst wäre es unbillig, Noltes philosophisch-philologischen Interpretationsversuch des Faschismus an dem höheren und zugleich konkreteren Reflexionsgrad etwa der Aufsätze in „Faschismus und Kapitalismus“ zu messen. Zwar erheben diese Aufsätze keinen globalen Anspruch, vermitteln aber in präziser Form den konkret-allgemeinen Begriff, unter dem sich Faschismus nicht nur interpretatorisch, sondern auch praktisch subsumieren läßt.

Nur klaffen bei Nolte gerade globaler Anspruch und die eigentümliche Enge der Methode spürbar auseinander. Das betrifft in erster Linie nicht einmal das Endergebnis der Nolteschen Arbeit, die Zusammenfassung der Untersuchung in einer Faschismus-Definition – bekanntlich kein leichtes Unterfangen, denn die kurzgefaßte Definition grenzt die Möglichkeit ein, Diskretion zu konkretisieren, Einzelvorgänge unter einen allgemeinen Begriff so zu subsumieren, daß der Einzelvorgang selbst sich als ein Allgemeines zeigt. Es geht also um eine Definition, die sowohl den Dopolavoro wie die KZs, das Kartellgesetz wie den Abessinienfeldzug, die Doktrin und den Pragmatismus in ihrem spezifisch faschistischen Inhalt begreifbar macht – zugleich den Faschismus in der Einzelpraktik des Dopolavoro, der korporativen Organe, der Nürnberger Gesetze und ihrer Verwirklichung, der Bündnispolitik und so fort als Ganzheit fassen läßt.

Von dieser Forderung her werden die drei Definitionen, die Nolte bietet, in sich fragwürdig: Faschismus sei Antimarxismus, „der den Gegner durch die Ausbildung einer radikal entgegengesetzten und doch benachbarten Ideologie und die Anwendung von nahezu identischen, gleichwohl charakteristisch umgeprägten Methoden zu vernichten trachtet, stets aber im undurchbrechbaren Rahmen nationaler Selbstbehauptung und Autonomie“; er sei „Todeskampf der souveränen, kriegerischen, in sich antagonistischen Gruppen“; und er sei „Widerstand gegen die Transzendenz“[70]. An ihnen gemessen, erscheint selbst die doch so beschränkte und abstrakte Kuusinensche Formel wie ein Musterbeispiel wissenschaftlicher Verallgemeinerung, die die Erklärung disparatester Phänomene ermöglicht.

Wohlgemerkt: Noltes Arbeit liefert durchaus eine Menge von wichtigen und richtigen Einsichten und Hinweisen. Nolte gelingt es wie keinem anderen, Hitlers Ideologie oder Mussolinis Vorstellungen in einen philosophisch durchdachten und philologisch begründeten Zusammenhang zu stellen. Zuweilen gewinnt er interessante Ausgangspositionen für eine gesellschaftliche Doktrin-Analyse – so zum Beispiel in der Andeutung, daß Rassenlehre eine ideologische Verformung der Klassenherrschaft impliziert.[71]

Wichtiger als die Leerformelhaftigkeit der Schlußdefinitionen ist aber die Methode, die dahin – und zu einem fatalen Mißverständnis des Faschismus führt. Das beginnt schon im naiven Anfangsstadium der Untersuchung, wenn Nolte sich rühmt, „keine Anschauung“ zu haben, „die nicht jedem Deutschen vertraut“ gewesen wäre. Er hat von keinem Überlebenden unbekannte Tatsachen erfahren oder zu erfahren versucht. Sein Buch beruht so gut wie ausschließlich auf gedruckten und leicht zugänglichen Quellen. Es sei das genaue Gegenteil aller „Memoirenliteratur“[72]. Genau umgekehrt: es ist eine Systematisierung von Memoirenliteratur; denn die Quellen, von denen Nolte spricht, sind nichts anderes als die, allerdings allen zugänglichen, Reden und Schriften der großen Führer der faschistischen Bewegungen: philologisch analysierbares Reminiszenzmaterial, das über konkrete Inhalte der Politik vieles, aber nicht unbedingt Wesentliches aussagt. Das heißt: Nolte gelingt es nicht, den Faschismus in seiner Totalität (oder „Epochalität“) zu begreifen, weil er methodisch das „Wesen“ des Faschismus – aus den Worten Mussolinis, Hitlers und Maurras rekonstruiert. Die methodologische Begründung dafür übersteigt allerdings die Verständnismöglichkeit simpler Politologie oder noch simplerer kritischer Theorie. Nolte nennt das, was hier als philosophisch-philologisch bezeichnet wurde, „phänomenologisch“ mit der weiteren Spezifizierung:

„Es wären also nur diejenigen sozialen Gebilde Phänomene zu nennen, die eine ‚Ideologie‘ haben ... In einer letzten Einschränkung kann der Terminus dann auf jene Erscheinungen beschränkt werden, deren sprachliche Verlautbarung ein unabdingbares Moment epochen ... bestimmender Wirkung ist.“

Dagegen wäre nichts einzuwenden, wenn nicht die rein ideologische Auswertung des methodologischen Prinzips folgen würde: „In der Führerbewegung kann nur der Führer verbindliche Aussagen machen ... das Grundmuster ist ausschließlich den Schriften und Reden Mussolinis und Hitlers zu entnehmen.“ Sie soll man noch einmal „zum Reden bringen“[73]. Wozu gibt es Staatsarchive, Geheimprotokolle, Statistiken, Gesetzestexte, soziale Kräfte, Verbände, Parteien, Bewegungen? Wichtig ist allein, daß es Gesamtausgaben von Schriften und Reden gibt. Die Methode reproduziert so in allem Ernst die faschistische Doktrin.

Daraus erklärt sich die Praxisfremdheit der Definitionen – eine Praxisfremdheit, die nicht einmal in dem praxisfeindlichen Neopositivismus zu finden ist. „Ein Stahlwerk ist“ im Nolteschen Sinne „kein Phänomen“. Es hat keine sprachliche Verlautbarung, ebenso wie eine Produktionsweise, gesellschaftliche Verhältnisse, Herrschaftsmechanismen. Gewiß: sprachlich durchsetzen können sich nur die Herrschenden, aber nicht weil sie sprechen, sondern weil sie herrschen. Es ist sehr zu vermuten, daß der Faschismus konkret im Stahlwerk stattfindet und aus der Organisation der nicht sprechenden, sondern produzierenden Wirtschaft zu ermitteln ist. Es ist ebensosehr zu vermuten, daß in dieser gesellschaftlichen Wirklichkeit der Faschismus Widerstand gegen die Wirklichkeit leistet: Widerstand gegen alle Emanzipationsbedürfnisse und -bestrebungen.

Widerstand gegen die Transzendenz? Wenn aus dem Widerstand der Herrschenden gegen die Emanzipation ein doktrinärer, philologisch rekonstruierter Widerstand gegen die Transzendenz wird; aus dem Klassenkonflikt und deren Verschleierung (Nolte scheint weder Einzelheiten noch das notwendigste Allgemeine aus der korporativen

Praktik zu kennen) der pseudotragische „Todeskampf" kriegerischer Gruppen herauspräpariert wird; wenn der Kampf gegen den Sozialismus zurückgeschraubt wird auf die banalste Formel pseudodialektischer kommunizierender Röhren der berühmten zwei Extreme, die sich berühren und doch nicht berühren – so hat es den Anschein, als ob einem geschichtlichen Prozeß die Würde einer existentialontologischen Situation verliehen würde. Bei näherem Zusehen wird die Wirklichkeit zum Philosophem verflüchtigt: wie aus der Politik die bloße „Führerrede" wird, wird aus dem Prozeß die bloße Vorstellung. Bekanntlich braucht man in der Welt der philosophischen Vorstellungen zur Überwindung widriger Zustände deren Veränderung nicht. Man braucht sie bloß freundlicher zu interpretieren.

II. Wilhelm Alff
Der Begriff Faschismus (1971)

Vorbemerkung

Der folgende Beitrag geht von der Unmöglichkeit aus, den Faschismus unmittelbar aus seiner ökonomischen Basis abzuleiten. Diesem Irrtum erliegen zahlreiche Theorien, denen daraus der Zwang erwächst, den Faschismus für aktuell zu halten, solange es der Kapitalismus ist; vergebens versuchen sie, seine Aktualität in den heutigen spätkapitalistischen Staaten nachzuweisen. Staaten wie Dänemark, Belgien oder die Schweiz interessieren sie dabei freilich nicht, überhaupt ist ihr Blick auf nur wenige Länder fixiert. Was Italien betrifft, so „gelingt" diesen Theorien der „Nachweis" einer faschistischen Bedrohung in merkwürdiger Übereinstimmung mit einer bürgerlich-reaktionären Publizistik, die für dieses Land auf das Stereotyp des „Extremismus von rechts und links" eingeschworen ist, während in Wirklichkeit im heutigen Italien nur die Linke stetig an Stimmen gewinnt und der von faschistischen Reminiszenzen vegetierende „neofaschistische" M. S. I. mühsam auf der Stelle tritt. Für die Bundesrepublik Deutschland ist die Vorhersage einer neuen faschistischen Form der Repression ebenso gekünstelt. Sie an das Dasein der NPD zur Zeit der relativen Erfolge dieser Partei in den Jahren 1966–1968 zu knüpfen war nachweislich irrig, und dieser Irrtum war bei genauerer Analyse auch damals bereits zu prognostizieren.

Die Zuspitzung der Klassenkämpfe, die bereits erfolgte Veränderung des Klassengleichgewichtes zugunsten des Proletariats, nicht zuletzt das Scheitern der faschistischen Realisierungen haben den Faschismus als politisches Instrument verbraucht. Den herrschenden Klassen bleibt als Mittel der Repression im Ernstfall nur die direkte Unterdrückung der Massen durch die Militärdiktatur. Es ist doch wohl etwas anderes, ob faschistische Führerkandidaten in jahrelanger Vorbereitung ihrer Machtergreifung in parlamentarisch verfaßten Staaten um

Anhänger und Wählerstimmen werben und ihre Privatarmeen aufmarschieren lassen oder ob Nationen nach generalstabsmäßiger Vorbereitung im Dunkel der Nacht von ihren Armeen überfallen werden, ohne die Möglichkeit der Gegenwehr zu haben. Der Militärputsch bedarf keines weiteren Mittels der Vorbereitung als der Propaganda für „Ruhe und Ordnung", die – auch dies ein Beweis für die Zuspitzung der Klassenkämpfe – sogleich unisono in allen kapitalistischen Ländern, nicht zuletzt in der bürgerlichen Presse der wirtschaftlich mächtigen Bundesrepublik Deutschland erfolgt, sobald in irgendeinem Staat die Politik auch nur ein wenig nach links rückt. Beispiele in Fülle bieten die Pressekampagnen, die in der Bundesrepublik Deutschland gegen die Demokratien in Brasilien, Argentinien (unter der Präsidentschaft Illias), der Türkei, Griechenland und Chile unternommen wurden. In den genannten Staaten hat es – wenn auch in Chile der Terror von rechts unter der Präsidentschaft Allendes besonderer Interpretation bedarf – nicht einmal in Ansätzen, in Form einer Partei oder auch nur eines einzigen Mandates in den Parlamenten, faschistische Bewegungen gegeben.

Die faschistischen Bewegungen konnten sich nicht herausbilden ohne einen bestimmten Reifegrad der politischen *Entwicklung. Dieser war gegeben mit der fortschreitenden Durchsetzung der parlamentarischen Demokratie, womit sich zugleich das Aufkommen der Faschismen zunächst und zuerst in liberalen Demokratien wie Italien und Frankreich erklärt. In Italien forderte nach dem gescheiterten Unternehmen der Eroberung Abessiniens im Jahre 1896 der Verzicht auch der politischen Repräsentation der Bourgeoisie auf imperialistische Expansion zusätzlich zu faschistischer Reaktion heraus. Der sozialistische Reformismus, der durch Propaganda und Streiks die Mehrheit der Volksmassen, und nicht nur das Proletariat, zu gewinnen suchte, entsprang nicht bloßen Wahnvorstellungen. Dieser Aspekt des Reformismus, der nicht auf schieren Bernsteinianismus oder gar ein „Godesberger Programm" hinauslief, hatte – wie die Statistik von Mitgliedschaft und Wahlergebnissen unwiderleglich zeigt – in allen Staaten Europas bis 1914 und danach vor allem in den nicht am Ersten Weltkrieg beteiligten Staaten stetigen und wachsenden Erfolg. Die Weltkriege und die Faschismen unterbrachen diese Aufstiegslinie. Erst in unmittelbarer Gegenwart, seit dem Ende der 60er Jahre, setzt sich der Aufstieg des Sozialismus in den Staaten mit parlamentarischer Verfassung fort. Er kann nicht mehr durch irgendeinen Faschismus, sondern nur noch durch die Militärdiktatur abermals unterbrochen werden.*

Die faschistischen Bewegungen erfolgten innerhalb eines von einer bestimmten Phase des Kapitalismus geprägten Gesamtzustandes der Gesellschaft. Diesem Gesamtzustand widersprach die organisierte Arbeiterklasse, ein Widerspruch, der die gesamte Gesellschaft zur Erfindung eines neuen politischen Instruments, eben des Faschismus herausforderte. Eine bloß ökonomisch vorhandene Arbeiterklasse, eine Arbeiterklasse ohne Politik und ohne eigene Ideen hätte keinen Fa-

schismus provozieren können. Deshalb auch operierte der Faschismus unmittelbar im politischen und ideologischen Überbau. Er hatte die Arbeiter auf ihre bloße ökonomische Funktion zu reduzieren, ihnen das Bewußtsein, das politische Instrumentarium zu nehmen. So vermochte er in seiner Aufstiegsphase Menschen aller Klassen, Adel wie Arbeitslose, zu gewinnen. Geht man vom Gesamtzustand der Gesellschaft aus, so relativiert sich das Phänomen des kleinbürgerlichen Zulaufs zum Faschismus, das von manchen zum Angelpunkt der Faschismustheorie gemacht wird. Der Beitrag zur Faschismustheorie aus der Statistik kleinbürgerlicher Zustimmung erscheint deshalb als kaum relevant.

Der folgende Versuch einer Begriffsbestimmung des Faschismus setzt bei dessen konkretem und aktuellem Anlaß an, nämlich der Zunahme des organisierten Proletariats und seines politischen Instrumentariums. Es erschien dem Verfasser überflüssig, auf die Selbstverständlichkeit hinzuweisen, daß dieses Proletariat ein Ergebnis ökonomischer Prozesse ist. Vorrangig freilich ist, daß dieses Proletariat nicht bloß schlicht als ökonomische Tatsache vorhanden war, sondern daß es eine Geschichte hatte, die im Rahmen der sich durchsetzenden politischen Demokratie verlief. Gegen diese trat deshalb der erste und frühe Faschismus auf, der Faschismus, bevor es ihn dem Namen nach gab. Er trat gegen die Arbeiterbewegung auf, mußte jedoch deren realen Daseinsbedingungen entsprechend sogleich ebenso heftig gegen die bürgerliche Demokratie, die mit Hohn genannten „Ideen von 1789" zu Felde ziehen. Somit mußte er alle vor ihm aufgetretenen Formen der Reaktion integrieren. Eben deshalb gehören zu seinen unabdingbaren Merkmalen auch diejenigen Ideologien, die sich nicht erst gegen das Proletariat wenden, und wiederum in der Konsequenz dessen noch ältere psychische Substrate wie die Angst vor der Dekadenz oder die unbewußten Residuen der patriarchalischen Familie. Mitnichten wird damit der Faschismus „psychologisiert", es werden nur die in ihn einfließenden, durch ihn entbundenen und mobilisierten psychischen Potenzen als Merkmale seiner historischen Erscheinungsformen genannt. Diese Merkmale stehen nicht gleichwertig, wahllos gesammelt, nebeneinander, sondern sind dem aktuellen Anlaß für den Faschismus, der mit der organisierten Arbeiterklasse gegeben war, jeweils in dem Maße untergeordnet, in welchem sich die historischen Ursprünge der faschistischen Erscheinungsformen zeitlich in die Vergangenheit entfernen. Indem der Faschismus gegen die sozial und politisch organisierte Arbeiterklasse antritt, integriert er zugleich die konservative Reaktion gegen die mit 1789 einsetzende Revolutionsphase, aktualisiert er die bei Hesiod erstmals bezeugte, vermutlich in den Hochkulturen bereits früher einsetzende Angst vor der Dekadenz, entbindet er die seit der Herausbildung der patriarchalischen Familie eingeübten und wenn auch merkwürdig fragil tradierten autoritären psychischen Einstellungen.

Der von mir vorgeschlagenen Begriffsbestimmung des Faschismus kommt auch eine praktische Konsequenz zu, die Wiederbelebung der

Politik in der sozialistischen Bewegung. *Ein in seiner Geschichtsfremdheit durchaus spätkapitalistisch geprägter Ökonomismus, der sich als genuiner Marxismus mißversteht, während er die vielfältigen Tatsachen der politischen Geschichte, insbesondere ihrer bürgerlichen Phase, schlicht ignoriert, statt sie wahrhaft dialektisch in die marxistische Konstruktion der Gesellschaft einzubringen, führt in der aktuellen Praxis zu Fehlschlüssen und überflüssigen Mißerfolgen.*

Stellte der politische Liberalismus das neunzehnte Jahrhundert hindurch das Prinzip der inneren Geschichte der Staaten dar, auf welches sämtliche Formen von Reaktion sich bezogen, so wurde von den 90er Jahren an der Sozialismus für fast alle Staaten zum Bezugspunkt ihrer inneren Politik.[1] Das politisch wie sozial sich organisierende Proletariat machte in jenem Jahrzehnt sprunghafte Fortschritte. Ein Blick in die Statistik der Parlamentswahlen und des Mitgliederstands der Gewerkschaften beweist dies. Die Bewegung ging in großen wie in kleinen Staaten gleichermaßen rasch vonstatten.[2] Das Aufkommen des Sozialismus, sozialistischer Theorie wie praxisbezogener sozialer und politischer Organisation der Arbeiterklasse, führte zur Trennung des wirtschaftlichen vom politischen Liberalismus. Unter den Bedingungen der formalen Demokratie sah sich die freie Disposition über Kapital und Arbeit bedroht. Die „freie“ Wirtschaft begann die politische Freiheit zu verleugnen, und der politische Liberalismus zog sich in immer engere Sphären des Wirkens zurück oder wurde fast nur noch von einer reformistischen Sozialdemokratie vertreten. Für Deutschland wurde der liberale „Zivilisationsliterat“ schon im Kaiserreich zu einer besonderen und typischen Erscheinung, in welcher der von den Erfolgen des preußischen Militarismus zur Agonie verurteilte demokratische Liberalismus wiedererstand. Der politische Wert der in Gefahr geratenen liberalen Demokratie wurde noch von der kommunistischen Volksfrontpolitik anerkannt, die gleich von 1933 an bis zum Tage der Volksabstimmung im Januar 1935 im Saargebiet erstmals praktiziert wurde, ehe der VII. Weltkongreß der Kommunistischen Internationalen sie 1935 zum Programm erhob. Der Verrat der politischen Freiheit durch die „freie“ Wirtschaft war identisch mit dem Aufkommen des Faschismus.[3]

Die in den menschlichen Gesellschaften zu einem bestimmten Zeitpunkt gegebenen Herrschaftsverhältnisse bestimmen, und um so deutlicher, je dichter sich die Gesellschaft in allen ihren Bereichen organisiert, das Ganze der Gesellschaft. Das die europäischen Staaten um die Jahrhundertwende aller feudalistischen Reaktion gegenüber endgültig beherrschende kapitalistische Produktionsverhältnis ist als eine Totalität aufzufassen, die sich gegen die in ihr auftretenden Widersprüche zu behaupten sucht. Mit der Theorie des Sozialismus und in der Praxis der Arbeitskämpfe widersprach das Proletariat dem kapitalistisch bestimmten Gesamtzustand der Gesellschaft. Dies mußte zu einer Reaktion des Gesamtkörpers der Gesellschaft selber führen. Im Anfangsstadium war diese Reaktion unabhängig davon, welchen Klassen die Individuen angehörten, die auf das mächtig werdende Proletariat „reagierten". Es konnten dies Bourgeois, Angehörige der Mittelklassen[4] und selber Proletarier sein; denn alle Mitglieder einer bestimmten Gesellschaft unterliegen nicht nur dem Druck der Herrschaft, sondern auch der dieser entsprechenden Ideologie. Der Sozialismus kam in Konflikt mit den hunderterlei Vorurteilen, die nicht erst der Kapitalismus dem zäh sich tradierenden Bewußtsein eingeschliffen hat. Zwar erfolgte die Reaktion im Interesse der Aufrechterhaltung der Stabilität des vom kapitalistischen Prinzip bestimmten Gesamtzustands der Gesellschaft und somit im Interesse der Kapitalistenklasse selber, doch brauchten die individuellen Träger der antisozialistischen Reaktion nicht Angehörige der Kapitalistenklasse zu sein. Meist waren es, immer im Anfangsstadium der Reaktion, die psychisch sensibleren Angehörigen der Mittelklasse, die, nicht reich genug, um ihre Sensibilität in kostspieligen Unternehmungen auszuleben, auf das Geschäft eines mehr oder weniger begabten Literatentums angewiesen oder zurückgeworfen waren.[5] In ihnen meldete sich die Bedrohung der bestehenden gesellschaftlichen Verhältnisse zuerst zu Wort. Sie alarmierten die Kapitalistenklasse. Sie besorgten arbeitsteilig das Geschäft der Ausbildung einer neuen Ideologie. Der Faschismus trat zunächst als bloßes Phänomen des Überbaus auf. Dennoch war er Ausdruck des Interesses der herrschenden Klasse, die von der Stabilität des Gesamtzustands der Gesellschaft abhängig war. Nur solche Veränderung war erwünscht, die die kapitalistische Basis nicht sprengte. Anzunehmen ist, daß dies einem allgemeinen Gesetz entspricht: keine Reaktion vertritt eine aufsteigende Klasse. Beide großen Formen der Reaktion, die des frühen 19. Jahrhunderts und die faschistische, treten im Interesse von sich verteidigenden Klassen auf, jene für die Feudalen, diese für die Bourgeois.

Die auf einen bestimmten Entwicklungsgrad der sozialistischen Bewegung reagierende Ideologie war von den 1890er Jahren an der Faschismus. Die Annahme, er sei ein Epochenprodukt der Zwischenkriegszeit, ist ein Irrtum, für den es eine Reihe von Gründen gibt: die Oktoberrevolution von 1917 in Rußland, auf die der Faschismus die Reaktion sein soll, das Datum der Gründung der „Fasci di combattimento" durch Mussolini im März 1919, der sogenannte „Marsch auf Rom" vom Oktober 1922, das erste spektakuläre Auftreten des späteren faschistischen Diktators Deutschlands mit dem Münchener Putsch vom November 1923. Auch der Name „Faschismus", der erst nach dem Ersten Weltkrieg aufkam, ist geeignet, von der Erkenntnis der Sache selber wegzuführen.

Der Faschismus geht entschieden über den Konservativismus hinaus. Darin reflektiert sich die historische Erfahrung, daß der Konservativismus sich nicht einmal des politischen Liberalismus hat erwehren können. Alle Mittel des Metternichschen Polizeistaats, in Österreich, in den von Habsburg abhängigen Gebieten Italiens, in den Staaten des

Deutschen Bundes, auf der Iberischen Halbinsel, hatten gegenüber den Revolutionen des 19. Jahrhunderts versagt, deren letzte die vom 5. Oktober 1910 in Portugal war. Die auf die Revolution von 1848 folgende Reaktionszeit hielt nur ein Jahrzehnt an.[6] Die Mittel des Polizeistaats mit seinen Hinrichtungen, Kerkern und Festungen hatten versagt gegenüber kleinbürgerlichen, in ihren Werkstätten und Büros zersplitterten Volksmassen. Nun jedoch hatte sich das in immer größeren Fabriken disziplinierte und zur Solidarität sich erziehende Proletariat zu revolutionärer Organisation bereit gefunden. Der in den liberal-demokratischen Umwälzungen errungene Verfassungsstaat hatte den proletarischen Massen das Recht der Koalition, der Freiheit der Meinung und ihrer Propaganda, der Stimmabgabe für die Parlamente verliehen, deren Wahlrecht eindeutig auf seine Ausweitung bis zur Naturgrenze der Unmündigkeit tendierte, ein Prozeß, der in den meisten Staaten erst nach 1918 an sein Ende gelangte. Die Folge war, daß eine stetige, nur akzidentell unterbrochene, im Durchschnitt aufsteigende Prozentzahl von Wahlberechtigten für die Parteien der sozialistischen Linken votierte. Es wiederholte sich der Aufstieg der bürgerlich-radikalen Linken, für den die Dritte Republik Frankreichs von 1871 an das klassische Beispiel bietet.[7] Die Massen liefen, durchs Stimmrecht und die übrigen Freiheitsrechte entbunden, den bisherigen Mächten davon. Dagegen gab es kein Mittel, dessen Unwirksamkeit nicht bereits erwiesen war. Denn bei allem, was es an administrativer Repression im parlamentarischen Verfassungsstaat gab: dieser Staat konnte aus eigenen Mitteln nichts Neues erfinden, um der steigenden Woge des organisierten Proletariats einen dauerhaften Damm entgegenzusetzen. Auch war mit Ausnahme der Staaten der Iberischen Halbinsel und Griechenlands das politische Mittel des Militärputsches unmöglich geworden. Eingezwängt zwischen diese Unmöglichkeit konservativer, administrativer Repressionsmittel einerseits und die Freiheitsrechte, die der sich liberalisierende Staat dem Proletariat einräumte, andererseits, drängte der kapitalistisch verfaßte Gesamtzustand der Gesellschaft nach der Erfindung eines neuen politischen Instruments. Dieses Instrument war der Faschismus. Seine Aufgabe bestand wesentlich darin, die unter den Bedingungen des parlamentarischen Verfassungsstaates nach links abwandernden Massen oder wenigstens einen nennenswerten Teil von ihnen nach rechts zurückzuholen. Folglich mußte er, je ferner noch die reaktionäre Scheinrevolution war, auf die er zusteuerte, desto stärker über das Bewußtsein wirken. Das erklärt zur Genüge den psychologischen Tiefgang der faschistischen Reaktion, die alle von der antirevolutionären Reaktion nach 1789 in Umlauf gesetzten Dogmen aufnahm und weit überbot.[8] Die Reaktion unter der Bedingung des in die Realität eingetretenen politischen Liberalismus mußte tiefer gehen als die der Restaurationsepoche.[9] Die Erklärung des Faschismus hat folglich den realen Unterschied der historischen Epochen ernst zu nehmen, in welchen die Reaktion auftritt.

Das neu erfundene Instrument einer faschistischen Reaktion hat sich im historischen Prozeß ebenso verbraucht wie der konservative Polizeistaat. Ebenso, und rascher, hat sich der Bonapartismus verbraucht, die mit dem Faschismus nächst vergleichbare historische Formation. Der kapitalistisch bestimmte Gesamtzustand der Gesellschaft dauert demgegenüber fort. Nachdem er sowohl den Bonapartismus als auch den Faschismus als politisches Mittel in die Schlacht geworfen und diese verloren hat, sieht er sich in seinen Mitteln, einer Umgestaltung im sozialistischen Sinne zu steuern, abermals und einschneidender beschränkt. In nur wenigen Ländern hilft ihm noch die Ausweitung des Konsums. Die theoretische Mystifikation, die mit der Ausweitung des Konsums betrieben wird und die insbesondere einer bestimmten Form von sozialdemokratischem Revisionismus[10] als Motiv dient, hat zu zahlreichen, meist wenig sinnvollen Erörterungen geführt. Immer billigere und schlechtere Waren werden auf einen breit entfalteten Markt geworfen. Gewiß lassen sich damit die proletarischen Massen für einige Jahrzehnte bei der Stange halten. Eine immer wütender werdende Reklame steigert den Konsum bis zum Terror. Doch ist es abzusehen, daß das pausenlose Angebot billiger und schlechter Waren[11] auf die Dauer die Entfaltung eines sozialistischen Bewußtseins, das die realen Interessen breiter proletarischer Massen rational zu vermitteln imstande ist, nicht verhindern wird. In Deutschland, das unter den Verfassungsstaaten Europas auch heute die reaktionäre Nachhut bildet (und nicht mehr die Vorhut der Reaktion wie seit Bismarcks Berufung ins Amt des preußischen Ministerpräsidenten), tritt die Aushöhlung des demokratischen Staates durch die das Wahlrecht zwar nicht auf seiten der Wähler, doch auf seiten der Kandidaten einschränkende Fünf-Prozent-Klausel und durch die praktische Verunmöglichung einer sozialistischen Tagespresse als zusätzliches Mittel kapitalistischer Repression in Erscheinung. Es führt dies jedoch zu nichts anderem als dazu, daß in anderen Bereichen der Gesellschaft – in den „Jung"fraktionen der Parteien, als „Generationenkonflikt", unter der studentischen Jugend, in den Gewerkschaften, den Jugendverbänden, in den als parteilos konzipierten Massenmedien – sozialistische Meinungsbildung nur um so breiter um sich greift. In Italien geht seit zwei Jahrzehnten ein spannender Wettlauf zwischen dem Faktor der Konsumausweitung einerseits sowie dem politischen Faktor der sozialistischen Parteien und dem sozialen der Gewerkschaften und des „potere operaio" vor sich, der infolge des bereits ersichtlichen Scheiterns der politischen Lösung einer Regierung der Linken Mitte zugunsten der für sozialistische Forderungen wirkenden Faktoren entschieden zu sein scheint. Die Ursachen dieser für den Sozialismus in Italien, verglichen mit der Bundesrepublik Deutschland, günstigen Verhältnisse liegen nicht zuletzt in der relativ frühen Durchsetzung des politischen Liberalismus und, infolgedessen, der hohen Bedeutung der Resistenza gegen den Faschismus, die sich mit dem gescheiterten 20. Juli der Deutschen zwar systematisch vergleichen läßt, doch unvergleichlich tiefer auf die Nation gewirkt hat.

Nach dem Rückschlag des Faschismus und des Zweiten Weltkriegs rückt der Sozialismus nicht nur in Europa wieder vor. Die Entkolonialisierung hat ihn in der Dritten Welt mächtig gefördert. Nirgends gibt es faschistische Parteien, es sei denn, man werte die kaum vermeidbaren Sekten, in denen faschistische Residuen kultiviert werden, als solche. Das treffendste Beispiel bietet Griechenland. Vor dem Putsch der Obristen am 21. 4. 1967 hat es nicht einmal ansatzweise eine faschistische Partei gegeben. Faschismus war in Griechenland entweder schon unmöglich geworden, oder er schien überflüssig angesichts der fortdauernden Möglichkeit der Militärdiktatur. Selbst die konservative Partei (ERE), die äußerste Rechte im Parlament, stand auf dem Boden der demokratischen Verfassung. Ihr Vorsitzender Panayotis Kanellopoulos erhebt auch unter der Diktatur seine Stimme für die durch die Waffen ersetzte Verfassung. Die Klassenkämpfe haben sich im Weltmaßstab verschärft. Der Wunsch, nennenswerte Teile der Massen dafür zu gewinnen, ihrer eigenen Unterdrückung zu applaudieren, muß eitel bleiben. In ganz Südamerika gibt es keine faschistischen Parteien, eine Tatsache, die das Ende des Faschismus abermals demonstriert; denn die Klassengegensätze dürften kaum irgendwo akuter sein als dort.

Auch folgende Überlegung weist darauf hin. Je weiter die Demokratisierung, ob liberal, ob sozialistisch, fortschreitet, desto tiefer in die menschliche Psyche und desto weiter in die Vergangenheit muß eine Reaktionsbewegung zurückgreifen, um erfolgreich zu sein. Wie zu zeigen sein wird, hat der Faschismus damit bereits die äußerste Grenze erreicht. Und er hat sie deshalb erreicht, weil seine Voraussetzung die größte politische Freiheit war, die es bisher in der Geschichte gegeben hat: die parlamentarische Demokratie, mochte die fortbestehende soziale Herrschaft des Kapitalismus sie noch so sehr entwerten und in ihrer vollen Entfaltung hemmen. Mit der parlamentarischen Demokratie hatte jede Reaktion zu rechnen, an sie mußte sie anknüpfen in der Formulierung eines neuen reaktionären Programms. Wäre die parlamentarische Demokratie kein konkreter Fortschritt auch für die Massen des Proletariats gewesen, so bliebe unerfindlich, aus welchem Grunde der Faschismus sie mit der gehässigsten Propaganda bekämpfte, sie zu vernichten suchte und, wo ihm die Machtergreifung gelang, sie vernichtet hat. Alles spricht dafür, daß eine Wiederholung des faschistischen Experiments auf unüberwindliche Schwierigkeiten stoßen würde. Deshalb bleibt der kapitalistischen Repression nach dem Zweiten Weltkriege auf die Dauer, abgesehen von der Konsumausweitung, nur noch das Mittel der direkten, unmittelbaren, nicht durch Propaganda vorbereiteten Repression der proletarischen Volksmassen durch Waffengewalt. Wo auch dieses Mittel fehlt, schlägt die innere Geschichte der Staaten den Weg zum Sozialismus von neuem ein, von dem der Faschismus sie abgebracht hat.

Nicht zu Unrecht war für unser Bewußtsein das Jahr 1945 das Ende des Faschismus. Die Niederlage der erfolgreichsten faschistischen Bewegungen war so eindrucksvoll, daß sie zugleich das Ende der Gesamtbewegung für uns bezeichnet. Versetzen wir uns jedoch weitere zehn Jahre zurück, in die Mitte der 30er Jahre, so bot sich dem kritischen Betrachter ein viel weniger entschiedenes Bild. Das Erscheinen der Faschismen auf dem Feld der Geschichte schien die bis dahin gültige politische Orientierung deutlich in Frage zu stellen. Der Weg der europäischen Geschichte zur Demokratie, zur Freiheit der Völker, und zur sozialen Demokratie, zur Befreiung des Proletariats, erschien mit einem Male versperrt. Der Aufbruch großer Massen nach links geriet ins Stocken – auch rechts waren jetzt Massen. Sie jubelten ihrer Unterdrückung zu, so schien es, bejahten die Herrschaft über sich selbst innerhalb der disziplinierten Nation.

So hat der Faschismus irritierender gewirkt als selbst die radikalsten Erscheinungsformen zuvor des Anarchismus mit der großen Zahl seiner Attentate auf Könige und Präsidenten und hernach des Bolschewismus. Denn deren Gewaltakte dienten, das hat man in der europäischen Polemik sehr wohl verstanden, der Freiheit großer Massen. Auch war man sowohl auf die anarchistischen Taten als auch auf die sowjetrussischen Realisierungen, wie immer man zu ihnen stehen mag, durch eine breite Diskussion vorbereitet. Seit fast hundert Jahren gab es über den Sozialismus in seinen verschiedenen Schulen eine weitverzweigte Literatur. Der „Linksextremismus"[12] lag nicht außerhalb der bislang erarbeiteten politischen Logik. Der Faschismus jedoch schien ohne Tradition. Dennoch hatte er eine Tradition, nur daß sie unausgesprochener, versteckter war. Sie verlief nicht an der Oberfläche der Verhältnisse. Es war die Tradition von Unterdrückung schlechthin, und an sie waren die Menschen durch die Jahrtausende der Hochkulturen hindurch gewöhnt.

Soeben erst hatte die europäische Presse im Laufe des Jahres 1921 von Mussolini und seiner Privatarmee, den Fasci, zu sprechen begonnen, da erfolgte auch schon der „Marsch auf Rom", und ein faschistisches Regime begann eine ganze Nation zu beherrschen. Im Jahre 1925 etablierte es sich als totaler Staat; und schon sah man sich gezwungen, den Faschismus, neben dem Liberalismus und dem Sozialismus, als eine internationale Erscheinung anzusehen.

So rasch der Faschismus in die politische Wirklichkeit eingetreten ist, so rasch ist er wieder verschwunden. In Italien hat sich der M. S. I., die „neofaschistische" Partei, gleich nach dem Kriege legal betätigen können und sich auf dem Forum der demokratisch-parlamentarischen Öffentlichkeit redlich abgearbeitet. Ihr Abstieg ist unaufhaltsam. Der Veränderungswille ist nach der überstandenen Erfahrung des Faschismus wesentlich progressiv, folglich nach links orientiert. Regressive Veränderung ist nicht mehr attraktiv. In Deutschland ist die Situation, wie man annehmen darf, nicht wesentlich verschieden. Die NPD läßt sich als ein Rückzugsphänomen definieren, als ein Wellenschlag später Rankune.[13] Ist es so in den beiden Staaten, wo der Faschismus machtvoll in das Leben der Menschen eingegriffen und in ihnen nicht nur negative psychische Wirkungen hervorgerufen hat, zu einer kaum beträchtlichen neuen Parteibildung der radikalen Rechten gekommen, so ist der Faschismus in den übrigen Ländern Europas vollends zur bloßen Sekte herabgesunken, wenn er je mehr gewesen ist. Keine der heute in der Welt geltenden Verfassungsformen leitet sich vom Faschismus her.

Gegen diese Feststellung könnte eingewandt werden, daß sich mit einer demokratischen Form der Verfassung durchaus eine repressive Verfassungswirklichkeit vereinbaren läßt – und dies ganz abgesehen von den reaktionären Residuen, die insbesondere unter postfaschistischen Verhältnissen die Verfassungswirklichkeit bestimmen. Doch ist es die Schwäche dieses Einwands, daß er den Faschismus zu einem Synonym von Unterdrückung macht, ihn mit Unterdrückung gleichsetzt. Nicht alles, was nicht demokratisch ist, ist auch schon faschistisch.

Der Faschismus fällt aus der europäischen Entwicklung auf eine eigentümliche Weise heraus und gehört doch zu ihr; einige Jahre lang war er in Europa vorherrschend, und dennoch kann nicht unbestritten von einer „faschistischen Epoche" gesprochen werden.[14] Wenn die Zeit, in welcher der Faschismus in Zentraleuropa die Macht hatte, eine Epoche heißen soll, so ist diese Epoche doch sinnvoller durch den Widerstand gegen den Faschismus gekennzeichnet; denn diesem Widerstand gehört die Zukunft.

Schon bald nach der Machtergreifung in Italien ist der nicht mehr auf dieses Land allein beschränkte Begriff Faschismus geprägt worden. Der Austromarxist Julius Deutsch[15] war einer der ersten, welche den Faschismus als eine internationale Erscheinung und wesentliche ihrer Züge erfaßten. Vorher bereits, 1923, hatte August Thalheimer ansatzweise eine Faschismustheorie zu formulieren begonnen, die er im Jahre 1930 im Organ der KPD (Opposition) veröffentlichte. Thalheimer ging in seiner Erklärung des Faschismus auf die Marxsche Interpretation des Bonapartismus[16] zurück. Es war nicht zu umgehen, daß das Neue erst einmal an bekannten Erscheinungen der bisherigen Geschichte gemessen wurde. Der Vergleich Thalheimers hatte insofern sein Recht, als nach dem 48er Versuch der sozialen Republik in Frankreich der Sozialismus bereits ein entscheidendes gesellschaftliches Problem war. Dennoch sind Faschismus und Bonapartismus klar genug zu unterscheiden. In der Abgrenzung gegen den Bonapartismus lassen sich bereits zwei Merkmale des Begriffs Faschismus verdeutlichen.

1. Der Faschismus ist eine *Bewegung von Massen*. Die faschistischen Führer antworten damit auf die Herausforderung der durch den Sozialismus bewegten Massen. Auch der Liberalismus, die bürgerliche Bewegung zu Freiheit und Gleichheit, war zu ihrer Zeit eine Massenbewegung, wie die Revolutionen von 1789 bis 1793, von 1830 und 1848–1849 bezeugen. Die sozialistische Bewegung jedoch mit ihren Parteien und Gewerkschaften, ihren Demonstrationen und Streiks war

beträchtlich über die Massenbewegung des Liberalismus hinausgewachsen. Die formale Demokratie war der sozialistischen Bewegung förderlich; man konnte, blieb nur die Verfassung intakt, den Sieg mit dem Stimmzettel erhoffen. Sollte eine erfolgreiche Gegenbewegung zustande kommen, so konnte sie entweder nur in der Form der unmittelbaren Repression durch die vorhandene Exekutive erfolgen – und hierzu war ein durch die liberale Bewegung bereits demokratisierter Verfassungszustand nicht mehr fähig –, oder es mußte in den Massen selbst um Zustimmung für die Reaktion gegen Sozialismus und Liberalismus geworben werden. Dies war die Aufgabe, die der Faschismus übernahm.

2. In der Phase der Opposition sind die faschistischen Bewegungen stets mit der Organisation von *Privatarmeen* einhergegangen. Zwar standen diese Privatarmeen, je weiter man zu ihren Anfängen zurückgeht, in desto schärferem Gegensatz zur größeren Masse der Bevölkerung. Sie schlossen jedoch die intendierte Massenbewegung keineswegs aus. Terror wirkt nicht nur abstoßend, sondern auch anziehend. Die Privatarmee entspringt der Tatsache, daß auf der politischen Rechten die Exekutive den Massenbewegungen der Arbeiter gegenüber immer weniger als ausreichendes Gegengewicht galt. Wo die Exekutive geschwächt ist, tritt ihr, nicht ohne mannigfache Konflikte mit der Exekutive selber, die Selbsthilfe der vom Sozialismus Bedrohten zur Seite.[17] Da z. B. im deutschen Kaiserreich bis 1914 und von 1914 bis 1918 unter dem für den Krieg geltenden Burgfrieden, dem mindestens bis 1916 sogar die Sozialisten zustimmten, die Exekutive der Arbeiterbewegung gewachsen war[18], obgleich hier die Sozialdemokratie und die Gewerkschaften zu den am besten organisierten der Welt gehörten, konnte und brauchte bis 1918 der Gedanke einer privaten Armee nicht aufzukommen. Erst nach der Novemberrevolution entstanden die Bürgerwehren in den von der Rätebewegung bedrängten Zentren. Erst mit der Niederschlagung des Januar-Aufstandes von 1919 in Berlin und mit den Abwehrkämpfen gegen die roten Truppen in den baltischen Ländern traten die Freikorps auf. Auf welche Art und Weise der sozialdemokratische Reichswehrminister Noske die Reichswehrtruppen in Bewegung setzte, hat, freilich noch durchaus innerhalb des Rahmens der staatlichen Exekutive, einen Zug der spontanen, ja privaten Organisation.

In Italien hat man bisher das Aufkommen privater Gewalt auf die Epoche der Arbeitskämpfe des Nachkriegs datiert. Die Balkonreden D'Annunzios vom Mai 1915 jedoch setzten bereits die Straße, die „piazza", in Bewegung. Sie setzten sie in Bewegung gegen die nicht kriegswillige Mehrheit der italienischen Nation, vor allem die Sozialisten. Italien war nicht bereits im August 1914 durch den Automatismus der Bündnisse in den Weltkrieg hineingezogen worden.[19] Dem Lande wurde vom Geschichtsverlauf eine Frist der Diskussion gewährt. Die Sozialisten konnten in dieser Pause der Geschichte so viel an subjektiven Kräften bewahren, daß sie Internationalisten blieben. Deshalb bildeten sie, gemeinsam mit der Masse der katholischen Landbevölkerung und der soeben erst einsetzenden Bewegung des politischen Katholizismus sowie mit der Mehrzahl der traditionellen Liberalen, ein mächtiges Hindernis für den Eintritt ihrer Nation in den Krieg.

Außer Italien hat von den europäischen Ländern vor allem Rußland durch die Revolution von 1905, nach der militärischen Niederlage gegen Japan, eine entscheidende Schwächung der etablierten Herrschaft erfahren. Die Russische Revolution war von Liberalen und Sozialisten gemeinsam getragen, und das Übergewicht der letzteren in den großen Industrie- und Seezentren zeichnete sich bereits ab. Wem die Gesetzmäßigkeit des Entstehens faschistischer Privatarmeen einleuchtet, der muß auch für das Rußland von 1905 wenigstens deren Ansätze geradezu deduzieren, und es hat sie in der Tat gegeben. Lange vor dem also, was wir faschistisch nennen, finden wir im Rußland von 1905 die private Organisation der „Schwarzen Hundertschaften", die neben der staatlichen Exekutive, doch, wie im damaligen Rußland nicht anders denkbar, von dieser durch vielerlei Kanäle gefördert, sich an der Unterdrückung der Revolution beteiligte. Die Bewegung der Schwarzen Hundertschaften, auch Verband der „echt russischen Leute" genannt, war eine kaisertreue Massenbewegung. Interessant ist in diesem Zusammenhang, daß sie den sozialistischen Gewerkschaften „echt russische" Gewerkschaften entgegenzusetzen suchte. Arthur Rosenberg sagt dazu: „Im Oktober 1905 konnte die russische Regierung angesichts der mächtigen revolutionären Strömung es nicht wagen, einfach ihre Polizisten und Kosaken zusammenzurufen und ihnen den Befehl zum Juden- und Sozialistenmord zu geben. Aber mit Hilfe der Polizei wurde eine Volksbewegung des patriotischen antiliberalen und antisemitischen Typus geschaffen, und diese Stoßtrupps ließ man dann auf die Juden und Revolutionäre los."[20] Obwohl nun diese Radikalen der Rechten die etablierten Machtverhältnisse verteidigten, waren keineswegs alle Repräsentanten der Herrschaft mit ihren Methoden einverstanden. Einzelne Beamte und sogar Minister stellten sich gegen die Pogrome. Rußland und Italien müssen als die bereits vor dem Ersten Weltkrieg auf Grund ihrer inneren Verhältnisse für den Faschismus anfälligsten Staaten angesehen werden. In Rußland freilich gelang es der zaristischen Autokratie noch für ein Jahrzehnt, die revolutionäre Bewegung, Liberale wie Sozialisten, niederzuhalten.[21]

Die eigentliche Zeit der Privatarmeen war jedoch nach dem Ersten Weltkrieg. In Österreich waren nach Kriegsende an den noch ungewissen Grenzen Wehrverbände entstanden, die mit dem Aufhören der Gefahr nicht vollständig sich auflösten. Große Mengen von Waffen waren beim Rückzug der österreichischen Armeen auf dem Territorium der Alpenrepublik verblieben. Sie boten einen zusätzlichen Anreiz, und es ist dank der hinhaltenden Politik des Bundeskanzlers Seipel nie gelungen, die Waffen einzusammeln und die Wehrverbände zu verbieten. Österreich bildet mit seinen vielgestaltigen Wehrverbänden der Rechten – die Heimwehr war nur deren größter – eines der anschaulichsten Beispiele für das Studium dieser faschistischen Erscheinung.

Die Sozialistische Partei entgegnete der Gewalt mit der Gründung des Republikanischen Schutzbundes, der in den Februarkämpfen von 1934 sein Ende gesucht hat. Es ist nicht so gewesen, daß die faschistischen Privatarmeen eine Reaktion auf die Gewalt der Linken darstellten. Denn in der Doppelmonarchie hat es keine Privatarmee der Sozialisten gegeben. Vielmehr waren die damaligen Ordnungsgruppen der Sozialisten eine friedliche Erscheinung, die von der Polizei bei den Demonstrationen der Linken als wertvolle Hilfe angesehen wurden. Österreich-Ungarn hatte sich in den letzten Jahrzehnten seines Bestehens kontinuierlich zu liberaleren Formen der inneren Politik entwickelt. Infolgedessen bestand die eigentliche „Gefahr von links" in der Tatsache der freien Wahlen und des Koalitionsrechts, in der Tatsache später der parlamentarisch verfaßten Republik. Hiergegen richtete sich, wie in Italien, die private Bewaffnung der Reaktion. Denn auch in Italien läßt sich feststellen, daß der Erfolg des faschistischen Terrors nicht zuletzt in der Ungewohntheit der Sozialisten zu suchen ist, mit der Waffe in der Hand zu kämpfen.[22] Die Fabrikbesetzungen durch die Arbeiter im Herbst 1920 waren, ohne daß die Regierung Giolitti eingegriffen hätte, erfolglos geblieben. Die Aktion war unblutig. Sie hat Schrecken eingejagt, ohne terroristisch zu sein.

In Italien haben die sozialistischen Organisationen den Faschisten keinen militärisch organisierten Widerstand entgegengesetzt. Man war auf den Faschismus nicht gefaßt. Das lag, paradox genug, an der verhältnismäßigen Stärke der Sozialisten, die freilich nur innerhalb der traditionellen Methoden der Linken sich auswirkte. Dem Angriff der faschistischen Privatarmee waren die Sozialisten nicht gewachsen.

In anderen Ländern kam es jedoch zur antifaschistischen Gegenwehr. Am 22. 2. 1924 wurde im Deutschen Reich das Reichsbanner Schwarz-Rot-Gold gegründet, das, wie der österreichische Republikanische Schutzbund, die Aufgabe hatte, der Aktivität der Privatarmeen Widerstand zu leisten. Zu den Motiven der Gründung des Reichsbanners zählte neben dem Kapp-Putsch und dem Hitler-Putsch die gesamte terroristische Aktivität der Reaktion. Selbstverständlich profitierten die Bewegungen zum Schutz der republikanischen Verfassung von der Tatsache, daß der Erste Weltkrieg das Volk in Waffen gesehen hatte. Doch machten die bewaffneten Republikaner, sehen wir einmal das Phänomen der Privatarmeen als ein Ganzes an, deren disziplinierteren und in politischer Hinsicht bewußteren Teil aus. Wieweit dies auch für den kommunistischen Rotfrontkämpferbund zutrifft, müßten ins einzelne gehende Untersuchungen erst nachweisen oder bestreiten. In Belgien machten sich die Arbeiter die Erfahrungen in Deutschland und Österreich rasch und erfolgreich zunutze. Sie stellten bereits 1926 eine proletarische Verteidigungsmiliz (Milice de Défense Ouvrière) unter fachkundiger militärischer Führung auf, die der ersten faschistischen Bewegung in Belgien, vor dem Rexismus Degrelles in den 30er

Jahren, mit den gleichen Waffen erfolgreich entgegentrat. Für einige Jahre hörte man von keinem Faschismus mehr in Belgien. In Lettland rief die sozialdemokratische Arbeiterpartei im Frühjahr 1923 Versammlungsschutzabteilungen ins Leben.[23]

Die paramilitärischen Formationen der Linken waren eine Neuerung der Zeit nach dem Ersten Weltkrieg. Sie sind keine genuine Erscheinung des Sozialismus; vor 1919 hat es sie – mit einer Ausnahme – nicht gegeben, weil die Arbeiterbewegung, obzwar revolutionär gesinnt, die große Umgestaltung sich nur als eine Folge von Arbeitskämpfen und parlamentarischen Machtkämpfen vorgestellt hat. Ihr größtes Kampfmittel war der Generalstreik.

3. Eine weitere Gruppe der Merkmale des Begriffs Faschismus betrifft nicht die gesellschaftliche Praxis, sondern die Ideen, welche sich mit dieser Praxis verbanden. Zum Teil stehen sie ganz nahe bei dieser Praxis, sind nur deren propagandistisches Vehikel. So ist das dritte Merkmal des Begriffs Faschismus, das hier anzuschließen ist, die *Ausschaltung der inneren Probleme einer Nation zugunsten der äußeren*, eine unmittelbare Konsequenz der intendierten Unterdrückung. Da es das Ziel der faschistischen Reaktion war, die Arbeiterbewegung niederzuhalten, ja sie zu vernichten, mußten die realen Konflikte innerhalb der Nation notwendigerweise der Verdrängung anheimfallen. Für die Sozialisten, und selbstverständlich gilt das nicht nur für die Marxisten unter ihnen, war die Nation keine Einheit. Das „Vaterland der Arbeiter" lag anderswo, es war ein Vaterland der Zukunft, es war utopisch. Allem was die Nation einte, den Erfolgen oder den Mißerfolgen der auswärtigen Politik, den siegreichen oder verlorenen Kriegen, stand die Arbeiterbewegung wesentlich gleichgültig gegenüber, sie mißachtete es, sie bestritt, daß dort die eigentliche gesellschaftliche Wirklichkeit zu finden sei. Für sie stand der soziale Gegensatz in seiner ganzen ungelösten Mächtigkeit im Bewußtsein, und an ihm orientierten sich die Lösungen, die sie nicht nur für die innere, sondern auch für die äußere Politik vorschlug. Dazu trat die faschistische Gegenbewegung in einen erklärten Widerspruch.

Am frühesten zeigte sich dies in Italien.[24] Dort konnte der reaktionäre Gegensatz deswegen so früh Konturen gewinnen, weil die liberalen Regierungen auf imperialistische Abenteuer für lange Zeit verzichtet hatten und selbst die Eroberung von Tripolis im Jahre 1911 nur auf einem zum Zuge geradezu zwingenden Schachbrett der auswärtigen Politik sowie nach kluger und wohlberechneter Vorbereitung im Innern stattfand, also keine wesentliche Unterbrechung einer grundsätzlich pazifistischen Außenpolitik bedeutete. In Italien, das sich somit, mag dies auch im realistischen Bewußtsein verhältnismäßiger Schwäche begründet gewesen sein, als die friedlichste und am wenigsten aggressive Großmacht in der Blütezeit des Imperialismus erwies, konnte das Aufbegehren einer Minderheit nicht ausbleiben. Daß in dem von den Folgen des Krieges aufs schwerste erschütterten Italien die verhältnismäßig geringfügigen Gewinne von 1919 keine Erfüllung imperialer Wunschträume bedeuten konnten, ist leicht einzusehen. Hier wurde das Schlagwort vom „verlorenen Siege" (vittoria mutilata), Schuld selbstverständlich der schwächlichen liberalen Regierungen, Schuld ebenso der erfolgreicheren konkurrierenden Mächte, Schuld in ihren Augen jedoch auch der von den Sozialisten in den Vordergrund gestellten sozialen Auseinandersetzungen, die die Nation schwächten, zum Losungswort der Rechten. Die „Dolchstoßlegende" wurde in Deutschland zum entsprechenden Gegenstück der reaktionären wie der faschistischen Propaganda.

4. Ist der absolute Vorrang der auswärtigen Politik als ein drittes Merkmal des Begriffs Faschismus in unmittelbar anschaulicher Weise mit den Interessen der herrschenden Klassen verknüpft, so tritt das als nächstes zu nennende Merkmal in einen umfassenderen Zusammenhang. Es besteht in der *Verleugnung der modernen Traditionen Europas*, beginnend mit der im 18. Jahrhundert kulminierenden Aufklärung und mit der Französischen Revolution von 1789. Nicht zu Unrecht sieht der Faschismus den Liberalismus und den Sozialismus ganz nahe beieinander, und insofern steht er in der Tradition einer reaktionären Kirchlichkeit, insbesondere des Katholizismus. Mögen die beiden fundamentalen Bewegungen in der politischen Welt Europas, der Liberalismus und der Sozialismus, einander noch so sehr in Frage gestellt haben, so war der Faschismus die mögliche Position außerhalb ihrer und so weit von ihnen entfernt, daß jene zur Einheit zusammenrückten. Dies erfolgte nicht ohne Grund. Den klassischen politischen Bewegungen ist die Achtung vor den Rechten der Individuen gemeinsam, so verschieden auch deren Auslegung gewesen und deren Realisierung geplant gewesen sein mag. Ohne daß man von Grundrechten der Individuen spricht, ist auch der Sozialismus theoretisch nicht möglich. Hier ist nicht der Ort, dies näher darzulegen. Nur soviel möge einsichtig werden, daß der Gegensatz, den der Faschismus aufriß, seine innere Folgerichtigkeit hatte.

Mit der Verleugnung der jüngeren Traditionen Europas war im Grunde jede Tradition des Abendlandes, sowohl die antike Rationalität und Humanität als auch der Universalismus aller großen Philosophie, die scholastische eingeschlossen, verneint. Das war unschwer einzusehen, nur daß solche Einsicht auf schwankendem Boden erfolgte. Am Beispiel der Literaten Italiens, die für ihr Land einen imperialistischen Nationalismus von äußerster Schärfe auf den Schild erhoben, wird deutlich, daß dieser Protest psychisch vermittelt ist. Er ist fähig, sich in der mannigfaltigsten und verschränktesten Weise politisch zu artikulieren.[25] Auch die marxistische Frage nach der faschistischen Ideologie als dem ideologischen Überbau der hochkapitalistischen Sozialverfassung läßt sich nicht anders diskutieren, als daß man die psychisch motivierten Merkmale des Faschismus zunächst einmal gesondert darstellt. Auf welche Weise sich sodann die psychisch motivierten Merkmale des Faschismus mit den sozialen und politischen Tatsachen des entwickelten Kapitalismus zusammenfügen, hat die historische Darstellung jeweils im einzelnen kenntlich zu machen.

Nur so ist der Begriff Faschismus möglich. Das Wort, das ihn bezeichnet, ist in der gegenwärtigen Publizistik zu kaum mehr als einem willkürlich gebrauchten Schimpfwort geworden. Bezeichnungen wie „Linksfaschismus“ oder „Anarcho-Faschismus“, mit denen die außerparlamentarische Opposition unseres Landes getroffen werden soll, sind der hier versuchten Definition zufolge theoretisch nicht begründet. Die Linke ihrerseits gibt den Vorwurf an ihre Gegner zurück. Sie verwechselt Unterdrückung schlechthin mit Faschismus. Repression dauert fort, doch ist ihre Form nicht mehr faschistisch. Die Verinnerlichung der Kontrollinstanzen, der undurchschaute Zwang zum Konsum minderwertiger Waren, der auch dem Proletarier immer mehr anerzogene Habitus des Konkurrenten, die dadurch ständig aktualisierte psychische Angstbereitschaft, die künstliche Herabsetzung des Massengeschmacks bei fortschreitenden ästhetischen Möglichkeiten, die Regression der Architektur und der Städtebaukunst, die fortdauernde Kontrolle durch Denkverbote unter höchst entwickelten intellektuellen Möglichkeiten – alles dies mag zu den Bedürfnissen des Kapitalismus in seinem gegenwärtigen historischen Stadium passen, doch ist es damit noch nicht, oder nicht mehr, faschistisch. Alles dies hat noch keinen Namen, entbehrt noch der Definition. Die politische Polemik, in dieser Hinsicht hilflos, benutzt immer noch die Bezeichnung Faschismus für längst über diesen hinaus entwickelte Verhältnisse. Umgekehrt war in den Anfangszeiten des Faschismus der Name in der politischen Polemik bereits gebräuchlich, als die Versuche, den Faschismus theoretisch zu erfassen, noch in den Anfängen steckten. Heute ist die Theorie für eine Sache bereits entwickelt, der der Name noch fehlt. Die Theorie ist noch nicht auf den Begriff gebracht. Vorauszusehen ist, daß der Name anders als der des Faschismus, der an sich nichts besagte, wissenschaftliche Form haben wird. Darin deutet sich ebenso die der unmittelbaren Anschauung heute entrücktere Art und Weise der Repression als auch die Vermehrung des wissenschaftlichen Instrumentariums an. Die geistigen Möglichkeiten der Menschheit und die gesellschaftliche Realität klaffen heute weiter auseinander als in der Zeit, in welcher der Faschismus aufkam.

Auflehnung gegen moderne rationalere öffentliche Verfahrensweisen hat es seit den ersten Tagen der europäischen Revolutionen gegeben. Man kann hier den Begriff einer gleichsam ewigen Vendée zu Hilfe nehmen. Zu dieser würden bestimmte Strömungen zu zählen sein, die sich in der ersten Hälfte des vorigen Jahrhunderts im südlichen Italien gegen das Jakobinertum der parthenopäischen Republik von 1799, später gegen die revolutionären Elemente des Regimes Joachim Murats im Königreich Neapel wandten. Die Masse des Volkes, dem die aus jakobinischer Gesinnung in Gang gesetzten Reformen zugute kommen sollten, trat mit den Waffen in der Hand für die Mächte von Thron und Altar ein. Die Tiroler Bewegung unter Andreas Hofer, der sogenannte Klöppelkrieg in der Eifel und im Luxemburgischen zur Zeit des Directoire gehören hierher. Alles dies jedoch sind kaum bewußte Regungen, denen Theorie fern lag. Aber unsere durch die Erfahrung mit dem Faschismus geschärfte Wahrnehmung erfaßt sie nun aufmerksamer. Die zunehmende Raschheit in der Veränderung der europäischen Verhältnisse läßt oder ließ eine wachsende Anzahl von Menschen in psychischer Hinsicht zurückbleiben. An ihr „Unbehagen in der Kultur" vermochte der faschistische Agitator mit Erfolg anzuknüpfen. Es steckt in diesem Unbehagen stets auch ein Stück Archaik oder Naturwüchsigkeit, das gegen entwickelte Formen der Kultur sowohl als auch der Herrschaft aufbegehrt und, sofern gegen die letztere, auch in der sozialistischen Bewegung seine hier nicht näher zu bestimmende Rolle spielt. Diesem Unbehagen leihen Literaten ihr Wort, Künstler und Philosophen. Ihr Protest ist ästhetisch gemünzt; doch eigentlich interessant an diesem Protest sind die politischen Einschübe. In Italien standen die Literaten, die seit dem letzten Jahrfünft des vorigen Jahrhunderts zu Wortführern der Auflehnung wurden, immer wieder vor der Entscheidung, ob sie ihr Ressentiment politisch auswerten oder sich auf eine rein ästhetizistische Haltung zurückziehen sollten. Nach 1896 hat sich die Mehrheit jener Schriftsteller, die sich in der Florentiner Zeitschrift „Il Marzocco" ihr Organ geschaffen hatten, für den apolitischen Ästhetizismus entschieden. Ebenso ist im ersten Jahrzehnt des Jahrhunderts ein Teil der um das imperialistische Banner der Florentiner Zeitschriften von 1903 gescharten Literaten wieder zur reinen Literatur zurückgekehrt. Der Protest war nicht unabdingbar mit einer politischen Bewegung verbunden. Nicht die besitzende Klasse hat diesen Protest erfunden – erst mußten die Wortführer kommen, damit sie begriff, was alles sich machen ließ jenseits der gewöhnlichen Hebel von Regierung, Verwaltung, Armee und Geschäft. Ein Teil der besitzenden Klasse und in der Folge ihre entscheidende Mehrheit hat die faschistischen Ideen aufgegriffen und sich zunutze gemacht, ganz abgesehen von der massiven Praxis der Fasci unter der Führung Mussolinis, die unmittelbar in die klingende Münze der agrarischen und industriellen Subventionen umgesetzt wurde.

5. Dieses vierte Merkmal des Begriffs Faschismus bewegt sich auf der Grenzscheide zwischen den psychisch motivierten Ideen und der politischen Praxis. Es steht einem weiteren Merkmal nahe, das noch tiefer in die Psyche, in die Geschichte der Menschheit zurückreicht. Es sei vorgeschlagen, es als *Angst vor der Dekadenz* zu bezeichnen. Der Gedanke des Niedergangs, darauf sei hier nur hingewiesen, ist so alt wie unsere Literatur. Erinnert sei an Hesiod und Dante.[26] Erinnert sei des weiteren an die Anstrengungen, die der aufgeklärte Gedanke seit der Renaissance gegen die Dekadenzangst unternommen hat. Dennoch hat diese tiefe Furcht in der europäischen Menschheit kein Ende gefunden, ja eher zugenommen. Mit einem leicht zu bewerkstelligenden

Kunstgriff läßt sie sich, freilich unter bestimmten historischen Konstellationen, zu einer politischen Antriebskraft gestalten. Da nämlich nicht nur der Liberalismus, sondern ebenso der Sozialismus in ihrem Veränderungswillen auf eine bessere Zukunft hinarbeiteten, ihnen also ein Begriff des Fortschritts vertraut war, bot sich die Angst vor der Dekadenz als ein kaum ausschöpfbares Reservoir reaktionärer Energien an, die sich gegen jeden Veränderungswillen mobilisieren ließen. Aber die Faschismen wollten auch eine Zukunft. Von welcher Art sollte sie sein? Verneinten sie die moderne Entwicklung, so mußten sie auf ältere Verhältnisse zunächst, letztlich aber auf Naturverhältnisse, oder was sie dafür hielten, zurückgreifen. Der faschistische Rückgriff auf die Natur jedoch meint den animalischen Kampf ums Dasein[27], eine Natur ohne Idyll und ohne Frieden. Hier hat der falsch verstandene Darwin seinen Ort in der faschistischen Ideenwelt und überhaupt die gesamte Naturwissenschaft, soweit sie zum bloßen Material für eine voreilige Metaphysik benutzt wurde, die auf undialektische Weise deterministisch war.

Die faschistische Bewegung wollte eine der humaneren Gestaltung der Verhältnisse widersprechende Zukunft. In Verbindung mit der Angst vor der Dekadenz deklarierten sich die Faschismen zunächst einmal selber als Bewegungen der Jugend. Sie stilisierten die jeweilige Nation, der sie angehörten, zur jungen Nation. Alte Nationen wurden identisch mit denjenigen, in denen die Demokratie am vollkommensten sich durchgesetzt hatte. Vergreist war vor allem Frankreich. Der Gedanke der Rasse und des aus ihr zu erneuernden Volkstums hat hier seinen systematischen Ort unter den Merkmalen des Faschismus, nicht jedoch der Antisemitismus, den der italienische Faschismus nicht gekannt hat.[28]

Die fünf bisher genannten Merkmale des Begriffs Faschismus lassen sich mehr oder weniger unmittelbar auf die gleichzeitigen gesellschaftlichen Verhältnisse beziehen. Gegen das auf die Dauer stetige Anwachsen der Arbeiterbewegung, bedingt durch die Zunahme der Abhängigen und die drohende oder bereits erfolgte Proletarisierung zahlreicher Angehöriger des Mittelstandes vor allem in Deutschland, gab es kein anderes Mittel als das der Beseitigung der in den Kämpfen um die Demokratie errungenen für die Individuen eintretenden Verfassungsbestimmungen. Mit dem Fall der Schranken des Rechts, das den eigenen Willen, die eigene Tätigkeit der Individuen umhegte und einhegte, versanken diese in eine gestaltlose Masse. Notwendig mußte die Willkür eines „Führers" die Stelle der durchs Recht gesicherten Individuen einnehmen. Es hätte auch eine Oligarchie mehrerer Tyrannen sein können, wozu die spätere Geschichte des Dritten Reiches mit ihrem nur mühsam gezügelten Kampf zahlreicher Funktionäre gegeneinander manches Beispiel bietet. Es wurde ferner gezeigt, wie der Faschismus notwendigerweise, weil er die sozialen Konflikte im Inneren der Nationen gewaltsam beenden wollte, eine aggressive Außenpolitik der

Wehrhaftigkeit und der Rüstung anstreben mußte.

6. Dennoch kommt die Erörterung des Begriffs Faschismus nicht umhin, auch dessen psychologisch faßbare Merkmale in Betracht zu ziehen. Dies bedeutet kein Ausweichen in den Irrationalismus; vielmehr vermag die Erörterung psychischer Tatsachen dem Ziel zu dienen, auch das Irrationale mit den Mitteln der Vernunft zu meistern – eine Sisyphusarbeit freilich, solange die historische Fehlentwicklung einer Nation nicht durch den Geschichtsverlauf selber korrigiert ist. Man sollte es den Gegnern des Faschismus nicht zum Vorwurf machen, daß sie die Sehnsucht nach einer mythischen Deutung des Daseins unbeachtet ließen. Eher war dies ein Verdienst, in welchem der seit Aristoteles von der Philosophie behauptete Primat der spezifischen Differenz des Menschen als eines vernunftbestimmten Wesens seine Bestätigung fand. Dennoch erwies sich das Außerachtlassen der irrationalen psychischen Kräfte als ein politisches Versäumnis. Der belgische Sozialist Hendrik de Man machte früh auf diesen Zusammenhang aufmerksam; in seinem Buch von 1931 „Sozialismus und Nationalfaszismus" zeigt er sich vom Faschismus als Massenbewegung beunruhigt. Seine Beunruhigung ging freilich bis zur Faszination, und so ist er insofern seinem Gegenstand selber erlegen, als er später zum Kollaborateur der deutsch-faschistischen Besatzungsmacht in Belgien wurde.

Ungleich bedeutender waren die Erkenntnisse von Ernst Bloch. Er wies in dem 1929–1933 datierten Teil seines Buches „Erbschaft dieser Zeit" darauf hin, daß das sozialistische Element der nationalsozialistischen Bewegung nicht so leicht, wie die Linke es hoffte, angesichts der sozialen Realität seine Sprengkraft beweisen werde. Die ökonomische Ratio hätte es leicht, stünde ihr nicht die Unvernunft psychischer Kräfte entgegen. Dies zu verstehen versagten die marxistischen Denkmittel, die vulgären und die entwickelten, so wie sie bisher begriffen waren. Mit Recht hat auch Ernst Nolte die Zurückführung des Faschismus auf ältere Erscheinungen als die Möglichkeit erwähnt, dessen vor- und außerkapitalistische Ursprünge aufzudecken. Dem wäre freilich entgegenzuhalten, daß der Faschismus weder allein noch auch in der Hauptsache aus Archaismen zu erklären sein wird, da er einer ganz bestimmten Phase der Geschichte angehört.

Zu denen, die die *Aktualisierung archaischer psychischer Einstellungen* in der faschistischen Bewegung Deutschlands wahrnahmen, gehörte auch Karl Kraus. Er verachtete die Psychoanalyse, hat jedoch tiefenpsychologische Einsichten intuitiv erfaßt. In seiner 1933 niedergeschriebenen „Dritten Walpurgisnacht" sprach er vom deutschen Faschismus als von der „Gleichzeitigkeit von allem, was es schon und nicht mehr gibt", vom „illuminierten Chaos". Die Machtergreifung des Nationalsozialismus sei „wahrlich nach dem Plan geschehen, die Menschheit unter Beibehaltung einer Apparatur, die Schuld an ihrer Entartung trägt, auf den Zustand vor dem Sündenfall zurückzubringen". Sie habe „die brauchbarsten Knechte zivilisatorischen Betriebs in Feueranbeter und Bekenner eines Blutmythos verwandelt". Er erkannte die Brutalität der Gegenwart als archaisch, doch durchschaute er auch darin bereits den historischen Vorgang, indem nämlich das eingeübte Verhalten gegenüber der Repression in frühen feudalen und noch früheren Verhältnissen, durch die Jahrtausende fortwährend, die Unterdrückten zu solchen gemacht hat, die selber unterdrücken, und die Gequälten zu Quälern. Hierin erfaßte Karl Kraus repressive Züge des Faschismus, die in der Tat vorbürgerlich waren und die auch der bürgerliche Zivilisationsprozeß nicht völlig hatte abbauen können.

Den entscheidenden Schritt indessen zur Einführung psychologisch faßbarer Merkmale für die Erklärung des Faschismus tat Wilhelm Reich, der im Jahre 1933 sein Buch „Massenpsychologie des Faschismus" erscheinen ließ. Seine im Grunde einfachen Feststellungen besagen, daß in der Weltwirtschaftskrise entscheidende Massen statt nach links, wie es die sozialistische Logik erwarten mußte, nach rechts abgeschwenkt sind. Mit dem subjektiven Versagen proletarischer Funktionäre läßt sich dies nicht erklären. Die Herausstellung der materiellen Not, der unablässige Nachweis rationaler Projekte, die mit dieser Not ans Ende kämen, hat für die Überzeugung dieser Massen nicht ausgereicht. Wilhelm Reich sah sich einer neuen gesellschaftlichen Erscheinung gegenüber, auf welche die Methoden des dialektischen Materialismus, zunächst wenigstens, nicht anwendbar waren. Während die objektiven Faktoren der Not nach links wiesen, zeitigte die Ideologie eine extreme Rechtsentwicklung. Als Anhänger der Lehre Sigmund Freuds mußte Reich die psychischen Dispositionen für den Faschismus als in der frühen Kindheit eines jeden Individuums erworben auffassen. Aber da diese psychischen Dispositionen nicht erst unter kapitalistischen Verhältnissen eingeschliffen sein konnten, so wie sie im Zusammenhang der Familien und der Generationen tradiert werden, griff er auf ferne historische Ursachen zurück. Die autoritären Züge der auf der Einehe beruhenden patriarchalischen Gesellschaft finden auch und gerade unter den bürgerlichen Verhältnissen immerfort neue Bestätigung. Tradiert so der Familienzusammenhang für jedes neue Individuum uralte Autorität, so bedarf ihrer aus objektiven Gründen gerade die entwickelte kapitalistische Gesellschaft.[29] Die liberale Bewegung zur Freiheit und zur Gleichheit hatte freilich der Autorität vielfachen Abbruch getan. Das vom Liberalismus zum selbständigen Wirtschaften aufgeforderte Individuum hatte sich autonom und rational zu verhalten gelernt. Da jedoch mit der unaufhaltsamen und erfolgreichen Propagierung sozialistischer Theorie, verbunden mit der wachsenden Zunahme abhängiger Arbeit, die Positionen der Herrschaft brüchiger wurden, ergab sich auch für die Erben des Liberalismus das objektive Bedürfnis nach erneuter Festigung der Autorität. Dieses Bedürfnis hatte es leicht, insofern die psychischen Faktoren vielmals konstanter sind als die ökonomischen und gesellschaftlichen. Was unbewußt an angstbereitem Unterwerfungswillen in den Massen lebte, vermochte die faschistische Führung zu aktualisieren.[30] Vor allem hatte sie damit im sozial bedrohten Mittelstand Erfolg; denn bei schwindender Rendite war die Unterwerfung des Mittelstandes unter die Autorität so schlecht honoriert, daß sie nach dem psychischen Kraftakt der bedingungslosen Identifikation mit dem Angreifer, mit Autorität und Machtausübung in jeder Form verlangte. Psychische Verfestigungen wurden so erzeugt, die über das Ende des Faschismus hinauswirken und von denen sich neue Generationen allmählich erst werden befreien können. Doch wird dank dem zunehmenden Instrumentarium der Aufklärung dieser Prozeß der Emanzipation vermutlich rascher vonstatten gehen, als wir es zunächst anzunehmen geneigt sind.

Die Definition des Begriffs Faschismus sei wie folgt aus seinen Merkmalen zusammengefaßt: *Der Faschismus war eine an die archaische psychische Autoritätsbereitschaft großer Massen und an ihre durch negative historische Erfahrungen aktualisierte Angst vor der Dekadenz anknüpfende politische Bewegung, die im Interesse der Aufrechterhaltung des vom Kapitalismus bestimmten Gesamtzustands der Gesellschaft gegen das unter der Bedingung relativ entwickelter politischer Demokratie mit zunehmendem Erfolg sich organisierende Proletariat auftrat, deshalb die innerhalb der einzelnen Staaten bestehenden Klassengegensätze zugunsten einer aggressiven Außenpolitik zu unterdrücken versuchen mußte und dabei in der Katastrophe von 1945 scheiterte.*

III. Manfred Clemenz
Versuch einer Begriffsbestimmung des Faschismus (1972)

Vorbemerkung

Im folgenden handelt es sich um die leicht gekürzte und an einigen Stellen ergänzte Fassung des Schlußkapitels der Arbeit „Gesellschaftliche Ursprünge des Faschismus" (1972). Das Problem, mit welchen Modifikationen die hier referierten Momente einer Theorie des Faschismus auf die Situation der derzeitigen hochentwickelten kapitalistischen Gesellschaften angewandt werden können, blieb dabei weitgehend ausgeklammert. Die Arbeit muß sich somit dem Vorwurf stellen, gewisse historische Erscheinungsformen des Faschismus gleichsam verdinglicht zu haben. Diese Verdinglichung wird freilich in einer Reihe neuerer Ansätze geradezu programmatisch. Ebenso fragwürdig sind andererseits jene Interpretationen eines „Neuen Faschismus", denen eine begrifflich präzise Differenzierung bürgerlich-parlamentarischer und faschistischer Herrschaftsformen nicht mehr gelingt. Beide Ansätze blockieren eine adäquate politische Strategie. Als Diskussionsbeitrag zu dieser Problematik, gleichzeitig als Versuch, die hier entwickelten theoretischen Momente der veränderten gesellschaftlichen Realität anzupassen, vgl. meinen Aufsatz: „Staatsfaschistische Tendenzen im Spätkapitalismus", Kursbuch 31, S. 1–27.

Diesem Versuch einer Begriffsbestimmung des Faschismus muß, zur Vermeidung von Mißverständnissen, die banale Vorbemerkung vorausgeschickt werden, daß es sich dabei selbstverständlich noch nicht um eine Theorie des Faschismus handelt, sondern um weitgehend noch disparate *Elemente* einer derartigen Theorie. Das entspricht der Zielsetzung der Untersuchung.

Neben der willkürlichen Trennung und isolierten Analyse ökonomischer, sozialer, politischer, psychologischer und ideologischer Momente der Entstehung des Faschismus ist eine der verbreitetsten Unzulänglichkeiten bisheriger Faschismustheorien die Konfusion der *genetischen, funktionalen und phänomenologischen Dimension*[1] der Beschreibung und Erklärung des Faschismus. Explizites Thema dieser Arbeit war nur die *genetische* Dimension des Faschismus; der dadurch bedingte zwangsläufig fragmentarische Charakter der Arbeit soll nicht verschwiegen werden. Daß andererseits die mangelhafte analytische Trennung und Differenzierung der drei Dimensionen wichtige theoretische und praktische Probleme des Faschismus (und seiner Vermeidung bzw. Bekämpfung) verschleiert, läßt sich an den Resultaten zweier neuerer Untersuchungen zum Faschismus zeigen.

Nolte definiert etwa den *italienischen* Faschismus durch folgende Kriterien (wobei er unterstellt, daß diese Kriterien mit geringfügigen Modifikationen für den Faschismus schlechthin Gültigkeit besitzen): 1. Der Faschismus entsteht auf dem Boden einer schweren Krise des liberalen Systems; 2. Er besitzt eine paramilitärische Organisation; 3. Er steht zum Bürgertum in „dem merkwürdigen Verhältnis einer nichtidentischen Identität"; 4. Er weist eine „eigentümliche Nähe zum Gegner" auf; zahlreiche seiner Führer waren vor dem Kriege revolutionäre Sozialisten oder Syndikalisten; 5. Er „übernimmt" den Nationalismus; 6. Seine Ideologie, soweit sie sich überhaupt herauskristallisiert, ist antimarxistisch und antiliberal.[2]

Kühnl gelangt zu einer soziologisch differenzierteren Begriffsbestimmung des Faschismus durch folgende Kriterien: 1. Funktion des Faschismus ist die Aufrechterhaltung der kapitalistischen Eigentumsverhältnisse; 2. Der Faschismus ist das Produkt einer Krise des kapitalistischen Systems, in der die herrschenden Machtgruppen auf „bürgerlich-demokratische Regierungsformen" verzichten und zu „terroristischen Herrschaftsmethoden" greifen. 3. Er stützt sich auf eine Massenbasis, die vor allem aus „Sozialgruppen mit mittelständischer Mentalität" besteht; 4. Hauptelemente der faschistischen Ideologie sind die Proklamationen der „Volksgemeinschaft" und des Antikommunismus; 5. Je höher ein kapitalistisches System entwickelt ist, um so deutlicher treten diese Strukturmerkmale hervor.[3]

Jedes dieser Kriterien besitzt eine gewisse Berechtigung, jede Definition enthält Elemente genetischer, funktionaler und phänomenologischer Bestimmung des Faschismus, eine ausreichende und präzise begriffliche Fixierung des Faschismus ergibt sich aus ihnen indessen nicht. Daß die sogenannte Krise des liberalen (Nolte) bzw. kapitalistischen Systems (Kühnl) ein äußerst dürftiges – strenggenommen falsches – genetisches Kriterium des Faschismus ist, zeigt sich ohne weiteres, wenn die Frage gestellt wird, welche Krisen denn nun zum Faschismus führen und welche nicht. Keine dieser beiden Merkmalsreihen vermag hinlänglich die Frage zu klären: 1. unter welchen gesellschaftlichen Bedingungen entstand der Faschismus (genetische Dimension); 2. welche Funktionen erfüllte der Faschismus (funktionale Dimension); 3. welche Ideologie, Organisations- und Herrschaftsform besaßen die faschistischen Bewegungen (phänomenologische Dimension). – Auf die wissenschaftslogische Begründung des hier gewählten dreidimensionalen Ansatzes kann an dieser Stelle nicht ausführlicher eingegangen werden. In verkürzter Argumentation läßt sich jedoch sagen, daß neben der unentbehrlichen – gegebenenfalls vorwissenschaftlichen – Abgrenzung und Deskription eines wissenschaftlichen Objektbereiches die heuristischen Vorzüge des funktionalistischen Ansatzes nur dann ausgeschöpft werden können, wenn er zugleich mit einem historisch-kausalen Ansatz, d. h. der Bestimmung der genetischen Dimension, verbunden ist. Ohne diese genetische Dimension lassen sich beispielsweise Probleme der Struktur- oder Funktionsveränderung nicht klären.[4]

Daß auf keine dieser drei Dimensionen der Begriffsbestimmung des Faschismus verzichtet werden kann, läßt sich nicht nur methodisch, sondern auch inhaltlich zeigen. So können einzelne, aber auch *alle* gesellschaftlichen Funktionen des Faschismus auch in anderen politisch-gesellschaftlichen Systemen nachgewiesen werden. Die Erhaltung und Sicherung der kapitalistischen Gesellschaftsstruktur (die zweifellos eine der wichtigsten Funktionen des Faschismus ist) charakterisiert unter anderem auch den formaldemokratischen, organisierten Kapitalismus der westlichen hochindustrialisierten Länder. Die *Gesamtheit* der Funktionen des Faschismus kann etwa im Rahmen einer bürgerlich-konservativen Diktatur vom Typus Spaniens oder Portugals oder einer Militärdiktatur vom Typus Griechenlands erfüllt werden. In diesen Fällen von „Faschismus" zu sprechen, Faschismus also ausschließlich funktional zu definieren, hätte eine vollständige Begriffsverwirrung zur Folge, die den Begriff des Faschismus wissenschaftlich und politisch-praktisch unbrauchbar machen würde.[5]

Komplizierter ist das Problem der genetisch-historischen Dimension des Faschismus. Einerseits wäre es ein gefährlicher Irrtum – auf den Autoren mit so unterschiedlicher theoretischer Orientierung wie Horkheimer[6], Parsons[7] oder Nolte[8] hingewiesen haben – anzunehmen, daß der Faschismus nur unter bestimmten, historisch einmaligen Bedingungen entstehen könne. Die noch zu skizzierende genetische Dimension des Faschismus zeigt zwar eine bestimmte generalisierbare *Struktur*, die nicht durch beliebige andere Strukturen ersetzt werden kann, aber eine Struktur, die dennoch erheblichen konkreten Modifikationen unterworfen sein kann. Andererseits zeigt die historische Analyse, daß das Vorhandensein der Elemente dieser genetischen Struktur in einer bestimmten Gesellschaft nicht zwangsläufig zu einem eindeutig faschistischen System führen muß, wohl aber zu einem System, das auf der Skala: autoritäres Regime (etwa im Stile einer autoritären Präsidialdemokratie) – bürgerlich-konservative Diktatur – Faschismus lokalisiert ist. Das zeigt sich etwa am Beispiel Österreichs, wo die für die Entstehung des Faschismus wichtigsten genetischen Strukturelemente nachgewiesen werden können.[9] Der Kompromißvorschlag, das politische System unter der Diktatur von Dollfuß und Schuschnigg als „klerikalfaschistisch" oder gar „austrofaschistisch" zu bezeichnen, würde – indem das System Dollfuß/Schuschnigg, das am ehesten als bürgerliche Diktatur charakterisiert werden kann, noch unter den Begriff des Faschismus subsumiert wird – einen Präzisionsgrad der Faschismustheorie fingieren, der heute sicher noch nicht gegeben ist. Umgekehrt kann auf diese Weise der Begriff des Faschismus bis zum völligen Verschwimmen mit anderen politischen Begriffen ausgeweitet werden. Eine Frage läßt sich also bei dem bisher erreichten Grad der Differenzierung genetischer Faktoren noch nicht eindeutig beantworten: ob die Entstehung eines autoritäen, diktatorischen oder „parafaschistischen" Systems (eines Systems, das nur *einige* der Elemente der Definition des Faschismus auf funktionaler und phänomenologischer Ebene aufweist) *an Stelle eines genuin faschistischen Systems* historisch „zufällig" ist oder sich durch eine weitere Differenzierung und Präzision der genetischen Strukturelemente stringent erklären läßt. Das bedeutet prognostisch: der Differenzierungsgrad der hier beschriebenen genetischen Struktur[10] erlaubt die Voraussage eines autoritären Regimes, einer bürgerlich-konservativen Diktatur oder eines faschistischen Regimes als Möglichkeiten der politischen Entwicklung (die gegenüber anderen Möglichkeiten einen hohen Grad an Wahrscheinlichkeit besitzen), nicht aber die präzise Voraussage *eines* dieser Systeme.

Auch eine ausschließlich phänomenologische Begriffsbestimmung des Faschismus ist, wie etwa das Beispiel des Peronismus zeigt, unzulänglich. Sowohl ideologisch als auch organisatorisch hat der Peronismus gewisse Züge mit dem Faschismus gemeinsam: Nationalismus (der freilich unter den Bedingungen der imperialistischen Ausbeutung der südamerikanischen Länder nicht ohne weiteres mit dem europäischen imperialistischen Nationalismus gleichgesetzt werden kann), Glorifizierung des Militärs, Führerprinzip.[11] Genetisch und funktional dagegen kann der Peronismus nicht mit dem Faschismus gleichgesetzt werden. Er stellt keine politische Herrschaft zugunsten der Industrie und des Großgrundbesitzes, der „Oligarchie", dar, sondern den Versuch einer Koalition zwischen Gewerkschaften und Militär.

Die eingeschränkte prognostische Funktion einer genetischen Begriffsbestimmung erfordert noch eine weitere Differenzierung. Die allgemeinen historisch-gesellschaftlichen Voraussetzungen des Faschismus müssen *analytisch* getrennt werden von den Formen der Entwicklung und Machtergreifung konkreter faschistischer Bewegungen, die natürlich in den verschiedenen Ländern erhebliche Unterschiede aufweisen. Der – wie auch immer theatralische – Marsch auf Rom stellt sicher eine andere Form faschistischer Machtübernahme dar als die Kanzlerschaft Hitlers nach einer Reihe gescheiterter autoritärer Präsidialkabinette. Daß freilich auch auf dieser Ebene Generalisierungen möglich sind, wurde bereits angedeutet[12] und soll im folgenden noch präzisiert werden.

Die historisch-gesellschaftlichen Voraussetzungen des Faschismus, d. h. seine genetische Dimension, werden – entsprechend dem bisher analysierten Material[13] – durch folgende Kriterien bestimmt:

1. Dem Faschismus gehen ein im wesentlichen gescheiterter proletarischer Revolutionsversuch oder revolutionsartige Erhebungen des Proletariats (wie in Italien) voraus. Diese revolutionären Versuche des Proletariats werden von Teilen des Mittelstandes und proletaroider Gruppen[14] unterstützt (die soziale Basis dieser revolutionären Versuche soll im folgenden abgekürzt als proletarisch-mittelständisch bezeichnet werden). Diese Voraussetzung liegt auch der Etablierung konservativer Diktaturen in Österreich, Ungarn und – in modifizierter Form – in Spanien[15] zugrunde. Trotz des Scheiterns der proletarischen Erhebung – wobei sich das Scheitern nicht auf die politische Form, sondern auf die reale, sozioökonomische und damit letzlich auch politische Macht bezieht – verändert sich die Machtposition der Arbeiterschaft: es kommt zunächst zu einem relativen Klassen- und Machtgleichgewicht zwischen Arbeiterschaft und den beiden wichtigsten Fraktionen des Kapitals: der Industrie und dem Großgrundbesitz. Dieses Machtgleichgewicht versuchen die kapitalistischen Gruppen zum Zwecke der Wiederherstellung ihrer alten sozialen, politischen und ökonomischen Privilegien zu verändern. Koalitionspartner des Kapitals ist in allen hier relevanten, teilweise analysierten Beispielen (Deutschland, Italien, Österreich, Ungarn, Spanien) das Militär, das durch den proletarisch-mittelständischen Revolutionsversuch entweder tatsächlich Privilegien und politischen Einfluß einbüßte oder sie zumindest bedroht sieht. Sofern das Militär die Initiative bei gegenrevolutionären Aktionen ergreift, läßt sich auch hier – ebensowenig wie beim Faschismus selbst – nicht von einer Agentenfunktion des Militärs im Dienste des Kapitals sprechen. Vielmehr handelt es sich um *Interessenidentität* zwischen Militär und Kapital.

Die Möglichkeiten, das neue Machtgleichgewicht zugunsten der alten privilegierten Gruppe zu verändern oder den Status quo ante wiederherzustellen, sind im wesentlichen: antiproletarische Stoßtruppaktionen und Militärexekutionen, die den Widerstands- und Kampfwillen der Arbeiterschaft untergraben, autoritäres Präsidialregime, Militärdiktatur, bürgerlich-konservative Diktatur, faschistische Diktatur. Während in Deutschland alle diese Möglichkeiten entweder konkret durchgespielt oder doch zumindest ansatzweise versucht wurden[16] und schließlich mit der Wiederherstellung der Herrschaft des Kapitals in der faschistischen Diktatur endeten, blieben Österreich, Ungarn und Spanien bei der bürgerlichen Diktatur stehen. Vor allem in Italien war die Etablierung der faschistischen Diktatur so stark mit der „primitivsten“ gegenrevolutionären Aktionsform, dem Stoßtruppterror, verbunden, daß der Terminus Stoßtrupp- oder Kaderfaschismus zur Charakterisierung des italienischen Faschismus gewisse Berechtigung besitzt. Charakteristisch für Ungarn und Spanien war, daß die Gegenbewegung zunächst in Form eines Militäraufstands begann. In Ungarn etablierte sich zunächst eine militärische Gegenregierung (unter Horthy) zur Räteregierung Bela Kuns, und – nach der Kapitulation der Räteregierung – eine stark von Großgrundbesitz geprägte konservative Diktatur unter Bethlen (die zwar eine Reihe von „liberalen“ Aspekten besaß, andererseits aber auch mit geradezu sprichwörtlich gewordenem „Weißem Terror“ gegen die einstigen Insurgenten vorging). In Spanien scheiterte der von den faschistischen Falangisten sowie den Carlisten unterstützte Militäraufstand (1936) zunächst am Widerstand der republikanischen Kräfte und führte erst nach der Niederlage dieser Kräfte im Bürgerkrieg zur Etablierung der bürgerlichen Diktatur unter Franco.

2. Die Form der gegenrevolutionären Reaktion auf den proletarisch-mittelständischen Revolutionsversuch und das daraus resultierende relative Klassengleichgewicht hängt in erster Linie von der inneren Struktur und relativen Stärke der drei wichtigsten sozialen Machtfaktoren eines Landes: der Arbeiterschaft, des Kapitals und des Mittelstandes ab, damit zugleich vom ökonomischen Entwicklungsstand eines Landes. In Ländern, die den Status einer primär agrarischen Gesellschaft noch kaum überschritten haben (wie etwa Ungarn oder Spanien), ist, verglichen mit Ländern fortgeschrittener Industrialisierung[17], a) das *industrielle Proletariat* als Initiator und Kerntruppe proletarisch-revolutionärer Erhebungen zahlenmäßig sehr schwach und verhältnismäßig schlecht organisiert; b) das *agrarische Proletariat* schlechter organisiert, politisch apathischer und in der Regel auch konservativer (nicht zuletzt auf Grund des vorherrschenden Analphabetentums) als in höher industrialisierten Ländern[18]; c) der *Mittelstand* weniger latent oder manifest antiproletarisch, d. h. er tendiert noch eher zur demokratischen Opposition gegen die dominierende Klasse kapitalistischer oder feudaler Grundeigentümer (und sofern sie mit dieser Klasse politisch liiert sind, auch gegen die kleine Gruppe industrieller Magnaten), da er noch nicht dem doppelten Druck der organisierten Arbeiterschaft und des Großkapitals ausgesetzt ist; d) die wichtigste nichtmilitärische Interessengruppe, die an der Aufrechterhaltung des Status quo interessiert ist und ihn notfalls mit Gewalt verteidigt, sind die *Großgrundbesitzer*, die freilich nur über eine schmale soziale Basis verfügen. Der Mittelstand jedenfalls ist ein unsicherer Bundesgenosse, wenn nicht gar der erklärte Feind des Großgrundbesitzes in vorindustriellen Gesellschaften.[19] Als wichtigste Stütze des Großgrundbesitzes bietet sich so in erster Linie das Militär an, eine Koalition, die dadurch erleichtert wird, daß zumindest das höhere Offizierskorps teilweise der Großgrundbesitzerklasse entstammt.

Der Militäraufstand bzw. Militärputsch ist somit die typische Form der Gegenbewegung auf eine proletarisch-mittelständische Revolution (oder einen Revolutionsversuch) in einer noch primär agrarischen Gesellschaft. Aktuelles Beispiel ist die „Politik" des Militärputsches in Lateinamerika (aber auch in anderen Entwicklungsländern), die in der Regel der Stützung der agrarischen Oligarchie dient, wobei diese agrarische Oligarchie heute in Lateinamerika tendenziell mit der industriellen Oligarchie (die stark vom Auslandskapital abhängig ist) politisch liiert ist. Der Militäraufstand muß nicht zwangsläufig zum Sieg der militärisch-großagrarischen Kräfte führen: ohne die Unterstützung der Entente wäre der Sieg der Horthy-Armee in Ungarn fragwürdig gewesen; in Spanien war der Sieg erst nach dreijährigem Bürgerkrieg möglich, der mit massiver Unterstützung durch das faschistische Deutschland und Italien geführt wurde (verglichen mit der faschistischen Intervention war die internationale Unterstützung der republikanischen Kräfte, insbesondere durch die Sowjetunion, dürftig). Der These Noltes, daß Länder unter- und oberhalb eines bestimmten Industrialisierungsgrades nicht „reif" sind für den Faschismus[20], kann so nur für den *ersten* Teil zugestimmt werden. Deutschland war ähnlich stark (gemessen an der nichtagrarischen Erwerbsbevölkerung sogar stärker) industrialisiert als etwa Frankreich oder die USA, ohne daß es in diesen Ländern zu manifestem Faschismus kam. Wichtig für die Abgrenzung zwischen *faschistischen* und *anderen* Erscheinungsformen der Konterrevolution (z. B. Militäraufstand bzw. Militärputsch) ist die Tatsache, daß der konterrevolutionäre Terror um so größer sein wird, je größere Erfolge der vorangegangene proletarisch-mittelständische Revolutionsversuch zu verzeichnen hat, etwa in Gestalt einer zeitweiligen Konfiszierung oder Vergesellschaftung der Produktionsmittel. Je „erfolgreicher" und damit bedrohlicher dieser Revolutionsversuch war, was in der Regel von der zahlenmäßigen Stärke und Organisation des Proletariats sowie vom Grad der Desorganisation der alten Gesellschaft (etwa als Konsequenz eines verlorenen Krieges) abhängt, desto stärker wird sich der konterrevolutionäre Terror dem systematisierten Terror des Faschismus annähern. Negativ spiegelt das Ausmaß des Terrors den Stand der gesellschaftlichen Entwicklung und die Stärke der Kräfte wider, die über die alte Gesellschaft hinausdrängen.

In Ländern mit relativ hohem Industrialisierungsgrad verschiebt sich diese Klassenstruktur und damit zugleich die Koalitionsbasis der einzelnen Klassen. Einerseits vergrößern sich die politisch aktionsfähigen Gruppen des Proletariats, andererseits vergrößert sich die soziale Basis der kapitalistischen Klasse durch das Wachstum der industriellen Bourgeoisie. Am wichtigsten sind die strukturellen Veränderungen des Mittelstandes: er gerät unter den doppelten Druck der organisierten Arbeiterschaft und des mittleren und großen Industriekapitals. Der agrarische Mittelstand wird zudem durch die primär zwischen agrarischem und industriellem Großkapital ausgehandelten Schutzzölle in der Regel weniger begünstigt (in der

Weimarer Republik etwa wurde er eindeutig benachteiligt) als das agrarische Großkapital. Durch die wachsende Industrialisierung verändert sich zugleich die soziale Zusammensetzung des Mittelstandes: der Anteil des alten gewerblichen Mittelstandes am gesamten Mittelstand nimmt, vor allem auf Grund des industriellen Konkurrenzdrucks, ab (ein Teil des Mittelstandes sinkt dabei in die Schicht der „Proletaroiden" ab), während der Anteil des neuen Mittelstandes zunimmt. Durch wachsende Differenzierung und – damit verbunden – Entqualifizierung eines Teils der Angestelltenfunktionen wird auch hier, wie im gewerblichen Mittelstand, der am wenigsten qualifizierte Teil der Angestellten von der Proletarisierung bedroht. Gegenüber den relativ homogenen und politisch effizienten Interessenvertretungen der Arbeiterschaft und des Großkapitals bleibt der Mittelstand auf Grund seiner disparaten ökonomischen, sozialen und ideologischen Interessen auch politisch benachteiligt.

Diese Überlegungen zeigen, daß der Mittelstand nicht *zwangsläufig* antiproletarisch sein muß.[21] So waren in Ländern, in denen die demokratische Revolution noch nicht (in Deutschland vom Vormärz bis 1918/19) oder in verstümmelter Form (im Italien des Risorgimento und der Monarchie) stattgefunden hatte, oder teilweise wieder rückgängig gemacht wurde (in Frankreich von der Restauration bis 1848), Proletariat und mittelständische Gruppen Verbündete im Kampf gegen die herrschende industriell-agrarische bzw. kapitalistisch-feudale Oligarchie. Das änderte sich freilich nach einem gescheiterten proletarischen oder proletarisch-mittelständischen Revolutionsversuch. Die ökonomischen, sozialen und politischen Probleme des Mittelstandes werden durch diesen Versuch einer Veränderung der Machtverhältnisse zwischen den Klassen nicht verringert, sondern im Gegenteil verschärft. Durch das neue, temporäre Machtgleichgewicht kann nämlich das Proletariat in der Regel soziale Zugeständnisse und ökonomische Strukturveränderungen (Achtstundentag, Mindestlöhne etc.; in Italien war die Konsequenz eine ausgesprochene proletarische Machtergreifung auf dem Lande) erringen, die auch den Mittelstand ökonomisch belasten. Auch die Folgen einer Verschärfung des Arbeitskampfes in der Phase des Machtgleichgewichts, die das mittlere und große Kapital über Preiserhöhungen und Rationalisierungen auf die Verbraucher abwälzen kann, verschlechtern direkt und indirekt die Lage des Mittelstandes. Die nach Kriegsende vor allem in den imperialistischen Verlierernationen grassierende Inflation traf den Mittelstand ebenso empfindlich wie die Arbeiterschaft. Schließlich muß der schwerwiegende psychologische Faktor berücksichtigt werden, daß der Mittelstand nach dem Scheitern der proletarisch-mittelständischen Alternative und der Verstärkung des von Arbeiterschaft und Kapital ausgeübten ökonomischen Drucks sich einer Situation politischer Unruhe, Instabilität und – wie das italienische Beispiel zeigt – chaotischer lokaler Auseinandersetzungen zwischen Arbeiterschaft und Kapital konfrontiert sieht, wobei die vorwiegend *defensive* Haltung der

Arbeiterschaft gegenüber den häufig von den Staatsorganen unterstützten Versuchen des Kapitals, das relative Machtgleichgewicht wieder zu seinen Gunsten zu verändern, vom Mittelstand entweder überhaupt nicht verstanden oder als eine in ihrer Zersplitterung und Perspektivelosigkeit sinnlose Offensive mißverstanden wird. Im Grunde gab es in allen revolutionären Versuchen, die dem Faschismus unmittelbar vorangingen, nur *einen einzigen strategischen Fehler*: daß die Revolution nicht konsequent durchgeführt wurde, daß die ökonomische, soziale und politische Machtbasis der Großagrarier, des Großkapitals, des Militärs und der Bürokratie des „ancien régime" nicht zerschlagen wurde.

Der Mittelstand wird in der Phase des relativen Machtgleichgewichts zwar nicht ohne weiteres zum politischen Koalitionspartner des Großkapitals oder gar manifest faschistisch werden, er wird vielmehr versuchen, die partielle – und selbstverständlich mit großen Vorbehalten eingegangene – Koalition mit dem Proletariat aufzulösen und einen autonomen, „mittleren" Weg zwischen Proletariat und Kapital zu finden. Damit fällt jedoch der Mittelstand nicht nur in seine alte, gleichsam konstitutionelle Zersplitterung in die verschiedensten ständischen, ideologischen oder regionalen Gruppierungen zurück, sondern stärkt zugleich die alte Oligarchie, die ihre Machtpositionen gegenüber dem geschwächten Proletariat jetzt leichter ausbauen kann. Während das Proletariat, teils infolge dogmatischer Verhärtung der Theorie, teils verblendet durch die Euphorie eines zumeist leicht errungenen Sieges, dem Mittelstand häufig verständnislos gegenübersteht, sucht die alte Oligarchie den Mittelstand durch Zugeständnisse und Versprechungen als Verbündeten zu gewinnen. Das ist für die alte Oligarchie um so risikoloser, als der heterogene Mittelstand, der aus seiner partiellen Koalition mit dem Proletariat herausgelöst wurde, weder politisch noch ökonomisch eine ernsthafte Bedrohung darstellt, wohl aber dann zur Gefahr wird, wenn er sich auf die Seite des Proletariats schlägt.

Seine ökonomisch, sozial und politisch schwache und gefährdete Position macht den Mittelstand zur idealen sozialen Basis faschistischer Propaganda, die ja gerade vorgibt, eine Alternative zur Entscheidung zwischen Kapitalismus und Sozialismus, ebenso eine Alternative zum Klassenkampf gefunden zu haben.[22] Da es aber tatsächlich ökonomisch keine prinzipielle Alternative zu einer tendenziell kapitalistischen oder sozialistischen Lösung gibt und jede Veränderung des kapitalistischen Status quo einen *Kampf um Machtpositionen* impliziert, der zwar auch unterhalb der Ebene des bewaffneten Kampfes geführt werden kann, aber notwendig einen Abbau kapitalistischer Machtpositionen und die politische Absicherung der neuen Fronten erfordert, d. h. eben doch *Klassenkampf* ist, reagierte der Mittelstand mit einer ideologischen *Entökonomisierung* seines realen gesellschaftlichen Dilemmas.

Spezifisch „wirschaftsfremde Motivationen"[23], durch die die eigene Tätigkeit nach außerökonomischen – und letztlich auch außerpolitischen – Kriterien gemessen wurde, traten auf diese Weise im Mittelstand stärker als in anderen Klassen hervor. Eine weitere Konsequenz dieser Entökonomisierung war die soziale Metaphysik einer neuständischen Gesellschaftsorganisation, in der nicht die durchweg verschwommenen ökonomischen Überlegungen, sondern der Glanz neuen sozialen Ansehens, mit dem die alten Funktionen vergoldet wurden, die dominierende Rolle spielte.[24] Das korporationistische und organizistische „Gedankengut" (etwa die nationalsozialistische Konzeption der „Volksgemeinschaft") der Faschisten, das ebenso wie die mittelständische Sozialmetaphysik weitgehend aufgewärmte reaktionäre Romantik war, war somit exakt auf die gesellschaftliche und ideologische Situation des Mittelstandes zugeschnitten und wurde zu einem mächtigen Instrument seiner Radikalisierung.

Die Organisatoren und Propagandisten des Faschismus registrierten den politischen Positionswechsel des Mittelstandes und paßten sich ihm an. Während der Zeit der partiellen Koalition zwischen Proletariat und Mittelstand enthielten die Programme der Faschisten (Mussolinis Programm von 1919 und das 25-Punkte-Programm der NSDAP von 1920) sozialistische und mittelständische Elemente, wobei die ersteren um so mehr abgeschwächt bzw. ganz fallengelassen wurden, je eindeutiger das Scheitern des proletarisch-mittelständischen Revolutionsversuchs und die Auflösung der partiellen Koalition zwischen beiden zutage trat. Die jetzt sich verstärkende Annäherung der Faschisten an die Interessen der alten kapitalistischen Oligarchie war kein kurzfristig reversibler Opportunismus, sondern die mehr oder weniger klare und korrekte Einsicht in die Bedingungen einer mittelständisch-faschistischen Gegenrevolution. Diese Gegenrevolution konnte nicht ohne oder gar gegen die alte Oligarchie durchgeführt werden, sondern letztlich nur mit ihrer Unterstützung. Die Funktion faschistischer Bewegungen vor der Machtübernahme zugunsten der alten Oligarchie – besonders des Kapitals – war somit nicht einfach Bekämpfung, Demoralisierung und Zermürbung des Proletariats, sondern die wesentlich kompliziertere, eine Radikalisierung des Mittelstandes bei gleichzeitiger Annäherung an die alte Oligarchie durchzuführen. Ein nichtradikalisierter – vor allem noch den traditionellen bürgerlichen Parteien verhafteter – Mittelstand wäre nämlich sowohl im Kampf gegen das Proletariat als auch als Druckmittel gegen die „bürgerlichen" Parteien bei der Machtübernahme wenig brauchbar gewesen, während andererseits eine prinzipielle Kluft zwischen Mittelstand und Kapital die Machtübernahme entweder vereitelt oder doch erheblich verzögert hätte.

Von hier aus läßt sich die Bedeutung des faschistischen Terrors beurteilen (eine Problematik, die einen Schnittpunkt genetischer, funktionaler und phänomenologischer Begriffsbestimmung des Faschismus darstellt). Die etablierten faschistischen Systeme wurden im Inneren mit drei zentralen Problemen konfrontiert: 1. Sie mußten unter den Bedingungen einer ökonomisch höchst labilen, entfalteten kapitalistischen Gesellschaft ein zahlenmäßig starkes, ehemals gut organisiertes Proletariat in Schach halten. 2. Sie mußten unter eben diesen ökonomischen Bedingungen einen erheblich radikalisierten Mittelstand unter Kontrolle halten, dessen auf den Faschismus gerichtete ökonomische und soziale Hoffnungen weitgehend enttäuscht wurden und der sich deshalb politisch hintergangen fühlte. Insbesondere mußte er eine interne Revolte, die sogenannte „zweite Revolution" der Exponenten des radikalisierten Mittelstandes und der landsknechthaft abenteuernden Randexistenzen in den faschistischen Organisationen mit Gewalt unterdrücken. 3. Die faschistischen Organisationen mußten gegenüber der alten kapitalistisch-militärisch-bürokratischen Oligarchie den Anspruch auf weitgehende politische Autonomie möglichst effektiv vertreten.[25] Damit wird auch die spezifische Bedeutung des Stoßtruppterrors der italienischen Faschisten deutlicher: er ist, verglichen mit der Entwicklung einer starken faschistischen Massenpartei vom Typus der NSDAP und der Machtübernahme auf primär politisch-parlamentarischer Ebene, eine vergleichsweise wenig entfaltete, „primitive" Form faschistischer Gegenrevolution. Stoßtruppterror und -faschismus konnten nur unter den spezifischen Bedingungen eines zurückgebliebenen Kapitalismus, d. h. bei einer noch stärkeren Beherrschung des Staatsapparats durch die alte Oligarchie als in Deutschland und bei einem zahlenmäßig und organisatorisch schwächeren Proletariat, zum Sieg führen. Unter diesen Voraussetzungen kann der wesentlich kompliziertere Weg faschistischer Machtergreifung über die Radikalisierung des Mittelstandes und den Aufbau einer mittelständisch-radikalen Massenpartei abgekürzt werden.[26] Die Bildung einer parlamentarischen Machtbasis des Faschismus kann teilweise durch unmittelbare Gewalt und exemplarischen Terror als Instrument der Veränderung des Machtgleichgewichts und der Machtübernahme ersetzt werden.[27]

Der ökonomisch-politische Entwicklungsstand einer Gesellschaft bestimmt so die Gestalt konterrevolutionärer Gewalt. Militärdiktaturen, ähnlich auch bürgerlich-konservative Diktaturen (sofern es sich in beiden Fällen nicht um verschleierte faschistische Diktaturen handelt), kommen in der Regel mit sporadischem und weitgehend reaktivem, gleichsam „individualisiertem" Terror aus; erstere, weil das relativ schwache Proletariat durch das Militär in Schach gehalten werden kann; letztere, weil die soziale Machtbasis sicherer und breiter ist als in faschistischen Systemen. Erst wenn Teile des Mittelstandes und/oder der traditionellen Oligarchie in Opposition zum System treten, wird eine Ausweitung des Terrors notwendig. Der voll entfaltete Faschismus dagegen, wie er in Deutschland auftrat, der an mehreren Fronten und nicht zuletzt gegen seine eigene soziale Basis und seine eigene Organisation kämpfen muß, braucht *Terror als Mittel der gesellschaftlichen Organisation.* Der Terror muß universell und systematisch werden. An die Stelle des suspendierten politisch-ökonomischen Marktmechanismus als Organisationsprinzip der Gesellschaft tritt, bei gleichzeitiger Verbesserung der kapitalistischen Akkumulationsmöglichkeiten, die möglichst lückenlose, durch systematischen Terror abgestützte organisatorische Erfassung und Kontrolle des Bürgers.

3. Die dem Faschismus vorausgehende proletarisch-mittelständische Revolution ist ebensowenig historisch zufällig wie der Faschismus selbst. Sie ist weder ausschließlich Resultat des verlorenen imperialistischen Krieges noch der ökonomischen Entwicklungstendenzen. Die gescheiterte Revolution ist vielmehr Konsequenz einer „gesellschaftlich-geschichtlichen anomalen Entwicklung"[28], nämlich der Versuch, die ebenfalls gescheiterte bürgerlich-demokratische Revolution unter den Bedingungen einer weitgehend entfalteten industriell-kapitalistischen Gesellschaft nachzuholen, d. h. unter insgesamt schlechteren Bedingungen. Zwar hat sich in Gestalt des industriellen Proletariats eine relativ gutorganisierte und kampffähige Schicht innerhalb des Gesamtproletariats herausgebildet, die alte antifeudale und antiabsolutistische Koalition aus kapitalistischem Bürgertum, Mittelstand und proletarischen Gruppen ist jedoch zerbrochen und auf verschiedene politische Lager verteilt.

Insbesondere ging die kapitalistische Bourgeoisie in den Ländern, in denen die bürgerlich-demokratische Revolution scheiterte, ein Bündnis mit den alten vor- bzw. nichtbürgerlichen Machtgruppen ein, in erster Linie mit dem ehemals – oder noch immer – feudalen Großgrundbesitz und dem Militär, ein Bündnis, das seinerseits neue Ansätze einer bürgerlich-demokratischen Revolution blockierte. Resultat dieses Scheiterns der Bourgeoisie, zur politisch und ökonomisch dominierenden Klasse zu werden (ein Prozeß, zu dem die englische Bourgeoisie nahezu zweihundert Jahre, von der Hinrichtung Karls I. bis zur Reformbill von 1831, die französische nahezu hundert Jahre, von 1789 bis zum Sturz Napoleons III., brauchte), waren zwei strukturell verschiedene politisch-ökonomische Systeme in Europa. Ökonomisch gesehen waren beide Systemtypen sowohl industrielle als auch kapitalistische Systeme[29], politisch jedoch herrschte im ersten System die Bourgeoisie, im zweiten eine Oligarchie aus kapitalistischer Bourgeoisie, einer ihrer Herkunft nach weitgehend feudalen, ökonomisch jedoch kapitalistischen Schicht von Großgrundbesitzern und einer ihrer Herkunft nach den Großgrundbesitzern nahestehenden Militärkaste, ein Machtkartell, das durch die Institution der Monarchie zusätzlich politisch abgesichert wurde. Am reinsten wurde das bürgerlich-kapitalistische System in Europa durch England und Frankreich, das oligarchisch-kapitalistische System durch das wilhelminische Deutschland und – mit einigen Einschränkungen – durch Italien repräsentiert.

An einigen kritischen Punkten der politischen Entwicklung Englands im 19. Jahrhundert läßt sich der Unterschied zwischen dem bürgerlich-kapitalistischen und dem oligarchisch-kapitalistischen System verdeutlichen. Zwar hatte England bereits mit der Glorious-Revolution die parlamentarische Demokratie (allerdings eingeschränkt durch einen rigorosen Zensus) eingeführt, auf Grund einer anachronistischen Wahlkreiseinteilung behielt jedoch bis zu Beginn des 19. Jahrhunderts der Großgrundbesitz im Parlament die Macht. In seiner Arbeit über die englische Reformbill (1831) hatte Hegel über diese Situation, „daß nämlich Städte von geringer Bevölkerung oder auch deren – und zwar sich selbst ergänzende – Magistrate, mit Ausschluß der Bürger, sogar auf zwei bis drei Einwohner (– und zwar Pächter) herabgekommene Flecken das Recht behalten, Sitze im Parlament zu vergeben“, das vernichtende Urteil gesprochen, daß „schwerlich irgendwo auf ähnliches Symptom von politischer Verdorbenheit eines Volkes aufzuweisen“ sei.[30] Während ein ähnliches System in dem von Hegel mit philosophischem Glorienschein umgebenen Preußen bis 1914 herrschte, hatte das englische Bürgertum – und zwar charakteristischerweise unterstützt durch die Arbeiterschaft – bereits 1831 mit der Verabschiedung der Reformbill dieses quasi-feudale Wahlrecht beseitigt und damit die politische Macht des Großgrundbesitzes gebrochen.

Nicht die Anpassung der kapitalistischen Bourgeoisie an die vorbürgerliche Oligarchie und die politische Koalition beider Gruppen, wie in Deutschland und Italien, sondern der Druck einer bürgerlich-demokratischen Basis bestimmte in England die politische Entwicklung. Die Konsequenz war, daß in England nicht das industriell-agrarische Großkapital mit seinen Subventions- und Protektionsinteressen innerhalb und neben der Bourgeoisie dominierte, sondern das freihändlerisch orientierte kleine und mittlere Bourgeoiskapital. Das drückte sich in dem 1842 von Gladstone begonnenen Zollabbau und der Beseitigung der Getreidezölle (1846), dem ökonomischen Sieg des „konsumierenden Industrie-Mittelstandes über den produzierenden Agraradel“ aus.[31]

Der freihändlerische Liberalismus, der von nun an die politische und ökonomische Entwicklung Englands bestimmte, wirkte sich politisch auch zugunsten des Proletariats aus (der Aufhebung der Kornzölle lag im übrigen wiederum eine zumindest implizite Interessenkoalition von Proletariat und Bourgeoisie zugrunde)[32]. Dem Proletariat, das bereits 1824 das Koalitionsrecht errungen hatte, gelang es hauptsächlich durch das Kampfmittel des Massenstreiks zahlreiche ökonomische und politische Konzessionen durchzusetzen, so etwa die Beschränkung der Arbeitszeit, zunächst für Frauen und Jugendliche auf zehn Stunden (1848), eine Bestimmung, die ab 1850 für die gesamte Industrie Gültigkeit erhielt; weiterhin die Wahl- und Parlamentsreform von 1867 und 1884, durch die die Majorität des industriellen und agrarischen Proletariats das Wahlrecht erhielt. Während sich Deutschland und Italien zu kapitalistischen Oligarchien mit dynastischer Spitze entwickelten, in der nicht nur das Proletariat, sondern auch der Mittelstand von der herrschenden Oligarchie ausgebeutet wurden, in der das Proletariat seiner politischen Grundrechte weitgehend beraubt blieb und so seine politisch-ökonomische Stellung nicht innerhalb, sondern *außerhalb* der bestehenden Gesellschaft definierte, während sich somit in Deutschland und Italien eine Gesellschaftsstruktur entwickelte, die beim Hinzutreten günstiger Bedingungen revolutionär über sich hinaustreiben mußte, konnte sich in England eine formaldemokratische, bürgerliche Gesellschaft etablieren. Diese Gesellschaft war nicht nur auf Grund ökonomischer Interessenkonstellationen, sondern auch durch ein im Laufe von zweihundert Jahren entwickeltes politisches Selbstbewußtsein des englischen Bürgertums in der Lage, durch partielle politische und ökonomische Zugeständnisse eine Politik der schrittweisen Integration aller Klassen in die bestehende Gesellschaft erfolgreich durchzuführen. Die Situation war in Deutschland und Italien reif für die Revolution, als Proletariat und Teile des Mittelstandes erkannten, daß sie einen für beide Gruppen gleichermaßen sinnlosen Krieg im Interesse und für den Profit der *herrschenden* Oligarchie führten.

4. Beim letzten Komplex der genetischen Definition des Faschismus handelt es sich um Faktoren, die zwar strukturell einerseits zu den Voraussetzungen des Faschismus gehören, jedoch relativ unspezifisch sind (d. h. auch in anderen als präfaschistischen Systemen auftreten). Darüber hinaus besitzen sie einen hohen Grad der „Reproduzierbarkeit"; d. h. konkret: prinzipiell können beliebig viele Ereignisse als Phänomene „nationaler Niederlage" interpretiert werden, ebenso können beliebig viele Ereignisse als ökonomische Bedrohung bestimmter Gruppen der bürgerlich-faschistischen Koalition auftreten und damit die Wahrscheinlichkeit des tatsächlichen Auftretens des Faschismus erhöhen.

Eine ausgeführte Theorie des Faschismus hätte diese Faktoren im Kontext einer Theorie der politisch-ökonomischen Entwicklung des Kapitalismus darzustellen und zu interpretieren (eine derartige Theorie des Kapitalismus in den Kategorien der politischen Ökonomie bildet selbstverständlich die Basis einer jeden kritischen Faschismustheorie; ohne sie wäre die Vermittlung der hier referierten einzelnen Momente nicht möglich).

a) Die nationalistische Komponente der faschistischen Propaganda als Gegenposition zum sozialistischen Humanismus und Internationalismus, gleichzeitig als Instrument zur Denunziation des bestehenden formaldemokratischen Systems, kann am wirkungsvollsten in einer Situation eingesetzt werden, die – in welcher Form auch immer – als nationale Niederlage oder Demütigung interpretiert werden kann. Dafür boten sich in Deutschland der Versailler Vertrag und die Reparationsverträge und -leistungen, in Italien die „vittoria mutilata" an, mit der die nationalistische Agitation zugunsten der Annektierung Dalmatiens und Fiumes entfesselt werden konnte, die im Londoner Geheimvertrag konzediert, 1918 jedoch wieder rückgängig gemacht wurde.

b) Der Faschismus setzt die ökonomische Bedrohung einer oder mehrerer Gruppen des Mittelstandes und der kapitalistischen Bourgeoisie voraus. Für einen „krisenfreien" Kapitalismus – den es freilich nicht gibt – würde sich der Faschismus erübrigen. Insofern ist es richtig, wenn auch banal, den Faschismus der „Krise" des kapitalistischen Systems zuzurechnen. Durch die *strukturelle Dauerkrise* des kapitalistischen Produktions- und Verwertungsprozesses ist eine derartige

Bedrohung – der wirtschaftliche Ruin als Lebensperspektive – potentiell oder real stets gegeben. Insofern enthält zugleich jede entfaltete kapitalistische Gesellschaft auf Grund des ihr immanenten Konzentrations-, Zentralisierungs- und Rationalisierungsprozesses in Gestalt des gewerblichen Mittelstandes eine für den Faschismus besonders anfällige soziale Gruppe. Dieser Typus „ökonomischer Bedrohung" gehört jedoch zu den allgemeinsten Voraussetzungen des Faschismus überhaupt, zum analytischen Bezugsrahmen „Kapitalismus", der hier nur so weit berücksichtigt wurde, als er spezielle Aufschlüsse über die Entstehung des Faschismus gibt. Erst durch den proletarisch-mittelständischen Revolutionsversuch und das daraus resultierende relative Macht- und Klassengleichgewicht erhält diese Bedrohung eine ökonomisch und politische Dimension, die sie für die Erklärung des Faschismus unmittelbar relevant macht. Von diesem „Krisenniveau" aus verstärkt jedes zusätzliche Krisenmoment einerseits die Bereitschaft des Kapitals zu einer reaktionären Revision des Klassengleichgewichts, andererseits die ökonomische, politische und soziale Basis einer faschistischen Massenbewegung.

Die Frage, ob unter den gegebenen historischen Voraussetzungen der Nationalsozialismus auch ohne Weltwirtschaftskrise an die Macht gekommen wäre, läßt sich somit folgendermaßen beantworten. Durch Inflation, Rationalisierung und Erhöhung der Konzentration und Zentralisierung des Kapitals waren breite Schichten des Mittelstandes ökonomisch bedroht bzw. ruiniert. Das agrarische und industrielle Großkapital hatte starkes Interesse, seine partiell zerstörte ökonomische und politische Machtposition wiederherzustellen. In dieser Situation mußte jede ökonomisch rezessive Entwicklung als zusätzliche Bedrohung wirken, die eine faschistische Lösung als äußerst opportun erscheinen läßt. So zeigte sich, daß bereits 1930, als die ökonomische Krise zwar schwer, aber noch keineswegs katastrophal war, bereits 18 % vorwiegend mittelständische Wähler für den Faschismus votierten. Durch das autoritäre Präsidialregime Brünings konnten die Folgen der Krise für Mittelstand und Kapital zunächst gemildert werden, freilich nur deshalb, weil sich die Sozialdemokratie widerstandslos in dieses Regime integrieren ließ und es notfalls auch gegen die Kommunisten verteidigt hätte. Solange sich also die proletarischen Kräfte in das System einfügen ließen bzw. sich gegenseitig lähmten, war eine autoritäre Lösung à la Brüning möglich. Als die ökonomische Krise jedoch zur Dauerkrise wurde und damit erneut die Gefahr systemsprengender Aktionen des Proletariats auftauchte oder, was politisch auf dasselbe hinausläuft, von der kapitalistisch-militärischen Machtoligarchie befürchtet wurden, weiterhin die systemimmanenten Methoden der Krisenbekämpfung eklatant versagten, blieben als Alternative zur proletarischen Revolution nur noch die Möglichkeiten: bürgerliche Diktatur oder Faschismus.

Untersuchungsgegenstand dieser Arbeit war die Entstehung des Faschismus, d. h. seine genetische Dimension. Dennoch müssen die beiden anderen Dimensionen zumindest in groben Umrissen skizziert werden, da ohne sie keine ausreichende Begriffsbestimmung des Faschismus, somit auch kein zuverlässiges Urteil über den faschistischen Charakter einer Bewegung oder eines gesellschaftlichen Systems möglich ist.

Funktional ist der Faschismus bestimmt durch:

1. Die Revision der proletarisch-mittelständischen Revolution, d. h. die ökonomische und politische Unterdrückung des Proletariats und die Disziplinierung des Mittelstandes; die „Formierung" aller potentiell systemgefährdenden Gruppen in Organisationen, die durch die Partei oder Staatsorgane kontrolliert und gelenkt werden.

2. Die Beseitigung der wirtschaftlichen Krise bzw. Verbesserung der Akkumulationsmöglichkeiten durch eine im Interesse des Kapitals gelenkte Wirtschaft; in erster Linie durch öffentliche Arbeitsprogramme, Rüstungsprogramme, Lohnkontrolle, Steuererleichterungen und Konkurrenzbeschränkung.

3. Die Öffnung neuer imperialistischer Expansions- und Profitchancen, die bisher entweder durch die parlamentarische Kontrolle der Politik und/oder international kontrollierte Rüstungsbeschränkungen blockiert waren.

Phänomenologisch ist der Faschismus primär durch folgende Merkmale bestimmt:

1. Eine nach dem Führerprinzip aufgebaute, strikt hierarchische, militärische oder paramilitärische Organisation, die infolge der schwachen sozialen Basis des Faschismus zur terroristisch-totalen Beherrschung der Gesellschaft erforderlich ist.

2. Eine politische Doktrin, die primär gegen die die Entwicklung der bürgerlich-kapitalistischen Gesellschaft reflektierenden Ideen des Humanismus, des politischen Liberalismus, des sozialistischen und kommunistischen Internationalismus gerichtet ist. Gegen den Universalismus dieser Ideen wird der Partikularismus von Nation und Rasse gesetzt, gegen ihre transzendentalen Qualitäten die Doktrin als Herrschaftsinstrument.[33] Nicht das Versprechen der *Beseitigung* von Krieg, Hunger und Not charakterisiert das faschistische „Gedankengut", sondern ihre Glorifizierung als sittliche Tugenden. Insbesondere tritt an die Stelle einer universalistisch-demokratischen Konzeption der Gesellschaft die Vorstellung einer ständisch-hierarchisch gegliederten Gesellschaft, der „Volksgemeinschaft".

3. Ein Herrschaftssystem, das neben dem Anspruch unbedingter politischer Priorität von Führer und Parteiorganisationen die soziale Machtbasis und den politischen Einfluß der alten Oligarchie weitgehend unangetastet läßt.

4. Die Anwendung von Gewalt in Form von systematisiertem und universellem Terror als Organisationsprinzip der Gesellschaft.

Zum Schluß bleibt die Frage nach der Möglichkeit der Entstehung neuer faschistischer Bewegungen und Gesellschaftssysteme. Als Antwort genügt es nicht, diese Frage mit dem Hinweis auf das Überleben der „Mentalität“ und der „gesellschaftlichen Dispositionen“, die den Faschismus ermöglichen, ebenso pauschal wie unverbindlich zu bejahen.[34] Es scheint (wenn die bisher genannten Kriterien des Faschismus mit einer gewissen historischen Variationsbreite, d. h. als *generalisierbare* Kriterien verstanden werden), daß drei gesellschaftliche Strukturen bzw. Konstellationen eine besondere Anfälligkeit für einen neuen Faschismus besitzen:

a) Gesellschaften, die mit einer gescheiterten bürgerlich-demokratischen Revolution und damit einer gebrochenen demokratischen Entwicklung in die Phase der industriellen Revolution eingetreten sind, in denen somit die Möglichkeit oder Wahrscheinlichkeit einer proletarisch-mittelständischen Revolution unter den Bedingungen einer relativ entwickelten kapitalistischen Wirtschaft gegeben ist. Beispiele sind für Europa vor allem Spanien und Griechenland, für die absehbare Zukunft auch die industriell am weitesten entwickelten Länder Südamerikas.

b) Gesellschaften, in denen trotz einer scheinbar erfolgreichen bürgerlich-demokratischen Revolution relevante gesellschaftliche Gruppen ökonomisch und politisch praktisch außerhalb der bürgerlichen Gesellschaft blieben. Signifikantes Beispiel sind die USA, in denen ein revolutionärer Kampf der Farbigen auf breiter sozialer Basis eine relevante Perspektive darstellt. Zusätzliche Systemkrisen (etwa außenpolitischer oder ökonomischer Natur) verbessern einerseits die Erfolgsaussichten dieses Kampfes, andererseits aber die Wahrscheinlichkeit eines rechtsextremen oder faschistischen Gegenschlages.

c) Hochindustrialisierte kapitalistische Gesellschaften, in denen auf Grund der kapitalistischen Verwertungsbedingungen relevante gesellschaftliche Gruppen (und Randgruppen) eine Akkumulation sozialer Benachteiligungen erfahren. Verstärkt durch relativ privilegierte Gruppen, die für demokratische Innovationsprozesse innerhalb des organisierten Kapitalismus sensibilisiert sind, können diese Gruppen durch Protest gegen das bestehende Gesellschaftssystem und militante Kooperationsverweigerung eine politische und ökonomische Dauerkrise des Systems auslösen. Sofern eine politisch und sozial abgesicherte Demokratisierung des Systems fehlschlägt, ist die Gefahr einer rechtsextremen oder faschistischen Gegenbewegung gegeben.

Der Faschismus ist somit keine überwundene historische Phase in der Entwicklung bürgerlicher Gesellschaften, sondern ein Instrument politischer und sozialer Reaktion, Ausbeutung und Unterdrückung, das den gegenwärtigen kapitalistischen Systemen nach wie vor inhärent ist.

IV. Eike Hennig
Zum Verhältnis von Industrie und Faschismus in Deutschland (1973)

Vorbemerkung *(Dezember 1973)*

Die folgenden Anregungen für eine „materialistische Innovation" der Faschismusdiskussion sind programmatisch gedacht und verstehen sich dementsprechend nicht als Teil einer „fertigen" Theorie des deutschen Faschismus, sondern als ein Versuch zur Absteckung von Arbeitslinien, um endlich den Anspruch eines auch empirisch gesättigten theoretischen Aussage- und Abstraktionsniveaus einlösen zu können.[1] *Zu diesem Zweck wird hier auf eine Reihe von Rezensionsaufsätzen zurückgegriffen, die sich schwerpunktmäßig mit neueren Faschismusdarstellungen aus der DDR befassen. Bis auf Zwischenüberschriften, einige kürzere Einschübe und eine Reihe von Textverbindungen bzw. kleineren Änderungen im Text werden dabei die originalen Formulierungen verwendet, weil auf diese Art der Anforderung des Herausgebers nachgekommen wird, „Auszüge aus ... schon publizierten Untersuchungen" zusammenzustellen. – Der Anmerkungsapparat der ursprünglichen Aufsätze ist für diese Kompilation durch Streichungen und Auslassungen entscheidend gekürzt und daneben noch durch neue Zusätze verändert worden. Neu geschrieben worden ist der Abschnitt 4.*

Im einzelnen werden folgende Arbeiten herangezogen: „Industrie und Faschismus", Neue Politische Literatur (Europäische Verlagsanstalt), 15 (1970), H. 4, S. 432–449 (hier zit. S. 433 f., 439, 447–449), „Monopolgruppentheorie in der DDR diskutiert an ‚Großbanken, Industriemonopole, Staat' von Kurt Gossweiler", Leviathan (Bertelsmann Universitätsverlag), 1 (1973), H. 1, S. 135–151 (hier zit. S. 135–139, 143–146), „Materialien zur Diskussion der Monopolgruppentheorie", Neue Politische Literatur (F. Steiner Verlag), 18 (1973), H. 2, S. 170–193 (hier zit. S. 172–174, 185); berücksichtigt werden ferner die Seiten 100 bis 103, 107 f. und 125 bis 136 der „Thesen zur deutschen Sozial- und Wirtschaftsgeschichte 1933 bis 1938" (Frankfurt 1973 = edition suhrkamp 662). –

Der Stand „der" marxistischen Bemühungen zur Theorie des Faschismus wird geprägt durch das grundsätzliche Dilemma „der" marxistischen Sozialwissenschaften in Form eines Auseinanderfallens von philologischer Rekonstruktion der „Logik des ‚Kapitals' von Marx" und eines „linken Historismus bzw. Positivismus". Produkt dieser Kluft ist das Sprengen des dialektischen Bezuges zwischen Theorie und Empirie, zwischen Darstellung und Forschung bzw. zwischen Logik und Geschichte. Die „Theoretiker" vergessen, daß sie sich mit einem Erkenntnisinstrument beschäftigen, dessen Sinn die Darstellung historischer Wahrheiten der wirklichen Geschichte ist, und die „Empiriker" ergehen sich in Faktenhubereien, ohne die Vermitteltheit der Daten hinreichend zu reflektieren. Für die einen, die „Theoretiker" (sofern sie überhaupt noch einen Realitätsbezug haben und nicht das „Kapital" so studieren wie schlechteste Germanisten die „schöne Literatur"), sind Kategorien des Kapitalismus, „so wie er seinem Begriff entspricht" (Marx), der konstante Ausdruck eines im Wesen immergleichen Begriffs, dessen Besonderheiten der Erscheinung damit – weil es ja nur ums Wesen geht – übergangen werden können. Die anderen, die „Empiriker", verweisen generös auf die drei Bände des Marxschen „Kapitals", wenn es um „Analysen (der) Wirksamkeit relevanter allgemeiner Kausalitäten" geht, „die sich aus der kapitalistischen Eigentums- und Gesellschaftsstruktur ergeben"[2]. (Im Falle der Faschismusdiskussion erwächst dann noch ein spezifisches Frageverbot einem vorschnellen und „dogmatischen" Praxisbezug; denn: „Man darf die notwendige Entfaltung des Massenkampfes nicht ‚durch unfruchtbares Räsonieren über den Charakter des Faschismus ‚im allgemeinen'' ersetzen."[3])

Die grundlegende Schwäche der derzeitigen materialistisch-intendierten Faschismusdiskussion besteht darin, daß die beiden Ebenen Forschung und Darstellung auseinanderklaffen und nur durch verbale und orthodoxe Kraftakte bzw. Beschwörungen, nicht aber durch systematisch angesetzte Forschungsprozesse, die auch methodologisch ihre eigene Bedingtheit reflektieren, auf einander bezogen werden.[4] Man kann deshalb sagen, weniger das zudem noch viel zu allgemein formulierte Postulat: „der historische Prozeß [könne] nur mit der Methode marxistischer Wissenschaft adäquat erfaßt werden", als vielmehr dessen konkrete Einschränkungen sind für die Analyse des Faschismus von Bedeutung; denn: „1. ist nicht von vornherein ausgemacht, sondern Gegenstand der Diskussion, wie [die marxistische] Methode sich am konkreten Fall konkret darzustellen habe; 2. schützt die Anwendung dessen, was man jeweils für marxistische Methode hält, . . . keineswegs vor Irrtümern und Fehleinschätzungen – aus eben diesen beiden Gründen sind auch innerhalb marxistischer Wissenschaft Kontroversen notwendig, und 3. können auch nichtmarxistische Darstellungen wichtige Elemente von Wahrheit enthalten, die gegenüber den herrschenden Meinungen einen wirklichen Fortschritt bedeuten . . . "[5]

Aus diesen – sicherlich viel zu allgemein gehaltenen – Hinweisen auf die Malaise einer materialistisch-intendierten Faschismusanalyse[6] ergibt sich folgende Gliederung: Am Anfang dieser Betrachtungen zur Funktion des Faschismus in bezug auf die Erhaltung des kapitalistischen Eigentums an Produktionsmitteln stehen (1) methodische Hinweise und (2) ein Blick auf die Rolle „der" Arbeiterbewegung, um dann – nach der Darstellung von (3) Arbeitsperspektiven – (4) einige Anmerkungen zur Wirkungsweise des Faschismus an der Macht auszubreiten.

1. Faschismusanalyse und Probleme materialistischer Geschichtsdarstellung

Spätestens nach Kenntnisnahme der von Eberhard Czichon (im Anhang zu „Wer verhalf Hitler zur Macht?", 1967) sowie von Dietrich Eichholtz und Wolfgang Schumann in der Dokumentation „Anatomie des Krieges" (1969) veröffentlichten gut 300 Dokumente kann man wohl kaum mehr behaupten, die „Kapitäne der Wirtschaft" hätten „auf politische Entscheidungen nicht mehr Einfluß (gehabt) als ihre Hilfsarbeiter" (so E. Nolte, 1968, und inhaltsgleich noch 1970).

Wenn es auch immer noch keinen Interpretationsrahmen für die Darstellung der sozialen Funktion des Faschismus gibt, wenn vor allem die Gewichtungsproblematik der Dokumente, welche die Teilhabe und -nahme „der" Industrie am faschistischen Willensbildungs- und Entscheidungsprozeß aufzeigen, immer noch ungelöst ist, so ist es doch nicht mehr zulässig, den totalitarismustheoretischen Ansatz einer „Gleichschaltung" der Wirtschaft im Kontext einer „Diktatur in der Wirtschaft", einer „totalitären Zwangswirtschaft" zu behaupten. Die soziale Funktion des Faschismus ist an die Stabilisierung der ökonomischen Struktur eines mehr und mehr auf staatliche Interventionen angewiesenen „Kapitalismus" gebunden. Aufgabe künftiger Analysen wäre es, zu klären: a) welches die Vermittlungspraktiken und -prozesse sowie die Charakteristika und Spezifika derartiger Politik sind, b) ob überhaupt noch von Kapitalismus geredet werden kann, wenn ein politisches System – in diesem Fall überwiegend terroristisch und militaristisch – die gesellschaftliche Reproduktionsunfähigkeit und damit auch das Versagen jeglicher Marktmechanismen (die ursprünglich den Kapitalismus konstituierten) kompensieren muß, wenn die Funktion der privaten Verfügungsgewalt über Produktionsmittel der Tendenz nach auf die Maximierung von Profiten im Rahmen von – durch einen mehr und mehr verselbständigten Staat – minimierten Lohnkosten und rüstungspolitischen Initiativen beschränkt wird. Zu klären wäre ferner, in welchem Maße die aus der Analyse der liberalen Trennung von Staat und Gesellschaft datierenden Begriffs- und Kategorieninstrumente – und dazu zählt auch das Marxsche Instrumentarium – überhaupt noch taugliche Arbeits- und Ausdrucksmittel darstellen. (Um bewußten Fehlinterpretationen und Mißverständnissen vorzubeugen: dies versteht sich als die Frage, was denn nun eine „schöpferische Weiterentwicklung" des Marxismus ist, und warum, in welchen Bereichen und Ausmaßen und mit welchen Konsequenzen diese Weiterentwicklung angesichts der faschistischen Interventionen in die Reproduktion der Ökonomie notwendig wird.[7])

Diese Fragen nach dem Bezugsrahmen und der Relevanz des Erkenntnisinstrumentariums beziehen sich insbesondere a) auf die Problematik der Gewichtung von historischen Indikatoren kapitalistischer Entwicklungsphasen und b) auf die Betrachtung des Vermittlungsprozesses und der Funktionen der interventionistischen Institutionen nationalsozialistischer Kriegs- und Wirtschaftspolitik, also des faschistischen „Staates" und seiner „Überministerien" (A. Schweitzer). – Zu a): Die Gewichtung kapitalistischer Indikatoren (wie u. a.: Kapital, Konkurrenz, Krisenhaftigkeit, Profit, Mehrwert, Lohn, Ausbeutung, freie Arbeit, Markt) ist notwendig, um abschätzen zu können, was es für den Bestand und für die begriffliche Charakterisierung einer „kapitalistischen" Gesellschaftsordnung heißt, wenn „einige Grundeigenschaften" „des Kapitalismus" seit der Zeit des Imperialismus „in ihr Gegenteil" umschlagen (Lenin), bzw. wenn Lenin hervorhebt, die Produktion für den Krieg sei „schon kein ‚reiner' Kapitalismus" mehr, oder wenn über die „wachsende Rolle der Politik" generell festgestellt wird, weil die „wirtschaftliche Tätigkeit des Staates ... zu einem immanenten Faktor des Reproduktionsprozesses und damit zu einer im unmittelbaren Sinne ökonomischen Potenz" geworden sei, vollziehe sich „eine gewisse Veränderung der Wirkungsweise der ökonomischen Gesetze ..."[8], da der „Profitmechanismus" nicht mehr in der Lage sei, „die Stabilität des kapitalistischen Systems zu gewährleisten"[9]. – Zu b): Vor allem aber die Methoden der faschistischen Produktionslenkung und -beeinflussung – also: der „staatlich-politischen" Eingriffe in die Inhalte kapitalistischer Verfügungsrechte über die Produktionsmittel – sind unter den Aspekten von Vermittlung und Funktion zu betrachten, so daß es geboten scheint, ausführlicher einige Probleme der Methodologie Marx' und der Bezüge der DDR-Monopolgruppentheorie zur Marxschen Staatsanalyse zu umschreiben.

Wissenschaftstheoretisch betrachtet stellt sich die Monopolgruppentheorie im Rahmen der Theorien des staatsmonopolistischen Kapitalismus (Stamokap) die Aufgabe, eine allgemeine Theorie in Form einer spezifischen „Weiterentwicklung" des Marxismus mit den Besonderheiten konkret-historischer Empirie zu vermitteln. Wesentliche Aussage der allgemeinen Theorie ist dabei die Interpretation des Staates – nach Lenin eine der „verwickeltsten und schwierigsten Fragen". Der Staat wird vor dem Hintergrund des grundsätzlichen Antagonismus der kapitalistischen Gesellschaft, der Konkurrenz und der ungleichzeitigen Entwicklung der Kapitale sowie aus der ebenfalls grundsätzlichen Anarchie der Warenproduktion doppelt bestimmt: einmal erscheint er als Entscheidungsträger eines „illusionären Gesamtinteresses", das jenseits der konkreten Interessen der Kapitale vom „ideellen Gesamtkapitalisten" Staat formuliert und realisiert wird; zum anderen wird er als ein direkt und unmittelbar vom Kapital bestimmtes Medium sozialer *und* politischer Herrschaftsausübung, als Staat der „herrschenden Klasse", angesprochen. Beide Bestimmungen gehen gleichzeitig in den allgemeinen Begriff des Staates ein.

Diese kategoriale und abstrakt-allgemeine Aussage zur Form der Gewährleistung einer erweiterten Reproduktion des Gesamtsystems und damit auch der Perpetuierung kapitalistischer Herrschaft ist mit den empirischen Erscheinungen jeweiliger Konflikte von Kapital und Arbeit, die zunächst nicht auf gleicher analytischer Abstraktionsebene faßbar sind, zu vermitteln. Das heißt: Das Begriffsinstrument zur Darstellung und Kritik der Verfassung von Kapital und Arbeit unter bestimmten historischen, politischen, sozioökonomischen und sozialpsychologischen Umständen und Bedingungen wird dem Repertoire abstrahierender allgemeiner Theorie entnommen.

Die unterschiedlichen Abstraktionsebenen einer vorgegebenen allgemeinen Theorie mit ihrem Anspruch, empirische Realität zureichend erfaßt zu haben und weiterhin erfassen zu können, und einer momentanen empirischen multivariablen Situation mit ihren von der ausgearbeiteten Theorie her als konstant oder als variabel bezeichneten Beeinflussungsfaktoren werden gewöhnlich relativ problemlos zur Deckung gebracht, so daß vor allem die Möglichkeit einer „Falsifikation" der Theorie nicht gegeben ist. Theorie ist diesem Verständnis zufolge je schon durchgängig verifiziert; im grundsätzlichen Bereich ist Theoriebildung abgeschlossen, so daß nur noch fortgeschrieben wird, nur noch eindimensional verlängert werden muß. Prämisse für dieses Verständnis ist die Annahme, daß die allgemeine Theorie – deren Bogen von Marx über Lenin zur Stamokap-Theorie reicht – *konkret*-allgemein sei, daß sie also, im Gegensatz zu idealistischer Theoriesetzung, Produkt empirischer Vorarbeiten sei und daher als „Zusammenfassung vieler Bestimmungen" sowie als „Einheit des Mannigfaltigen" (K. Marx) existiere.

Dieses wissenschaftstheoretische und methodologische Problem der Vermittlung und Aussöhnung unterschiedlicher analytischer Abstraktionen stellt sich selbst der Stamokap- und der Monopolgruppentheorie bezüglich der Leninschen Imperialismustheorie (und, über diese Stufe hinweg, der Marxschen Analyse des Konkurrenzkapitalismus). Im Zusammenhang dieser Skizze ist aber vor allem zu bemerken, daß das Problem der „Versöhnung" von „Wesen" und „Erscheinung", von „Inhalt" und „Form" (bei „Formbestimmtheit"), von „Theorie" und „Empirie" sowie von „Allgemeinem" und „Besonderem" – um nur die gebräuchlichste Nomenklatur zur Etikettierung hinsichtlich der Diskrepanz von Abstrahierungsabstufungen anzuführen – schon die von Stamokap- und Monopolgruppentheorie als verbindlichen Ursprung herangezogene Marxsche Theorie selbst betrifft.

Marx stellt seine Arbeit unter den methodologischen Anspruch, die Darstellung vom Kopf auf die Füße zu stellen, mit der Darstellung (und Kritik) der Wirklichkeit die verselbständigte Philosophie über die Wirklichkeit aufzuheben. Gegenüber einer derartigen Philosophie wird von Marx und Engels 1845/46 in der „Deutschen Ideologie" angemerkt:

„An ihre Stelle kann höchstens eine Zusammenfassung der allgemeinsten Resultate treten, die sich aus der Betrachtung der historischen Entwicklung der Menschen abstrahieren lassen. Diese Abstraktionen haben für sich, getrennt von der wirklichen Geschichte, durchaus keinen Wert. Sie können nur dazu dienen, die Ordnung des geschichtlichen Materials zu erleichtern, die Reihenfolge seiner einzelnen

Schichten anzudeuten. Sie geben aber keineswegs, wie die Philosophie, ein Rezept oder Schema, wonach die geschichtlichen Epochen zurechtgestutzt werden können. Die Schwierigkeit beginnt im Gegenteil erst da, wo man sich an die Betrachtung und Ordnung des Materials, sei es einer vergangenen Epoche oder der Gegenwart, an die wirkliche Darstellung gibt" (MEW 3; 27).

Diese Aussage beschreibt nicht nur ein generelles Problem, vor allem weist sie auf Schwierigkeiten hin, denen Marx selbst ebenfalls gegenübersteht. Abstrakte Aussagen lassen sich ja als konkret-allgemeine, aus empirischen Analysen gewonnene Theorie nur formulieren, wenn Vorentscheidungen getroffen werden. (Solche Vorentscheidungen betreffen z. B. die Auswahl und Gewichtung von Einzelfällen, die Bewertung unterschiedlicher Positionen etc.) Soll aber von diesem Ansatz aus dennoch die negativ konstruierte Abstraktheit reiner Philosophie konkret aufgehoben werden, so müssen sich die Vorentscheidungen bzw. die theoretischen *statements* der möglicherweise korrigierenden oder modifizierenden „Einwirkung" empirischer Fakten stellen. Auch wenn Empirie nicht per se falsche Theoriebildung kritisiert, weil sie selbst theoriebedürftig ist und auch selbst nur als Abstraktion wahrgenommen werden kann, so kann doch ein solcher Prozeß permanenter „Kontrolle" von Theorie und Empirie, bei gleichzeitiger Kumulation seiner Ergebnisse, zu einer Optimierung von Transparenz und zu einer Minimierung nur gesetzter Vorentscheidungen führen.

Diesen skeptizistischen, lange Zeit ergebnislosen und esoterischen Wissenschafts- und Forschungsprozeß scheint Marx einerseits anzuvisieren, andererseits stehen praktische, praxisbezogene Erwägungen dagegen. Die Schwierigkeiten der Bildung einer konkret-abstrakten Theorie werden durch die Einbeziehung politischer Erwägungen nicht ausgetragen. So definiert Marx eine Reihe variabler Faktoren als Konstante in bezug auf die „Kerngestalt" des Kapitalismus, um mittels dieser Rigidität die zu analysierenden Dimensionen entscheidend zu verringern. Produkt dieser Verfahrensweise ist die Intention – nach der Abstraktion vom Weltmarkt, der Preisbewegung, dem Krisenzyklus etc. und also auch der „wirkliche[n] Bewegung der Konkurrenz" –, „nur die innere Organisation der kapitalistischen Produktionsweise, sozusagen in ihrem idealen Durchschnitt" (MEW 25; 839), in begrifflicher Fassung zur Sprache zu bringen.

Insofern für Marx „Erscheinungsform" und „Wesen der Dinge" nicht identisch sind (MEW 25; 825), begreift er seine „sehr ausführliche Arbeit" (MEW 25; 324) als wissenschaftliche – und politische – Notwendigkeit, um dadurch zur „inneren, wesentlichen, aber verhüllten Kerngestalt und dem ihr entsprechenden Begriff" vorzustoßen (MEW 25; 219). Die „Versöhnung" zwischen einer historischen Situation und der Begrifflichkeit des wissenschaftlichen Sozialismus stellt sich daher zunächst einmal zwanghaft als eine vom Begriff ausgehende Zurückdrängung empirischer Mannigfaltigkeit dar.

Diese politisch bedingte Unterbrechung des oben skizzierten Prozesses gegenseitiger „Kontrolle" von Theorie und Empirie bzw. von Empirie und Theorie soll auch durch politische Praxis positiv aufgehoben werden. Die „Versöhnung" realisiert sich endlich, wenn die Wirklichkeit auf ihren Begriff kommt, bzw. wenn sie als Folge politischer Praxis dementsprechende Fortschritte gemacht hat. Ohne solche theoretisch determinierte Praxis bleibt die „Versöhnung" von Begriff und Realität fiktiv und geht immer zu Lasten der Realanalyse: „... in der Theorie wird vorausgesetzt, daß die Gesetze der kapitalistischen Produktionsweise sich rein entwickeln. In der Wirklichkeit besteht immer nur Annäherung; aber diese Annäherung ist um so größer, je mehr die kapitalistische Produktionsweise entwickelt und je mehr ihre Verunreinigung und Verquickung mit Resten früherer ökonomischer Zustände beseitigt ist" (MEW 25; 184).

Diese Voraussetzungen betreffen die Erstellung allgemein theoretischer Gesetze, denen daher die Herkunft aus der „hegelianischen Choreographie" (M. Nicolaus) so sehr anhaftet, daß die Aussagen Marx' über die „Kerngestalt" und das „Wesen" des Kapitalismus gerade auch in Hinblick auf ihre eigene Methodik problematisiert werden müssen. – Diese Forderung nach kritischer Rekonstruktion wird noch dadurch bestärkt, daß Marx in seinen „tagespolitischen" Arbeiten, etwa dem „18. Brumaire", empirisches Material nicht direkt auf die abstrakt-allgemeinen Analysen bezieht.[10] Ohne daß dies besonders – und schon gar nicht in Form einer separaten methodologischen Arbeit – geäußert worden wäre, steht hinter dieser nur sehr vermittelten und indirekten Arbeitspraxis doch wohl die Annahme, daß die Forderung nach totaler Ableitung aller empirischer Fakten nicht realisierbar ist. Gerade „Der 18. Brumaire des Louis Bonaparte" als eine Analyse historischer Besonderheiten dokumentiert, „daß dieselbe ökonomische Basis – dieselbe den Hauptbedingungen nach – durch zahllos verschiedene empirische Umstände, Naturbedingungen, Racenverhältnisse, von außen wirkende geschichtliche Einflüsse usw., unendliche Variationen und Abstufungen in der Erscheinung zeigen kann, die nur durch Analysen dieser empirisch gegebenen Umstände zu begreifen sind" (MEW 25; 800).

Ohne darauf einzugehen, daß bereits „die" Arbeitsergebnisse Marx' als begrifflicher Bezugspunkt problematisch und gerade in methodologischer Hinsicht reflexionsbedürftig sind, stellen sich Stamokap- und Monopolgruppentheorie derselben Thematik: hinter den Mannigfaltigkeiten der Empirie Gesetzmäßigkeiten des Kapitalismus als bestimmend und wirkend nachzuweisen. Im Anschluß an Lenins Imperialismus- und Monopolkapitalismusanalyse, die „in allen Punkten als konsequente Weiterentwicklung des Marxismus" ausgegeben wird, gehen die Stamokap-Theorien davon aus, daß sich „der" Kapitalismus nach vollzogener ursprünglicher Akkumulation nicht mehr automatisch, aus sich selbst heraus und ohne grundsätzliche und permanente Verwendung außerökonomischer Gewalt dem Wertgesetz entsprechend marktförmig reproduziert.

(Es ist aber eine offene Frage, ob der Stamokap im 1. Weltkrieg oder zur Zeit des Faschismus an der Macht bzw. des New Deal oder des Interventionismus der Nachkriegszeit beginnt bzw. welcher Ausprägung und welchem Zeitraum ein theoretischer Modellwert zukommt.)

Die Stamokap-Theorien reagieren, wenn man so will, somit bereits in zweiter Instanz darauf, daß „der" Kapitalismus realiter seinem Begriff *nicht* entspricht. Letztlich beschreiben sie die „Verschmelzung" von Politik und Ökonomie oder von Staat und Wirtschaft, diese konsequente Beherrschung der öffentlichen Gewalt durch die privaten Gewalten positivistisch.

Die Möglichkeit, sich im organisierten und institutionalisierten Kontext „kommunistischer Parteilichkeit" über das Gebot einer marxistischen Reflexion, gar im Sinne einer Rekonstruktion auch der methodologischen Probleme Marx' erhaben hinwegsetzen zu können, eröffnet – mit und nach dem absichernden Verweis auf die von der „kommunistischen Bewegung" vereinnahmten Klassiker – eine „positivistische" Verfahrensweise.[11] („Positivistisch" soll hier heißen, daß ohne ausreichende methodologische Transparenz und im Gefolge lediglich hypostasierter Ableitungszusammenhänge das Gewicht des empirischen Arbeitsanteiles überwiegt.) Die „Versöhnung" von abstrakten und konkreten bzw. von allgemeinen und besonderen Aussagen, letztlich also auch von Theorie und Empirie, gelingt deshalb nur im Kontext der „Lebenshilfe" eines „organisierten und kodifizierten Marxismus".[12]

So wie sich die Stamokap-Theorien als der theoretisch und praktisch vermittelte Ausdruck der geänderten Realität des Kapitalismus begreifen, so stellt sich für die Beiträge zu einer Monopolgruppentheorie in diesem globalen Bezugsrahmen die konkrete Aufgabe, die zum „Verschmelzungsprozeß" führenden und gehörenden Vorgänge aus der Perspektive des Kapitals darzustellen. Mit Bezug auf die historischen Gegebenheiten des deutschen Kaiserreiches, des „Kriegskapitalismus" im 1. Weltkrieg, der Weimarer Republik und des deutschen Faschismus an der Macht geht die Monopolgruppentheorie davon aus, daß mit der Herausbildung und Organisation der Monopole zugleich deren Fraktionierung stattfindet. Als dauerhafte industrielle Hauptgruppierungen stehen sich die Schwerindustrie (Kohle–Eisen–Stahl) und die neuen Industrien (Chemie–Elektro) gegenüber, denen als spezifisch politische Einstellung „diktaturfreundliche" bzw. „formal-demokratische" Attitüden zuerkannt werden. Die Existenz widerstreitender Interessen der „Monopolbourgeoisie" beispielsweise hinsichtlich der Komplexe Schutzzoll – Freihandel (1875 ff.), Kriegsziele, Gegenrevolution – Arbeitsgemeinschaft (1918/19–1923), Faschismus (1932/33), Autarkie – Exportorientierung (1934 ff.), „Tiefen-" oder „Breitenrüstung" (1936 ff.) wird zumeist nur konstatiert und daraufhin beschrieben. Die bisherigen Forschungen über die Ursachen von Gruppeninteressen und Gruppenkampf sind noch dünn gesät gegenüber der wachsenden Literatur, in der die Existenz der Monopolgruppierungen als Faktum hingenommen und auf ihre ökonomischen und politischen Auswirkungen bzw. Erscheinungsformen hin untersucht wird.[13]

Die Monopolgruppentheorie verläßt nicht die Argumentationsebene der empirisch-historischen Sozialforschung; sie entbehrt des die materialistische Geschichtsdarstellung konstituierenden radikalen Moments, nach den Gründen von Inhalt *und* Form historischer Erscheinungen zu fragen. Vielmehr wird dieser Grund als Kapitalismus immer schon vorausgesetzt und dann deduziert. Dieser „positivistische" Ansatz ist die eine Seite der Nicht-Berücksichtigung der Anforderungen materialistischer Geschichtsdarstellung; die andere Seite stellt die alleinige bzw. schwerpunktmäßige Verwendung von Kategorien der Darstellung des Kapitals im allgemeinen bzw. die Identifizierung der kategorialen mit der historisch-konkreten Arbeitsweise dar.

Mit der Verabsolutierung des kategorial-darstellenden Arbeitsstranges wird der Anspruch materialistischer Geschichtsdarstellung nicht eingelöst. So verstandene empiriefeindliche – tendenziell sogar empirielose – kategoriale Interpretation von Geschichte versagt gegenüber der Darstellung von politischen und sozialen Prozessen, weil diese – worauf an Hand von Äußerungen von Marx und Engels noch einzugehen ist – *vollständig* in den polit-ökonomischen Kategorien der Darstellung der materiellen Lebensverhältnisse *nicht* aufgehen. Die von materialistischer Geschichtsdarstellung angestrebte „Versöhnung" von Empirie und Theorie, von Faktischem und Gedanklichem, impliziert daher „nur" den kontrollierten und bewußten Bezug zweier Abstraktionsebenen, die sich wechselseitig konkretisieren und vermitteln. Dagegen beinhaltet die Verwendung ökonomischer Kategorien im Sinne der so schon dargestellten Geschichte, empirische Tatbestände tauchen nur noch als einzuordnende Größen ohne einen potentiell auch theoriekritischen Gehalt auf.

Die Schwäche eines solchen Verfahrens, für das die gesamte Bandbreite des besonderen Kapitalismus und der besonderen Klassen (für sich) lediglich die Folie zur Benutzung abstrakt ökonomischer Kategorien bildet, läßt sich, um ein Beispiel zu geben, besonders eindringlich am Fall der Interpretation der Weltwirtschaftskrise (1929 ff.) veranschaulichen. So reicht es auf keinen Fall aus, diese Krise aus den Verwertungsproblemen des Kapitals, etwa aus dem Gesetz des tendenziellen Falles der Profitrate, „abzuleiten". Durch einen solchen rein kategorialen Arbeitsgang werden die entscheidenden spezifischen Erscheinungen und Formen der Krise nicht erfaßt, obwohl gerade diese Spezifika die konkreten Rahmenbedingungen für den konkreten politischen Kampf von Kapital und Arbeit abgeben. (Gerade diese Spezifika müßten von der Praxis der revolutionären Arbeiterbewegung systematisch berücksichtigt werden, womit auch erkenntlich wird, wie genuin materialistische Geschichtsdarstellung ein Bestandteil des wissenschaftlichen Sozialismus ist bzw. sein sollte.) Eine bloß kategoriale Einschätzung der Weltwirtschaftskrise versagt insbesondere bei der Erklärung, warum sich angesichts einer annähernd gleichen Tiefe der Krise die Angestellten in den USA und im Deutschen Reich relativ diametral politisch artikulieren, so daß sie einerseits einen Großteil der faschisierten Wähler und der Mitglieder der NSDAP ausmachen, während sich andererseits aus ihren Kreisen ein großer Teil der Wähler des „New Deal“-Präsidenten Roosevelt rekrutiert.[14] Um das Beispiel noch auszuweiten, materialistische Geschichtsdarstellung hätte auch zu fragen, ob das nicht-antifaschistische politische Verhalten der deutschen „herrschenden Klasse“ als Folgewirkung der von Engels an vielen Stellen beschriebenen politischen Feigheit und des nicht realisierten politischen Liberalismus auf seiten der deutschen Bourgeoisie zu begreifen wäre.

2. Die „Machtergreifung“ – Ein Indiz für das „Versagen“ „der“ Arbeiterbewegung

> „Man kann nicht vom Faschismus sprechen, ohne von der Arbeiterklasse zu sprechen, und man kann ebensowenig in der Periode zwischen den beiden Weltkriegen von der Arbeiterklasse sprechen, ohne die Politik der Komintern zu behandeln.“
> (Nicos Poulantzas, Faschismus und Diktatur, München 1973, S. 8 – vgl. S. 143 ff.)

> „Zu den wichtigsten Erfolgsbedingungen des Faschismus gehört seine Fehldeutung auch durch die revolutionäre Arbeiterbewegung.“
> (Gert Schäfer, Die Kommunistische Internationale und der Faschismus, Offenbach 1973, S. 6)

„Sowjetmarxistische“[15] Faschismusanalysen sind bemüht, durch Kompilation heterogener Quellen und vielfach sekundärer Informationen Hitler monokausal als Produkt industrieller Machtambitionen herauszustellen. Auch unterstreichen sie nachdrücklich die kapitalistische Verfassung der faschistischen Herrschaftsverhältnisse, denen gegenüber die „KPD allein“ – d. h. ohne SPD und ADGB – „nicht stark genug [gewesen ist], die demokratischen Rechte des Volkes . . . erfolgreich zu verteidigen“.[16] Damit aber zeigt sich, daß die monokausalen „sowjetmarxistischen“ Analysen die historische Rolle der KPD im Grunde rechtfertigen. Indem sie die politische Dimension direkt, ohne Einschaltung beispielsweise sozialpsychologischer Überlegungen (W. Reich), aus den sozialen Verfügungsverhältnissen glauben ableiten zu können und so die Bonapartismus-Problematik aussparen, gibt es für sie auch die Thematik des „Klassengleichgewichts“ nicht.[17] Das aber impliziert, daß letztlich die gesellschaftliche Situation seit 1919 nicht mehr in einem revolutionären Sinne „offen“ war. Die KPD führte lediglich einen heroischen, aber fehlerfreien Kampf, der durch die wissenschaftlichen Analysen jetzt noch a posteriori legitimiert wird. Kurz: der Verzicht auf die Analyse der These vom „Sozialfaschismus" bzw. die platte Propagierung einer Einheitsfront ohne Untersuchung des Verhaltens der Mittelschichten ebenso wie die Aussparung der „Bonapartismus/Klassengleichgewichts"-Thematik erweckt einen Ideologieverdacht gegenüber der „sowjetmarxistischen" Forschung. *Dadurch, daß man Faschismus primär als Produkt der Kapitalisten begreift, wird die KPD entlastet,* aus ihrer Verantwortlichkeit entlassen und erscheint als die stilisierte Retterin der „Ehre der deutschen Nation". Für diese Position gibt es keine ursächliche Teilhabe der in sich antagonistisch aufgespaltenen Arbeiterbewegung[18] am Aufkommen des Faschismus, während beispielsweise Sinowjew 1922 auf dem IV. Weltkongreß der Komintern (KI) und Clara Zetkin 1923 anläßlich einer Tagung des Exekutivkomitees der Komintern (EKKI) betont haben, „daß, bevor der Faschismus militärisch [siegt], er bereits politisch und ideologisch den Sieg über die Arbeiterbewegung errungen [hat]" (so C. Zetkin).[19] Ein derart selbstkritischer Ansatz wird, wenn auch nicht in dieser Deutlichkeit, erst nach der „Machtergreifung" über die Komintern wieder in die politisch allerdings schon vernichtend geschlagene KPD eingebracht.[20] (Noch im März 1933 vertritt Fritz Heckert für die KPD vor dem EKKI mit Nachdruck die Thesen des „Sozialfaschismus" und des schnellen Abwirtschaftens des Faschismus.)

Die Selbstkritik innerhalb der KI hat sich, nach der Konsolidierung des deutschen Faschismus an der Macht (1934), an der Niederlage der gesamten Arbeiterbewegung entzündet und führt dazu, daß – wenn auch unsystematisch und viel zuwenig zentral – kurzfristig eine kritische Aufarbeitung von Theorie und Praxis der Arbeiterbewegung betrieben worden ist. Etwas euphemistisch (weil er auf die Differenzen bezüglich des „Sozialfaschismus"-Theorems[21] und damit die Verschiebung des VII. Weltkongresses der KI nicht eingeht) betont Georgi Dimitroff 1935 in einem zusammenfassenden Beitrag zur Diskussion über sein Referat „Die Offensive des Faschismus und die Aufgaben der Kommunistischen Internationale im Kampf für die Einheit der Arbeiterklasse gegen den Faschismus": „The complete unanimity displayed at the Congress indicates that the necessity of revising our policy and tactics in accordance with the changed conditions and on the basis of the extremely abundant and instructive experience of the past few years, has come to be fully recognized in our ranks."[22] Auch wenn Dimitroff selbst wieder an die Faschismusdefinition der Thesen des XIII. EKKI-Plenums (Dezember 1933) anknüpft und somit im Faschismus „die offene terroristische Diktatur der reaktionärsten, am meisten chauvinistischen, am meisten imperialistischen Elemente des Finanzkapitals" sieht,[23] thematisiert er dennoch auch die Politik „der" Arbeiterbewegung[24] als Ursache des faschistischen Sieges. Daß der Faschismus siegen konnte, wird zwar vorrangig als „die Schuld der

Sozialdemokratie" bezeichnet, aber auch „an einer Reihe von Fehlern der kommunistischen Parteien" glaubt Dimitroff nicht vorbeigehen zu können. Diese Fehler sind eine unzulässige Unterschätzung der faschistischen Gefahr und ein mangelhaftes Eingehen auf das „verletzte Nationalgefühl und die Empörung der Massen gegen den Versailler Friedensvertrag", auf die „Schwankungen der Bauernschaft und des Kleinbürgertums" und gegenüber den „konkreten Bedürfnissen und dem Niveau der Massen"; Fehler sieht Dimitroff auch in der zu späten Abfassung und ungenügenden Popularisierung eines „Programm[s] der sozialen und nationalen Befreiung".

Diese Bemerkungen Dimitroffs sind außerordentlich unkonkret und bleiben auch zu peripher. Zudem wird die Aussage, die „deutsche Arbeiterklasse" hätte den nicht unvermeidlichen Sieg des Faschismus verhindern können bzw., konkreter formuliert, der Sieg des Faschismus sei ein Produkt der Verfassung „der" Arbeiterklasse, nicht als bestimmender Diskussionsansatz entfaltet. Die Kritik am Verhalten „der" Arbeiterklasse schlägt zu schnell in den Hinweis auf die „Schuld" der SPD um und setzt, ebenfalls zu undiskutiert, einen neuen Fetisch, den der „Einheitsfront der Arbeiterklasse gegen den Faschismus" frei. Dimitroffs Auftreten auf dem VII. Weltkongreß der KI liefert aber dennoch einen Ansatz, der weiterentwickelt werden könnte. Wilhelm Pieck weist deshalb auf der sog. „Brüsseler Konferenz", dem im Oktober 1935 in Moskau stattgefundenen 13. Parteitag der KPD, richtigerweise darauf hin, daß die Beschlüsse des VII. Weltkongresses der KI „nicht zuletzt auf den bitteren Erfahrungen [beruhen], die die deutsche Arbeiterklasse dadurch machen mußte, daß sie den Sieg des Hitlerfaschismus nicht zu verhindern vermochte".[25] Um diese selbstkritische Tendenz weiter zu veranschaulichen, zitiert Pieck zustimmend auch eine Äußerung Dimitroffs aus dessen abschließender Stellungnahme auf dem VII. Weltkongreß: „. . . Wir müssen den Hang zu ausgeheckten Schemen, leblosen Formeln, fertigen Schablonen, der oft auf unsere Genossen lähmend wirkt, aufs schonungsloseste ausrotten. Wir müssen mit einem Zustand Schluß machen, wo Kommunisten, denen es an Kenntnissen und an Fähigkeiten zu einer marxistisch-leninistischen Analyse fehlt, diese Analyse durch allgemeine Redensarten und allgemeine Losungen, wie ‚revolutionärer Ausweg aus der Krise' ersetzen . . ."[26] Konsequent aufgegriffen und durchgeführt würden diese kritischen Momente bedingen, zentral zu diskutieren, welche Gründe einer Konstituierung „der" Arbeiterklasse als historisches Subjekt, als Träger theoretisch reflektierter und allseitig praktizierter „Demokratisierung" im Wege gestanden haben. (Diejenige Partei, die sich als Avantgarde des Proletariats begreift, müßte sich dabei selbst wieder ins Zentrum derartiger Analyse stellen. Die analytische Perspektive würde dann nicht mehr dem personifizierten Kapital gelten, vielmehr würde die Arbeiterbewegung selbst ins Zentrum einer kritischen Darstellung des Faschismus rücken.)

Von ihrer politischen Vermitteltheit her läßt sich die Monopolgruppentheorie als ein Versuch begreifen, die selbstkritischen Tendenzen zurückzudrängen, die vor allem Mitte der 30er Jahre – auf dem VII. Weltkongreß der Kommunistischen Internationale und auf der sog. „Brüsseler Konferenz" der KPD (beide 1935) – aufgeklungen sind. Diese Selbstkritik hat sich darin geäußert, daß die erfolgreiche „Machtergreifung" und Konsolidierung des Faschismus als Versagen „der" Arbeiterbewegung insgesamt und nicht nur der „arbeiteraristokratischen", „rechten" Führer von SPD und ADGB andiskutiert worden sind. Zwar ist dieser selbstkritische Versuch, die Genese von Theorie und Praxis „der" Arbeiterbewegung aus dem Lichte ihrer Niederlage gegenüber dem Faschismus aufzuarbeiten, nicht durchgeführt worden; aber diese Intention ist doch bestimmend gewesen für die Wahl einer anderen, nicht mehr auf das „Sozialfaschismus"-Theorem eingeschworenen, antifaschistischen Taktik in Form der „Einheits-" und „Volksfront"-Konzeption (die ja gegen den gegenwärtigen Stamokap immer noch propagiert wird).

Die Monopolgruppentheorie folgt der Tendenz zur Verdrängung kommunistischer Selbstkritik. Ihr zufolge ist eine kritische Aufarbeitung von Theorie und Praxis „der" Arbeiterbewegung *nicht* notwendig, da sie von der grundsätzlichen Interessengemeinsamkeit der Fraktionen des Monopolkapitals als dem bislang bestimmenden historischen Subjekt ausgeht. Dadurch, daß der Aufhebungsprozeß der Weimarer Republik und der Faschisierungsvorgang primär als „kapitalistisches" Produkt ausgegeben werden, entscheidet sich die Monopolgruppentheorie für einen eindimensional auf Verhalten und Optionen „‚der' Monopolherren" beschränkten Kapitalismusbegriff, vor allem aber wird „die" Arbeiterbewegung – mit ihren „antagonistischen" Fraktionen SPD/ADGB und KI/KPD/RGO – aus ihrer konkret-historischen Verantwortung als potentiell revolutionär-demokratisches Subjekt entlassen.

Die These: Das „Scheitern" „der" Arbeiterbewegung ist zu einem wesentlichen – konkret aber noch zu bestimmenden – Teil „schuld" daran, daß dem politischen Bündnis von faschistischer Massenbewegung und „konservativ-revolutionären" Teilen der deutschen Bourgeoisie die „Machtergreifung" möglich geworden ist[27], muß gegenüber solchen Verdrängungstendenzen – aber auch gegenüber vorschnell „volksfront-affirmativen" Nutzanwendungen[28] – zentral wieder in die Analyse des Faschismus einbezogen werden. Nicht zuletzt um auch die Diskussion über „anti-reaktionäre" Strategien und Taktiken in der Gegenwart zu befruchten, *muß* eine solche Dimension dabei überhaupt erst einmal in die Arbeitsperspektiven einer Theorie des Faschismus eingegliedert werden (N. Poulantzas, G. Schäfer).

Macht unsre Bücher billiger! . . .

3. Einige Arbeitsperspektiven zur Darstellung des Verhältnisses von Industrie und Faschismus

Die hier vorgestellten Arbeitsperspektiven umfassen vornehmlich einen beschränkten Aspekt des Gesamtbereichs der Faschismusanalyse. Es muß aber betont werden, daß solche Arbeitsperspektiven, die in Hinsicht auf theoretische Aussagen über „den" Faschismus aufgestellt werden, mehr Dimensionen berücksichtigen müssen als das Verhältnis von Industrie und Nationalsozialismus. Ohne den methodischen Ansatz und die inhaltlichen Aussagen als beispielhaft hinstellen zu wollen, können in dieser Beziehung die Bemühungen Arthur Schweitzers als „vorbildlich" gelten; denn dessen Arbeiten berücksichtigen relativ gleichwertig die Rolle der Mittelschichten, der Großindustrie und der Arbeiterklasse in bezug zur faschistischen Herrschaftsordnung.[29]

Für den eingeschränkten Bereich des Verhältnisses von Industrie und Faschismus ist es notwendig, eine empirische und theoretische Analyse bzw. Neubetrachtung der Bonapartismus-Thematik, der Projektionen der Marxschen Bonapartismus-Analysen durch A. Thalheimer (aber auch durch L. Trotzki, O. Bauer u. a. m.) vorzunehmen.[30] Die damit postulierte *gleichzeitige* Betrachtung wirtschaftlicher Wachstumsprozesse bzw. Wachstumsstörungen und spezifischer Erscheinungsformen von Macht und Herrschaft verspricht die Forderung materialistischer Historiographie zu erfüllen, indem sie die „kapitalistische Gesellschaft" nie voluntaristisch auf die Handlungen der „Kapitalisten" verkürzt. Auffällig ist übrigens, daß der bonapartistische Problemkreis des Faschismus oder auch die Thematik des „politischen Kapitalismus" M. Webers für die „sowjetmarxistischen" Arbeiten gar nicht existiert. Er wird noch nicht einmal kritisiert, sondern bleibt einfach unerwähnt. Daß Thalheimer und Trotzki Beiträge zur Analyse des Faschismus geliefert haben, scheint vergessen zu sein. Eine Fragestellung wie die, ob „die Privatbourgeois nur fortfahren können, die anderen Klassen zu exploitieren und sich ungetrübt des Eigentums, der Familie, der Religion und der Ordnung zu erfreuen, unter der Bedingung, daß ihre Klasse neben den anderen Klassen zu gleicher politischer Nichtigkeit verdammt werde . . ." (Marx) – solch eine Fragestellung bleibt Anathema (obgleich sie auch für die Analyse des „Wohlfahrtsstaats" relevant ist).

Überhaupt differenzieren die „sowjetmarxistischen" Beiträge viel zuwenig zwischen der politischen und der sozialen Dimension des Faschismus. So analysieren sie auch nicht, ob und inwieweit sich Kapitalismus und Faschismus darin treffen, daß die faschistische Bewegung es politisch ermöglicht, das – z. B. im „Gesetz zur Ordnung der nationalen Arbeit" (RGBl. 1934 I, S. 45) angesprochene – soziale Führerprinzip zugunsten des Kapitals zu stabilisieren. Gerade das aber, nämlich die terroristische Herstellung eines sozialen Konsensus, begründet die Unersetzlichkeit und damit auch eine Machtposition des Faschismus gegenüber dem Kapital. Auf strukturelle Eingriffe in die Wirtschaftsordnung wird verzichtet, weil der Faschismus eine durch keinerlei Friktionen gestörte maximale Rüstungsproduktion anstrebt und sich somit die kapitalistischen Produktionsverhältnisse unverändert eingliedert. Auch erweisen sich derartige Eingriffe als unnötig: a) Aufrüstung als Zielvorstellung wird von weiten Teilen „der" Industrie akzeptiert und ist teilweise von der Schwerindustrie schon seit Beginn der Weimarer Republik anvisiert worden; b) vor allem aber verhält sich „die" sozial befriedigte, im Sozialbereich wieder direkt herrschende Industrie politisch diszipliniert. Dies dürfte dadurch begünstigt worden sein, daß durch die Zwangskartellisierung die ökonomische Konzentration auch ihren organisatorischen Ausdruck gefunden hat. Die Unternehmerverbände wurden so von der Großindustrie beherrscht, und die mittelständischen Kleinbetriebe – denen der Faschismus alles versprochen hatte – besaßen keinen Einfluß mehr auf Kommunikation und Präsentation. Ferner wird im Rahmen der rüstungswirtschaftlichen Produktion für den Staat (und nicht mehr für den Binnen- und Weltmarkt) die Position der Großindustrie (besonders derjenigen, die im Zentrum der Rüstungsproduktion für den „Blitzkrieg" steht) neben ihren politischen Verflechtungen – man denke etwa an die hauptsächlich aus Mitarbeitern der IG-Farben rekrutierte Vierjahresplanbürokratie und an Speer – und ihrem innerverbandlichen Status in bezug auf die Klein- und Mittelindustrie auch bezüglich ihrer ökonomischen Situation verbessert, was man an der erhöhten Selbstfinanzierungsquote, an Extraprofiten und an der Einflußnahme auf die Preisbestimmung zeigen kann. – Im Rahmen der eingangs skizzierten bonapartismustheoretischen Arbeitsperspektive ist nun zu analysieren, ob (bzw. inwieweit) diese überwiegend „sozialen Positionsverbesserungen" gleichzeitig eine Hintanstellung direktpolitischer *und* langfristiger Interessen anzeigen.

Ein Blick auf die Entwicklungslinie und damit auf das gestiegene Problembewußtsein der Faschismusdiskussion in der DDR kann helfen, diese Arbeitsperspektive weiter auszuformulieren und zu vertiefen: Nachdem in der DDR seit Anfang der 60er Jahre eine neue Stufe der Faschismusforschung erreicht worden ist, nachdem an Stelle der Politikermemoiren, der Dokumentationen über KZs und einzelne Widerstandsgruppen und der Firmenmonographien herrschafts- und interessensoziologische Makroanalysen treten, für die auch die „positivistische" Absicherung beispielsweise der Faschismusdefinition Dimitroffs ein Arbeitsauftrag ist[31] –: seit dieser Wandlung wird es nicht leichter, die „Versöhnung" von offiziöser Theorie und Empirie zu realisieren. Gossweilers Referat „Über Wesen und Funktion des Faschismus"[32] liefert dafür – neben dem beispielhaften Forschungsprogramm von Dietrich Eichholtz: „Probleme einer Wirtschaftsgeschichte des Faschismus in Deutschland" – ausreichende Belege. So muß Gossweiler immer wieder feststellen, daß die von der offiziösen Faschismuseinschätzung bezogene Position und die dort verwendeten Begriffe nicht bruchlos auf die Empirie bezogen werden können. Die empirisch aufgearbeiteten Widersprüchlichkeiten des Faschismus an der Macht lassen sich nur mehr zwanghaft theoretischer Eindeutigkeit subsumieren. So stellt Gossweiler fest, daß der politische Bereich im Faschismus eine relative Selbständigkeit aufweise, daß sich aber letztlich dennoch „immer wieder die Interessen der Monopole auf der Grundlage des bestimmenden Gesamtinteresses der Monopolbourgeoisie"[33] durchsetzen würden.

Eine ähnliche Zwanghaftigkeit kennzeichnet auch Gossweilers explizit-monopolgruppentheoretische Arbeit „Großbanken, Industriemonopole, Staat". Hier spricht Gossweiler – im Gegensatz zu Jürgen Kuczynski – mit Bezug auf die Monopolgruppen von einer „herrschenden Klasse". Das ist konsequenter Ausdruck dafür, daß er glaubt, die Schranken und qualitativen Differenzen zwischen den Gruppen in einer nunmehr quantitativen Frage aufheben zu können.[34] Gossweiler bezieht auch in diesem Punkt gegenüber Jürgen Kuczynski eine kritische Position.

Ohne die Argumentation zu entfalten, nähert sich Kuczynski einer Diskussion der Identitäts-Problematik[35], wenn er es als „notwendig" erachtet, „heute nicht mehr von einer herrschenden Klasse, sondern von einer herrschenden Gruppe, eben von der Herrschaft des Monopolkapitals, das keine Klasse darstellt, zu sprechen"[36]. Leitet man von dieser Aussage die Aufgabenstellung einer Monopolgruppen*theorie* ab, so ließe sich anmerken: *Theoretisch* zu entfalten ist der Fragenkomplex der Identität „des Kapitalismus", der „herrschenden Klasse" und der Kapitalfraktionen; im Zentrum dieser Diskussion steht die These, daß die Faschismusdefinition des XIII. EKKI-Plenums (1933), propagiert durch Dimitroff auf dem VII. Weltkongreß der Komintern (1935), bereits eine Nicht-Identität bezeichnet („Offener Terror, Chauvinismus, Imperialismus in dieser Form sind das genaue Gegenteil des von Karl Marx analysierten Kapitalismus, ‚wie er seinem Begriff entspricht'"[37]). – *Soziologisch-empirisch* intendiert die Monopolgruppentheorie, nachdem das Bürgertum insgesamt nicht mehr als „herrschende Klasse" definiert werden kann, die Bestimmung der „herrschenden Gruppe" und der „herrschenden" Fraktion eben dieser in sich nicht-identischen herrschenden Gruppe.

Empirie und Theorie kreisen damit um den Problemkomplex: *Was heißt kapitalistische „Formbestimmtheit" in bezug auf die Verfassung von Politik, Staatlichkeit und außerökonomischer Gewalt überhaupt?* Gerade die von der Monopolgruppentheorie und der Stamokap-Analyse zuerst konstatierte „Verschmelzung" etwa von Faschismus an der Macht und IG-Farben-Planungsbürokratie wirft die Fragen auf, ob nicht dadurch, institutionalisiert als Arbeitsteilung politischer Macht und ökonomischer Herrschaft, das kapitalistische Interesse nach gesamtgesellschaftlicher erweiterter Reproduktion zugunsten kurzfristiger Profitinteressen verdrängt worden ist, ob nicht „der verschwiegene Kern der Klassenherrschaft", nämlich außerökonomische politische Gewalt, die „kapitalistische Form" eines marktmäßigen, vertraglich gefaßten Äquivalenzaustauschs, einer faktischen Freiheit des Kapitals *und* einer justizförmigen Freiheit der Arbeit aufhebt.

So gesehen erscheint die Monopolgruppentheorie als ein empirisches und theoretisches Instrument, um den Themenkreis eines „politischen Kapitalismus“ mit „Maßnahmestaatlichkeit“, also: eines „totalitären Monopolkapitalismus“ (F. Neumann), anzudiskutieren. Die von diesem Instrument transparent gemachten Konflikte von Kapitalfraktionen wären vor allem interessensoziologisch daraufhin zu betrachten, ob das über die „Verschmelzung“ mit der politischen Bürokratie dominant gewordene Gruppeninteresse die Dimensionen berechenbarer gesellschaftlicher Reproduktion einschließt. Gesellschaftliche Reproduktion scheint dabei eine Dimension zu sein, die in der Weimarer Republik wesentlich durch das „Zusammenwirken“ der Chemie-Elektro-Gruppe mit dem sozialdemokratischen und gewerkschaftlichen Teil „der“ Arbeiterbewegung realisiert worden ist. Nachdem aber „die“ *gesamte* Arbeiterbewegung durch die terroristische Politik der faschistischen Bewegung zerschlagen worden ist (woraus sich, egal in welchem Ausmaß die NSDAP nun finanziell ausgehalten worden ist, Macht und eine lediglich durch rüstungspolitische Erwägungen gebremste Autonomie des Faschismus gegenüber seinen konservativen Bündnispartnern „ableitet“), entfällt der Zwang, die Reproduktion des Systems als Kompromiß zu organisieren. In dieser Situation kommen die kurzfristigen Interessen aller Gruppierungen zu sich, um sich in Form einer Arbeitsteilung mit dem politisch-terroristischen Apparat zu arrangieren. Ausdrucksformen dieser Kooperation sind dabei politische Autonomie und Monopolprofite.

4. Hypothesen zur Realdefinition des Verhältnisses von Industrie und Faschismus

Die im Umkreis bonapartismustheoretischer Überlegungen zum Auseinandertreten von politischer und sozialer Macht in einer vom Besitztitel über die Produktionsmittel her immer noch als kapitalistisch zu bezeichnenden Gesellschaftsordnung und in Anlehnung an Arbeiten Tim Masons[38] formulierten Arbeitsperspektiven münden ein in eine Betrachtung der Identitätsproblematik – d. h.: es ist zu untersuchen, ob die gesamtgesellschaftliche Verfassung des Faschismus an der Macht noch diejenige einer kapitalistischen Totalität darstellt, bzw. wie der Kapitalismusbegriff zu modifizieren ist, um auch die faschistische Produktion für den Staat mit ihrer folglich politischen Lenkung der Produktion von politisch definierten Gebrauchswerten[39] zu umfassen. Die damit bezeichnete Arbeitsperspektive bezweckt die historische Gewichtung und Definition einer Reihe von Indikatoren, die vorhanden sein müssen, wenn man von einem Gesellschaftssystem als „kapitalistisch“ reden will. Damit wird die Frage gestellt, inwieweit auch der Faschismus noch in der Identität „der“ kapitalistischen Entwicklung steht.

Es ist zu fragen, ob nicht die faschistischen Eingriffe in die „Freiheit der Arbeit" (im Sinne der Mobilität auf dem Arbeitsmarkt) und in die Verfügungsrechte des Kapitals (besonders im Sinne von Investitions- und Produktionslenkungen) an zentralen Punkten konstitutive Momente kapitalistischer Ordnung aufheben. Ferner ist diese Frage dahingehend zu vertiefen, ob nicht diese nicht-sozialistische Aufhebung kapitalistischer Strukturen gerade eine notwendige Folge der Klassenkämpfe und Krisenhaftigkeit *besonderer* kapitalistischer Gesellschaftssysteme mit *spezifischen* historischen Traditionsmustern darstellt. Insgesamt gesehen stellt daher diese Identitätsproblematik grundsätzlich die Eindeutigkeit der sog. Dimitroff-Definition und auch des Ausspruchs, Kapitalismus führe zum Faschismus, zur Diskussion, da die strikte Annahme einer entweder kapitalistischen oder sozialistischen Entwicklung zurückgewiesen wird. (Bereits Rosa Luxemburg hat ja 1918 den polnischen Nationalismus als eine Entwicklung interpretiert, die sich „gegen die modernen Erscheinungen des Lebens" richtet: „sowohl gegen den bürgerlichen Liberalismus wie gegen seinen Antipoden, die sozialistische Arbeiterbewegung."[40])

Im engeren Sinne impliziert die Behandlung dieser Identitätsproblematik und der bonapartismustheoretischen Arbeitsperspektiven die Behandlung des Verhältnisses von Politik und Ökonomie oder, konkreter, der Bezüge zwischen Staat und Kapital – sowie Klassenbewegung zur Zeit des Faschismus an der Macht (wobei diese Analyse historisch auch auf die Weimarer Republik, die Präsidialkabinette und auf das Kaiserreich auszuweiten wäre). Die Analyse dieses Verhältnisses ist aus der Perspektive der Hypothese einer arbeitsteiligen Beziehung zwischen Industrie und Faschismus anzugehen, womit die falsche Dichotomie eines „Primats der Politik" oder eines „Primats der Industrie" aufgehoben werden kann. (Als falsch wird dieser mechanische Dualismus deshalb bezeichnet, weil er die Dialektik von Politik und Ökonomie und damit die Totalität des Kapitalismus, eines – vor allem im Falle Deutschlands – immer schon staatlich-politisch regulierten Kapitalismus nicht berücksichtigt.) Als der für den Faschismus charakteristische Inhalt der funktional begriffenen Arbeitsteilung geht in diese Hypothese die strukturelle Bevorzugung der großen Industrie – parallel zu deren rüstungspolitischem Gewicht – und die Produktion von absolutem Mehrwert ein. Letztlich charakterisiert damit die mittels intensivierter Ausbeutung, außerökonomischer Gewalt, durch Arbeitszeitverlängerung und ohne Rücksicht sogar auf die Reproduktion der Arbeitskraft[41] betriebene Produktion von absolutem Mehrwert Inhalt und Funktion der faschistischen Form der Arbeitsteilung von Politik und Ökonomie.

Mit dieser Charakterisierung werden zugleich die zu vagen Äußerungen Tim Masons zum „Verhältnis zwischen Staat und Monopolen" als „eine[r] Allianz, worin sich die eigentlichen Vertragsbedingungen fortlaufend [verschieben]"[42], präzisiert; vor allem auch wird die Produktion von absolutem Mehrwert als der konstante Kern dieser variablen, sich laufend verschiebenden Vertragsbedingungen angesehen. Masons Begriff einer Arbeitsteilung verbleibt dagegen nämlich – in Anlehnung an die soziologische Betrachtung verschiedener Machtblöcke (NSDAP, Großindustrie, Wehrmacht) durch Arthur Schweitzer – ganz im politischen Bereich und kennzeichnet lediglich das Verhältnis der jeweiligen „bargaining power" dieser „powerholders", ohne aber den politökonomischen Ursprung dieser Arbeitsteilung anzusprechen. So führt Mason aus: „1933–1936 wurde den besitzenden Klassen die Wirtschaftspolitik, zum Teil auch die Sozialpolitik überlassen, aber außerhalb dieser Bereiche haben sie keine unmittelbar politische Rolle gespielt. Diese Arbeitsteilung und die Zustimmung der Wirtschaft zu den aggressiven außenpolitischen Schritten der Jahre 1933–1936 beruhte auf der Basis einer Imperialismus-Konzeption, die Partei und Industrie gemeinsam zu teilen glaubten." – „Diese ziemlich reibungslose Arbeitsteilung kam auf Kosten der NS-Gefolgschaft – insbes. des Handwerks und der radikal-populistischen Kreise der Betriebszellenorganisation und der SA – zustande; eine imperialistische Außenpolitik konnte sich nur auf eine moderne Großindustrie stützen"[43] (womit sich Mason übrigens stark an Schoenbaums These einer den Faschismus ausmachenden „doppelten Revolution" der antibürgerlichen Zwecke und der industriell-kapitalistischen Mittel annähert).

Die Annahme einer Arbeitsteilung überwindet die Dichotomie der mechanisch-undialektischen Gegenüberstellung eines „Primats der Politik" und eines „Primats der Industrie", indem damit darauf hingewiesen wird, daß die Stellung der Industrie (Kapazitätsauslastung, Extraprofite etc.) nicht ohne die politische Tätigkeit der NSDAP (Terror gegen die Arbeiterbewegung, Aufrüstung, Autarkie- und „Lebensraum"konzepte), daß andererseits aber auch die politische Machtposition des Faschismus nicht ohne das Bündnis vor allem mit Anhängern der „konservativen Revolution" und der Schwerindustrie zu verstehen ist. Vor allem berücksichtigt diese Hypothese die „relative Autonomie"[44] des Staates, indem politische Machtausübung immer schon als eine indirekte, aber vom aktuellen Stand der Klassenkonflikte und der Verwertungsbedingungen des Kapitals vermittelte und auf die Situation (Kapazitätsausnutzung, Gewinnträchtigkeit, politische Sicherheit) der Industrie zurückwirkende Ausübung von Macht begriffen wird.[45]

Die direkte Ausübung politischer Macht durch die Kapitalistenklasse (als Klasse) setzt durchgängig – wie zu Zeiten der Patrizier in den mittelalterlichen Städten – die Vereinheitlichung und Zusammenfassung der Interessen, Optionen und Konzepte dieser ganzen Klasse voraus (was bekanntlich selbst den städtischen Patriziern kaum gelungen ist). Das impliziert aber auch die Aufhebung der „‚Besonderung' des Staates in der bürgerlichen Gesellschaft" (E. Altvater), da politische und rechtsförmige Institutionen nicht mehr notwendig sind, die gleichzeitig und in einem Unterdrückung und (sozialpolitische sowie partizipatorische) Integration des Proletariats sowie die politische Vereinheitlichung der Kapitalisten und Kapitalinteressen realisieren. Übt die Kapitalistenklasse direkt politische Macht aus, so setzt das die Aufhebung von Institutionen zur innerkapitalistischen Kompromißbildung bzw. zur verbindlichen („souveränen") Definition ebensolcher das Kapital politisch integrierender Verkehrsformen voraus (dies eine Vorstellung, die wohl die Fehler des apokalyptischen Schlußkapitels von Hilferdings „Finanzkapital" vermittelt haben dürfte). Die aus der Konkurrenz der Einzelkapitale und/oder der Monopolgruppen resultierende Unmöglichkeit einer solchen Vereinheitlichung[46] begründet aber gerade „den Staat" als „Besonderung", dem notwendig – um seiner Aufgabenstellung als Institution auch zur Erzielung und Realisierung innerkapitalistischer Kompromisse („ideeller Gesamtkapitalist") gerecht werden zu können – eine funktional zu begreifende „relative Autonomie" gegenüber den kurzfristigen Einzelinteressen einzelner Kapitale bzw. einzelner Monopolgruppen zukommt. Der Staat steht so für die politische Notwendigkeit, die auf Reproduktion des Systems bedachten Reste und Anklänge von Rationalität inmitten der kapitalistischen Irrationalität der Produktion und Ressourcenausnutzung zu finden bzw. dezisionistisch zu definieren und dann souverän zu realisieren.

Wenn man von einem solchen allgemeinen Begriff des Verhältnisses von staatlicher Politik und Ökonomie im Kapitalismus ausgeht, so kann auch der Nationalsozialismus nicht mehr aus der Perspektive entweder eines „Primats der Politik" oder eines „Primats der Industrie" analysiert und begriffen werden. Dann muß vielmehr das für den Übergang zum offenen und institutionalisierten Faschismus zentrale theoretische (und auch strategisch-praktische) Problem des „Formwechsels im Bereich der Politik" (B. Blanke) an zu gewichtenden Fallbeispielen von Manifestationen der qualitativen Ausweitung der Staatsfunktion untersucht werden. Vor allem also muß untersucht werden, wie die faschistische Exekutivgewalt in den Bereichen des Arbeitsmarktes – der als Mobilität verstandenen „Freiheit" der Arbeit, sich dort zu verkaufen, wo zu minimalen Anforderungen maximale Löhne gezahlt werden – und der Verfügungs- sowie Direktionsgewalt einzelner Kapitalisten interveniert worden ist. Sodann muß die Qualität derartiger Interventionen aus der Perspektive des Standes der Klassenkämpfe, der Entwicklung der Produktivkräfte und, zusammenfassend, vor der aktuellen Tiefe der politischen und ökonomischen Krise eines konkreten kapitalistischen Systems historisch eingeschätzt und gewichtet werden, um so ihr inhaltliches Charakteristikum in Form einer politisch ermöglichten Produktion von absolutem Mehrwert herauszuarbeiten. (Die zuletzt angeführten Arbeitsvorgänge eröffnen vor allem auch Perspektiven einer vergleichenden Analyse faschistischer Systeme bzw. faschistoider gesellschaftlicher Entwicklungsprozesse.)

Die angedeutete Überwindung der undialektischen, dichotomischen und puristischen („idealtypischen") Gegenüberstellung eines „Primats der Politik" und eines „Primats der Industrie" wird in einem Konzept der Arbeitsteilung von Politik und Wirtschaft gesehen. Ansatzpunkt dieses Begriffes von Arbeitsteilung ist die Bestimmung des Staates als eines im obigen Sinne zu begreifenden „Protektionssystems"[47], das gleichzeitig ein Interventionssystem darstellt, weil nur so der Staat als das politische Pendant der ökonomischen Arbeitsteilung und der Konkurrenz der Kapitale und Kapitalgruppen zu begreifen ist. Zur internen Struktur dieser Arbeitsteilung und der Konkurrenz gehört es dabei, daß sie auf die integrierenden Leistungen der „Arbeit der Oberaufsicht" und des allgemein-kapitalistischen Interesses (welches real nur als Tendenz existiert) angelegt sind, daß also das Konfliktpotential selbst schon die integrierenden und pazifizierenden Leistungen des staatlich-politischen und außerökonomischen „Protektionssystems" implizieren.[48] In der Konkurrenz der Einzelkapitale und Monopolgruppen ist so schon die politische Souveränität des Staates eingeschlossen, wenn anders nicht die Anarchie der Produktion das kapitalistische System reproduktionsunfähig erstehen lassen will. – Allerdings: die *Formen* und inhaltlichen Lösungsversuche, in denen sich diese Dialektik von Interessenkonflikt und -vereinheitlichung realisiert, unterliegen, analog zur Entwicklung kapitalistischer Produktionsverhältnisse und vermittelt durch historische Besonderheiten, einem Wechsel und einer Entwicklung. (Diesen Wechsel und diese Entwicklung kennzeichnet Lenin schematisch, wenn er der Konkurrenz die Freiheit, den Liberalismus, und dem Monopol die Reaktion zuspricht.)

Der Staat als „eine scheinbar über der Gesellschaft stehende Macht", „die den Konflikt dämpfen, innerhalb der Schranken der ‚Ordnung' halten soll"[49], kann analog zum kapitalistischen arbeitsteiligen Produktionsprozeß begriffen werden, so wie er in letzter Konsequenz mit seiner zweifachen Funktion als aus der Arbeitsteilung und der Konkurrenz vermittelt zu begreifen ist. Der Staat ist ein „Protektionssystem"; er stellt die letztinstanzliche Aufsicht über einer kapitalistisch organisierten Gesellschaft dar. Denn auch auf den Staat bezogen kann ausgeführt werden: „Die Arbeit der Oberaufsicht und Leitung entspringt notwendig überall, wo der unmittelbare Produktionsprozeß die Gestalt eines gesellschaftlich kombinierten Prozesses hat und nicht als vereinzelte Arbeit der selbständigen Produzenten auftritt."[50]

Diese Oberaufsicht erfüllt nun zwei Funktionen: sie ist zum einen systemnotwendiger technisch-organisatorischer Zwang, insofern jede komplex-arbeitsteilige Produktionsweise den „Zusammenhang und die Einheit des Prozesses in einem kommandierenden Willen"[51] hervorbringt – zum anderen ist die Arbeit der Oberaufsicht ökonomische Herrschaft bzw. auf der Ebene des Staates politische Macht, denn „andrerseits . . . entspringt [sie] notwendig in allen Produktionsweisen, die auf dem Gegensatz zwischen dem Arbeiter als dem unmittelbaren Produzenten und dem Eigentümer der Produktionsmittel beruhn. Je größer dieser Gegensatz, desto größer die Rolle, die diese Arbeit der Oberaufsicht spielt."[52] Den Staat als Oberaufsicht zu begreifen, ermöglicht es somit, den Bezug des Staates sowohl als „Herrschaftsverband" als auch als „illusorisches ‚Allgemein'-Interesse" zum kapitalistischen Produktionsprozeß und den Produktionsverhältnissen herzustellen.

Der Faschismus läßt sich nun als eine Form der Arbeitsteilung von Politik und Wirtschaft begreifen, die aus gleichermaßen politischen wie ökonomischen Gründen die Funktion des „Herrschaftsverbandes", der innen- wie außenpolitischen Gewaltanwendung in den Vordergrund rückt. Diese Gründe liegen in der Produktion von absolutem Mehrwert eingeschlossen. (Das Erklärungsmuster des „Dual State" deutet aber an, daß die Komponente des „allgemeinen Interesses" nicht vollständig aufgegeben wird, wenngleich den Faschismus an der Macht auch die Konfliktebene zwischen kapitalistischer Berechenbarkeitsforderung und faschistischer Irrationalität auszeichnet.)

Ohne die industriell-kapitalistische Herrschaft und die besonderen, kurzfristig am Profitmotiv orientierten Interessen zu tangieren, werden die soziale Herrschaft des Kapitals und diese Interessen (unter Aufhebung ihrer Marktförmigkeit) eingebaut in ein System faschistischer, politischer Macht, die durch Terror das Bild der Gesamtrepräsentation hypostasiert. Bei Fortbestand der kapitalistischen Herrschaft vollzieht sich so jener „Formwechsel im Bereich der Politik", der auf der Basis eines Verzichts auf die langfristig-kalkulierte und gesicherte Reproduktion eines kapitalistischen Systems eine Arbeitsteilung von faschistischem Terror, faschistischer Kriegspolitik und monopolkapitalistischen Extraprofiten für kriegswichtige Konzerne realisiert:

> „With regard to imperialist expansion, National Socialism and big business have identical interests. National Socialism pursues glory and stabilization of its rule, and industry, the full utilization of its capacity and the conquest for foreign markets. German industry was willing to co-operate to the fullest. It had never liked democracy, civil rights, trade unions, and public discussion. National Socialism utilized the daring, the knowledge, the aggressiveness of the industrial leadership, while the industrial leadership utilized the anti-democracy, anti-liberalism and anti-unionism of the National Socialist party, which had fully developed the techniques by which masses can be controlled and dominated."[53]

Den Inhalt dieser faschistischen Form der Arbeitsteilung macht der „Rückfall in die Methoden der Produktion des absoluten Mehrwerts"[54] – „d. h. zur drastischen Steigerung der Akkumulation der Kapitale bei gleichzeitiger drastischer Senkung der Konsumtion der Massen"[55] – aus. Mehrwert ist diejenige Form produktiver Arbeit, die zwar in den Produktionsprozeß eingeht, für die aber kein Äquivalent in Form von Lohn ausbezahlt wird, sondern die der kapitalistische Besitzer von Produktionsmitteln dem Besitzer der freien Ware Arbeitskraft vorenthält. Die Mehrwertrate bestimmt sich als das Verhältnis von Mehrwert zum eingesetzten variablen Kapital, das für den Wert der Arbeitskraft steht und vor allem als Lohn- und Gehaltssumme in Erscheinung tritt; die Mehrwertrate bezeichnet für den Kapitalismus damit den Grad der Ausbeutung der Lohnabhängigen, weil sie das

Verhältnis von Mehrwert zu der für die Reproduktion der Arbeitskraft notwendigen Arbeit wiedergibt. Die Größe der Mehrwertrate bestimmt sich nun direkt durch die Länge des Arbeitstages, durch die Produktivität, den Ertrag, der Arbeit und durch das historische und klassenspezifische Lebenshaltungs- bzw. Reallohnniveau, das zusammen mit der Produktivität den Anteil der notwendigen Arbeit an der Gesamtarbeitszeit bestimmt. Das Gewicht dieser bestimmenden Komponenten der Mehrwertrate bestimmt wiederum den Charakter der Mehrwertproduktion. Wird Mehrwert durch Steigerung der Länge des Arbeitstages potenziert, so redet man von der Produktion absoluten Mehrwerts. Die Produktion von relativem Mehrwert erfolgt vorrangig auf Grund des Produktivitätswachstums. In der Realität des Kapitalismus für sich existieren immer Kombinationsformen beider Arten der Mehrwertproduktion; die beiden Begriffe – Produktion von absolutem bzw. relativem Mehrwert – bezeichnen daher lediglich das jeweils dominierende Moment der Produktion von Mehrwert. – Zur empirischen „Ableitung" der Bestimmung des Faschismus durch die Produktion von absolutem Mehrwert vgl. meine „Thesen zur deutschen Sozial- und Wirtschaftsgeschichte 1933 bis 1938", Frankfurt 1973, S. 98–102. Die (vorläufige) Definition des Faschismus als eine auf der Grundlage der terroristisch stabilisierten kapitalistischen Eigentums- und Produktionsordnung vollzogene gesamtgesellschaftliche Arbeitsteilung zwischen den „kapitalistischen Funktionseliten" in den Bereichen von Wirtschaft, Verwaltung und Militär und der „verselbständigt-interventionistischen" faschistischen Exekutivgewalt zur Ermöglichung und Realisierung der Produktion von absolutem Mehrwert erlaubt es auch, eine Reihe von Topoi der bisherigen Faschismusdiskussion in ihrem gegenseitigen Bezug zu erkennen. Weil diese Realdefinition politische (z. B.: Terror, „Lebensraum"konzept) und ökonomische (z. B.: Extraprofit, Imperialismus) Momente in Bezug zueinander setzt, vermag sie vor allem auch die Dichotomie der beiden undialektisch-idealtypisch überzogenen Primat-Positionen („Primat der Politik", „Primat der Industrie") aufzuheben, indem sie dialektisch auf den Bezug „der" Ökonomie (konkret: des politisch-imperialistisch sehr ambitionierten, ökonomisch aber strukturell schwachen und akut von der Weltwirtschaftskrise schwer „betroffenen" deutschen Wirtschaftssystems) zur Funktion der faschistischen Massenbewegung und auf die interventionistische Praxis der exekutiven faschistischen Oligarchie mit ihrer Rückwirkung auf die Wirtschaftsverfassung hinweist.[56]

„Die faschistische Konjunktur muß als absolute Mehrwertproduktion von der Erzeugung von Waren leben, die nicht zum Markt zurückkommen und für ihre Verwertung von einer gesteigerten konsumtiven Kaufkraft [der Massen, E. H.] abhängig waren."[57] – Ein solcher Hinweis auf die Produktion von absolutem Mehrwert vereinigt die Betonungen des faschistischen Imperialismus, des Primats des Terrors zuungunsten sozialpolitischer und -staatlicher Integrationsversuche und der forcierten Ausbeutung „der" Arbeiterklasse. Auf diesem Hintergrund wird ersichtlich, was es heißt: „die deutsche Wirtschaft [hat] während des Faschismus erhebliche Formwandlungen durchgemacht"[58]; denn dieser Formwandel betrifft den Übergang von der relativen zur absoluten Mehrwertproduktion, vom Streben nach außenwirtschaftlicher Dominanz (vor allem in „Mitteleuropa") zum offenen Imperialismus und vom Verzicht auf langfristige Reproduktionsinteressen zugunsten der kurzfristigen Erzielung von monopolistischen und politisch bedingten Extraprofiten.[59] Monopolgruppentheoretische Argumentationen lassen sich ebenfalls auf diese Realdefinition beziehen;[60] und aus der mit der Produktion von absolutem Mehrwert verbundenen Produktion von Rüstungsgütern für den Staat[61] erklärt sich auch die „Doppelfunktion des Faschismus" als „äußerste Aggressivität nach innen *und* nach außen"[62]. Auch die beispielsweise von Jürgen Kuczynski vorgetragene Interpretation des Faschismus als ein System der Barbarei erhält durch den angeführten Versuch einer Realdefinition ihre Relevanz. Es muß nämlich geprüft werden, ob der Faschismus gerade mit der an die Phase der ursprünglichen Akkumulation erinnernden Produktion von absolutem Mehrwert nicht der „normalen" Entwicklungstendenz „des" Kapitalismus hin zur Produktion von relativem Mehrwert im Rahmen eines „Sozialstaates" entspricht.[63] Der Hinweis auf den barbarischen Charakter vermag so anzudeuten, daß auch im Faschismus die Gewalt selbst wieder eine „ökonomische Potenz" (K. Marx) geworden ist; denn ohne den faschistischen Terror gegenüber der Arbeiterklasse ist die mit der Produktion von absolutem Mehrwert notwendig verbundene Senkung des Reallohnniveaus und damit des Lebenshaltungsstandards der abhängig Arbeitenden nicht möglich, und ohne die kriegsentschlossene und verselbständigte faschistische Exekutivgewalt ist die inflatorische und staatsdefizitäre Produktion von Rüstungsgütern für den Staat ebenfalls nicht ab 1933 in dem für Deutschland bestimmenden Ausmaß durchführbar gewesen.

Damit kann die Hypothese, den Faschismus als eine inhaltlich durch die Produktion von absolutem Mehrwert charakterisierte und von einer „kapitalistischen Normalität" bzw. einer „allgemein-kapitalistischen Entwicklungstendenz" abgesetzte Arbeitsteilung von Politik und Ökonomie zu analysieren, nicht nur aus einer Kritik der Positionen des „Primats der Politik" bzw. des „Primats der Industrie" und aus einer Berücksichtigung der obenerwähnten Arbeitsperspektiven gewonnen werden. Für diese Hypothese spricht „wissenschaftsimmanent" auch, daß sie eine erneute Diskussion und Bewertung einer Vielzahl von Topoi der materialistisch intendierten Faschismusanalysen ermöglicht, ja: erforderlich macht. Die Hypothese könnte deshalb mit der angesprochenen doppelten Berechtigung am Beginn einer notwendigen „materialistischen Innovation" der theoretischen und empirischen Beschäftigung mit Problemen des deutschen Faschismus (und auch der vergleichenden Faschismusanalyse) stehen.

V. Klaus Horn
Zur politischen Psychologie des Faschismus in Deutschland (1970)

Diese Arbeit ist ein historischer Beitrag[1] zu einem historischen Problem. Es geht um den politisierten Antisemitismus im offen faschistischen Deutschland. Eine derartige gesellschaftliche Verwertung individueller Psychopathologie, welche aus objektiven Gründen in epidemischen Ausmaßen erzeugt worden war, wurde insbesondere in den Veröffentlichungen der Frankfurter Schule und bei an gesellschaftlichen Prozessen orientierten Psychoanalytikern[2] Anlaß, der politökonomischen Kritik der bürgerlichen Produktions- und Reproduktionsweise politpsychologische Argumente zur Seite zu stellen. Daß – selbst eingedenk des SA-Terrors und anderer illegaler Einflußnahmen auf die Wahl – Hitler bzw. die NSDAP im März 1933 44 % der Stimmen bekam, hatte ja für die an dem Fortschritt der Aufklärung orientierte Wissenschaft die Frage aufgeworfen, wie jene objektiv verankerte Herrschaft sich in den Subjekten reproduziert und potenziert. Historisch im Sinne von veraltet ist dieser Beitrag also insofern keineswegs, als er die Dimension des „subjektiven Faktors" im Herrschaftsgefüge zur Sprache bringt, nachdem sie im Gefolge eines petrifizierten Marxismus eskamotiert wurde.[3] Historisch im Sinne von veraltet ist dieser Beitrag lediglich insofern, als er nicht durchweg den aktuellen Theoriestand repräsentiert. Die Beseitigung dieses Mankos hätte eine Neukonzipierung des gesamten Beitrags bedingt, was den Rahmen dieses Bandes gesprengt hätte. Die Probleme, welche systematisch einzuarbeiten wären, will ich wenigstens andeuten.

Der Fortschritt politpsychologischen Problembewußtseins hat die Relevanz dieser Dimension nur bestätigt. Der Stand der Bearbeitung „eigner Natur" (Marx) – im Gegensatz zu äußerer Natur – hat dem „Überbau" einen derartigen Stellenwert verschafft, daß neue theoretische und praktische strategische Versuche der Emanzipation daraus resultieren, die das kulturrevolutionäre Moment betonen.[4] Lucien Sèves breitangelegter Versuch, solche Fragestellungen auf der Basis der Tauschwertanalyse vorzubereiten (1972), muß als gescheitert angesehen werden, weil Sozialisation als gesellschaftliche Bearbeitung „eigner Natur", weil die unerläßlichen neuen Themen „Interaktion" und „Kommunikation" von dorther sich nicht bis zu Problemstellungen wie der Prädikation und vielen anderen zentral wichtigen entwickeln lassen. War es zunächst notwendig, gegenüber der liberalen Gesellschaftstheorie die Bedeutung der gesellschaftlichen Verhältnisse als Determinante menschlichen Lebens hervorzuheben, ist dieser kritisch begründete Antipsychologismus der Marxschen Theorie selber wieder bestimmt zu negieren.[5] Politische Psychologie in diesem Sinne ist kein alternatives Konkurrenzmodell zum Marxschen Ansatz, sondern heute notwendig Bestandteil einer historisch-materialistischen Gesellschaftskritik unter den Bedingungen des organisierten Kapitalismus.[6]

In die Faschismusdiskussion eingebracht werden müßte heute insbesondere die neuere Diskussion über das Problem der Selbstwertregulation.[7] Auf die Bedeutung dieses Moments für die Faschismusanalyse hatte zuerst Adorno (1951) aufmerksam gemacht, ohne daß der Stand der Theoriediskussion innerhalb der Psychoanalyse eine systematische Bearbeitung bereits gestattet hätte. Nur implizit läuft diese narzißtische Dimension in der älteren Diskussion über den autoritätsgebundenen Charakter und sein politisches Potential mit. Unbeschadet dieses Mankos ist die vorliegende Arbeit jedoch als Modell zu begreifen, wie politpsychologisch argumentiert werden kann, ohne in einen Psychologismus zurückzufallen.

Wir stellen den politisierten Antisemitismus in den Mittelpunkt unserer politpsychologischen Untersuchung. Denn er vermittelt eine grundsätzlich falsche Vorstellung über die Dinge, von denen sich seine Anhänger ein Bild zu machen versuchten: ein Bild von den sozialen Veränderungen, die durch den „Prozeß der Rationalisierung" hervorgerufen wurden, den Max Weber beschrieben hat; ein Bild von der Verdinglichung der menschlichen Verhältnisse unter dem bürgerlichen Tauschprinzip. Die Vorstellung des Antisemitismus, in der sich entfaltenden kapitalistischen Gesellschaft gegen Herrschaft und Entfremdung vorgehen zu können durch Vernichtung einer als „Drahtzieher" gesehenen Bevölkerungsgruppe, führte nur noch tiefer in Herrschaft und Entfremdung.

Insofern wirkte der Antisemitismus als Verschleierung und Aufrechterhaltung bestehender Herrschaftsverhältnisse. Jenes Körnchen Wahrheit im antisemitischen Wahn, daß in der Tat eine gesellschaftliche Gruppe ihre Interessen gegen die anderen durchsetzte, wurde falsch dargestellt und ging deshalb verloren. Mit dieser irrationalen Verselbständigung des interaktionistischen Moments gegenüber dem ökonomischen Determinismus bzw. mit diesem weiteren Vordringen des ökonomischen Determinismus unterm organisierten Kapitalismus nimmt die politpsychologische Analyse eine in gewissem Sinn kontroverse Position gegenüber der immer noch gültigen Faschismusformel der Kommunistischen Internationale ein, welche von Dimitroff stammt, bzw. treibt diesen Definitionsversuch in spezifischer Weise weiter: „Der Faschismus ist die offen terroristische Diktatur der am meisten reaktionären, chauvinistischen und imperialistischen Elemente des Finanzkapitals."[8]

Es läßt sich in der Tat eine irrationale Verselbständigung der Politik gegenüber ökonomischen Determinanten zeigen, die den einfachsten Überlebensinteressen des nationalsozialistischen Regimes selber widersprach. Ein Beispiel dafür ist das von dem englischen Historiker Mason für erklärungsbedürftig gehaltene Phänomen:

„. . . daß die Innen- und Außenpolitik der nationalsozialistischen Staatsführung ab 1936 in zunehmendem Maße von der Bestimmung durch die ökonomisch herrschende Klasse unabhängig wurde, ihren Interessen sogar im wesentlichen zuwiderlief."[9] Auch andere Autoren wie der Amerikaner Kenneth Burke und der Historiker Nolte sprechen von dieser Verselbständigung der Politik.[10]

Es bedarf also der Erklärung, wie dem System der Zweckrationalität kapitalistischer Produktion politische Kräfte entspringen konnten, die gegenüber der in ihren gesellschaftlichen, politischen Wirkungen irrationalen, allein unter den Gesichtspunkten privater Einzelkapitale rational organisierten Ökonomie relative Autonomie gewinnen konnten; Kräfte, die letzten Endes durch Verfügung über den Staat und andere Machtzentren das Selbsterhaltungsinteresse des gesellschaftlichen Systems untergruben. Das in diesen politischen Kräften enthaltene irrationale Moment fand seine politische Formulierung in der antisemitischen „Weltanschauung". Sie führte z. B. dazu, daß notwendige Ressourcen für die Selbsterhaltung des Regimes nicht nur nicht genutzt wurden – so wurden etwa qualifizierte jüdische Arbeitskräfte in den besetzten Gebieten nicht eingesetzt –, sondern daß sie auch noch aufwendig vernichtet wurden und höchstens noch unmittelbar als „Menschen-Material", nämlich als Haar oder Knochenseife, „verwertet" wurden. Diese Entscheidung läßt sich nur durch das irrationale, paranoid organisierte Sinnsystem des Antisemitismus interpretieren; dieses fällt ganz und gar aus dem zweckrationalen Verhalten, mit allen Mitteln einen Krieg gewinnen zu wollen, heraus. Mason (1966, S. 493) schreibt:

„Allein aus dem Primat der Politik des Herrschaftssystems sind die selbstzerstörerischen Maßnahmen des Nationalsozialismus zu verstehen. Unter den ersten Juden, die in den Vernichtungslagern vergast wurden, befanden sich Tausende von gelernten Metallarbeitern aus polnischen Rüstungsbetrieben. Dies geschah im Herbst 1942, am Wendepunkt des Feldzuges gegen die Sowjetunion, der die Ansprüche der Wehrmacht an die deutsche Kriegswirtschaft noch weiter steigern sollte. Die Wehrmacht wies nachdrücklich auf die Irrationalität dieses Verfahrens hin, das die Kriegswirtschaft nur schwächen konnte, war aber nicht imstande, die jüdischen Rüstungsarbeiter für die Industrie zu retten. Der beschwerdeführende General wurde seines Postens enthoben.[11] Der Verwendung knapp gewordener Eisenbahneinrichtungen für den Abtransport jüdischer Verfolgter gegen Ende des Krieges anstatt für die Versorgung der Streitkräfte an der Ostfront lag dasselbe interne Machtverhältnis zugrunde. Dank ihres Monopols über die Nachrichtendienste und die politisch-polizeiliche Waffengewalt und ihrer Position außerhalb des übrigen Rechtssystems und dank Himmlers Sonderstellung bei Hitler war die SS imstande, ihre ideologisch bestimmte Aufgabe der Judenvernichtung zum materiellen Schaden des gesamten Systems durchzuführen. Die Verselbständigung der Politik ist nirgends so klar zu sehen wie am Beispiel der SS, wo die Umsetzung der Ideologie in die Praxis den kriegswirtschaftlichen Interessen glatt widersprach und dennoch verwirklicht wurde."

Der DDR-Historiker Czichon (1968) polemisierte gegen Mason und hielt dogmatisch an jener alten Kominternformel für den Nationalsozialismus fest. Dagegen erklärte Mason (1968, S. 204):

„Was die Vergasung von 6 Millionen Juden mit einer angeblich vorhandenen ‚rapiden Verschärfung der Klassenwidersprüche' oder mit einer ‚Übersteigerung und extremen Zuspitzung der durch die kapitalistische Eigentums- und Gesellschaftsstruktur bedingten Irrationalität' zu tun hatte, bleibt mir immer noch unklar. Wirtschaftliche, aus dem Konkurrenzprinzip hervorgehende Momente spielten sicherlich im Antisemitismus eine große Rolle – etwa der Boykott 1933, die Arisierung 1938 –, führten aber weder logisch noch faktisch zu Auschwitz ... Die Massenvernichtung der Juden wirkte in einem ganz handfesten Sinne selbstzerstörerisch auf das Gesamtsystem."

In diesem Zusammenhang wurde ganz klar: Wenn hier vom Primat der Politik die Rede ist, so handelt es sich nicht etwa um eine freie und vernünftige Bestimmung des Weges, den eine Gesellschaft einschlagen will. Sondern Primat der Politik im Nationalsozialismus bedeutete: eine Steigerung der Irrationalität politischen Verhaltens über die ökonomischen Ursachen der irrationalen Bewegungsgesetze jeder bürgerlichen Gesellschaft hinaus: Die Subjekte wurden in großer Zahl von eben jener ökonomischen Irrationalität so unter Druck gesetzt, daß ihr Denken auf die magische Vorstellung mittelalterlicher Hexenverfolger regredierte. Aus der Tradition christlicher Pogrome heraus lag es nahe, den Juden die Schuld an allem gesellschaftlichen Unglück zu geben. Durch ihre Ausrottung glaubten die einzelnen, die Zügel der Politik wieder in die Hand zu bekommen, die ihnen im Verlauf einer langen Entwicklung entglitten waren. Einige soziologische Überlegungen sind nötig, um diese Entwicklung zu verstehen.

Viele Untersuchungen über die politische Basis des Nationalsozialismus haben die These bestätigt, daß das Kleinbürgertum in den Mittelpunkt der politpsychologischen Analyse gestellt werden muß. Es sind jene sozialen Gruppen, die im schnellen historischen Wandel sowohl ökonomisch als auch in ihrem Bewußtsein zurückgeblieben waren. Mit dieser ihrer reaktionären Orientierung wurden sie, ohne es zu wollen, zu Stützen der alten kapitalistischen Ordnung, die ihnen mit dem „Prozeß der Rationalisierung" immer mehr den wirtschaftlichen Boden entzog. Der alte und der neue Mittelstand sehnten sich zurück in den frühen Kapitalismus, waren also traditionalistisch, an Idealen einer ständisch-patriarchalischen Welt orientiert. Zu ihrem ökonomischen Funktionsverlust in der Gesellschaft kam die aus dem schnellen sozialen Wandel hervorgehende Zerstörung herkömmlicher Symbolsysteme, Verhaltensmuster und Existenzweisen; später die Konfrontation mit der als kollektive narzistische Kränkung empfundenen Niederlage im 1. Weltkrieg und den Auswirkungen der Weltwirtschaftskrise; – das Zusammentreffen aller dieser Momente bewirkte, wie der amerikanische Soziologe Talcott Parsons (1942, S. 237) schreibt:

„... eine weitverbreitete Unsicherheit bei der Bevölkerung, und zwar nicht im wirtschaftlichen, sondern auch im psychologischen Sinne. Die Folgen einer solchen Unsicherheit sind wohlbekannt: Angst, ein guter Teil freischwebende Aggressivität, eine Tendenz zu unstabiler Gefühlsbetontheit, Empfänglichkeit für Propaganda, die die Gefühle anspricht, und eine leichte Mobilisierbarkeit von Affekten durch Symbole verschiedener Art. Dieser Faktor hat in Deutschland wahrscheinlich eine stärkere Rolle gespielt als überall sonst, weil hier der Industrialisierungs- und Urbanisierungsprozeß besonders schnell war."

Auch andere Autoren wie Dahrendorf (1965[2]), Geiger (1932) und Lasswell (1935) weisen auf die psychologische Verunsicherung der Mittelschichten hin. Der amerikanische Soziologe Seymour Lipset (1959, S. 405, sowie 1960) sieht das Ressentiment der Mittelschichten in Deutschland in dem Maße steigen, wie ihre gesellschaftliche Bedeutung abnimmt. Und Ernst Bloch formulierte schon 1932 seine Theorie von der „Ungleichzeitigkeit der Existenz" und des Bewußtseins dieser Mittelschichten, die in der Gegenwart leben, doch in vergangenen Kategorien weiterdenken.[12]

Je schwieriger die politische Lage in Deutschland nach dem 1. Weltkrieg wurde, desto deutlicher trat jene alle gesellschaftlichen Widersprüche scheinbar auf einen Nenner bringende Weltanschauung des politisierten Antisemitismus in den Vordergrund; für viele Desorientierte schien sie zu leisten, was das von ökonomischen und politischen Krisen erschütterte parlamentarische System mit den ihm innewohnenden Ansprüchen an die Rationalität der Bürger nicht mehr leistete, da diese Rationalität vor der Kritik der kapitalistisch organisierten Produktion strikt haltmachte. Denn unter den bestehenden Bedingungen waren die Schwierigkeiten des politischen Willensbildungsprozesses groß: Es gelang nicht, die politischen, wirtschaftlichen, sozialen und psychischen Interessen der Individuen, Gruppen, Schichten, Klassen und den Apparat der gesellschaftlichen Produktion aufeinander abzustimmen. Diese Situation wurde von den Sozialdemokraten überhaupt nicht erkannt, und die Kommunisten scheiterten, weil sie das irrationale politische Potential, den psychologischen Faktor, falsch einschätzten und weil innere Auseinandersetzungen, vor allem zwischen Humanisten und Stalinisten, die Partei schwächten. Die politische Rechte aber machte sich, konservativ und von vornherein antisemitisch, ein grundsätzlich falsches Bild von Herrschaft und Entfremdung. Der klassische Parlamentarismus versagte im Deutschland der 20er Jahre, weil die Orientierungs- und Symbolsysteme sowie die ihnen entsprechenden Handlungsschemata nicht situationsangemessen und nicht auf einen Nenner zu bringen waren. Statt neue, situationsangemessene Verhaltensweisen auszubilden, klammerte man sich links und rechts desto fester und dogmatischer an überkommene Denk- und Verhaltensmuster des jeweiligen Kollektivs, je schwieriger die Lage wurde.[13] Unser Interesse hat hier besonders den Bewußtseinsstrukturen und dem Handeln desjenigen Teils der politischen Rechten zu gelten, der den Antisemitismus in den Mittelpunkt stellte; denn die nationalsozialistische Politik spielte auf einer antisemitischen Basis, die schon in Hitlers „Mein Kampf" formuliert worden war,[14] eine Pseudovermittlerrolle zwischen den kapitalistischen Interessen einerseits und jenen, die mit ihren Versuchen, sich von Herrschaft und Entfremdung zu befreien, scheiterten.

Welche sozialpsychologischen Folgen ergaben sich nun aus der von Bloch beschriebenen „Ungleichzeitigkeit" des Bewußtseins und der Tatsache, daß dieses Bewußtsein sich seiner „Pflicht zur Dialektik", wie Bloch es formuliert hat, entzog?

Die kleinbürgerlichen Tugenden: Ehrlichkeit, Fleiß, Strebsamkeit, Sparsamkeit, Sauberkeit, Genauigkeit verloren für jene, die ihre gesellschaftliche Existenz darauf gründeten, angesichts der wachsenden ökonomischen Rationalität zunehmend an Überlebenswert. Ökonomische Rationalität in ihrer liberalen bzw. protektionistischen Organisationsform konnte zudem die Reproduktion des Ganzen nicht mehr ohne schlimme Krisen leisten, die den alten und neuen Mittelstand unmittelbar schädigten und hilflos machten. Die anerzogene bürgerlich-ideologische Vorstellung, jeder sei seines Glückes Schmied, mußte angesichts der von den kleinbürgerlichen Schichten verleugneten ökonomischen Quasi-Naturgesetzlichkeiten der kapitalistischen Gesellschaft zum Alptraum werden: Die gesellschaftliche Entwicklung drückte sich im bewußten und unbewußten Selbstverständnis der Angehörigen dieser Schichten als unerträgliche Spannung zwischen dem idealen Selbstbild und der tatsächlichen Existenz aus.[15] Je weiter sich die Lebensmöglichkeiten dieser Schichten vom großbürgerlichen Image entfernten, mit dem sie in der Regel identifiziert worden waren, desto eher mußte diese Spannung überall dort zum irrationalen politischen Potential werden, wo die Weiterentwicklung der gesellschaftlichen Organisation der Produktion nicht berücksichtigt wurde. Das heißt: je weniger diese kleinen Selbständigen und Angestellten theoretisch und praktisch ihre Lebensplanung langfristig selber in die Hand nehmen konnten – und das hätte bedeutet, Wirtschaftskrisen zu verhindern –, desto anfälliger wurden sie für wahnhafte Erklärungsversuche dessen, was ihnen als Schicksal widerfuhr: Die Differenz zwischen idealer und tatsächlicher Existenz wurde nur im Bewußtsein, also wahnhaft überwunden, d. h. nicht durch dauernde Überprüfung der eigenen Vorstellungen an der Realität, sondern durch den Versuch, die Realität gewaltsam im Sinne der quasipsychotischen Vorstellungen einzurichten.

Die Erfahrung der Bauern mit jüdischen Viehhändlern; die der kleinen Gewerbetreibenden mit den Geldleihern; die Existenz der jüdischen Pfand-, Kauf- und Bankhäuser – überhaupt das Erscheinen der Juden in der Zirkulationssphäre[16] – bot jenes isolierte Stück Realität, dessen sich der Wahn bemächtigen konnte. Die Juden erschienen als das Wesen dieser Gesellschaft, obgleich sie nur Repräsentanten der Vermittlung waren, nur die Fassade des Geldes, das diese Vermittlungsfunktion hat. Das Bewußtsein der Antisemiten reichte aber nicht hinter diese Fassade. Der angebliche Charakter der Juden wurde für das Wesen der als böse empfundenen Sache genommen. Außerdem repräsentierten die Juden als Intellektuelle Aufklärung – zwar keineswegs die vom Kapitalismus vorangetriebene Rationalität, aber doch eben Vernunft, die als „zersetzend", als traditionsauflösend verstanden wurde.[17] Auch in dieser Hinsicht mußten die Juden als Symbol für die als verderblich empfundene gesellschaftliche Entwicklung herhalten.

Für die Entstehung des kollektiven antisemitischen Wahns ist die

Wandlung der gesellschaftlichen Bedeutung und Funktion einer sozialen Schicht und das Zurückbleiben ihres Bewußtseins hinter dieser Entwicklung zwar eine wichtige soziologische Erklärung. Aber ein solcher kollektiver Statusverlust ist kein zureichender Grund für den Bruch der aufklärenden Kommunikation zwischen der Realität und dem Bewußtsein dieser Schichten.[18] Deshalb soll auf drei weitere wichtige Faktoren hingewiesen werden, die dazu beigetragen haben, das Bewußtsein der gesellschaftlichen Wirklichkeit auf die beschriebene psychotische Weise, eben auf den antisemitischen Wahn, einzuschränken: Wir müssen zum ersten annehmen, daß Arbeitsteilung und Arbeitszerlegung außer im politökonomischen auch im politpsychologischen Sinn mit Entfremdung zu tun haben. Die Erfahrung genormter bürokratischer und industrieller Arbeitsvorgänge bietet in der Regel keinen Zugang zu einer Interpretation der Realität als eines sinnvollen Ganzen. Somit wird den mittleren und unteren Schichten infolge ihrer allgemeinen Arbeitserfahrung die Annahme nahegelegt, die Realität sei deshalb undurchschaubar und geheimnisvoll, weil die Juden als Drahtzieher des Bösen in der Welt in einen vernünftigen, sinnvollen Ablauf der Dinge ständig verschwörerisch eingriffen. Alexander Mitscherlich (1957, S. 212f.) hat darauf aufmerksam gemacht, daß die industrielle Arbeit, zumindest in ihrer derzeitigen Organisation, „spurlos" ist, also ungeeignet, dem Arbeiter Selbsterfahrung und damit auch den gesellschaftlichen Raum seiner Arbeit am hergestellten Gegenstand zu vermitteln. Der Psychoanalytiker Ernst Simmel hat dieses Problem ausführlich behandelt.[19]

Ein weiterer Faktor, der zur Entfremdung, zur Verkennung und Mißdeutung der gesellschaftlichen Gesetzmäßigkeiten führen kann, sind ungelöste lebensgeschichtliche Konflikte, die in sozialen Stress-Situationen wiederaufleben. Es handelt sich z. B. um aus autoritärer Erziehung stammende unbewußte Konflikte, die psychosozial im Verhältnis von Macht und Ohnmacht angesiedelt sind.[20] Diese privaten Konflikte konnten zum politischen Potential werden, weil die gesellschaftliche Situation es erlaubte, aus der privaten Neurose eine kollektive zu machen. Die psychologische Funktion des Symbols „Jude" bestand also nicht nur darin, ein Erklärungsschema für unbekannte gesellschaftliche Vorgänge anzugeben, sondern auch darin, im Sinne einer Deckerinnerung zur Scheinlösung unbewußter, lebensgeschichtlich entstandener Probleme herhalten zu müssen. Der Jude erschien also nicht nur als der Drahtzieher hinter allem sozialen Unglück, sondern unter Umständen zugleich im Unbewußten als Repräsentant der gehaßten, mächtigen, verbietenden Anteile der Vaterimago, an der man sich in dieser verfremdeten Form vortrefflich rächen könnte. Diese lebensgeschichtlich-psychopathologische Komponente des antisemitischen Wahnbewußtseins ist auch geeignet, die Kastrationsängste verschiedener Art besser zu verstehen, die gegenüber Juden bestanden.[21]

Zwei weitere Faktoren zur Politisierung des antisemitischen Potentials sind somit genannt: die sozialpsychologische Bedeutung der entfremdeten Arbeit und der Rekurs vieler Neurotiker auf die kollektive Form der Neurose im Sinne der Realisierung eines sekundären Krankheitsgewinns. Zur dritten Gruppe der sozialpsychologischen Ursachen des Antisemitismus gehört zweifellos der Bildungsbegriff des deutschen Bürgertums, auf historische Vergangenheit und auf Innerlichkeit gerichtet, nicht aber auf Bewältigung realer Probleme der Gegenwart. Die deutschen Bürger waren Untertanen des Obrigkeitsstaates geblieben, hatten nur die soziale, aber nicht die politische Herrschaft errungen.[22] In der „verspäteten Nation", wie Plessner (1962) die deutsche nannte, hatte sich das Verhältnis von Gesellschaft und Staat nie gelassen und reich entfalten können. Das innenpolitische Klima war bestimmt vom Bündnis des Bürgertums mit der militär-feudalen Tradition, gegen das Proletariat gerichtet; und die imperialistische Anstrengung des „Kampfes um den Platz an der Sonne", das heißt um Absatzmärkte, trug das ihre bei, um Begriffe wie Nestbeschmutzer und Vaterlandsverräter wegbereitend für gewaltsame Lösungen politischer Probleme populär werden zu lassen.

Diese verschiedenen Aspekte der Genese des politischen antisemitischen Denkens waren bereits in der bisherigen Argumentation verknüpft mit der individual- und sozialpsychologischen Funktion dieses Denkens für die Antisemiten. Eine Formulierung von Horkheimer und Adorno aus der „Dialektik der Aufklärung" (1947, S. 231) faßt diese Funktion des paranoiden Wahns zusammen: „Die obskuren Systeme heute leisten, was im Mittelalter der Teufelsmythos der offiziellen Religion ermöglichte: die willkürliche Besetzung der Außenwelt mit Sinn, die der einzelgängerische Paranoiker nach privatem, von niemandem geteilten und eben deshalb erst eigentlich verrückt erscheinendem Schema zuwege bringt."

Wir können nicht umhin, die antisemitische Welterklärung und das aus ihr hervorgehende Handeln als – freilich völlig unangemessenen, verzweifelten – Versuch zu betrachten, im Sinne einer Freiheitsbewegung aus der politischen Apathie herauszutreten und die eigene Zukunft wieder in die Hand zu nehmen. Ernst Kris und Nathan Leites (1947), zwei amerikanische Psychoanalytiker, sagten über politische Apathie, also über das Sichfügen in fremdbestimmtes gesellschaftliches Geschehen: Es sei verständlich, daß die Menschen sich dem eigentlich doch von Menschen selbst gemachten politischen Geschehen dann wie einem Naturereignis fügten, wenn Politik für sie den gleichen Erlebniswert habe wie etwa das Wetter. Eine Wirtschaftskrise z. B. wird ebensowenig als moralisches, als gesellschaftliches Geschehen empfunden wie eine Springflut, wenn keine Denkweisen zur Erklärung der Wirtschaftskrise als von Menschen verursachte Katastrophe zur allgemeinen Verfügung stehen; ihr gegenüber besteht dann das gleiche Gefühl der Ohnmacht wie gegenüber Naturkatastrophen. Den politisierten Antisemitismus können wir infolgedessen als den verzweifelten Versuch verstehen, wenn nicht eine rationale, so doch wenigstens eine magische Erklärung für gesellschaftliches Unglück zu suchen. Ähnlich der Beschwörung von Naturgöttern der primitiven Naturwissenschaft wird mit dem Antisemitismus eine Art primitive „Sozialwissenschaft" betrieben: Sündenböcke sollten die Schuld am Übel tragen; das von diesen bösen Menschen Gemachte soll mit ihrer Vernichtung verschwinden. Den Antisemiten mag ihre Welterklärungstheorie als politische Tat, als Überwindung der politischen Apathie erschienen sein, als Versuch, ihr gesellschaftliches Schicksal im Sinne der Verselbständigung der Politik wieder selbst zu bestimmen.

Dieser Sinngebungsversuch trägt deshalb so archaische, gewaltsame Züge, weil er von einem gleichermaßen infantilen, manichäisch organisierten paranoiden Bewußtsein ausgeht, daß er der in-group alle libidinösen, der out-group alle aggressiven Formen der Interaktion zuwendet.[23] Da Denkarbeit – sofern sie überhaupt unternommen wurde – ohne die Praxis wirklicher Befreiung dem „Dschungel Gesellschaft" keinen Sinn entlocken konnte, ist in der Gewaltanwendung der Versuch zu sehen, die Welt auf das Maß des paranoiden Begriffs zu bringen. Was nicht zur in-group zählte und sich nicht anpassen konnte, zog die einzig mögliche Regung auf sich, die ein erfahrungsunfähiges Bewußtsein aufzubringen imstande ist[24]: Aggression.

Auf diese Weise, so meinen Horkheimer und Adorno, verschafft sich ein in den Menschen selber vorhandenes, von der Industriegesellschaft unterdrücktes Stück Natur Ausdruck, ohne freilich – wie Benjamin (1936, S. 175) formulierte – zu seinem Recht zu kommen. Was auf Grund der kollektiven Sinngebung als schlecht erscheint, das Fremde, das sich nicht fügt; der kritische Gedanke, der nicht nur technischen, sondern auch humanen Fortschritt will, wird nach dem Gesetz der politisierten Paranoia verfolgt. Horkheimer und Adorno schreiben (1947, S. 234): „Gleichgültig, wie die Juden an sich selber beschaffen sein mögen, ihr Bild als das des Überwundenen trägt die Züge, denen die totalitär gewordene Herrschaft todfeind sein muß: des Glückes ohne Macht, des Lohnes ohne Arbeit, der Heimat ohne Grenzstein, der Religion ohne Mythos. Verpönt sind diese Züge von der Herrschaft, weil die Beherrschten sie insgeheim ersehnen. Nur so lange kann jene bestehen, wie die Beherrschten selber das Ersehnte zum Verhaßten machen."

Der politisierte Antisemitismus dient der ökonomischen Rationalität des Kapitalismus, indem er verhindert, daß das Naturmoment in den Menschen zum Kristallisationskern eines eigenen Sinnsystems, einer kritischen Vernunft wird, welche die zum Zweck gewordene Produktionsweise transzendieren könnte; der Antisemitismus fungiert zum anderen als Instrument der Herrschaft gegenüber jenen, die in der christlichen Gesellschaft traditionell das Unterdrückte repräsentieren (Loewenstein 1968). Der Verselbständigung der ökonomischen Mittel zu Zwecken entspricht eine Verselbständigung der politischen Mittel auf der sozialpsychologischen Ebene: Da „Führertum" und Gewalt untaugliche Mittel sind, um die Entfremdung zu überwinden, werden auch sie zum Zweck. Der gewaltsame Sinngebungsversuch des Antisemitismus bedeutete eine Rückentwicklung des allgemeinen Bewußtseins. Marx hatte, ausgehend von – ursprünglicher – Unmittelbarkeit menschlicher Beziehungen, deren Verdinglichung zu einem Verhältnis von Sachen kritisch analysiert; die objektive Gesellschaftstheorie hatte, eingedenk der politökonomisch analysierten Genese der Entfremdung zwischen Produzenten und Produkt, die damit verbundene Herrschaft politökonomisch aufheben wollen – also eine politökonomische Theorie des Wesens von Herrschaft und Entfremdung geliefert. Das politisierte antisemitische Denken aber und die daraus hervorgehende Volksbewegung mußte zum Gegenteil einer Freiheitsbewegung werden, weil dieses unkontrollierte Denken eine – falsche – Unmittelbarkeit der Verhältnisse zur Voraussetzung und zum Ziel hatte, die natürlich auch durch die Vernichtung der vermeintlichen Drahtzieher nicht wirklich werden konnte. Im Gegenteil: Diese Pseudotheorie und die daraus abgeleitete Praxis führten nur noch tiefer in Herrschaft und Entfremdung. Wenn Margarete und Alexander Mitscherlich (1967, S. 34 f.) darauf hinweisen, daß Geschichte sich zwar nicht wiederholt, sich aber in ihr ein Wiederholungszwang verwirklicht, ist das durchaus auch wie folgt zu verstehen: Kein Kollektiv wird ein Problem der Realität bewältigen können, wenn es zu Mitteln greift, die hinter den schon erreichten Stand der Vernunft zurückfallen, von Vermittlungen absehen, die gesellschaftliche Realität konstituieren. Der Philosoph Herbert Schnädelbach möchte deshalb antisemitisches Denken nicht als Ideologie im klassischen Sinne betrachtet sehen.[25]

Die antisemitische Welterklärung spiegelt nicht, wie die klassische liberale Ideologie es tat, eine verkehrte Welt richtig wider, sondern eine falsche Welt, die man „nach seinem Bilde" verändern möchte, wird falsch – nach einem infantilen Denkmuster – interpretiert. Die objektive Funktion dieses Denkens ist klar: Es verhindert als politisch institutionalisiertes die erfolgversprechende Arbeit an der „selbstverschuldeten Unmündigkeit" der sich selber hervorbringenden Produzenten. Der Antisemitismus verstellt den Kontakt zur gesellschaftlichen Realität; die angeblichen Drahtzieher, die er dingfest zu machen glaubt, sind Ersatzleute. Das heißt aber: Die Juden zu hetzen war gleichbedeutend mit dem In-Ruhe-Lassen der gesellschaftlichen Verhältnisse, gegen die man eigentlich aufbegehrte.

Diese irrationale Einstellung zur Realität bewirkte aber nicht nur jenes In-Ruhe-Lassen der kapitalistischen Verhältnisse im Sinne einer Ablenkung der Aggression auf falsche Objekte. Indem, zumindest ab 1936, die falsche Realitätseinschätzung immer häufiger zur Basis politischer Entscheidungen im nationalsozialistischen Regime wurde, ergibt sich, wie der englische Historiker Mason (1968, S. 195) formuliert, ein „. . . Mangel an Konformität zwischen politischem Kalkül und wirtschaftlicher Führung". Dieser Mangel an Konformität war eingangs bereits an einigen Beispielen belegt worden: Jüdische Metallarbeiter wurden in Vernichtungslager gebracht; für solche Transporte wurden Eisenbahneinrichtungen verwendet, die von der Wehrmacht als unmittelbar kriegswichtig reklamiert wurden, und so fort. Solches Verhalten läßt sich nicht unmittelbar politökonomisch erklären; es sprengt jenes schon zitierte Faschismusmodell von Dimitroff, welches noch heute, z. B. in der Faschismustheorie der DDR, benutzt wird.

Daß die vorgetragenen sozialpsychologischen Überlegungen zum Antisemitismus als einer kollektiven Paranoia dieses DDR-Modell nun nicht etwa abstrakt negieren, sondern konkret nur das Dogmatische daran überwinden wollen, ohne seinen methodischen Wert für die Genese faschistischer Volksbewegungen generell zu bestreiten, geht unmittelbar aus einer sozialpsychologischen Überlegung selbst hervor: Wir haben bisher Begriffe wie „kollektiver Wahn", „Massenpsychose" und ähnliches benutzt, ohne auf ihren Unterschied zu individuellen Erkrankungen der gleichen Art einzugehen. Der Psychoanalytiker Ernst Simmel (1947, S. 49) hat klargemacht, daß kollektive „Erkrankungen" der beschriebenen Art nur vorübergehende Trübungen des Bewußtseins sind und auch nicht notwendig den gesamten Realitätsbezug in Frage stellen.[26]

Es wurde bereits eine Reihe von Faktoren aufgezählt, die die Entfremdung zwischen der Realität und dem durchschnittlichen Ich bestimmter Schichten beförderte – es waren gesellschaftliche Faktoren, die in den kollektiven Wahn trieben. Spezifische politische Bedingungen in Deutschland waren die schnelle Industrialisierung, Entzauberung und Rationalisierung. Dieser Entwicklung konnte weder das unpolitische Bewußtsein noch die politische Praxis des Mittelstandes im Obrigkeitsstaat folgen. Der daraus entstehende Widerspruch schlug sich psychologisch nieder: als Spannung zwischen dem hochgeschraubten Selbstverständnis und der abhängigen Existenz, abhängig von den blinden Bewegungen der kapitalistischen Produktion. Diese Spannung war politisierbar, offenbar jedoch auf Kosten eines Zusammenbruchs der angemessenen Beurteilung der Realität.

Folgen wir diesem Modell – daß nämlich gesellschaftliche Konflikte privatisiert, das heißt auf die Menschen abgewälzt werden können, indem die Möglichkeit, diese Konflikte gesellschaftlich zu lösen, übergangen wird und sie sich dadurch zuspitzen – folgen wir diesem Modell, dann sehen wir deutlich, weshalb das politökonomische Modell zur Erklärung gesellschaftlicher Entwicklung kritikbedürftig ist: Die Bedingungen der gesellschaftlichen Produktion können nämlich ein realitätsgerechtes Bewußtsein – und das heißt nicht etwa ein angepaßtes, sondern ein die widersprüchliche Realität richtig abbildendes kritisches Bewußtsein – offenbar zerstören oder dessen Zustandekommen verhindern. Das trifft auch für den Kapitalismus zu. Deshalb muß heute eine „nichtsubjektivistische Theorie des Subjekts" (Garaudy) entwickelt werden.

Gerade die Psychoanalyse kann zeigen, was unter bestimmten gesellschaftlichen Verhältnissen einzelnen, aber auch sozialen Schichten angetan wird. Die Vernunft kann so weit zerstört werden, so daß die Überwindung politischer Apathie – eigentlich ein moralisches Ziel – in technisierte Immoralität umschlägt, in die industriell organisierte Vernichtung scheinbar Schuldiger. Um eine Volksbewegung wie die nationalsozialistische einigermaßen richtig beurteilen zu können, muß man die geschilderte Subjektivierung, die geschilderte Psychologisierung objektiver gesellschaftlicher Konflikte in die Überlegungen einbeziehen. Um solche politpsychologischen Überlegungen anstellen zu können, bedarf es zunächst einer Theorie darüber, welche objektiven Konflikte psychologisiert werden. Insofern negieren wir mit diesen sozialpsychologischen Überlegungen die objektivistische Faschismustheorie nicht abstrakt, sondern bestimmt.

Stellen wir der nationalsozialistischen irrationalen Politisierung der privatisierten, auf die Subjekte abgewälzten sozialen Konflikte ein anderes Modell gegenüber: Im Idealfall ist der privatisierte soziale Konflikt, der wiederum politisiert, d. h. als Kritik gegen Gesellschaft gewendet wird, rational durchformuliert: Die Subjekte können sowohl gegenüber ihren persönlichen Bedürfnissen die historisch mögliche Selbständigkeit des Denkens wahren; sie haben, mit anderen Worten, unter dem Druck sozialer und persönlicher Konflikte ihre Vernunft nicht eingebüßt. Die Politisierung drückt sich dann in Forderungen aus, die auf Lösung solcher Konflikte, z. B. auf Demokratisierung der Wirtschaft, zielen; auf die Lösung von Konflikten, die zugleich überflüssige lebensgeschichtliche Kosten verursachen, z. B. schlechte Erziehung und sogar dem Stand der Produktivkräfte unangemessene Ausbildung, und gesellschaftliche Irrationalität mit sich bringen, z. B. Wirtschaftskrisen. Dieses Modell hätte davon auszugehen, daß die politischen Strukturen für den Prozeß der Politisierung durch solche Forderungen offen und die Forderungen realitätsgerecht, das heißt dem Stande der Vernunft und der Entfaltung der Produktivkräfte angemessen formuliert sind. Das Funktionieren eines solchen Modells würde also voraussetzen, daß weder reaktionäre politische Gewalt ausgeübt wird, noch die Formulierung der politischen Forderungen von unbewußten Konflikten entstellt wird. In diesem Modell hielte die Humanisierung mit der Technisierung Schritt, wäre deren Motor und Ergebnis zugleich. Der historische Fortschritt wäre nicht länger gehemmt, die Selbstproduktion der Produzenten könnte durch deren Spontaneität und Vernunft auf eine höhere Stufe der allgemeinen Vermittlung individuellen Glücks gelangen. Wir sollten ein solches Modell nicht als „bloße Utopie" abtun. Eine gesamtgesellschaftliche Prophylaxe könnte darauf aus sein, im Leben des einzelnen schon früh die Voraussetzungen eines kritischen Bewußtseins und seiner praktischen Betätigung zu schaffen.

VI. Reinhard Opitz
Die faschistische Massenbewegung (1972)

Die Frage nach der faschistischen Massenbewegung ist für die Faschismusdiskussion aus zwei Gründen von zentraler Bedeutung.

Einmal, weil es eine in immer neuen Varianten wiederkehrende apologetische Faschismusinterpretation, die Mittelstandstheorie[1], gibt, die aus der sozialen Zusammensetzung der faschistischen Massenbewegung unmittelbar auf die objektive soziale Funktion des Faschismus schließt. Mittels dieser Verwechslung von soziologischer Mitgliedschaftsanalyse und Analyse des objektiven sozialen Inhalts einer politischen Formation wird der Zusammenhang von Faschismus und Monopolkapitalismus aus dem Blick gedrängt.

Eine dem Monopolkapital gefällige Entlastungstheorie also. Aber sosehr wir nun dieser Theorie auch empirisch bis in die Einzelheiten nachweisen können, daß der Faschismus nirgendwo, wo er zur Macht gelangt, mittelständische, sondern immer nur ausschließlich monopolkapitalistische Interessen realisiert – wirklich aus den Angeln heben können wir sie natürlich erst dann, wenn wir auch theoretisch zu begründen vermögen, warum das so ist.

Damit aber sind wir auch schon beim zweiten und wesentlichen Punkt. Denn: Solange wir nicht imstande sind, diese theoretische Erklärung zu liefern, solange können wir letztlich überhaupt keinen endgültig zufriedenstellenden Faschismusbegriff formulieren. Die theoretische Erklärung des Widerspruchs zwischen der unbestreitbar kleinbürgerlichen Massenbasis des Faschismus und dem ebenso unbestreitbar monopolkapitalistischen Herrschaftsinhalt des Faschismus ist der Schlüssel für eine zureichende, allen Nachprüfungen standhaltende Faschismusdefinition.

Evidenterweise kann ein Faschismusbegriff, der so wichtige Fragen offenläßt wie beispielsweise die, ob Faschismus an die Bedingung einer faschistischen Massenbewegung geknüpft ist oder nicht, oder die, ob die faschistische Massenbewegung autonom entsteht oder von Anfang an von der Großbourgeoisie bewußt hochgezüchtet wird, noch nicht als vollkommen und daher auch im ganzen noch nicht als gesichert betrachtet werden. Die praktische politische Relevanz dieser offengelassenen Fragen aber liegt darin, daß sie zusammengenommen die Frage nach der Faschismusentstehung beschreiben, deren Beantwortung für jeden Entwurf einer antifaschistischen Gegenstrategie die unerläßliche Vorbedingung ist.

Die Möglichkeit einer solchen Beantwortung jedoch ergibt sich allein aus der Beschäftigung mit dem monopolkapitalistischen Integrationsproblem. Dies soll im folgenden dargestellt werden.

Das zu lösende Grundproblem monopolkapitalistischer Integration lautet: der Interessenherrschaft des Monopolkapitals die Zustimmung der von dieser Herrschaft in ihren Interessen verletzten nichtmonopolistischen Mehrheit zu verschaffen. Angewandt auf den Staat: einer von den Interessen der monopolkapitalistischen Minderheit bestimmten Politik die Legitimation durch die von dieser Politik geschädigte Mehrheit zu verschaffen.

Dabei resultiert für das Monopolkapital die Notwendigkeit des Bemühens um Mehrheitszustimmung (einmal abgesehen davon, daß, historisch gesehen, allgemeines Wahlrecht und formale Demokratie Klassenkampfergebnisse sind, deren Aufhebung stets eine Frage der politischen Kräfteverhältnisse bleibt) aus dem einfachen bekannten Umstand, daß auf Zustimmung beruhende Herrschaft auf Dauer solider fundiert ist als eine auf bloße Gewalt gestützte. Das Monopolkapital ist daher heute in allen Ländern der Welt primär an einem auf dem Zustimmungsprinzip basierenden politischen Herrschaftsmodell und immer erst subsidiär, immer erst dann, wenn die Mehrheitszustimmung zu seiner Herrschaft ausbleibt (bzw. ein solches Ausbleiben zu befürchten steht), an einem zustimmungsunabhängigen Diktaturmodell interessiert. Aus der Sache selbst, dem Interesse der monopolkapitalistischen Minderheit an Mehrheitszustimmung zu ihrer Interessenpolitik, aber ergibt sich, daß dieses Zustimmungsinteresse seinem Charakter nach nichts anderes ist und nie etwas anderes sein kann als das Interesse an permanenter Falsifikation des Interessenbewußtseins der nichtmonopolistischen Mehrheit. Tatsächlich läßt sich nur so lange, wie eine solche Bewußtseinsfalsifikation in jeweils hinreichendem Maße und in der je aktuell nötigen politischen Akzentuierung gelingt, die politische Herrschaft des Monopolkapitals in formaldemokratischer Form aufrechterhalten.

Integrationsvorgänge sind in allen Gesellschaftsordnungen wirksam. Sie unterscheiden sich – wie die Gesellschaftsordnungen selbst – grundsätzlich durch ihren sozialen Inhalt voneinander. In einer monopolkapitalistischen Gesellschaft ist Integration demnach der zusammenfassende Name für alle Mechanismen und Vorgänge, die ein dem spezifisch monopolkapitalistischen Herrschaftsinteresse angepaßtes Verhalten der nichtmonopolistischen Bevölkerungsteile bewirken, insbesondere also systemnotwendiges falsches Bewußtsein, wobei sich versteht und bekannt ist, daß dieses letztere keineswegs nur auf ideologische Einflußnahme, also auf Propaganda und Bewußtseinsindustrie, sondern mehr noch und primär auf die bloße Existenz des Systems (beginnend bereits mit dem „gegenständlichen Schein der gesellschaftlichen Arbeitsbestimmungen"[2]) und dessen vielfältige anonym wirkende Anpassungszwänge zurückgeht.

Eine Beschäftigung nun mit diesen spezifisch monopolkapitalistischen Integrationsvorgängen – ihren Funktionsweisen, Bedingungen, Bruchstellen und möglichen Modifikationen – muß alle Fragen von vornherein immer unter einem doppelten Horizont aufwerfen. Unter dem Horizont einmal des monopolkapitalistischen Systeminteresses an optimaler gesellschaftlicher Zustimmung. Gleichzeitig und zum anderen aber unter dem Horizont des aus technologischer Entwicklung plus ökonomischer Konzentration und hierdurch zunehmender allgemeiner Systemwidersprüchlichkeit resultierenden monopolkapitalistischen Interesses an einer den schwankenden Wählervoten immer sicherer entzogenen und mit immer größeren souveränen Eingriffsrechten in die Gesellschaft ausgestatteten starken Staatsgewalt. Das Außerachtlassen eines der beiden Aspekte rückt die Spannung, innerhalb deren monopolkapitalistische Integration sich vollziehen muß, aus dem Blickfeld und kann immer nur falsche Ergebnisse zur Folge haben.

Die mit dem Übergang des Kapitalismus der freien Konkurrenz zum Monopolkapitalismus ursächlich verknüpfte Erweiterung der Staatsfunktionen (Sozialpolitik, später, seit den 30er Jahren, aktive Konjunkturpolitik; umfassende und direkte politische und militärische Unterstützung der global gewordenen auswärtigen Wirtschaftsinteressen der großen privaten Monopolindustrien und Monopolbanken) ist notwendig gleichbedeutend mit einer immer weitergehenden Einengung des tolerierbaren Spielraums für divergierende Auffassungen in den staatlichen Entscheidungsgremien. Der neue „staatsmonopolistische“ Strukturzug im Monopolkapitalismus entfunktionalisiert mit der weiteren Entwicklung des Monopolkapitalismus in immer größeren Bereichen die konkurrenzförmig konstruierten – freilich von Anfang an nur auf innerbourgeoise Konkurrenz hin angelegten – Organe der formalen Demokratie. Dieser Funktionsverlust – oder diese Entpluralisierung – der Parlamente gehört zur politischen Entwicklungsdynamik des Monopolkapitalismus und verstärkt sich unvermeidlich mit dessen Entfaltung. Doch diese Entwicklung tendiert nun keineswegs etwa linear in den Faschismus. Frühere linke Faschismusinterpretationen, die in der ökonomisch bedingten Herausbildung staatsmonopolistischer Strukturmomente die unmittelbare Begründung für das politische Phänomen des Faschismus sahen und demzufolge den Faschismus zum notwendigen oder „eigentlichen“ politischen Überbau einer bestimmten ökonomischen Entwicklungsetappe des Monopolkapitalismus erklärten, waren vorschnell und haben sich als fehlerhaft erwiesen. Auf dem Hintergrunde des gleichen ökonomischen Strukturwandels kam es in Deutschland zur Errichtung des Faschismus, in den USA zum New Deal, und es ist wenig ergiebig, eine Theorie dadurch retten zu wollen, daß man letzteren dann eben als „maskierten“ Faschismus einstuft.[3] Ergiebig hingegen und exakt ist es, durch genaue Untersuchungen festzustellen, in welcher Weise das monopolkapitalistische System durch das neue Bedürfnis nach einem wirtschaftsaktiven starken Staat und durch die Entwicklung staatsmonopolistischer Strukturen in Verein mit seinem hierzu kontrovers stehenden Bedürfnis nach Mehrheitszustimmung zur Ausbildung neuer Integrationsmethoden genötigt worden ist. Dann nämlich gelangen wir im Ergebnis zu jener Skala neuartiger, spezifisch staatsmonopolistischer Integrationsmodelle, die den Bestand aller heutigen formaldemokratisch verfaßten monopolkapitalistischen Staaten gewährleisten und ohne deren Kenntnis – ohne die Kenntnis vor allem ihrer Variabilität, der Bedingungen ihrer Variabilität und der ihnen allen gemeinsamen objektiven

Grenzen – sich das monopolkapitalistische Herrschaftsproblem unserer Zeit nicht zureichend verstehen läßt.[4]

Der Faschismus verhält sich nun aber zu all diesen Integrationsmodellen wie die Alternative für den Fall ihres durchgängigen Versagens. Keines dieser Modelle hat den Faschismus zu seiner eigenen Entelechie, denn die Voraussetzung seiner Inthronisierung ist ihr Zusammenbruch. Wenn wir etwas vom Wesen des Faschismus verstehen wollen, müssen wir deshalb den Fall des Scheiterns dieser Integrationsmodelle – und die Vorgänge, die zu diesem Scheitern führen – näher betrachten.

Desintegration kann sich in der monopolkapitalistischen Gesellschaft auf zweierlei grundverschiedene Weise vollziehen.

Die nichtmonopolistischen Schichten können sich den Integrationsbemühungen des Systems dadurch versagen, daß sie auf die Verletzung ihrer objektiven Interessen mit einem zunehmend bewußter und politisch entschiedener werdenden Geltendmachen eben dieser ihrer objektiven Interessen gegenüber dem monopolkapitalistischen Staat und den Besitzern der Produktionsmittel reagieren. Diese Reaktion konstituiert, wenn sie zur politischen Bewegung wird, das demokratische Oppositionspotential in der monopolkapitalistischen Gesellschaft. Es ist das demokratische Potential, weil die von ihm geltend gemachten Inhalte die objektiven Mehrheitsinteressen sind, ob partiell geltend gemacht, in Begrenzung auf einige der wichtigsten, in einem bestimmten Augenblick vordringlichen, oder umfassend.[5]

Ebenso aber können diese Schichten auch völlig anders auf die Verletzung ihrer Interessen reagieren. Nämlich dann, wenn sich ihnen die Interessenverletzung zwar in ihren Wirkungen mitteilt, ihr Bewußtsein aber so stark im Banne der monopolkapitalistischen Ideologie steht, daß sie weder zur Erkenntnis ihrer Ursachen noch überhaupt zur Erkenntnis der eigenen objektiven Interessen zu gelangen vermögen. Die tatsächliche, sich in den persönlichen Lebensverhältnissen bemerkbar machende Interessenverletzung führt dann zwar zu Unzufriedenheit mit den gegebenen Zuständen und im Steigerungsfalle zu aktiv werdendem politischem Unmut, doch das monopolkapitalistisch verfälschte Interessenbewußtsein kann die Ursachen für die empfundenen Mißlichkeiten nur dort sehen, wo die monopolkapitalistische Ideologie sie ihm zeigt. Das heißt, als die Schuldigen an der unbefriedigenden Lage erscheinen ihm diejenigen, die ihm die monopolkapitalistische Ideologie schon immer als die Widersacher seiner Interessen dargestellt hat. Der zu Aktivität drängende politische Zorn fließt somit in die im Bewußtsein schon vorgeprägten Kanäle des monopolkapitalistischen Feindbildes. Veränderungswille gegenüber den gegebenen monopolkapitalistischen Verhältnissen und in Konfrontation zu den diese Verhältnisse verantwortenden monopolkapitalistischen Parteien kann sich dann aber nur noch in dem gegen diese Parteien gerichteten Vorwurf artikulieren, zu halbherzig und zu zaghaft gegen die von ihnen selbst ständig angeklagten innen- und außenpolitischen Gegner vorzugehen, ein Vorwurf, der in der Unterstellung gipfeln kann, diese Parteien steckten mit den von ihnen beschworenen innen- und außenpolitischen Gegnern insgeheim unter einer Decke und leisteten ihnen bewußt Vorschub. Dies ist das charakteristische ideologische Syndrom aller „rechten" Oppositionspotentiale in monopolkapitalistischen Gesellschaften.

Es entsteht mithin ein Oppositionspotential „rechts" von den herrschenden monopolkapitalistischen Parteien, dessen Eigentümlichkeit es ist, daß es sich von ihnen nicht inhaltlich, sondern nur durch den Ruf nach energischerem, gewaltsamerem Vorgehen gegen die innen- und außenpolitischen Gegner des Monopolkapitals unterscheidet, und dessen überwiegend nichtmonopolistische Anteile sich aus der Brechung erklären, die elementares Empfinden von verletzten eigenen Interessen beim Durchgange durch einen mit falschen Bewußtseinsinhalten gefüllten Kopf erfährt. Es wird zu eindeutig faschistischem Potential in dem Maße, in dem der Ruf nach entschlossenerem Vorgehen gegen das andere, das demokratische, Oppositionspotential – und analog der Ruf nach entschlossenerem Vorgehen gegen die auswärtigen Gegner des nationalen Monopolkapitals – in den offenen Ruf nach Zerschlagung der demokratischen Opposition mittels direkten terroristischen Gewaltgebrauchs resp. nach Niederwerfung des auswärtigen Gegners mittels militärischen Gewaltgebrauchs übergeht. Denn Faschismus ist seinem Wesen nach – ohne hier schon der erst später vorzuschlagenden Definition vorzugreifen – nichts anderes als die Durchsetzung der monopolkapitalistischen Interessen mittels offener und grundsätzlich unbegrenzter, also terroristischer, Gewaltanwendung. Er unterscheidet sich von den integrativen monopolkapitalistischen Herrschaftsformen durch kein inhaltliches, sondern allein durch dieses methodische Kriterium.

Diese beiden grundverschiedenen Oppositionspotentiale entwickeln sich somit auf Grund einmal der spezifischen, notwendig auf Bewußtseinsverfälschung ausgehenden Selbstbehauptungs- oder Herrschaftssicherungsmethoden des Monopolkapitalismus, der Unmöglichkeit zum anderen, mittels dieser Integrationsmethoden und -mechanismen jeweils ausnahmslos alle Angehörigen der nichtmonopolistischen Schichten von der Entwicklung eines objektiven Interessenbewußtseins abzuhalten. Beide Potentiale bilden sich mithin in allen monopolkapitalistischen Gesellschaften nach einer einsehbaren Gesetzlichkeit immer wieder heraus, wenn auch in jeweils durchaus unterschiedlicher quantitativer Verteilung und je nach der Gesamtlage des Systems auch schwankend in ihrem absoluten Umfang. Die Möglichkeit einer vollständigen und vor allem stabil bleibenden Integration der monopolkapitalistischen Gesellschaft, wie sie einmal von den Propheten der „entideologisierten Gesellschaft" verheißen wurde, ist jedenfalls eine Utopie. Auf Grund des objektiven Charakters der monopolkapitalistischen Herrschaft als permanenter Verletzung der nichtmonopolistischen Interessen bildet sich in den nichtmonopolistischen

Schichten stets Unbehagen, das zu politischem Zusammenschluß und zu politischer Aktion drängt, und alle Bemühungen um systemgerechte Bewußtseinsverfälschung haben letztendlich immer nur Einfluß darauf, ob dieses Unbehagen in seiner Mehrheit politisch als rechtes, d. i. latent faschistisches, oder als demokratisches Desintegrationspotential auf den Plan tritt.

Diese beiden monopolkapitalistischen Desintegrationspotentiale unterscheiden sich aber nun nicht nur inhaltlich, sondern zugleich auch noch, auf Grund ihres Inhalts, in einem anderen wichtigen Punkt voneinander.

Nämlich darin, daß das demokratische Potential, weil es von der Forderung nach Durchsetzung der objektiven Mehrheitsinteressen konstituiert wird, der politische Träger einer realisierbaren Alternative zur monopolkapitalistischen Politik und zum System der monopolkapitalistischen Interessenherrschaft überhaupt ist. Denn seit der Kapitalismus Monopolkapitalismus geworden ist, ist bekanntlich auch die Organisation einer funktionsfähigen industriellen Produktionsgesellschaft nicht mehr allein vom Interessenprinzip der kapitalistischen Minderheit, vom Profitprinzip, her, sondern ebenso vom Interesse der gesellschaftlichen Mehrheit her grundsätzlich möglich. Das demokratische politische Potential könnte die politische Herrschaft des Monopolkapitals realerweise ablösen, weil aus der inhaltlichen Alternative, dessen politischer Träger es ist, ein gesellschaftliches Organisationsprinzip – das sozialistische – resultiert, das in einer hochindustrialisierten Gesellschaft realisierbar ist. Deshalb ist es der vom Monopolkapital letztlich allein gefürchtete und bekämpfte innere Feind.

Anders das faschistische Potential. Es vertritt statt wirklicher nichtmonopolistischer Interessen nur monopolkapitalistisch pervertierte nichtmonopolistische Bewußtseinsinhalte. In der faschistischen Massenbewegung versammelt sich zwar mittelständisches Aufbegehren und vermeintliches Interessenbewußtsein, der Faschismus zieht in allererster Linie in der Tat diejenigen mittelständischen Schichten an, denen sich ihr Interesse so darstellt, als sei es in der politischen Abwehr zugleich des proletarischen Emanzipationsanspruchs wie der ruinösen Monopolkonkurrenz gelegen. Aber diese Sicht ist ja nicht die Spiegelung ihres objektiven Interesses – das als objektives Interesse ein historisch realisierbares sein muß –, sondern nur die Widerspiegelung ihrer Misere in ressentimentgeladenen Wunschträumen, die sich angesichts des fortgeschrittenen ökonomischen Entwicklungsstandes nicht verwirklichen lassen. Eine Rückkehr in die Verhältnisse auch nur des vormonopolistischen Kapitalismus der freien Konkurrenz, geschweige zum mittelalterlichen Zunft- und Ständewesen, durch die diese Schichten allein die Perspektive der Aufwärtsentwicklung zurückerhalten könnten, ist evidenterweise ein Ding der Unmöglichkeit. Die faschistische Massenbewegung ist somit aber konstitutionell unfähig, eine praktikable, realisierbare Alternative zur monopolkapitalistischen Gesellschaft zu entwickeln.

Dies ist der Schlüssel zum Verständnis des Entwicklungsweges, den alle faschistischen Parteien gerade im Zuge ihres Aufstieges gesetzmäßig nehmen müssen. Der Weg zur Konzipierung realisierbarer Alternativen ist ihnen dadurch, daß sie die Sammlung der fanatischsten antisozialistischen Stimmungen im Lande darstellen, abgeschnitten. Der Entwurf und die Propagierung von Modellen, die dem irritierten subjektiven Interessenbewußtsein der rebellierenden mittelständischen Schichten entsprechen, kann ihnen zwar Massenzulauf sichern, macht aber zugleich ihre Hoffnung auf Machtübernahme im Staat illusorisch, weil sich keine dieser mittelständischen Traumkonstruktionen in einer hochindustrialisierten Gesellschaft mit vorwiegend großbetrieblicher Produktionsstruktur und weit fortgeschrittenem Vergesellschaftungsstand ohne sofortige verheerende Rückwirkungen auf den industriellen Leistungsstandard, damit aber auch auf die realen Chancen zu imperialistischer Machtentfaltung – die faschistische Bewegungen zu forcieren sich vorgenommen haben – verwirklichen ließe und eine einen solchen Versuch unternehmende Regierung einen Tag nach ihrem (freilich aus diesem Grund eben erst gar nicht denkbaren) Machtantritt wegen konzeptioneller Ratlosigkeit wieder abtreten müßte, anders gesagt, eine faschistische Bewegung zum Machtantritt aus ihren eigenen Bedingungen heraus nicht zu gelangen vermag, weil sie unvermeidlich längst vorher über der Irrealität ihrer Programmvorstellungen sich in selbstzerfleischenden Führungskrisen selbst auf den Rang einer Sektiererbewegung zurückgestuft und alle Aussicht, von den Herrschenden in die politische Macht berufen zu werden, verspielt haben müßte.

Der einzige reale Weg zur Macht ist für eine faschistische Partei auf Grund ihres Charakters als bloße Sammlungsbewegung fanatisierten falschen Bewußtseins und der damit grundsätzlich zu ihrer Definition gehörenden inhaltlichen Alternativlosigkeit zur monopolkapitalistischen Ordnung die bewußte Anpassung an die Machtlogik der bestehenden Ordnung und das rechtzeitige Einschwenken ihrer Führer auf die Anerkennung des gegebenen monopolkapitalistischen Profitsystems als einzig mögliche Grundlage der von ihnen selbst ersehnten außen- und innenpolitischen Machtentfaltung, damit aber auch die Anerkennung der umfassenden monopolkapitalistischen Interessenrealisierung als das ihnen einzig verbleibende eigene Programm. Lange ehe das Monopolkapital sich selbst entschieden hat, ob es unter den zahlreichen Bewerbern um das Recht der politischen Machtausübung die faschistische Partei auserwählen will oder nicht doch noch eine integrative Kräftekombination herstellbar ist, die ihm gleichfalls die Fortdauer seiner Herrschaft garantiert, hat sich die Führung der faschistischen Partei aus realem Machtinstinkt immer schon, vor der Anhängerschaft verborgen, bei ihrer Machtbewerbung aufs Monopolkapital festgelegt und für den Dienst an seinen Interessen entschieden.[6] Denn sie kann nicht gegen und nicht einmal ohne das Monopolkapital an die Macht kommen, weil sie nichts anderes ist als ein Produkt der monopolkapitalistischen Ideologie und sie daher auch keinen anderen

Begriff der Machtausübung entwickeln kann als den imperialistischen, damit aber, je näher sie an die Macht herankommt, diesem Machtbegriff regelmäßig auch alles zu opfern bereit ist, was ihm an mittelständischen Momenten in der bisherigen eigenen Programmatik entgegensteht.

Und auch nur indem faschistische Bewegungen das Interessengesetz des Monopolkapitals zu ihrem eigenen Gesetz machen, verlassen sie in der Tat den Bereich der sektiererhaften inpraktikabel-reaktionären Phantasterei und werden machtausübungsfähig. Das totale konzeptionelle Arrangement mit den ausschlaggebenden Gruppen des Monopolkapitals ist daher für jede faschistische Massenbewegung der notwendige, durch nichts zu umgehende Preis für ihre wirkliche Einsetzung in die Macht. Deshalb aber folgt dieser Machteinsetzung auch ebenso regelmäßig und gesetzmäßig die Liquidation derjenigen Elemente in den eigenen Reihen, die bis dahin an die Möglichkeit eines antimonopolistischen Faschismus geglaubt hatten und jetzt diesen Glauben erfüllt sehen wollen. Jedem 30. Januar 33 folgt gesetzmäßig, um es am deutschen Beispiel zu sagen, der 30. Juni 34, weil eine faschistische Partei nur regieren kann, wenn sie diejenigen Gruppen, die sie vor ihrem Machtantritt durch antimonopolistische Versprechungen an sich gezogen hat, jetzt, soweit wie sie diese Versprechungen einzuklagen versuchen, gewaltsam aus sich ausmerzt.[7]

Das bedeutet: was an genuin oder auch nur vermeintlich mittelständischen Forderungen zur Zeit der Oppositionsphase einer faschistischen Massenbewegung in deren Programmatik eingedrungen sein mag, überlebt den Machtantritt der faschistischen Partei nicht. Es kann ihn nicht überleben, weil die faschistische Partei nur durch den vollständigen Übergang auf die monopolkapitalistische Interessenplattform überhaupt in die unmittelbare Reichweite der Macht und schließlich in die Macht selbst gelangen kann.

Das ist der Punkt, weshalb auch die gängigen gleichsam „linken" Varianten der Mittelstandstheorie, die dem faschistischen System die Grundstruktur eines Bündnisses von Monopolkapital und faschistischer Massenbewegung zuschreiben und dementsprechend seinen Inhalt als einen nicht mehr rein monopolkapitalistischen, sondern mit auch noch andersartigen, mittelständischen Elementen versetzten charakterisieren, unhaltbar sind. Denn es springt kein Fünkchen mittelständischen Interesses aus der Oppositionsphase des Faschismus in dessen Herrschaftsphase hinüber. Diese Interessen fallen, sosehr sie vorher schon alle nur Ausdruck vermeintlicher und nicht wirklich objektiver Interessen waren, restlos spätestens dem faschistischen Machtantritt selbst, in Wirklichkeit immer schon der Vorbereitung auf diesen Machtantritt zum Opfer, weil dessen Bedingung die Reinigung der faschistischen Bewegung von allen systemdysfunktionalen Momenten ist.

Monopolkapital und faschistische Staatspartei sind aus diesem Grunde im faschistischen System sowenig heterogene Elemente, wie es zuvor im formaldemokratischen System Monopolkapital und monopoltreue Regierungsparteien waren. Die faschistische Partei hat deren Funktionen übernommen, und das heißt, sie hat auch die Funktion des formaldemokratisch verfaßten monopolkapitalistischen Staates übernommen, das monopolkapitalistische Gesamtinteresse gegen die konkurrierenden monopolkapitalistischen Einzelinteressen zu wahren und in gewissem Sinne zu verkörpern. Dies macht, wie im formaldemokratischen Staat, Spannungen mit einzelnen Monopolfraktionen und mitunter auch punktuelle Spannungen zu allen Monopolfraktionen unvermeidlich. Doch sowenig wie im formaldemokratischen Staat solche Spannungen auf unterschiedliche soziale Orientierungen von Monopolpartei und Monopolkapital zurückzuführen sind, sowenig ist dies bei der zur Macht gelangten faschistischen Partei der Fall, und sowenig angesichts der Verhältnisse im formaldemokratischen Staat jemand auf den Gedanken käme, das Verhältnis von monopolkapitalistischer Staatsführung und Monopolkapital als ein sozial determiniertes „Bündnisverhältnis" zu bezeichnen, so erstaunlich ist, welche Resonanz eben dieser Gedanke findet, wenn er in bezug auf die Verhältnisse im faschistischen Staat geäußert wird.[8]

Mit alledem sind wir nun aber längst bei der Frage nach der Autonomie oder Nichtautonomie der faschistischen Massenbewegung.

Sie beantwortet sich für den Prozeß der Entstehung faschistischer Mentalität und faschistischer Potentiale im wesentlichen aus dem Hinweis auf den Mechanismus von Integration und Desintegration in der monopolkapitalistischen Gesellschaft. Das schließt freilich keineswegs aus, daß es zugleich – und zwar insbesondere in Zeiten zugespitzter Klassenkampfsituationen – unmittelbare Bemühungen der Großbourgeoisie um die Initiierung faschistischer Organisationsgründungen und die Beförderung ihres Aufstiegs gibt, dies liegt vielmehr vollkommen und ganz evidenterweise in der Logik des innerpolitischen Machtkampfs. Die Entsendung beispielsweise des Reichswehrspitzels Adolf Hitler in Anton Drexlers „Deutsche Arbeiterpartei" im Jahre 1919 sowie weiterer Reichswehrmitarbeiter in die DAP und andere militant antikommunistische Gruppen war ohne Zweifel eine im Interesse der reaktionärsten Gruppen des deutschen Monopolkapitals geplante Aktion der bayerischen Reichswehrführung und der politischen Führungskreise um v. Kahr.

Doch schon für die Erklärung der entwickelten faschistischen Massenpartei reicht dieser Hinweis nicht mehr aus. Denn eine faschistische Partei kann ohne immer zielstrebigeres Kurshalten ihrer Führer auf Anklang beim Monopolkapital ihre Entwicklung bis in die unmittelbare Reichweite der Macht nicht bewerkstelligen. Und zwar nicht nur aus finanziellen, sondern aus strukturellen Gründen.[9] Nur indem sie ihren monopolkapitalistischen Inhalt verdeutlicht – nicht gegenüber der breiten Öffentlichkeit, aber in ihrem Führungskern und gegenüber den sozialen Machthabern der Gesellschaft –, gewinnt sie überhaupt erst einen *wirklichen* Inhalt und erhält damit ihre Machtbewerbung für die herrschende Klasse einen Sinn. Eine vor einer realen Machtchance stehende faschistische Partei ist daher notwendig immer schon eine inhaltlich-konzeptionell vollständig auf den Boden des Monopolkapitals übergegangene Partei.

Die Frage nach ihrer inhaltlichen Autonomie gar erst nach der Machtübernahme beantwortet sich damit von selbst. Die faschistische Partei kann auf Grund ihres Charakters immer nur durch Selbstunterordnung unter das monopolkapitalistische Interessenprogramm machthabende Partei im imperialistischen Staat sein. Das Monopolkapital geht im Faschismus keinen Kompromiß mit den Mittelschichten ein, sondern errichtet vielmehr mittels des Faschismus seine bislang von ihm durch die Parteien des formaldemokratischen Systems ausgeübte Herrschaft über Arbeiterklasse und Mittelstand neu. Die faschistische Partei fungiert nicht als Repräsentant, sondern als Zuchtmeister des Mittelstands[10], dessen objektives Interesse doch nur der Abbau der Macht des Imperialismus und ein Abstoppen des dem Mittelstand tödlichen ökonomischen Konzentrations- und Monopolisierungsprozesses sein könnte, woran der faschistischen Partei aber am allerwenigsten gelegen ist. Es kann ihr hieran nicht gelegen sein – trotz aller Handwerksromantik und Bückeburgfeste –, weil sie nur entweder Mittelstandsinteressen vertreten oder an der Macht sein kann und sie sich, sobald sie größer geworden ist, immer für die Macht entscheidet und auch immer nur auf Grund dieser Entscheidung in deren Besitz gelangt.

Dem ganzen Problem der Autonomie würde aber in der linken Faschismusdebatte wahrscheinlich lange nicht soviel Leidenschaft gewidmet werden, wenn es nicht die Vorstellung gäbe, daß die faschistische Diktatur immer nur auf dem Wege der Machtergreifung einer faschistischen Massenbewegung errichtet werden könne bzw. nur so zustande gekommene Diktaturen faschistische Diktaturen seien. Dann natürlich muß sich die Gedankenkonstruktion vom „Bündnis" zwischen Monopolkapital und faschistischer Bewegung geradezu suggestiv aufdrängen. Doch in Wirklichkeit gibt es noch eine weitere, gleichberechtigt neben dem Formtypus des Massenbewegungsfaschismus stehende Realisationsform des Faschismus.

Das Monopolkapital ist am Übergang in den Faschismus interessiert, wenn die ihm zur Verfügung stehenden Integrationsmodelle ihrer Funktion nicht mehr gerecht werden. In diesem Moment wird die Errichtung eines offenen Gewaltregimes über die Gesellschaft zu seinem unmittelbaren Interesse, und es erweist sich nun als der genuine – d. h. als der hierin unter allen Gesellschaftsgruppen sich allein in Übereinstimmung mit seinen objektiven Interessen befindende – Träger des faschistischen Gewaltwillens. Die einzige Differenz, die das Monopolkapital bislang von der faschistischen Partei trennte, die unterschiedliche Beurteilung der Opportunität unbegrenzten und offenen Gewaltgebrauchs, ist jetzt aufgehoben. Wann aber ist manifest, daß diese Situation des Scheiterns sämtlicher integrativen Alternativen eingetreten ist oder akut droht?

Es gibt hier mehrere Fälle. Zum Beispiel:

Es bildet sich links von den monopoltreuen Parteien eine durch systemloyale Arbeiterparteien nicht integrierbare Mehrheit, der auf der rechten Seite nur ein kleines faschistisches Potential gegenübersteht.

Es bilden sich annähernd gleich starke rechte und linke Potentiale heraus, die den traditionellen monopolkapitalistischen Parteien die Massenbasis entziehen.

Es bildet sich ein starkes rechtes und nur ein schwaches linkes Potential heraus.

In allen diesen Fällen wird das Monopolkapital das faschistische Potential unter Hinzuziehung des militärischen und polizeilichen Gewaltapparats des alten Staates zur Zerschlagung des demokratischen Potentials benutzen. Es kommt also zum Formtypus des mit Hilfe einer Massenbewegung errichteten Faschismus.

Nehmen wir nun aber den Fall, daß sich überhaupt kein annähernd ins Gewicht fallendes faschistisches Potential gebildet hat, die Desintegrationserscheinungen also nahezu ausschließlich in demokratischer Richtung verlaufen sind. In diesem Falle bleibt dem Monopolkapital zur Errichtung einer Diktatur mangels Massenbasis nur die Möglichkeit zur Errichtung der Diktatur allein mittels der Armee, soweit diese noch ein intakter, von demokratischen Strömungen im wesentlichen freigehaltener innenpolitischer Machtkörper ist.

Neben dem Typus des Massenbewegungsfaschismus gibt es also den Typus einer mittels des Militärapparats ausgeübten faschistischen Diktatur des Monopolkapitals. Diese Diktatur muß als faschistisch klassifiziert werden, weil die terroristischen Funktionen, die sie ausübt, die gleichen sind wie diejenigen einer in die Macht eingesetzten faschistischen Partei und auch die Inhalte, von denen ihre Tätigkeit als Staatsführung bestimmt ist, die gleichen sind.

Die faschistische Massenbewegung kann somit nicht in die Definition des Faschismus aufgenommen werden.

Eine Faschismusdefinition muß vielmehr aus folgenden drei Elementen bestehen.

Erstens aus dem Element der sozialen Inhaltsbestimmung des Faschismus: Faschismus hat die Interessen des Monopolkapitals zu seinem Inhalt und dient ihrer Durchsetzung.

Damit allerdings wäre er überhaupt noch nicht von allen sonstigen, nichtfaschistischen monopolkapitalistischen Herrschaftsformen unterschieden. Es muß also ein zweites Kriterium hinzukommen:

Faschismus ist die Durchsetzung der monopolkapitalistischen Interessen mittels direkten und grundsätzlich unbegrenzten, also terroristischen, Gewaltgebrauchs.

Selbst durch diese Bestimmung wäre aber noch immer keine klare Unterscheidungsmöglichkeit zu nichtfaschistischen monopolkapitalistischen Herrschaftssystemen mit zunehmender Gewaltpraxis in bestimmten Situationen gegeben. Es muß deshalb ein drittes Element der Definition geben, das Element der Bestimmung des quantitativen Maßes der Gewalt, von dem an ein System faschistische Qualität annimmt. Dieses Bestimmungselement lautet:

Faschismus ist diejenige Herrschaftsform des Monopolkapitalismus, in der alle Bewegungen, in denen sich objektive Interessen der nichtmonopolistischen Mehrheit politisch artikulieren – in allererster Linie also die genuinen politischen Organisationen der Arbeiterklasse –, illegalisiert und mittels terroristischer Gewalt unterdrückt sind.

Ein Herrschaftssystem, das diese drei Kriterien erfüllt, ist ein faschistisches System.

Diese Definition gibt uns die Möglichkeit, unabhängig von letzlich immer nur äußerlich-formalistisch bleibenden Gesichtspunkten Faschismus zuverlässig zu erkennen. Denn in ihr ist sein soziales und sein politisches Wesen zusammengefaßt.

Eine Bestimmung des Faschismus nur auf Grund seines objektiven sozialen Inhalts müßte ihn unabgrenzbar machen gegenüber allen formaldemokratischen Modellen monopolkapitalistischer Herrschaftsausübung.

Eine Bestimmung allein auf Grund seiner Herrschaftsmethode würde ihn unabgrenzbar machen gegenüber vielen der heutigen neuen Staaten in den ehemaligen Kolonialgebieten, in denen die Diktaturen der jungen nationalen Bourgeoisien, soweit sie gegen den Neokolonialismus der auswärtigen monopolkapitalistischen Mächte gerichtet und nicht etwa von diesen selbst eingesetzt sind (was dann allerdings importierter Faschismus wäre), einen antiimperialistisch-emanzipatorischen Inhalt haben.

Ein Verzicht aber auf die definitorische Bestimmung des Punktes, an dem das schließlich auch in jedem formaldemokratisch verfaßten imperialistischen Herrschaftssystem in einem gewissen und durchaus steigerungsfähigen Maße enthaltene Moment direkten staatlichen Gewaltvorgehens gegen die demokratische Opposition faschistische Qualität annimmt, würde offenlassen, wo die Grenze zwischen dem zum System gewordenen Faschismus und den in zugespitzten Klassenkampfsituationen in allen monopolkapitalistischen Staaten auftretenden Symptomen zunehmenden administrativen Gewaltgebrauchs gegen die demokratische Opposition verläuft.

Erst die Kombination dieser drei Kriterien zu einer Faschismusdefinition ermöglicht es uns, unbeirrt von den drei versucherischen Hauptabwegen – nämlich erstens dem Abweg der inflationistischen Ausdehnung des Faschismusbegriffs, zweitens dem totalitarismustheoretischen Abweg und schließlich dem Abweg der falschen Bestimmung des Klassencharakters des Faschismus –, Faschismusbekämpfung mit Hilfe eines sich in der Praxis bewährenden Faschismusbegriffs zu betreiben.

Bei der Erörterung der Probleme einer antifaschistischen Gegenstrategie wird nun häufig gefragt, ob denn die Mittelschichten nicht immer latent konterrevolutionär, jedenfalls aber nie potentiell revolutionär seien und ob daher die Konzeption der Bündnispolitik als geeignet angesehen werden könne, die Herausbildung einer faschistischen Massenbewegung zu verhindern.

Dazu ist als erstes zu sagen, daß eine realistische Strategie der Faschismusverhinderung natürlich immer von vornherein auf zwei Ziele gleichzeitig gerichtet sein muß, eben weil es zwei mögliche Formen von Faschismus gibt: auf die Verhinderung der Herausbildung eines faschistischen Potentials in der Gesellschaft, ebenso aber gleichzeitig auch auf die Verhinderung einer faschistischen Militärdiktatur und also auf den Abbau ihrer gesellschaftlichen Voraussetzungen.

Der letztlich allein entscheidende Faktor, von dem die Möglichkeit der Verhinderung einer jeden Form von Faschismus abhängt, ist die Stärke des in unserer Gesellschaft vorhandenen demokratischen Potentials im Vergleich zu allen sonstigen Potentialen. Der Gedanke an die mögliche Form der faschistischen Militärdiktatur aber belehrt uns nun nachhaltig darüber, daß diese Frage des innenpolitischen Kräfteverhältnisses alles andere als etwa ein Problem des arithmetisch auszählbaren Pro-Kopf-Bestandes der politischen Massenpotentiale ist. Denn die sozial herrschende Klasse verfügt als herrschende Klasse nicht nur immer über die berühmte Prämie auf die legale Macht, sie verfügt in modernen Staaten über eine Gewaltapparatur solchen Ausmaßes, daß die Arrondierung eines relativ kleinen Prozentsatzes der Bevölkerung um diese Apparatur herum genügt, um einen solchen Machtblock der Minderheit dank seiner technischen Überlegenheit auch für die Mehrheit unüberwindlich zu machen. Es bleibt sicher für jedes Regime problematisch und auf die Dauer sogar unmöglich, ohne jegliche Unterstützung aus der Bevölkerung eine Diktatur zu errichten und zu behaupten, weshalb ja auch alle faschistischen Regime unmittelbar nach ihrer Machtübernahme bemüht sind, unverzüglich neue Integrationsmechanismen in Gang zu bringen. Aber zum Akt der Errichtung der Diktatur ist, wenn sie im Einverständnis mit den Machteliten der monopolkapitalistischen Gesellschaft und also mit der Möglichkeit des Rückgriffs auf den gesamten legalen Gewaltapparat des bisherigen Staates erfolgt, keineswegs eine faschistische Massenbewegung, sondern nur ein Minimum dessen erforderlich, was umgekehrt die demokratische Opposition zur erfolgreichen Abwehr eines solchen Verfassungsumsturzes auf ihrer Seite an aktiver Anhängerschaft braucht.

Damit aber kommen wir auf die Mittelschichten. Diese neigen, weil sie sich vom Schicksal der Proletarisierung bedroht fühlen und ihnen die Aufrechterhaltung ihrer minimalen Privilegien gegenüber der Arbeiterklasse als ihr Interesse erscheint, nur allzuleicht dazu, vor allem Haß auf die Arbeiterklasse zu entwickeln und sich deshalb dann auch allen monopolkapitalistischen Parolen gegen die Arbeiterklasse und gegen die politische Linke anzuschließen, somit also am ehesten zu faschistischem Potential zu werden. Aber dies ist eine den eigenen objektiven Interessen dieser Schichten ins Gesicht schlagende subjektive

Bewußtseinsreaktion, also keine etwa objektiv notwendige Reaktion.

Sehen wir uns nun die zahlenmäßige Relation von Mittelschichten und Arbeiterklasse an, so ist auf dem eben ausgeführten Hintergrunde vollkommen klar, daß das mittelständische Potential – selbst wenn wir es ganz eng fassen und nicht all das hinzunehmen, was, obwohl lohnabhängig, doch mittelständisches Bewußtsein hat – für sich genommen absolut ausreicht, dem Monopolkapital zu jedem ihm opportunen Zeitpunkt die Errichtung eines faschistischen Systems zu ermöglichen, falls es nur ein homogenes faschistisches Potential bildet, sein Bewußtsein also sich hinreichend faschisiert hat. Ist dies aber in größerem Umfange der Fall, so ist wegen der Ausstrahlung der mittelständischen Ideologie auf große Teile der Lohnabhängigen und durchaus auch Teile der Arbeiterklasse im engeren Sinne meist zugleich auch ein nicht unerheblicher Teil der Arbeiterschaft dem demokratischen Potential entzogen.

Es bleibt also, wenn man den Faschismus unmöglich machen will, gar keine andere strategische Möglichkeit als die, alle nur erdenklichen Anstrengungen zu unternehmen, um außer in der Arbeiterklasse auch in den Mittelschichten ein objektives politisches Interessenbewußtsein wachzubekommen, d. h. in bezug auf die Mittelschichten das Bewußtsein, daß ihrem objektiven Interesse das politische Zusammengehen mit den demokratischen Potentialen dieser Gesellschaft entspricht. Das ist ohne Zweifel schwer, weil es den Abbau eines tief eingerasteten falschen Bewußtseins verlangt. Aber faschistische Mentalität, wo sie in nichtmonopolistischen Schichten auftritt, ist nichts anderes als in den Ruf nach Gewalt mündendes falsches Bewußtsein im unfreiwilligen Dienste der wirklich herrschenden Kräfte, und daher ist die aktive Bemühung um den Abbau dieses falschen Bewußtseins eine strategische Hauptaufgabe antifaschistischer Arbeit. Und nichts anderes bedeutet Bündnispolitik. Bündnispolitik gegenüber den Mittelschichten zu betreiben, das bedeutet nichts anderes, als den unablässigen bewußten Versuch zu unternehmen, diese Schichten in die politischen Auseinandersetzungen des demokratischen Potentials mit dem Monopolkapital miteinzubeziehen und sie so auf dem einzigen Wege, auf dem sich objektives Interessenbewußtsein entwickeln kann, auf dem Wege der eigenen politischen Erfahrungen, mehr und mehr in Monopolkapital und Faschismus ihren wahren Gegner und in den demokratischen politischen Kräften und der Arbeiterschaft mehr und mehr ihren wirklichen Verbündeten erkennen zu lassen.

Das Gegenkonzept hierzu ist bekanntlich die Organisierung ausschließlich von Sozialisten in Frontstellung zu Monopolkapital und Mittelschichten gleichermaßen durch hochmütige Bindung der Teilnahmeberechtigung am antifaschistischen Kampf an die Bedingung eines von vornherein und zuvor abzulegenden Bekenntnisses zum Sozialismus. Antifaschistische Strategie aber kann doch wohl nicht zum Ziel haben, ein demokratisches Potential zu schaffen, das unter den Schlägen der faschistischen Gegenreaktion heldenhaft untergeht. Die schwierigere Aufgabe ernsthafter antifaschistischer Strategie besteht darin, das Anwachsen der demokratischen Potentiale in unserer Gesellschaft auf eine solche Weise voranzubringen, daß sich eine Konstellation, die dem Monopolkapital den Übergang in die faschistische Diktatur erlaubt, nicht ergibt, und das läßt sich nur erreichen, wenn eine weitgehende politische Bindung der Mittelschichten an die demokratische Opposition und die Arbeiterklasse gelingt.

Zusammenfassend gesagt: Faschismusverhinderung ist nur möglich, wenn es gelingt, die nichtmonopolistischen Schichten in ihrer weit überwiegenden Mehrzahl aus der Gefahrenzone herauszubringen, Rekrutierungsreservoir für den Faschismus zu sein. Und das heißt, aufgelöst in den Vorgang, der dann ins Werk gesetzt werden muß: wenn es gelingt, ihnen wenigstens in bezug auf die äußerste Bedrohung, die das monopolkapitalistische System für sie bereithält, den Faschismus (und den imperialistischen Krieg), ein objektives Interessenbewußtsein zu vermitteln und sie so über diesen allerersten und allerwichtigsten Pfeiler dem demokratischen Potential zu verbünden. In diesem Sinne und aus diesem Grunde aber kann strategisch zielsicher angelegte antifaschistische Politik nie etwas anderes sein als eine unter den nichtmonopolistischen Schichten betriebene Verbündungs- — oder eben antifaschistische Bündnis- — politik.

VII. Der gegenwärtige Faschismus und die Realität seiner Gefahr Bericht über ein Referat von K. I. Sarodow (1973)

1. Der Faschismus kommt nicht über Nacht

Bei der Einberufung des Symposiums, sagte K. I. Sarodow in seinem Referat, berücksichtigten seine Organisatoren die Schlußfolgerung der Internationalen Beratung der kommunistischen und Arbeiterparteien von 1969, daß man — auf nationaler und internationaler Ebene — „*den Kampf gegen die faschistische Gefahr verstärken und den profaschistischen Vorstößen eine schonungslose Abfuhr erteilen muß*“[1]. Dieses Problem wird in letzter Zeit immer akuter, und die Kommunisten der verschiedenen Länder widmen ihm große Aufmerksamkeit.

Der Faschismus heute wie auch der Faschismus vergangener Zeiten ist eine internationale Erscheinung, und deshalb erlangt der Kampf gegen ihn unausweichlich internationalen Charakter, setzt die Aktionseinheit der fortschrittlichen Kräfte und Kommunisten, vereinte Anstrengungen der marxistisch-leninistischen Parteien auf theoretischem und ideologisch-politischem Gebiet voraus.

Festgestellt werden muß, daß das Symposium in einem Lande durchgeführt wird, in dem vor 40 Jahren, im Januar 1933, der Faschismus an die Macht kam und 12 Jahre geherrscht hat. Diese düsteren Seiten der Geschichte dienen als ernste Warnung. Sie erinnern daran, wie wichtig es ist, die faschistische Gefahr in ihren Anfängen zu erkennen, ihre sichtbaren und ihre verdeckten Seiten zu analysieren.

Dieses Thema wird in den letzten Jahren erstmalig von Marxisten vieler Länder auf einem internationalen Symposium diskutiert. Es wurden Zweifel geäußert: Soll man denn einzelne profaschistische Ausfälle ernst nehmen? Läuft das Problem des Kampfes gegen den Faschismus nicht darauf hinaus, seine Abwehr in den Ländern zu organisieren, in denen er sich an der Macht befindet? Wozu soll man die Frage der Gefahr des Faschismus aufwerfen, wenn die Interessen unseres Hauptgegners – des Imperialismus – in den meisten kapitalistischen Ländern von Parteien zum Ausdruck gebracht werden, die nicht auf den Positionen der faschistischen Ideologie stehen? Man sagte auch: Unser Hauptfeind ist der USA-Imperialismus und nicht der Faschismus.

Gewiß darf man die Gefahr des Faschismus nicht überschätzen, der Kampf gegen ihn steht in vielen kapitalistischen Ländern nicht direkt auf der Tagesordnung, aber der Faschismus kommt nicht über Nacht, wie es auf einem Plakat der DKP vor dem Eingang in diesen Saal richtig zu lesen war. Übrigens war von der Gefährlichkeit einer Unterschätzung des Faschismus schon auf dem VII. Kongreß der Kommunistischen Internationale die Rede.

2. Die politische Aktualität

Auf die Aktualität des Inhalts des Symposiums und seine zeitgerechte Durchführung eingehend, hob K. I. Sarodow drei Momente hervor.

Erstens wird die Existenz der faschistischen Gefahr durch die Ereignisse der letzten Jahre bewiesen. Die Zerschlagung des Faschismus im Ergebnis des 2. Weltkrieges, der langjährige und beharrliche antifaschistische Kampf der Massen haben die Möglichkeit seines Wiedererstehens nicht beseitigt, da seine Klassenursachen nicht entfernt worden sind. Die Marxisten-Leninisten haben seit langem darauf hingewiesen, daß Imperialismus politische Reaktion auf der ganzen Linie ist. Diese Tendenz, die sich mit der Umwandlung des Kapitalismus in den staatsmonopolistischen Kapitalismus verstärkt hat, findet ihren extremen Ausdruck im Faschismus.

Über die Ausmaße der faschistischen Gefahr läßt sich nach folgenden Tatsachen urteilen. In einer Reihe von Staaten (in Portugal, Spanien und einigen Ländern der „dritten Welt") ist der Faschismus an der Macht. Faschistische Parteien und Gruppen wirken in vielen kapitalistischen Ländern, schaffen internationale Vereinigungen. Sie verfügen über bedeutende finanzielle Mittel, haben einflußreiche Fürsprecher in bestimmten Schichten der herrschenden Klasse, in Teilen des Staatsapparats, insbesondere in der Armee, Gendarmerie und der Polizei. Gleichzeitig ist auch eine Tendenz zur Verstärkung der reaktionären Elemente in Parteien festzustellen, die am rechten Flügel der bürgerlichen Demokratie stehen. Sie nehmen Splittergruppen ehemaliger offen faschistischer Organisationen in sich auf, gehen mit profaschistischen Bewegungen eine (ständige oder zeitweilige) politische Koalition ein.

Kurzum, der Faschismus als solcher existiert, und es ist notwendig, seine Wurzeln und Quellen, Erscheinungsformen und Kanäle des Eindringens in die Massen sowie die Methoden seiner Bekämpfung zu analysieren. Das ist um so wichtiger, als nach dem 2. Weltkrieg eine neue Generation herangewachsen ist, die den Faschismus nur aus Büchern und Erzählungen kennt, und die heutigen Faschisten es verstehen, ihr wahres Klassenantlitz geschickt zu tarnen.

Zweitens wirken in der gegenwärtigen kapitalistischen Gesellschaft Faktoren, die die Belebung und das Gedeihen der giftigen faschistischen Saat fördern.

Einer besonderen Untersuchung wert sind in diesem Zusammenhang die Veränderungen, die sich in der sozialen Struktur der bürgerlichen Gesellschaft unter dem Einfluß der Entwicklung des staatsmonopolistischen Kapitalismus und der wissenschaftlich-technischen Revolution vollziehen. So erzeugt die Schwächung der Position des städtischen Kleinbürgertums, das der Konkurrenz und dem Druck der großen Monopole nicht standhalten kann, die zunehmende Ruinierung und Verschlechterung der Lebensbedingungen relativ großer Bevölkerungsgruppen, insbesondere der Bauernschaft, infolge ihrer zwiespältigen Lage, nicht nur antimonopolistische Stimmungen, die sie objektiv zum Verbündeten der Arbeiterklasse machen, sondern auch Illusionen hinsichtlich der Möglichkeit einer Rückkehr zu den früheren, vormonopolistischen Bedingungen der „freien Konkurrenz", veranlaßt sie zur Suche nach einem anderen „Verteidiger". Derartige Stimmungen machen diese soziale Gruppe unter bestimmten Bedingungen recht anfällig für den Einfluß der neofaschistischen Demagogie; sie kann zum Lieferanten politischen „Fußvolks" für rechtsradikale Organisationen werden. Um so mehr, als die Neofaschisten raffiniert an die dringenden Nöte und Forderungen der Massen appellieren, wobei sie vor einer Kritik an der Politik der bürgerlichen Regierungen und der Monopole nicht haltmachen und sich als wahre „Volksfreunde" aufspielen.

Zu berücksichtigen ist ferner die psychologische Reaktion des Kleinbürgers auf die Unfähigkeit des Kapitalismus, die sozialen Grundprobleme der Gesellschaft zu lösen. Die Zunahme der Kriminalität, die fortschreitende moralische Verkommenheit, die einen Teil der Jugend erfaßt, werden in einigen kapitalistischen Ländern zu einem nicht minder ernsten gesamtnationalen Problem, als es die wirtschaftliche Labilität ist. Auf mikrosoziologischer Ebene, d. h. angewandt auf die Bedingungen des täglichen Lebens des Menschen in der jeweiligen Stadt oder dem jeweiligen Bezirk, erzeugt das beim Kleinbürger das Gefühl ständiger Besorgnis, er bangt und fürchtet um den Besitz, um sein eigenes Schicksal, um das Leben seiner Angehörigen. Es ergibt sich eine drückende psychologische Belastung, und unter ihrem Einfluß erliegt der Kleinbürger der Propaganda mit der Forderung nach einer „starken Macht“, die mit dem „demokratischen Unfug“ in der „Gesellschaft des Überflusses“ Schluß machen wird.

Ein besonderes Problem bildet die Zuspitzung der nationalen Beziehungen. Es vertieft sich die Ungleichmäßigkeit der Entwicklung sowohl einzelner Länder als auch einzelner Landesteile. Wenn diese Landesteile mit kompakten nationalen, rassischen oder religiösen Minderheiten besiedelt sind, verwandelt sich die ökonomische Ungleichheit oft in nationale, während die ökonomischen Widersprüche in nationalen Hader umschlagen. Die Spekulation auf die nationalen Vorurteile ist in der Vergangenheit die Glanznummer der faschistischen Bewegungen gewesen. Noch größere Bedeutung als ein Faktor, der den Nährboden für rechtsradikalistische Stimmungen schafft, haben diese Vorurteile heute.

Drittens zeigen die Erfahrungen der Geschichte, daß der Faschismus in politischen Krisensituationen das Haupt erhebt und zur Offensive übergeht, besonders wenn es der Arbeiterklasse bestimmte demokratische und soziale Errungenschaften zu erkämpfen gelingt. Diese Erfolge lösen bei der herrschenden Klasse Furcht aus. Daher wächst ihr Bestreben, Methoden des Terrors zur Unterdrückung der demokratischen Massenbewegungen anzuwenden und der Revolution zuvorzukommen. Begreiflicherweise sind derartige Krisensituationen auch in unserer Zeit möglich, da es der Monopolbourgeoisie infolge der politischen und ökonomischen Offensive der Arbeiterklasse, der sich insbesondere im Wahlkampf offenbarenden Erfolge der Politik der Aktionseinheit der demokratischen Kräfte immer schwerer fällt, die Macht mit den traditionellen parlamentarischen Methoden zu behaupten. Nicht ausgeschlossen ist, daß bei einer bestimmten Wende der Ereignisse die herrschende Klasse auf den Faschismus als erprobte und bewährte konterrevolutionäre Kraft im Kampf gegen die antimonopolistische und demokratische Bewegung setzen kann.

Im Lichte all dieser Tatsachen (ihre Aufzählung ließe sich noch fortsetzen) wird deutlich, daß der Faschismus heute nicht nur als eine Realität existiert, sondern auch eine bedeutende potentielle Gefahr darstellt. Aus den Erfahrungen der Geschichte ist bekannt: Der Faschismus macht nicht selten ein relativ langes Stadium embryonaler Entwicklung durch und greift dann rasch wie die Pest um sich. So war es in den 20er Jahren, als sich seine Anzeichen unmerklich häuften. In unserer Zeit ist eine plötzliche Aktivierung der faschistischen Bewegung, so etwa wie an der Schwelle der 30er Jahre, ebenfalls möglich. Bei Äußerungen der Labilität des ökonomischen und politischen Systems, in zugespitzten internationalen Situationen zeigt sich die Tendenz zur Verbreiterung der rechtsradikalistischen Wählerschaft, und die faschistische Gefahr kann in kürzester Frist zu katastrophalen Ausmaßen anwachsen. Die Bruderparteien sind der Ansicht, daß man alles tun muß, um das Wuchern und Erstarken des Faschismus zu verhüten.

Mit der neuen Gruppierung der Klassenkräfte in der Welt, mit der wissenschaftlich-technischen Revolution sind die revolutionären Möglichkeiten der Arbeiterklasse gewachsen, doch gleichzeitig blieben die ökonomischen, politischen und sozialen Bedingungen für das Anwachsen der faschistischen Gefahr erhalten. Die Frage ist, wer die neue Situation besser nutzen wird: die Revolutionäre, die Kommunisten oder aber die Extremisten, die Faschisten. Kurzum, in den nächsten Jahren steht ein erbitterter politischer und ideologischer Kampf bevor. Daher ist es wichtig, auf dem Symposium durch gemeinsame Anstrengungen eine Antwort auf folgende Fragen zu geben: Was ist der Neofaschismus, und welches sind seine Ideologie, seine programmatischen Zielsetzungen, die Methoden, mit denen er an die Massen appelliert? Wie ist sein realer Einfluß, und welchen Platz nimmt er im politischen Leben ein? Worin liegen die Ursachen für die Zählebigkeit der politischen Regimes, in denen sich der Faschismus seit Jahrzehnten an der Macht befindet? Auf welche dringenden Nöte und Forderungen spekulieren die Neofaschisten?

Der Neofaschismus ist ein relativ neues Problem. Bei seiner Analyse helfen Analogien und Lehrbücher wenig. Er muß an Hand der konkreten Erscheinungsformen, schöpferisch, von den Positionen des Marxismus-Leninismus aus untersucht werden. Diese Aufgabe kann nur durch gemeinsame Anstrengungen von Marxisten der verschiedenen Länder gelöst werden. Den Forderungen der marxistisch-leninistischen Methodologie entsprechend, ist es wichtig, den Klassencharakter des gegenwärtigen Faschismus, die Kontinuität und die Unterschiede zwischen ihm und dem „traditionellen Faschismus“, seine konkreten Erscheinungsformen in den verschiedenen Ländern zu zeigen.

3. Merkmale des Neofaschismus

Nach Ansicht K. I. Sarodows behalten die vom marxistischen Denken in den 30er Jahren ausgearbeiteten wissenschaftlichen Definitionen des Faschismus ihre Gültigkeit auch für die Einschätzung des Faschismus der 70er Jahre. Im letzten Jahrzehnt hat sich der Ideenstreit um die Frage, was unter dem Wesen dieser Erscheinung zu verstehen ist, verstärkt. In der bürgerlichen, reformistischen und linkssektiererischen Literatur wird der Gedanke suggeriert, daß die heutigen Faschisten nicht ganz Faschisten oder sogar überhaupt keine Faschisten seien.

Den Marxisten ist das Wesen des Faschismus von heute klar. Es ist dasselbe wie beim Faschismus früherer Jahre. Der Neofaschismus an der Macht – das ist die offen terroristische Diktatur der am meisten reaktionären, am meisten imperialistischen, am meisten chauvinistischen Elemente des Finanzkapitals. Das ist zügelloser, pathologischer Antikommunismus, der die durch das kapitalistische System erzeugte Unzufriedenheit der Masse des Kleinbürgertums und des Lumpenproletariats gegen die organisierte Arbeiterbewegung, gegen Demokratie und Sozialismus lenkt. Das ist die Reaktion der Konterrevolution auf die Aktionen der demokratischen und revolutionären Kräfte. Der Neofaschismus bleibt in allen Formen, in allen Äußerungen, in allen Entwicklungsetappen der ärgste Feind der Arbeiterklasse, aller Werktätigen, aller Demokraten. Das ist keine nationale, keine regionale, sondern eine der kapitalistischen Welt insgesamt eigene Erscheinung.

Die Ermittlung der Besonderheiten des Faschismus der 70er Jahre ist von prinzipieller Bedeutung, um wirksame Formen und Methoden für die Abwehr seiner Gefahr auszuarbeiten. Diese Besonderheiten sind durch die neue sozialpolitische Realität bedingt. Einerseits hat sich das Kräfteverhältnis in der Welt grundlegend verändert, der Hauptklassengegner des Faschismus – die organisierte internationale Arbeiterklasse, die demokratische Bewegung – ist erstarkt, herausgebildet und gefestigt hat sich das sozialistische Weltsystem. Jetzt wird die Aufgabe des Kampfes gegen die faschistische Gefahr unter den Bedingungen einer anhaltenden historischen Offensive des Sozialismus und der organisierten Arbeiterklasse gestellt, während sie vor dem Kriege, insbesondere durch den VII. Kongreß der Komintern, zu einer Zeit gestellt wurde, als die Arbeiterklasse in mehreren kapitalistischen Staaten infolge der Spaltung der antifaschistischen Kräfte eine ernsthafte Niederlage erlitten hatte und die konkrete Situation insgesamt die Offensive des Faschismus und seine zeitweiligen Erfolge begünstigte.

Während andererseits das Monopolkapital den Faschismus in den Vorkriegsjahren als Hauptwaffe der Konterrevolution, als Hauptbrandstifter des 2. Weltkrieges benutzte, so dienen in der gesamten Nachkriegsperiode die faschistischen Bewegungen der imperialistischen Bourgeoisie als wichtige politische Reserve, die sie vorläufig in relativ begrenztem Maße im Kampf einsetzt. Infolge der Entwicklung eines hochorganisierten Produktionsapparats, der wachsenden Produktionsmöglichkeiten, der Errungenschaften der wissenschaftlich-technischen Revolution bietet sich der herrschenden Klasse ein beträchtlich erweitertes Feld für soziale Manöver im Rahmen der bürgerlichen Demokratie, darunter auch in Krisensituationen. Entsprechend gewandelt und elastischer geworden ist auch ein solcher politischer Konkurrent des Faschismus wie die bürgerlich-demokratischen Parteien, der die Interessen des Monopolkapitals auf eine andere Weise sichert.

Auch die konkreten Erscheinungen des Faschismus sind bei weitem nicht dieselben wie vor 40, 50 Jahren. Irgendwie verändert hat sich sowohl der „traditionelle Faschismus“ als auch die faschistischen Regimes, die die Stürme des 2. Weltkrieges überdauert haben. Aufgekommen sind rechtsextremistische und rechtsradikalistische Strömungen. Entstanden sind Tyranneien und militär-faschistoide Regimes mit neuen Zügen, darunter auch in den Ländern der „dritten Welt“. Notwendig ist darum die Berücksichtigung, die Verallgemeinerung der neuen Tatsachen, die Kenntnis der Besonderheiten, der nationalen Spezifik der Entwicklung des Neofaschismus in den einzelnen Ländern und Regionen. Auch heute noch sind die Worte G. Dimitroffs auf dem

VII. Kongreß der Komintern aktuell, daß es ein grober Fehler wäre, irgendein allgemeines Entwicklungsschema des Faschismus für alle Länder und alle Völker aufstellen zu wollen. Ein solches Schema würde uns nicht helfen, sondern uns hindern, den wirklichen Kampf zu führen.[2]

Einige Bemerkungen zu den faschistischen Regimes, die den 2. Weltkrieg überdauert haben. Sie werden heute unter dem Druck der wachsenden Volksbewegung von politischen Krisen erschüttert. Die Zählebigkeit der faschistischen Herrschaft in diesen Ländern ist in vieler Hinsicht durch ihren Platz und ihre Rolle in der imperialistischen Globalstrategie zu erklären. Nach dem 2. Weltkrieg wurden sie zu einem Instrument der Aggressionspolitik des US-Imperialismus gegen die sozialistische Welt. Auf den Territorien faschistischer Staaten wurden Militärstützpunkte gegen die sozialistischen Länder geschaffen. Daher die ständige Sorge des US-Imperialismus um die Erhaltung der faschistischen Regimes gegen den Willen der kämpfenden Völker. Übrigens spielten beim faschistischen Putsch in Griechenland die Interessen der aggressivsten Elemente des US-Imperialismus, die dieses Land dadurch in ihren militärischen Aufmarschraum zu verwandeln gedachten, eine erstrangige Rolle. Nach Ansicht K. I. Sarodows nehmen die faschistischen Regimes heute Züge des Kollaborationismus an. Das führt zu ihrer immer größeren Isolierung in ihren Ländern, fördert den Zusammenschluß breiter gesellschaftlicher Schichten, die sich bereits nicht nur auf antifaschistischer, sondern auch auf gesamtnationaler, patriotischer Plattform gegen das Regime wenden.

Wendet man sich der Lage in den Hochburgen des Imperialismus, in den entwickelten kapitalistischen Ländern zu, so stößt man auf die Existenz von Parteien und Gruppen traditionell faschistischen Typs. Ihren Grundstock bilden oftmals Kader der faschistischen Bewegung aus Hitlers und Mussolinis Zeiten, die persönlich mit den faschistischen Regimes verbunden waren. In den Nachkriegsjahren macht sich der „traditionelle Faschismus“ in der Arena des politischen Lebens bald mit Terrorakten gegen Kommunisten und Demokraten, bald mit rassistischen Ausschreitungen, bald mit Kampagnen zur Rehabilitierung der Kriegsverbrechen des Nazismus, bald mit öffentlichen Skandalen, ausgelöst durch enthüllte Vorbereitung seiner Anhänger zu bewaffneten Provokationen, und schließlich durch Wühl- und Spionagetätigkeit gegen die sozialistischen Länder immer wieder bemerkbar. In den 70er Jahren haben diese Gruppen ihre Aktivität verstärkt. Zu beobachten sind Versuche zur Sammlung der nazistischen Extremisten sowie zur Bildung einer neuen internationalen „Achse“ aus den in Westeuropa wirkenden faschistischen, antikommunistischen und nationalistischen Emigrantengruppen.

Bei der heutigen Betrachtung der faschistischen Opposition gegen das bürgerlich-demokratische Regime muß man anscheinend noch eine andere Richtung im Auge behalten – die am meisten rechts stehenden radikalistischen und extremistischen Strömungen und Organisationen.

Sie alle bilden eine Opposition sogar zu den konservativsten und reaktionärsten Elementen, die die bürgerliche Demokratie im Interesse des Monopolkapitals nutzen. Gewiß, an die Einschätzung der ultrarechten Bewegungen muß man differenziert herangehen, insbesondere die Spezifik ihrer Beziehungen zu den Volksmassen berücksichtigen. Nach Meinung des Redners sind jene Ultrarechten – Anhänger der terroristischen Diktatur, die an die Masse appellieren und deren politische Aktivität im Interesse der Verteidigung der kapitalistischen Ordnung zu lenken verstehen – eben die Vertreter des Faschismus von heute. In eben dieser Eigenschaft können die rechtsradikalistischen Bewegungen die gleiche Rolle, die gleiche sozialpolitische Funktion im System der Machtsicherung des Monopolkapitals erfüllen wie der Faschismus vor dem Kriege. Ist doch gut bekannt, daß der Faschismus die offen terroristische Diktatur mittels einer politischen Partei verwirklicht, die die Massen für ihre reaktionären, konterrevolutionären Ziele ausnutzt.

Die heutigen Rechtsradikalen und Rechtsextremisten ziehen es vor, sich von den kompromittierten faschistischen Bewegungen der Vergangenheit, von deren Ideen und Losungen abzugrenzen. Doch die konkrete Analyse dieser Strömungen zeigt, daß sie auf die eine oder andere Art in den faschistischen Bewegungen der Zeit zwischen den beiden Weltkriegen wurzeln. In ihren Programmen vereinen sie den sozialpolitischen Konservatismus und das reaktionäre Wesen der herrschenden Klasse mit kleinbürgerlichen Illusionen und mit Rebellengeist, was dem Faschismus auch vor dem Kriege eigen war. Die von den Neofaschisten angewandten Methoden des Einflusses auf die Massen und Formen ihrer Mobilisierung sind offensichtlich nach dem Beispiel der faschistischen Parteien vor dem Kriege entstanden.

Zweifelsohne, so hob der Redner hervor, dauert im rechtsradikalistischen Lager die mit der Zerschlagung des Faschismus im 2. Weltkrieg begonnene Umgruppierung der Kräfte auch heute noch an. Dieser Prozeß birgt die Gefahr in sich, daß neofaschistische Parteien, die sich nach langer und immer noch anhaltender „natürlicher Auslese“ im Sinne der Bedürfnisse des Monopolkapitals der neuen politischen Realität angepaßt haben, aufkommen und erstarken.

In unserer Zeit offenbart sich die faschistische Gefahr nicht nur in der Arena des parlamentarischen und außerparlamentarischen Kampfes. Mit der Entwicklung des staatsmonopolistischen Kapitalismus werden verschiedene Teile des heutigen kapitalistischen Staatsapparats selbst immer mehr zu Trägern ultrareaktionärer Tendenzen. Es verstärkt sich die Tendenz zur reaktionären Selbstherrschaft der zivilen Bürokratie. Mit dem Abbau des Mechanismus der bürgerlichen Demokratie wächst die unkontrollierbare Einmischung der Exekutivorgane in alle Prozesse der Wirtschaft, des sozialen und kulturellen Lebens der Gesellschaft, und in den Händen der höchsten Beamten konzentriert sich eine gewaltige Macht. Gleichzeitig wird die Rechtsgrundlage für polizeiliche Repressalien in Form einer arbeiter- und volksfeindlichen Gesetzgebung geschaffen.

Es erweitert sich die reale ökonomische und politische Macht des Militär-Industrie-Komplexes. Er wird zu einer autarken Kraft, die sich immer mehr dem bürgerlich-demokratischen System entgegenstellt und es sich zu unterordnen sucht. Die Empfänglichkeit der reaktionären Militärkamarilla, der militaristischen Kreise für die faschistische Ideologie ist angesichts der Verstärkung der Aggressivität des Imperialismus besonders gefährlich, sie kann sich auch in einer konservativen Reaktion auf die Erfolge des Kampfes für Frieden und Entspannung äußern.

Somit wächst die Gefahr der immanenten Faschisierung der bürgerlichen Staatsmaschinerie, und auf dieser Grundlage greifen die Übergangsformen, die neofaschistischen Formen zur Durchsetzung der Macht des Monopolkapitals, in denen sich Elemente der bürgerlich-demokratischen und der offen terroristischen Regimes verbinden, immer mehr um sich. Eine neue Gefahr taucht auf: Die allmähliche Umwandlung des bürgerlich-demokratischen Regimes in ein faschistisches, das die Möglichkeit schafft, die Reste des Parlamentarismus plötzlich zu beseitigen und eine Diktatur zu errichten.

Betrachtet man die politische Geographie des Nachkriegsfaschismus genauer, so fällt ein weiteres charakteristisches Detail auf. Der Faschismus – in den Jahren des Krieges in den Hochburgen des Imperialismus zerschlagen – greift nach dem Krieg an der ehemals kolonialen und halbkolonialen Peripherie immer mehr um sich. Dabei tritt er hier in der neuen Rolle eines abhängigen Helfershelfers, eines Satelliten der imperialistischen Mächte auf, die ihn als ein Hauptinstrument im Kampf gegen die Kräfte der nationalen Befreiungsbewegung und den sozialen Fortschritt einsetzen.

Unter dem Aspekt der Methoden der Machtergreifung in den Ländern dieser Region ist für die gegenwärtige Etappe der exportierte Faschismus charakteristisch. Er wird von außen in Form militärisch-terroristischer Regimes von Regierungen gepflanzt, die im eigenen Land die Attribute der bürgerlichen Demokratie (mehr oder minder) wahren. Die Hauptstütze dieser Regimes ist das internationale Kapital, vor allem der USA-Imperialismus. Im System der weltweiten imperialistischen Verbindungen wirkt der exportierte Faschismus als Instrument des Neokolonialismus, mit dem den Völkern der Entwicklungsländer das Diktat der imperialistischen Bourgeoisie aufgezwungen wird.

Gewiß sind dem Neofaschismus auch andere Besonderheiten eigen, die in Anwendung auf die Bedingungen der verschiedenen Länder zu analysieren sind.

4. Die faschistische Gefahr und die Kommunisten

Die Besonderheit der gegenwärtigen Fragestellung, wie die faschistische Gefahr zu bannen ist, besteht vor allem darin, daß diese Aufgabe nur im allgemeinen Kontext des antiimperialistischen Kampfes gelöst werden kann. Zugleich stellt der antifaschistische Kampf auch eine spezifische Aufgabe für die Arbeiterklasse, für alle Demokraten, alle Anhänger der Freiheit dar. Auch das wird von den kommunistischen und Arbeiterparteien bei der Ausarbeitung ihrer Taktik berücksichtigt.

In den Dokumenten der internationalen und regionalen Beratungen sowie der Parteitage der Bruderparteien ist die Taktik einer organischen Verbindung des antiimperialistischen und antifaschistischen Kampfes ausgearbeitet worden. Welches sind heute die Hauptelemente des Kampfes gegen den Faschismus? Sie können, nach Ansicht K. I. Sarodows, wie folgt zusammengefaßt werden:

– stärkere reale Unterstützung der nationalen fortschrittlichen Kräfte, die gegen die faschistischen und tyrannischen Regimes kämpfen; systematische nationale und internationale Aktionen gegen die Politik der Repressalien, für die Rettung der Patrioten und Demokraten, deren Leben bedroht ist, gegen die Willkürjustiz gegenüber Kommunisten und anderen Patrioten, für die Befreiung der eingekerkerten Demokraten;

– entschiedener Widerstand gegen die Versuche der imperialistischen Bourgeoisie, die von den Werktätigen in Klassenschlachten errungenen demokratischen Rechte und Freiheiten – auch durch arbeiterfeindliche Gesetzgebung – zu schmälern und zunichte zu machen. Es geht nicht nur um den Schutz der unmittelbaren wirtschaftlichen und politischen Interessen der Arbeiterklasse vor den Anschlägen der Reaktion, sondern auch um Aktionen für die Demokratisierung aller Seiten des gesellschaftlichen Lebens. Nur mittels einer Offensive gegen die Macht des Monopolkapitals, für demokratische Forderungen, deren Realisierung den Imperialismus insgesamt schwächt, die Grundlagen seiner Herrschaft untergräbt, kann man den Faschismus mit der Wurzel ausrotten.

– unermüdlicher Kampf gegen die Kriegsbrandstifter, gegen die Bestrebungen der imperialistischen Kreise, die internationale Spannung aufrechtzuerhalten und zu verstärken, die – vom Standpunkt der inneren Bedingungen der kapitalistischen Länder aus – einen günstigen Boden für das Wüten der Reaktion schafft; Widerstand gegen den wachsenden Einfluß des Militarismus und der reaktionären Militärkamarilla – dieser natürlichen Stützen des Faschismus – auf das politische Leben;

– Entlarvung des Antisowjetismus als wichtigste Bedingung für den Erfolg des antiimperialistischen und antifaschistischen Kampfes, weil die Sowjetunion, die Welt des Sozialismus das Hauptbollwerk aller antiimperialistischen und antifaschistischen Kräfte sind;

– Nutzung der friedlichen Koexistenz von Staaten mit unterschiedlicher Gesellschaftsordnung als wirksamer Form des politischen und Klassenkampfes gegen die aggressiven Kräfte des Imperialismus und die faschistischen Regimes;

– entschiedene Abfuhr für die vom Imperialismus organisierten konterrevolutionären Verschwörungen, reaktionären Putsche, für den

Export des Faschismus, die militärische Intervention, für jegliche Aggressionsakte;

– Kampf gegen alle Erscheinungsformen der menschenfeindlichen Ideologie und Praxis des Rassismus, Chauvinismus, reaktionären Nationalismus, des Revanchismus, Zionismus und Antisemitismus.

Begreiflicherweise werden alle diese Richtungen des Kampfes gegen die gegenwärtige faschistische Gefahr unter den Bedingungen des jeweiligen Landes konkretisiert. Der Erfahrungsaustausch zu diesen Problemen auf dem Symposium wird von Nutzen sein. In diesem Zusammenhang machte K. I. Sarodow auf drei Momente aufmerksam.

Jede Unterschätzung des Neofaschismus bringt Schaden. Mitunter wird der Gedanke geäußert, daß die Möglichkeiten des Faschismus heute sehr beschränkt seien und man daher mit ihm nicht zu rechnen brauche. Man sagt z. B., daß mit der zunehmenden Bildung und Kultur die Anfälligkeit der Massen für antidemokratische, chauvinistische, rassistische und militaristische Ideen geringer werde und die Gefahr des Faschismus deshalb schwinde, daß er sich spontan überlebe. Man sagt ferner, daß in den Ländern, in denen Generationen von Menschen im Geiste demokratischer Traditionen erzogen worden sind, der Faschismus nicht zu befürchten sei. Doch die Erfahrungen besagen das Gegenteil. Vor dem Machtantritt Hitlers wurden ebenfalls Meinungen geäußert, daß der Sieg des Faschismus in Deutschland ausgeschlossen sei, weil es ein hochentwickeltes Land mit hoher Kultur und mit soliden Traditionen der Arbeiterbewegung sei. Doch gerade in diesem Land bot der Faschismus das Beispiel schlimmster Bestialität.

Die Marxisten-Leninisten heben hervor, daß weder die grundlegenden Veränderungen der Situation in der Welt zugunsten des Sozialismus noch ein bestimmtes Nachlassen der internationalen Spannung, das sich in der letzten Zeit abgezeichnet hat, noch die Erfolge der Arbeiterklasse, der werktätigen Massen im Kampf für Demokratie und Fortschritt in den Ländern des Kapitals zur Selbstzufriedenheit, zum Nachlassen der Wachsamkeit führen können und dürfen. Gewiß wird die Frage des Kampfes gegen Faschismus und Reaktion in jedem Lande anders gestellt und gelöst. Doch das Erscheinen des Faschismus in der politischen Arena, sobald sich die Krisensituationen verschärfen, zeugt bekanntlich einerseits davon, daß die revolutionären Möglichkeiten durch die Arbeiterklasse, die Werktätigen ungenügend genutzt werden, und andererseits von der Schwäche der Bourgeoisie. Wie die Erfahrungen zeigen, erschien der Faschismus in dieser Arena vor einer entscheidenden Wende der Massen zur Revolution und kann das erneut tun.

Dabei sind in unserem dynamischen Zeitalter akute politische Krisen nicht ausgeschlossen, und diese können einen faschistischen Umsturz oder eine Faschisierung des staatsmonopolistischen Regimes auslösen, deren Folgen im Atomzeitalter zu unterschätzen höchst riskant wäre.

Müssen die Kommunisten das alles sehen und sich rechtzeitig auf eine solche Situation vorbereiten? Unbedingt. Dazu hat auch die Internationale Beratung der Bruderparteien von 1969 aufgerufen. Allein schon aus diesem Grunde hat das Symposium (es hat theoretischen und nicht zwischenparteilichen Charakter) einen tiefen politischen Sinn.

Zur Entlarvung der neofaschistischen Ideologie. Den ideologischen Kampf mit den offenen Faschisten zu führen fällt den Kommunisten heute leichter als in den 20er und 30er Jahren. Leichter deswegen, weil die faschistische Ideologie in der Praxis Bankrott gemacht hat. Heute wissen die Völker aus eigener Erfahrung, wozu die Herrschaft des Faschismus führt. Gleichzeitig darf man die Fähigkeiten des Neofaschismus, das Bewußtsein der breiten Massen zu vergiften, sie zu Fanatikern seiner Ideen zu machen, nicht unterschätzen. In der Vergangenheit haben faschistische Parteien in einer Reihe Länder, in denen es ihnen an die Macht zu kommen gelang, die Arbeiterklasse, noch bevor sie diese terrorisiert hatten, ideologisch zu überwältigen verstanden.

Zur Entlarvung der faschistischen Ideologie reicht die theoretische Kritik allein nicht aus. Mehr noch, diese Ideologie läßt sich nur auf diese Weise nicht zerschlagen, denn das Besondere der ideologischen Seuche des Faschismus besteht darin, daß sie unwissenschaftlich, apriorisch, eklektisch, prinzipienlos und primitiv ist. Sie appelliert nicht an die theoretische Vernunft, sondern an die politische Unreife, Rückständigkeit und Unerfahrenheit der Massen, nimmt alle möglichen Produkte des geistigen Verfalls der kapitalistischen Gesellschaft in sich auf.

Die Entlarvung der neofaschistischen Ideologie kann wirksam sein, wenn sie das Bewußtseinsniveau jener Bevölkerungsschichten, die die heutigen Faschisten auf ihre Seite bringen möchten, berücksichtigt. Wichtig ist, rechtzeitig zu verhindern, daß sie die politisch unreife Masse „abfangen", indem sie nicht nur deren Vorurteile ausnutzen, sondern auch deren Unzufriedenheit mit der Politik der bürgerlichen Regierungen, mit der Gewaltherrschaft der Monopole, mit dem Versagen des ganzen Mechanismus des parlamentarischen Regimes bei der Sicherung der unmittelbaren ökonomischen Bedürfnisse. Es gilt, die spezifischen Besonderheiten der neofaschistischen Ideologie zu ermitteln, die konkreten Verfahren, Methoden und Kanäle ihres Eindringens in die Massen zu studieren.

Die neofaschistische Ideologie sucht z. B. die sozialpsychologischen Vorurteile des Ethnozentrismus zu ihrem Rüstzeug zu machen, wenn bei der moralischen Einschätzung aller Erscheinungen die eigene Lebensweise über alle anderen gestellt wird, diese Erscheinungen durch das Prisma bestimmter ausgewählter historischer und kultureller Traditionen, dem Massenbewußtsein als allgemeines Eichmaß aufgezwungen, betrachtet werden. So spielen sich die heutigen Faschisten als Träger des Geistes des „Europäismus" und „Amerikanismus" auf, propagieren die Idee, daß die Westeuropäer oder Nordamerikaner den anderen Völkern kulturell und moralisch überlegen seien, „begründen" ihr „Recht" darauf, die Geschicke der Welt zu bestimmen. Die Losung des „Europäismus" und „Amerikanismus", diese gefährliche Spielart des Chauvinismus, soll die Idee der „gesellschaftlichen Integration", d. h. des „sozialen Friedens im Innern", untermauern, die dem „äußeren Feind" – den Ländern des Sozialismus und der nationalen Befreiungsbewegung – entgegenzutreten ermöglicht. Eine weitere gefährliche Idee, die die Neofaschisten zu ihrem Rüstzeug gemacht haben, ist die Predigt, wonach die historische Verantwortung den Massen entfremdet und in die Hände einer Elite, die wissenschaftliche, fachliche Kenntnisse, Willensstärke und Verständnis für das allgemeine Interesse besitze, gelegt worden sei. Den Massen sucht man einzureden, sie seien nicht kompetent, die Probleme des gesellschaftlichen Lebens selbständig zu lösen, und hätten ihr Schicksal in die Hände einer Elite zu legen.

Neofaschismus, bürgerliche Demokratie und Einheitsfront. Die Veteranen unserer Bewegung erinnern sich daran, wie in der ersten Zeit der Kampf gegen den Faschismus erschwert wurde, weil man sich über sein Wesen nicht im klaren war. Wenn die heutigen „Linken" davon sprechen, daß sich die Grenzen zwischen Neofaschismus, rechter Gefahr im allgemeinen und den anderen bürgerlichen Parteien verwischen, so beziehen sie sektiererische Positionen.

Prinzipielle Bedeutung für das Verstehen des Wesens des Problems hat der von G. Dimitroff auf dem VII. Kongreß der Komintern vorgebrachte und begründete Leitsatz: „Der Machtantritt des Faschismus ist nicht die *einfache Ersetzung* einer bürgerlichen Regierung durch eine andere, sondern die *Ablösung* einer Staatsform der Klassenherrschaft der Bourgeoisie, der bürgerlichen Demokratie, durch eine andere, durch die offene terroristische Diktatur."[3]

Die Kommunisten sind unversöhnliche Feinde des Faschismus. Sie kämpfen auch gegen jeden Rechtsdruck der bürgerlichen Demokratie, weil das Unterdrückung der demokratischen Freiheiten der Werktätigen, Schmälerung der Rechte des Parlaments, Stärkung der Positionen der Reaktion und Zunahme der Repressalien gegen die revolutionäre Bewegung bedeutet. Gleichzeitig sind sich aber die Kommunisten über den gewaltigen politischen Unterschied klar, der zwischen einem Rechtsruck der bürgerlichen Demokratie und der Liquidierung der bürgerlichen Demokratie besteht. Es versteht sich von selbst, daß ein Rechtsruck der bürgerlichen Demokratie auf dem Boden des staatsmonopolistischen Kapitalismus die Tendenzen zur Faschisierung des bürgerlichen Staatswesens verstärkt, die Machtergreifung durch die Faschisten fördern kann.

Besonders wichtig ist es, eine Frage zu untersuchen, die heute von außerordentlicher Bedeutung ist – nämlich die der antiimperialistischen Einheitsfront als mächtige Schranke gegen die Ausbreitung des Faschismus. Um so mehr, als unsere ideologischen Gegner, wie z. B. der nicht unbekannte R. Garaudy in seinem erst kürzlich erschienenen Buch „Die Alternative", behaupten, der Sieg des antiimperialistischen Blocks könne (man staune) die besten Bedingungen für die faschistische Gefahr entstehen lassen.[4] Ein Kommentar erübrigt sich hier. Jetzt, da in vielen kapitalistischen Ländern die Kommunisten mit den anderen Linkskräften in einem einheitlichen Block zusammenwirken oder an seiner Schaffung arbeiten, hängen unsere Erfolge, nach Meinung der Bruderparteien, in vielem davon ab, daß die Probleme des Kampfes gegen die Gefahr des Faschismus theoretisch und praktisch richtig gestellt werden und der Kampf selbst unter den Bedingungen und mit Hilfe eines antiimperialistischen Blocks geführt wird.

In den kommenden Jahren steht der revolutionären Arbeiterklasse und ihren Verbündeten ein beharrlicher Kampf gegen den Imperialismus, gegen die Reaktion und den Faschismus bevor. Die Aufgabe der weiteren Organisierung des antiimperialistischen Kampfes und des Zusammenschlusses aller demokratischen Kräfte ist zu einem wichtigen Problem der Taktik der kommunistischen Bewegung geworden. Schon heute ist es nach Meinung vieler kommunistischer Parteien notwendig, eine antifaschistische Bewegung nicht nur im nationalen Rahmen, sondern auch auf internationaler Ebene zu entwickeln.

Die Kommunisten haben mit dem Faschismus eine besondere Rechnung zu begleichen, sagte der Redner. Von allen politischen Parteien, von allen Kämpfern für Freiheit, Demokratie und die Interessen des Volkes haben die Kommunisten im Kampf gegen den Faschismus die schwersten Verluste erlitten. In den Jahren des Großen Vaterländischen Krieges gegen die faschistischen Eindringlinge sind drei Millionen sowjetische Kommunisten auf dem Schlachtfeld geblieben. Die Nazis haben Zehntausende Mitglieder einer der größten und kampferfahrensten europäischen kommunistischen Parteien – der Kommunistischen Partei Deutschlands – und deren Führer Ernst Thälmann ermordet. Gewaltige Verluste erlitten die Kommunisten Italiens, Spaniens, Portugals, Frankreichs und vieler anderer Länder.

Auch jetzt sind wiederum die Kommunisten die ersten Opfer der Faschisten. Zorn und Empörung lösen die tragischen Nachrichten aus Portugal, Spanien, Guatemala, Guinea (Bissau), Griechenland, Brasilien und einigen anderen Ländern aus.

Pflicht der Kommunisten ist es, den Kampf gegen den Faschismus in den Ländern, in denen er weiterhin herrscht, zu verstärken, als erste ihre Stimme gegen seine Gefahr in den Ländern zu erheben, in denen vorläufig noch kleine faschistische Gruppen existieren, in denen sie die Propagierung ihrer Ideologie verstärken. Man darf nicht warten, bis der Faschismus sein unheimliches Haupt erhebt und faschistische Kugeln pfeifen.

Daher ist es politisch so wichtig, schon heute eine theoretische Analyse des Neofaschismus zu geben, seine Gesetzmäßigkeiten und seine Entwicklungsspezifik aufzudecken, die Eigenart seiner einzelnen Formen zu berücksichtigen.

C. Kontroverse

I. Gert Schäfer
Ökonomische Bedingungen des Faschismus (1970)

Vorbemerkung

Diesem Text liegt ein Referat zugrunde, das ich im Rahmen einer Veranstaltungsreihe der Basisgruppe Jura an der Kölner Universität im November 1969 vortrug. Beiträge dieser Veranstaltungsreihe erschienen unter dem Titel „Ist die Epoche des Faschismus beendet?", herausgegeben von Detlef Horster und Marios Nikolinakos, im Joseph Melzer Verlag, Frankfurt/Main 1971. Im Heft 12/1970 der „Blätter für deutsche und internationale Politik" (Seite 1257–1267) wurde dieses Referat als Vorabdruck, zusammen mit einer dagegen gerichteten ausgedehnten Polemik von Reinhard Opitz („Über Faschismustheorien und ihre Konsequenzen", Seite 1267–1284), veröffentlicht. Von einigen sprachlichen Verbesserungen abgesehen, wird das Referat hier unverändert abgedruckt. In der Nachbemerkung 1974 *nenne ich unten jedoch seine hauptsächlichen Mängel. Inzwischen habe ich die Kritik am „marxistisch-leninistischen" Faschismusbegriff näher begründet („Die Kommunistische Internationale und der Faschismus", Verlag 2000, Offenbach 1973). In der Einleitung zur deutschen Übersetzung des Werkes von Franz Neumann: „Behemoth, Struktur und Praxis des Nationalsozialismus" (Europäische Verlagsanstalt, Köln 1975) erörtere ich Grundprobleme der gegenwärtigen marxistischen Faschismusdiskussion.*

Wenn die Frage nach den ökonomischen „Hintergründen" und Bedingungen des Faschismus gestellt wird, pflegt man für gewöhnlich Enthüllungsgeschichten und *inside stories* über Beziehungen zwischen Unternehmern und faschistischen Politikern oder aber den Nachweis zu erwarten, daß der Faschismus ökonomisch determiniert ist, sei er so etwas wie ein notwendiges Produkt des Kapitalismus und seiner ökonomischen Bewegung, sei er das Resultat eines spezifisch unentwickelten Kapitalismus. Im einen Fall – einer liberalen Faschismusdeutung – wird Kapitalismus mit einem ökonomischen System frei konkurrierender Wettbewerber und dem politischen Rahmen „pluralistischer Demokratie", im anderen Fall – einer „marxistisch-leninistischen" – werden Monopolkapitalismus und Faschismus identifiziert. Entsprechen diesen Interpretationsmustern kontroverse Theorien „industrieller Gesellschaft" und „sozialen Wandels"[1], so können die *inside stories* als solche kein wissenschaftliches Interesse beanspruchen – es sei denn auf unfreiwillige Weise. Bekanntlich sind die faschistischen Bewegungen überall vom „Kapital" oder genauer von einzelnen

Repräsentanten einer kapitalistischen Ökonomie finanziert und unterstützt worden, wenngleich sie in antikapitalistischer Rhetorik das kapitalistische System selbst zu bekämpfen schienen. Umgekehrt gibt es allerdings nicht weniger zahlreiche Beispiele, nach denen sich beweisen ließe, daß Repräsentanten kapitalistischer Interessen den faschistischen Bewegungen ablehnend oder mit großer Reserve gegenüberstanden. Aus dem ersten zu schließen, daß der Faschismus ein Agent des Kapitals, aus dem letzteren, daß Faschismus und Kapitalismus Gegner seien, führte jedoch in die Irre: in der allenfalls statistischen und moralistischen Beweisführung läßt sich oberflächlich und personalisierend nur feststellen, wie viele Kapitalisten oder welche Wirtschaftsgruppen den Faschismus zu einem bestimmten Zeitpunkt unterstützt oder bekämpft haben, und bestenfalls gelänge eine interessante Quantifizierung von Einfluß- und Konfliktzonen, aus der sich mathematisch ablesen ließe, nach welcher Gewichtsverteilung dieses oder jenes Resultat wahrscheinlich war. Obwohl die subjektiven Entscheidungen kapitalistischer Repräsentanten für den Erfolg faschistischer Bewegungen kaum unterschätzt werden können[2], sagen sie doch als solche wenig über das historische und objektive Verhältnis von Kapitalismus und Faschismus, von Ökonomie und Politik aus, da die subjektiven Intentionen der historisch Handelnden hier wie in der uns bekannten Geschichte kaum jemals den objektiven Folgen und Bedeutungsgehalten ihres Handelns entsprachen und deshalb nur dann erklärungstriftig sind, wenn sie selbst – als formulierte Situationseinschätzungen und unausgesprochene Motive – vor dem Hintergrund objektiver sozialer Strukturen und Entwicklungsrichtungen entschlüsselt werden. Geschichtsschreibung, die diesen Namen verdiente, hätte freilich beides zu leisten: solange Selbstverständnis und wirkliches Tun der Menschen nicht zusammenfallen, müssen wir aus den jeweiligen objektiven Grundformen historischer Praxis die Handlungen der Subjekte und Klassen auch und gerade dann zu verstehen suchen, wenn diese nur ein unzureichendes Selbstverständnis ihrer gesellschaftlichen Situation und politischen Alternativen besitzen.

Besonders die faschistischen Bewegungen scheinen aber in ihrer oft geschilderten wahnhaften Realitätsverzerrung und der aus ihrem Realitätsverlust erklärbaren Tendenz zur Selbstzerstörung einer an objektiven gesellschaftlichen Strukturmerkmalen und daraus ableitbaren Interessen und Handlungen orientierten Interpretation den Boden zu entziehen. Zweifellos können die formulierten subjektiven Handlungsorientierungen des Faschismus, pathische Projektionen, deren Geschichtsmächtigkeit grauenhaft demonstriert worden ist, weder aus den traditionalen Herrschaftslegitimationen noch aus den objektiven, aus dem Äquivalententausch abgeleiteten Ideologien der bürgerlichen Gesellschaft erklärt werden. Das hat dazu geführt, Faschismus als „Anomie", als generellen Normverlust zu deuten, der sich am besten als nur notdürftig mit vorindustriellen Leitbildern getarnte Auflösung jeglicher sozialen Identität und institutionellen Stabilität oder aber als

Herrschaft *sans phrase* begreifen lasse. Jedoch kann die faschistische Programmatik die historischen Bedingungen, denen sie ihre Entstehung verdankt, nicht verleugnen. Auch zum Beispiel Talcott Parsons, der den Anomiebegriff in die Faschismusdiskussion eingeführt hat[3], verneint so zwar eine positive Beziehung von Kapitalismus und Faschismus, kann aber gleichwohl nicht umhin, soziale Anomie als Reaktionsbildung auf eine vorherrschende geschichtliche Entwicklungstendenz und gesellschaftliche Objektivität, von ihm in der Nachfolge Max Webers als neuzeitlicher Prozeß der Rationalisierung und Industrialisierung gedeutet, zu erklären. Während etwa Parsons das Verhältnis von Kapitalismus und Faschismus wenngleich negatorisch zur Sprache bringt und als einander ausschließend beantwortet, hat dagegen der institutionelle „Marxismus-Leninismus" bis heute an der Faschismusdefinition Georgij Dimitroffs aus dem Jahre 1935 festgehalten; unverändert erklärte ihn der „Grundriß der Geschichte der deutschen Arbeiterbewegung" als die „offen terroristische Diktatur der reaktionärsten, am meisten chauvinistischen, am meisten imperialistischen Elemente des (...) Finanzkapitals"[4]. Der Faschismus ist in dieser Definition ein natürlicher Sohn des Kapitalismus in seiner imperialistischen Epoche, er ist staatsmonopolistischer Kapitalismus in seiner reaktionärsten, konsequentesten Gestalt.[5]

Diese Identifikation von Kapitalismus und Faschismus scheint jedoch nicht weniger problematisch als ihre negatorische Entgegensetzung. Für das eine wie das andere Argument lassen sich zwar Belege in den jeweiligen Bezugssystemen ohne weiteres herbeischaffen. Gewiß ist es richtig, daß der Faschismus aus den Klassenkämpfen und ökonomischen Krisen einer kapitalistischen Gesellschaft, die durch konzentriertes Privateigentum an Produktionsmitteln gekennzeichnet ist, entstand, daß er also das Produkt des Kapitalismus ist; daß auch die am meisten „antikapitalistischen" Teile in den faschistischen Bewegungen nicht daran dachten, Privateigentum an Produktionsmitteln überhaupt abzuschaffen, daß sie wegen ihres unzureichenden Kapitalismus- und kleinbürgerlichen Sozialismusbegriffs sich als Verbündete der kapitalistischen Klasse gegen den marxistischen Sozialismus anboten, daß schließlich kein faschistisches Regime das Prinzip privaten Kapitaleigentums formell antastete, daß die Kapitalistengruppen durch die terroristische Unterdrückung der Organisationen des Proletariats und politische Kontrolle „freier" Lohnarbeit einen ökonomisch und politisch bedeutsamen Machtzuwachs erfuhren, von den Extraprofiten im Gefolge imperialistischer Expansion zu schweigen. Umgekehrt ließe sich aber, nicht weniger gut belegt, einwenden, daß der Faschismus wesentlich von Schichten vorkapitalistischen Bewußtseins getragen wurde, daß auch seine Führer den Kapitalismus keineswegs als sakrosankt, sondern als Instrument ihrer genuinen Zwecke verstanden, daß sie das Bündnis mit bestimmten Kapitalistengruppen als Koalitionsbildung auf Widerruf betrachteten, bei dem keine Frage sein konnte, wer wen beherrschte, daß die kapitalistischen Institutionen durch die faschistische Politik in ihrer Kohärenz zerschlagen wurden und eine allgemeine Repräsentanz der kapitalistischen Klasse im konsequenten Faschismus, dem deutschen Nationalsozialismus, nicht mehr existierte, daß schließlich bei allen strittigen Fragen, Fragen von Krieg und Frieden, Ökonomie und Politik, die faschistischen Praktiker der Gewalt ausschlaggebend waren.[6] Alle diese Argumente drücken eine Kompromißstruktur der faschistischen Regimes und die fundamentale Widersprüchlichkeit des Faschismus unbegriffen aus, in dem sich Unternehmungen, die überlieferte kapitalistische Gesellschaftsformation modifiziert aufrechtzuerhalten, mit unaufgelösten Antinomien des Faschismus und mit selbstzerstörerischen Verläufen eigentümlich vermischten. Nur wenn es gelingt, die angeschnittenen Fragen als Ausdrücke eines widersprüchlichen Ganzen zu entwickeln, können das Verhältnis von Kapitalismus und Faschismus sowie die ökonomische Begründung des Faschismus zureichend geklärt werden. Dies kann nur im Rahmen eines gesellschaftstheoretischen Bezugssystems geschehen, dessen Grundbegriffe einer expliziten Darlegung und Entfaltung an Hand der historischen Verläufe, Antinomien und Resultate bedürften. Das kann ich in diesem Beitrag kaum in Ansätzen leisten. Ich möchte versuchen, einen Interpretationsrahmen im Hinblick auf die ökonomischen Bedingungen des Faschismus zu formulieren und zur Diskussion zu stellen, der an der marxistischen Faschismustheorie anknüpft, aber doch bisher zentrale Grundbegriffe zu problematisieren versucht. Weder kann ich also den Interpretationsrahmen ausführen oder so tun, als sei die Fragestellung ein für allemal geklärt, noch will ich den üblichen Anschein hervorrufen, als bedürfe es nur einer getreuen und scheinbar objektiven Darlegung der Ereignisse und sogenannten Fakten, um Fragen der Gesellschaftsinterpretation zu lösen oder zu schildern, wie es denn eigentlich gewesen sei.

Auf zunächst äußerliche Weise lassen sich folgende politisch-ökonomische Bedingungen nennen, die einer faschistischen Institutionalisierung kapitalistischer Gesellschaften zugrunde liegen: die Entwicklung vom „freien" Konkurrenz- zum „organisierten" und staatlich „gesteuerten" Kapitalismus; kapitalistische Akkumulationskrisen, Klassenkämpfe und Klassenkoalitionen, die die bürgerliche politische Demokratie und „pluralistisch" verfaßte Form kapitalistischer Gesellschaft bedrohen und eine faschistische politische Massenbewegung hervorbringen; der Versuch ökonomischen Imperialismus und terroristisch-totalitärer Stillegung des Klassenantagonismus kapitalistischer Gesellschaften. Ich möchte an Hand dieser Merkmale die These vortragen, daß der Faschismus als Massenbewegung zwar nur auf der Grundlage einer relativ entwickelten kapitalistischen Gesellschaft entstehen kann, jedoch als regressive Reaktion auf die immanente Entwicklungsdynamik kapitalistischer Gesellschaft zu verstehen ist, die tendenziell die kapitalistische Gesellschaftsformation selbst vernichten muß – wenn auch die Realität der uns bekannten faschistischen Staaten durch jeweils verschieden geartete Kompromißstrukturen gekennzeichnet ist.

Daß die faschistischen Massenbewegungen auf dem Boden relativ entwickelter kapitalistischer Gesellschaften entstanden und zur politisch dominierenden Kraft wurden, scheint keinem Zweifel zu unterliegen. Doch ist andererseits vielfach hervorgehoben worden, daß faschistische Bewegungen gerade dort bestimmend wurden, wo die kapitalistische Industrialisierung relativ spät und um so rascher einsetzte, eine klassische kapitalistische Tradition aber kaum bestand. Italien, Japan und Deutschland, die als faschistisch institutionalisierte Gesellschaften gelten, sofern ein allgemeiner Begriff des Faschismus überhaupt als triftig angenommen wird[7], sind Länder, die im Vergleich zu jenen des klassischen Kapitalismus etwa in England und den USA spät und auf abweichende Weise dem kapitalistischen Industrialisierungsprozeß unterlagen. Da die faschistischen Bewegungen ihrer Programmatik nach sich den Parteien des klassischen Kapitalismus und ihrem liberalen Selbstverständnis entgegensetzten, sich als antikapitalistische „nationalsozialistische" zu verstehen schienen und allein in jenen Gesellschaften zur Macht gelangten, in denen sich das klassisch liberale kapitalistische Wertesystem nur unzureichend durchgesetzt hatte, scheint die Annahme plausibel zu sein, daß sich Kapitalismus und Faschismus als gegensätzliche gesellschaftliche Formen gegenüberstehen. Diese Argumentationskette, in der Kapitalismus, Modernität, Rationalität, Liberalismus und Pluralismus miteinander verknüpft sind, erscheint um so überzeugender, als die faschistischen Massenbewegungen ihre soziale Basis vor allem in jenen alten und neuen Mittelschichten hatten, die ihre Situation im Gegensatz zur großen Industrie und ihrer Schöpfung, dem industriellen Proletariat, definierten und sich als Kämpfer gegen Kapitalismus und Marxismus zugleich verstanden.

Demgegenüber hat die marxistische Interpretation darauf hinweisen können, daß der längst imperialistisch und monopolistisch gewordene Kapitalismus seiner liberalen Bewegungsform entwachsen war und in dem Augenblick zur Aufhebung des politischen demokratischen Rahmens drängen mußte, in dem seine Reproduktionsbedingungen durch ökonomische Krisen und politische Klassenkämpfe nachhaltig gefährdet würden. Da die Intensität der Klassenkämpfe besonders in Italien und Deutschland mit ihren proletarischen Organisationen auf Grund einschneidender Wirtschaftskrisen verhältnismäßig groß war und sich mit relativ schwachen bürgerlich-demokratischen und parlamentarischen Traditionen verband, könne es nicht als zufällig erachtet werden, daß gerade in diesen Gesellschaften, zusätzlich belastet durch besondere nationale Probleme, den Resultaten des 1. Weltkrieges und einer unterprivilegierten Stellung auf dem kapitalistischen Weltmarkt, der politische Rahmen demokratischer Institutionen gesprengt und eine terroristische Zerschlagung vor allem der proletarischen Parteien und Verbände vollzogen wurde, die im Rahmen politischer Demokratie nicht hätte erfolgen können.[8] Die Losung „Kampf dem Marxismus und Liberalismus", von den Faschisten als gleichartige Verfallserscheinungen interpretiert[9], gab schließlich das Banner ab, unter dem sich die kleinbürgerlichen Faschisten mit reaktionären agrarischen und terroristisch gewordenen industriellen kapitalistischen Gruppen verbündeten, um ein totalitäres Regime zu errichten. Da aber in den faschistischen Regimen das Privateigentum an Produktionsmitteln nicht beseitigt und die Erwartungen der faschistischen Massen in ökonomischer Hinsicht keineswegs erfüllt wurden, hätten sich die faschistischen Bewegungen unversehens unter Leitung ihrer korrupten Führer in Agenturen der terroristischen Herrschaft des Monopolkapitals verwandelt und allein die Massenbasis zur Unterdrückung sozialistischer Intentionen und zur imperialistischen Expansion im Dienste des Monopolkapitals bereitgestellt. Wenn auf diese Weise die politische Repräsentanz des Monopolkapitals durch faschistische Praktiker der Gewalt ausgeübt wurde, so änderte diese scheinbare „Verselbständigung" politischer Herrschaft doch durchaus nichts am Weiterbestehen der kapitalistischen Basis der Gesellschaft. Spätestens das Ende des 2. Weltkrieges könnte beweisen, wie gering die Rolle des politischen Überbaus einzuschätzen war, da fast ohne Bruch der nun wieder – nach dem Vorbild der Westmächte – in demokratisch-rechtsstaatlichem Gewand auftretende Monopolkapitalismus restauriert wurde. Wenn so der Kapitalismus auch nicht notwendig zum Faschismus führen müsse, sondern dessen politische Form von spezifischen Konstellationen von Ökonomie, Klassenkämpfen und Politik abhänge, so sei doch der Faschismus in seinen wiederum verschiedenen Gestalten nichts als *eine* Variante des staatsmonopolistischen Kapitalismus, eine Variante, die immer dann aktuell würde, wenn innere und äußere Reproduktionsschwierigkeiten den am meisten imperialistischen Gruppen des Monopolkapitals das Übergewicht verliehen.

Im Zentrum dieser Argumentation stehen die Begriffe Imperialismus, staatsmonopolistischer Kapitalismus oder totalitärer Monopolkapitalismus. Diese Begriffe, die den kapitalistischen Charakter des Faschismus, ungeachtet der subjektiven Situationsdeutungen faschistischer Führer und Bewegungen, selbst ungeachtet politischer Formvarianten, in den Vordergrund rücken, scheinen dem marxistischen Prinzip der Priorität ökonomischer Basis der Gesellschaft auch noch dort zu folgen, wo sie eine gewisse „Verselbständigung"[10] der Politik gegenüber der Ökonomie betonen. Wenn auch die Versuche, selbst die extremsten Formen faschistischer Gewalt aus dem ökonomischen Interesse des Monopolkapitals ableiten zu wollen, nicht recht gelingen können[11], so scheint doch die Beschränkung auf das „Wesentliche", die „Basis" der ökonomischen Produktionsweise, im marxistischen Bezugssystem begründet zu sein. Stand jedoch schon in Lenins klassischen Schriften die Erkenntnis, daß der imperialistische 1. Weltkrieg „das ‚Verschlingen' (Engels) aller Kräfte der Gesellschaft durch die räuberische Staatsmacht in solchem Maße gesteigert [hat], daß eine völlige Katastrophe naht", eigentümlich quer zu der danach rezipierten These, daß wir „trotz allem im *Kapitalismus*, wenn auch in einem neuen Stadium, aber doch unverkennbar im Kapitalismus" bleiben, und konnte Lenin dieses Problem nur dadurch umgehen, daß die konstatierten Tatbestände einerseits fortschreitender ökonomischer Planung und politischer Manipulation in der Verschmelzung von Staat und Gesellschaft, andererseits der Verwandlung der fortgeschrittenen Länder in „Militärzuchthäuser für die Arbeiter" ihm als Zeichen für die unmittelbar bevorstehende sozialistische Revolution galten und der staatsmonopolistische Kapitalismus als offenbares Übergangsstadium zu einer höheren, der sozialistischen Gesellschaftsformation[12], so scheint sich in der heutigen offiziellen Version das einst hervorgehobene Verhältnis von ökonomischer Basis und Überbau vollends auf den Kopf zu stellen; der staatsmonopolistische Kapitalismus ist nämlich danach nicht nur in seiner faschistischen, sondern auch in seiner heute vorherrschenden Version durch ein Primat der Politik sowohl als durch das Primat der Ökonomie gekennzeichnet.[13] Was hier zum Vorschein kommt, bildete jedoch immer schon die innere Problematik solcher Kategorien wie „imperialistisches Finanzkapital"[14] (Hilferding), „staatsmonopolistischer Kapitalismus" (Lenin)[15] oder „totalitärer Monopolkapitalismus" (Neumann). In ihnen war der Versuch unternommen worden, den Marxschen Kapitalismusbegriff weiterzuentwickeln, der anscheinend mit der Realität des nachliberalen Kapitalismus unmittelbar nicht übereinstimmte. Mit dieser Entwicklung wurden indessen theoretisch wie praktisch einige der wesentlichsten Probleme der Marxschen Kapitalismusanalyse selbst berührt, nämlich die Beziehung des strengen allgemeinen Kapitalismusbegriffs zur tatsächlichen empirischen Realität des Kapitalismus in den einzelnen Nationen wie auf dem Weltmarkt – damit aber auch das Verhältnis von Ökonomie und Politik, kapitalistischer Basisstruktur und Staat.

Wenn Franz Neumann[16] hervorhebt, daß die liberale Kapitalismusdefinition diesen mit *einer* Phase seiner Entwicklung, der des „freien" Wettbewerbskapitalismus identifizierte, während der von Marx vorausgesagte Zentralisations- und Konzentrationsprozeß im Verlauf der kapitalistischen Akkumulation den Charakter des Kapitalismus qualitativ verwandelte und die staatsinterventionistische Regelung des ökonomischen Systems zur wichtigsten Frage der modernen Gesellschaft werden ließ, so scheint er damit ohne Zweifel einem empirischen Tatbestand Ausdruck zu verleihen. Zugleich aber hat er den von Marx entwickelten allgemeinen Begriff des Kapitalismus, der ebenso wie der klassische liberale an der objektiven Selbstregulierung des ökonomischen Systems „freier" Wettbewerber gewonnen war, hinter sich gelassen. Der Marxsche Begriff erschöpfte sich ja keineswegs in dem Satz, Privateigentum an Produktionsmitteln sei Kapitalismus. Privateigentum an Produktionsmitteln ist ihm vielmehr erst dann kapitalistisches, wenn „freie Lohnarbeit" und „freie" Verfügung über Kapital zur objektiven ökonomischen Struktur der Gesellschaft wurden.[17] In dem Maße aber, da politische Regelungen der staatlichen Zentralinstanz wie der monopolistischen Wirtschaftsverbände die „freie" Bewegung von Kapital und Arbeitskraft in Regie nehmen, wird diese objektive Basis der Gesellschaftsformation selbst verändert. Ein Kapitalismus, „wie er seinem Begriff entspricht", existiert dann nicht mehr. Gewiß ist die Entwicklung zum politisch gesteuerten „Monopol", ja zum „Staatskapitalismus", von Friedrich Engels antizipiert und in der marxistischen Imperialismustheorie konstatiert[18], ein unleugbarer Tatbestand, und gewiß läßt er sich auf die Bewegung von Produktivkräften und Produktionsverhältnissen – fortschreitender Vergesellschaftung der Produktion ohne Vergesellschaftung der Verfügung über sie – zurückführen. Jedoch bleibt in den Analysen des Monopolkapitalismus bis heute ungeklärt, wie das Verhältnis von ökonomisch-objektivem Kapitalverwertungsprozeß nach den Wertgesetzen und politischer Steuerung konkret zu bestimmen ist. Wenn zudem in den faschistisch institutionalisierten Gesellschaften die allgemeine Entwicklungstendenz zur interventionistischen Dauerregelung des ökonomischen Prozesses in der Form erscheint, daß eine strenge politische Investitionslenkung – gleichgültig ob durch die faschistische Führerpartei oder durch die Führer der Wirtschaftsverbände bestimmt – sich mit der Rückkehr zur Leibeigenschaft in besetzten Gebieten verbindet und in der faschistischen Metropole selbst die Basis des Kapitalismus, nämlich die „freie" Lohnarbeit, das Institut des freien Arbeitsvertrags zerrüttet wird[19] – dann muß gefragt werden, was an diesem „totalitären Monopolkapitalismus" als spezifisch kapitalistisch zu bezeichnen sei und was nicht? Es bedarf nicht erst der spektakulären sklavenwirtschaftlichen Praktiken etwa der SS-Verbände, um die wesentliche Relevanz der spezifisch faschistischen Herrschaftsform auch in ihren ökonomischen Bedingungen dem Kapitalismus gegenüberzustellen. Wenn auch der Faschismus aus der imperialistischen Phase des Kapitalismus hervorwuchs, so unterscheiden sich doch seine spezifischen Eigenschaften vom klassischen Kapitalismus nicht weniger, als sich dieser von vorkapitalistischen Formen der Klassengesellschaft unterschied. Jenes „neuartige und riesenhafte imperiale System, eine Apotheose staatlich organisierter Monopolherrschaft über den ganzen Kontinent"[20], schien, wenn auch aus der kapitalistischen Gesellschaftsformation hervorgegangen, diese doch qualitativ zu verwandeln.

Wenn dabei für Italien richtig ist, daß die traditionellen Eliten genug Machtpositionen bewahrten, um den Faschismus angesichts seiner militärischen Niederlage zu stürzen, so gilt dies für den konsequenteren deutschen Nationalsozialismus nicht. Daß der Nationalsozialismus von außen gestürzt werden mußte und die traditionellen Eliten es nicht wagten, ihre vorgeblichen Agenten abzuschütteln, ist weniger ein Beweis für die Identität von Kapitalismus und Faschismus als für den Grad der Zerrüttung der kapitalistischen Gesellschaft in Deutschland.

Hat die liberale Interpretation der faschistischen Machtergreifung versucht, diese aus der relativen Unentwickeltheit kapitalistischer Verhältnisse zu erklären, so ging sie von einer Identität von entwickeltem industriellem Kapitalismus und liberaler Demokratie aus. Die liberalen und demokratischen Postulate waren aus der objektiven Ideologie kapitalistischer Gesellschaftsformation, dem Zirkulationsschein des Äquivalententauschs, bezogen worden. Die kapitalistische Produktionsweise hat, mit dem Übergang zu monopolistischen und staatsinterventionistischen Praktiken, diese objektive Ideologie wenn nicht zerstört, so doch entwertet. Vor allem im „pluralistisch" geregelten Austausch von Lohnarbeit und Kapital jedoch wird sie noch, die Fiktion eines Austauschs von (nun kollektiv organisierten) Freien und Gleichen im Institut der Tarifautonomie und Koalitionsfreiheit bewahrend, unmittelbar politisch relevant. Wenn dieser pluralistische Schein in offenen Klassenauseinandersetzungen – wie sie in der Zwischenkriegszeit ökonomisch und politisch ausgefochten wurden – zerstört wird, löst sich augenscheinlich die wesentliche Legitimationsgrundlage des demokratischen politischen Rahmens kapitalistischer Gesellschaft ebenso wie die „politische" Selbstvermittlung kapitalistischer Ökonomie auf. Dem monopolistisch organisierten und staatlich gesteuerten Kapitalismus verbleiben sodann, soll nicht eine wahrhaft sozialistische Alternative erwogen werden, nur mehr offen diktatorische Lösungsmöglichkeiten zur Aufrechterhaltung der Klassenherrschaft. Das ist kein aus der ökonomischen Bewegung notwendig hervorgehendes Resultat, liegt aber nicht nur wegen der akuten ökonomischen Krisenprozesse, sondern auch infolge der zerfallenden liberalen Legitimationsform kapitalistischer Gesellschaft nahe. Wenn die faschistisch gewordenen Länder sich durch nur schwach entwickelte liberale Traditionen auszeichnen, da in ihnen der kapitalistische Industrialisierungsprozeß zu einem Zeitpunkt stattfand, zu dem die liberale Legitimationsform des Kapitalismus auf Grund von Monopolisierungsprozessen bereits zerfiel, so hat dieser historische Tatbestand zweifellos ebenso wie die Auswirkung der akuten politischen und ökonomischen Krisenprozesse das Verhalten der Träger faschistischer Bewegungen und ihrer Verbündeten in den traditionellen herrschenden Klassen geprägt, die besondere Form des Faschismus bestimmt und gestattet.

Der historische Tatbestand eines nicht in der klassischen liberalen Form verlaufenden kapitalistischen Industrialisierungsprozesses liefert den Schlüssel zur politischen Tradition der Gesellschaften, die der faschistischen Institutionalisierung unterlagen, zur blendenden Kraft romantisierter vorkapitalistischer Wertmuster und zur Bereitschaft der herrschenden Klasse, ökonomische und politische Organisationsformen anzunehmen, die die demokratischen Tendenzen des Kapitalismus liquidierten. Während die faschistischen Massen, durch den Konzentrations- und Zentralisationsprozeß des Kapitals proletarisiert, in der Abwehr proletarischen Klassenbewußtseins Ideologien der Volksgemeinschaft anhingen und Herrenbewußtsein in vorkapitalistischen Formen zu retten suchten, Kapitalismus, Liberalismus und Marxismus identifizierend, bot die faschistische „Volksgemeinschaft" den herrschenden Klassen im Rahmen ihrer autoritären Tradition die Aussicht, den Klassenantagonismus der kapitalistischen Gesellschaft gewaltsam zu unterdrücken. Die Parole der Volksgemeinschaft zeichnet sich beidemal dadurch aus, daß sie einen objektiv aus der ökonomischen Struktur der Gesellschaft erwachsenen Klassenkonflikt durch politische Repressionsgewalt stillzulegen und in der Illusion zu beseitigen suchte. Bei diesem Versuch konnten die faschistischen Bewußtseinsformen allerdings *auch* an Ideologien des Liberalismus anknüpfen, ohne jedoch länger liberal zu sein. Gerade die liberale Ideologie hatte ja eine fundamentale Egalität der bürgerlichen Gesellschaft behauptet, und diese hatte Ausbeutung und Klassenherrschaft nicht allein in den ökonomischen Kategorien verschleiert, sondern auch und frühzeitig durch politische Repressionen gesichert. Je stärker der kapitalistische Akkumulationsprozeß die liberale Ideologie negierte, desto naheliegender war der Rückgriff auf autoritäre Legitimationsformen bei den einen, auf antidemokratische plebiszitäre Techniken bei den anderen.

Der Faschismus hat nur dort Erfolgschancen, wo eine plebejische Massenbasis proletarisierter, jedoch nicht bewußt proletarischer Schichten mobilisiert werden kann[21]; die diffuse antikapitalistische Rebellion setzt einen relativ hohen Entwicklungsgrad kapitalistischer Industrialisierung *und* soziale Schichten voraus, die zwar durch den kapitalistischen Akkumulationsprozeß enteignet und – bürgerlichem Bewußtsein verhaftet – in eine „anomische“ Lage versetzt, aber davon abgehalten werden, in rationaler Alternative zum Kapitalismus sozialistisches Klassenbewußtsein zu entwickeln. Das waren in der Zwischenkriegszeit in Europa vor allem die alten und neuen Mittelschichten, doch können es – wie vor allem das Beispiel der USA zeigt[22] – ebenso Arbeiterschichten sein. Nur dort, wo relativ stabile Ansätze eines proletarischen Klassenbewußtseins historisch entwickelt waren, wurden die proletarischen Massen im allgemeinen davor bewahrt, dem regressiven faschistischen Irrationalismus zu unterliegen – eben dort aber war auch die Gefahr einer faschistischen Massenbewegung wie eines Bündnisses dieser Bewegung mit traditionell herrschenden Klassen am größten. Die gegenrevolutionäre Massenbewegung des Faschismus kann nur dann entstehen, wenn – Resultat des kapitalistischen „Modernisierungsprozesses“ – eine politische Demokratisierung der Gesellschaft bereits stattgefunden hat und in der Krise des Kapitalismus rückgängig gemacht werden soll. Wie alle gegenrevolutionären Bewegungen konnte auch die faschistische nicht mehr nur eine konservative, restaurierende Kraft sein, sondern mußte Massenbedürfnisse zugleich aufnehmen und unterdrücken; die scheinbare „Modernität“ des Faschismus findet in diesem zwieschlächtigen Prozeß ihre Erklärung. Der Faschismus ist *eine* Antwort auf die Krise des Kapitalismus, die den Emanzipationsstand, der durch die Entwicklung der bürgerlichen kapitalistischen Gesellschaft erreicht wurde, zu vernichten sucht. Angesichts der objektiven Möglichkeit gesellschaftlicher Demokratisierung suchte der Faschismus, dessen antikapitalistischer Romantizismus nur ein dünner Schleier war, die Lösung in einem System prinzipiell bejahter politischer Unterdrückungsgewalt und des imperialistischen Totalitarismus.[23] Unter der Fahne des Kampfes gegen Liberalismus, Demokratie und Marxismus hat er die Unterstützung herrschender gesellschaftlicher Klassen gefunden, deren eigene Situationseinschätzung das freilich widersprüchliche Bündnis mit *der* antisozialistischen Massenbewegung nahelegte, die sich historisch anbot. Wenn politische Demokratie und „pluralistischer" Kapitalismus keine Legitimität bei den Massen mehr finden und die herrschende Klasse – oder mächtige Teile davon – die Gefahr sozialreformerischer oder sozialistischer Alternativen befürchten, oder aber nur den erreichten Stand sozialer „Demokratisierung" des kapitalistischen Systems, d. h. der Positionen der Arbeiterklasse und ihrer Organisationen, als untragbar definieren[24], dann sind die Bedingungen eines faschistischen Lösungsversuchs oder anderer autoritärer Unternehmungen gegeben. Je schwächer die demokratischen Traditionen einer Gesellschaft sind und je weniger attraktiv sich sozialistische Alternativen darbieten, desto größer ist die Chance regressiver autoritärer Lösungen. Wir können zusammenfassend auch formulieren: „Faschismus hat sein antreibendes Moment in der Tendenz sozialökonomisch privilegierter Gruppen, den Demokratisierungsprozeß, den die industriegesellschaftliche Entwicklung möglich macht, an einem bestimmten Punkt zum Halt zu bringen und rückläufig zu machen, wobei um der Erhaltung der eigenen Privilegien willen die Teilung der Macht mit einer neuen ‚politischen' Amtselite in Kauf genommen wird. Faschismus hat seine Entstehungsbedingungen dort, wo Massen in das liberale Konzept vom Staat kein Vertrauen mehr setzen, eine linke Alternative zu diesem Konzept überzeugend nicht vertreten wird und innergesellschaftliche Konflikte durch Projektion auf einen äußeren ‚Feind' oder auf ‚Fremdgruppen' in der eigenen Gesellschaft ideologisch kaschiert werden können."[25] Die irrationalen Triebkräfte, die der historische Faschismus freisetzte, haben aber dessen innerste Tendenz zur Herrschaft *sans phrase* in dem Maße hervortreten lassen, wie sich die faschistischen Praktiker der Gewalt über den ihnen zugedachten Auftrag hinwegsetzten und ihr eigenes Bild von der Gesellschaft zu verwirklichen suchten. Diese Tendenz war gewiß an den Rändern der klassischen bürgerlichen Gesellschaft und in ausgezeichneten Augenblicken gewaltsamer Durchsetzung ihrer Ziele immer schon zutage getreten; die Geschichte der ursprünglichen Akkumulation, der kolonialen Eroberungen und der konterrevolutionären Feldzüge auch des 19. Jahrhunderts zeigten jene „tiefe Heuchelei der bürgerlichen Zivilisation und die von ihr nicht zu trennende Barbarei", in der der menschliche Fortschritt „jenem scheußlichen heidnischen Götzen gleicht, der den Nektar nur aus den Schädeln Erschlagener trinken wollte" (Marx). Im Faschismus aber tritt der verhüllte gewaltsame Kern der Klassenherrschaft offen hervor – und ersetzt die kapitalistische Form. Die kapitalistische Form der Klassenherrschaft war an die objektiven Ideologien des

Äquivalententauschs und ihres politischen Überbaus gebunden. Mit der ökonomisch notwendigen Zersetzung dieser objektiven Ideologien im kapitalistischen Akkumulationsprozeß bot sich der bürgerlichen Gesellschaft seit dem Ende des vorigen Jahrhunderts stets die in Krisenprozessen aktualisierte Alternative: Übergang zur offenen Repression oder Fortschritt zur gesellschaftlichen Demokratie. Im Rahmen dieser Alternative, die die Ideologen des Imperialismus in aller Schärfe formulierten, gab es stets verschiedene Grade der Realisierung und verschiedene ökonomisch-politische Varianten. Der Faschismus hat die Nachfolge des Bonapartismus angetreten, den die Marxisten als „wahre Religion des Bürgertums" fürchteten. In beiden wurden Tendenzen zur Selbstzerstörung der bürgerlichen Gesellschaft mächtig, aber erst der konsequente Faschismus hat sie mit dem klar formulierten Ziel, den emanzipatorischen Prozeß als ganzen abzubrechen und eine hierarchische Ordnung geschichtsloser Herren- und Sklavenrassen zu errichten, unverstellt zum Vorschein gebracht.[26] Der konsequente Faschismus strebte ein System direkter Herrschaft an, in dem die aus dem Kapitalismus entwickelten Begriffe, auch die kritischen des Marxismus, weithin sinnlos werden.

Wenn auch kein Zweifel besteht, daß die uns bekannten historischen faschistischen Regimes Kompromißgebilde darstellten, in denen der ökonomische Regelungsmechanismus zwar politischen Direktiven unterworfen und in diesem Rahmen politisch, nicht ökonomisch bestimmt war, aber wesentlich kapitalistische Strukturprinzipien fortdauerten, so leidet es doch auch keinen Zweifel, daß der konsequente Faschismus auch in ökonomischer Hinsicht nicht mehr kapitalistisch sein kann. Die Direktion der Ökonomie nach politisch gesetzten Bedürfnissen kann den kapitalistischen Mechanismus der Tauschwertproduktion nur so lange benutzen, wie er die politisch gesetzten Direktiven erfüllt; den selbsttätigen Mechanismus kapitalistischer Ökonomie hat er immer schon aufgehoben. Gewiß bringt der Faschismus hier nur eine allgemeine Tendenz des „Spätkapitalismus" zum Ausdruck, in dem überall und in fortschreitender Progression politisch gesetzte Direktiven immanent kapitalistische Steuerungsmechanismen überlagern oder ersetzen, eine Tendenz, die sich in der monopolistischen Organisation des Kapitals schon anbahnte. Die imperialistische Konsequenz des Faschismus aber muß dessen kapitalistische Ausgangsbedingungen zerstören und läßt nur noch diejenigen Kapitalgruppen überleben, die ihre wesentlich kapitalistisch bestimmte Gestalt des Wirtschaftens zugunsten eines Systems direkter Ausbeutung aufgeben. Diese Tendenz hat bei den einen zu einer wachsenden Reserve gegenüber dem Faschismus geführt, die anderen haben die neue Chance ergriffen. Wie der Faschismus den kapitalistischen Staat aufgelöst hat, so löst er auch die kapitalistische Ökonomie auf, und die neue soziale Herrscherklasse, in der die „Praktiker der Gewalt Wirtschaftsführer werden und die Wirtschaftsführer Praktiker der Gewalt"[27], kann ein Resultat der kapitalistischen Gesellschaft sein, aber sie repräsentiert auch ihr Ende.

Nachbemerkung 1974

Der heutige aufgeklärte Leser wird das Grundproblem meiner Überlegungen aus dem Jahr 1969 rasch erkennen: Wie verhalten sich die objektiven gesellschaftlichen Daseins- und ideologischen Gedankenformen des Kapitalismus, wie sie von Marx in der „Kritik der politischen Ökonomie" als der Anatomie dieser Gesellschaftsformation entwickelt wurden, zur Wirklichkeit des faschistischen Herrschaftssystems? Und wie verhalten sich jene ökonomisch-politischen Stadien, die in der marxistischen Tradition als Monopolkapitalismus und Imperialismus bezeichnet werden, einerseits zum Kapitalismus, wie er „seinem Begriff entspricht", andererseits vor allem zum deutschen „Radikalfaschismus"? Zweierlei erschien mir zwingend: Der Faschismus als neue Erscheinung „verselbständigter Staatsgewalt" veränderte nicht allein die staatlich-politische Form der kapitalistischen Klassenherrschaft, sondern enthielt darüber hinaus eine gesamtgesellschaftliche Entwicklungstendenz, die auch zur Aufhebung wesentlicher ökonomischer Formbestimmtheiten kapitalistischer Produktionsweise drängte. Einmal führte die imperialistische Autarkiepolitik, d. h. der Versuch, den ökonomischen Gesetzen des kapitalistischen Weltmarkts zu entrinnen, zur Verselbständigung der diese „Politik" garantierenden Staatsgewalt und prägte auch die ökonomischen Charakteristiken entsprechend aus. Sodann strebte der Faschismus, als regressive Antwort auf die Krise der modernen bürgerlichen Gesellschaft, ein System unmittelbarer Herrschaft an. Er mußte nicht nur den bürgerlichen politischen Staat, sondern auch grundlegende Eigenschaften der ökonomisch begründeten bürgerlichen Klassenherrschaft zersetzen. Wenn wir an dem Marxschen Begriff kapitalistischer Gesellschaftsformation festhalten, kann ein System direkter Herrschafts- und Knechtschaftsverhältnisse auch dann nicht als spezifisch kapitalistische Form der Klassenherrschaft gelten, wenn es das Verfallsprodukt einer Niedergangsperiode des Kapitalismus darstellt.

Wenn wir zudem den immanenten Argumentationskern herkömmlicher marxistischer Begriffe des Imperialismus, staatsmonopolistischen Kapitalismus oder totalitären Monopolkapitalismus wirklich ernst nehmen, muß bereits deren Verhältnis zum Marxschen Begriff des Kapitalismus fragwürdig werden. In ihnen scheint sich eine gesamtgesellschaftliche Entwicklung des Imperialismus zu spiegeln, die in ihrer bisher konsequentesten Gestalt, dem deutschen Faschismus, die Kategorien der Marxschen Kritik der politischen Ökonomie des Kapitals selbst weithin obsolet erscheinen läßt. Bereits Lenin hatte sich ja die Ablösung des sogenannten Kapitalismus der „freien" Konkurrenz durch den monopolistischen und staatsmonopolistischen Kapitalismus als Krisenentwicklung dargestellt, in welcher das „Herrschaftsverhältnis und die damit verbundene Gewalt" zum bestimmenden Kennzeichen wurde. Diese Interpretation des von ihm so genannten staatsmonopolistischen Kapitalismus als eines sichtbaren Übergangsstadiums zu einer höheren Gesellschaftsformation verband sich ihm mit Begriffen des Monopols, der Konkurrenz und der ökonomischen Gesetzlichkeit des Kapitalismus, die selbst schon als unmittelbare Herrschaftsverhältnisse (der Monopole über die Gesellschaft) erscheinen. Wie Christel Neusüß inzwischen darlegte, handelt es sich bei diesen „Gesetzen" des Imperialismus in dem für „die Marxsche Kritik der politischen Ökonomie konstitutiven Sinn" gar nicht mehr um ökonomische Gesetze, d. h. um Kategorien, Relationen und Bewegungsformen des Werts, sondern um „Akte eines bloßen Herrschaftsverhältnisses". Würden sie die gesellschaftliche Wirklichkeit dominieren, so herrschte dann auch „wieder die unmittelbare und unverhüllte Gewalt" vor.[28]

Die Frage, ob der „staatsmonopolistische Kapitalismus" im allgemeinen oder der Faschismus im besonderen „den Bedingungen des Kapitals seinem Begriff gemäß widerspricht"[29]*, bedarf jedoch einer Beantwortung, die systematisch bis heute noch nicht entwickelt worden ist. Daraus ergeben sich auch die beiden grundlegenden Mängel meines Referates. Zunächst ist festzustellen, daß ich das problematische Verhältnis der herkömmlichen marxistischen Kategorien des Monopolkapitalismus oder Imperialismus zum Marxschen Begriff des Kapitals zwar gesehen, aber nicht in seiner ganzen Tragweite erkannt hatte. In Kritik der heutigen Lehren vom staatsmonopolistischen Kapitalismus ist das Problem in ökonomischer Hinsicht von Margaret Wirth kürzlich so formuliert worden: „Es geht darum, aufzuzeigen, daß sich diese Veränderungen erst dann wirklich erklären lassen, wenn man sich über die Implikationen des Wertgesetzes im klaren ist." Solange und soweit das nicht geschieht, oder dieses als überholt erachtet wird, „kann man sich in seinen Analysen auch nicht mehr auf das Wertgesetz, also nicht auf Marx beziehen. Das muß man ja auch nicht; aber die Konsequenz muß wenigstens klar sein."*[30] *In den marxistischen Theorien des Imperialismus hatte sich seit fast einem Jahrhundert implizit die Frage gestellt, wie sich denn die durch die „freie" Konkurrenz absolut aufgeherrschten inneren Gesetze des Kapitals zu jenen ökonomischen Formen verhalten, die durch Monopolisierung und Staatseinmischung angezeigt sind? Eine befriedigende Antwort steht aus. Diese Frage hat überdies nicht nur eine ökonomische Bedeutung im engeren Sinn; sie betrifft die ökonomischen und politischen Formationen des späten Kapitalismus insgesamt, das faschistische System aber ganz besonders. Weil ich damals einerseits am strengen Marxschen Kapitalismusbegriff festhielt, andererseits aber die traditionellen marxistischen Kategorien monopolistischer Herrschaft nicht radikal genug in Frage stellte, mußte ich auf dieser Ebene zur Konfrontation des Kapitalismusbegriffs mit der Wirklichkeit des Faschismus gelangen, ohne doch die darin enthaltenen Probleme marxistischer Theorie der Gesellschaft wirklich entwickeln zu können.*

Sodann stellt sich die „empirische" Frage, wie weit der Zersetzungsprozeß des Kapitalismus in Deutschland tatsächlich fortgeschritten war? Während ich von einer ambivalenten „Kompromißstruktur" und

„fundamentalen Widersprüchlichkeit des Faschismus" sprach, müssen die Probleme der Interferenz von Kapitalismus und Faschismus mit Sicherheit eskamotiert werden, wenn etwa schlicht gesagt wird, daß „der Grund, aus dem dies alles geschieht", eben „kapitalistisch" sei, „also auch alles aus diesem Grunde Geschehende selbst"[31]. Nur das im institutionellen Marxismus-Leninismus enthaltene apologetische Motiv und die in den Lehren vom staatsmonopolistischen Kapitalismus bewahrten fundamentalen Verkürzungen und Schwächen dieser „marxistischen" Tradition können beispielsweise immer noch die Reichweite jener Frage unterschlagen, welche Entwicklungstendenzen sich für die kapitalistische Gesellschaftsformation ergeben, wenn der Faschismus „auf der Grundlage der modernen Produktions- und Ausbeutungsbedingungen" sich „nicht kapitalistische Elemente" aneignete, „indem er die schlimmsten Züge des Kapitalismus, des Feudalismus und der Sklavengesellschaft zu vereinen" suchte und dabei „in gewisser Weise den Rückfall in die Barbarei darstellt"[32]. Der für den Kapitalismusbegriff von Marx konstitutive Zusammenhang zwischen den gesellschaftliche Objektivität stiftenden ökonomischen Formen und ihrem ideologischen, rechtlichen und politischen Überbau wurde nicht erst in den Lehren vom staatsmonopolistischen Kapitalismus zu einem übersehenen oder jedenfalls ungeklärten Problem. Nur ein Verfahren, das auf der Grundlage eines Nebeneinanders ökonomistischer Scheinbegründungen und moralisierender politischer Ideologie ein unmittelbares Zusammenfallen von ökonomischem Profitstreben und politischem Handeln, sei es des bürgerlich-demokratischen, sei es des faschistischen Staates fingiert, kann auch die unentfalteten implizierten Beziehungen von kapitalistischer Klassenherrschaft und jener „verselbständigten Staatsgewalt" umgehen, die schon in den Bonapartismusanalysen, mehr noch aber in allen Theorien über den Faschismus, welche sich den Formen seiner Ökonomie, politischen Herrschaft, immanenten Triebkräfte wirklich stellten, sich als Fragen von größter praktischer und theoretischer Relevanz erwiesen haben. In diesem Zusammenhang stellt sich umgekehrt auch die Frage, was es damit auf sich hat, wenn die faschistische „Kriegswirtschaft" als eine besonders entwickelte Form des „staatsmonopolistischen Kapitalismus", ihre „allgemeine Arbeitspflicht ... nach Lenins Worten ebenso wie die öffentliche Regulierung von Produktion und Verteilung", ein „Stück vollständiger materieller Vorbereitung des Sozialismus" genannt und von dort her die „tiefere Problematik der wirtschaftshistorischen Entwicklung unter dem Faschismus"[33] gesehen wird?

Leider trägt die Polemik von Reinhard Opitz zur Klärung dieser wesentlichen Probleme nichts bei. Hier ist nicht der Ort, auf das äußerliche politische Interesse näher einzugehen, das Opitz leitet. Daß er sich zur Befestigung alter, aber heute nicht mehr besonders wirksamer Tabuzonen projektiver Abwehr- und Denunziationstechniken bedient, ist nicht nur an der Wortwahl sichtbar. (Kritiker der von ihm eingenommenen Position zeichnen sich natürlich durch „Dreistigkeit" aus, „schlagen die Tür zu", betreiben „anmaßende Dogmatisierungen" und errichten selbstredend den „Sockel" für die „gegenwärtigen strategischen Hauptideologien des Imperialismus" pp.) Opitz schreibt, daß „die Aufblähung der Staatsintervention zu einer heiligen Kuh, der gegenüber das Wertgesetz zum wesenlosen Grase wird", in der Tradition des sozialdemokratischen Revisionismus[34] *seinen historischen Ort hat. Er vermeint dabei zwar mich als Wiederkäuer dieses vom Lichte des Wesens nicht illuminierten Strohs der Erscheinung zu kennzeichnen, hat aber nicht an die saftige Wiese der Lehren vom staatsmonopolistischen Kapitalismus gedacht. Weil ich mich von ihnen und den ihnen tatsächlich verwandten Kategorien des „organisierten Kapitalismus" noch nicht vollends gelöst hatte, konnte er so einige Brocken finden, die seiner abwehrenden Polemik an manchen Stellen eine oberflächliche Plausibilität verleihen mochten.*

II. Reinhard Opitz
Über Faschismustheorien und ihre Konsequenzen (1970)

I Niemandem, der die innere Entwicklung der westlichen Länder aus dem Blickwinkel subjektiver Entschiedenheit für reale Demokratie seit dem Ende des 2. Weltkrieges und besonders während der letzten Jahre mit notgedrungen zunehmender Beklemmung verfolgt, muß erst eigens erklärt werden, daß die seit geraumer Zeit in ein neues Stadium eingetretene Faschismusdebatte, die sich von den an der Totalitarismusdoktrin orientierten Faschismusdeutungen der 50er Jahre zu lösen beginnt, alles andere als etwa nur von historischem Interesse ist. Der theoretischen Aufhellung des Faschismusphänomens und damit der Bestimmung des Verhältnisses von Faschismus und Kapitalismus kommt zuallererst eine unmittelbar praktische Bedeutung zu, weil sich ohne sie nichts Verläßliches über den Weg ausmachen läßt, den die an einer demokratischen Entwicklungsrichtung unserer westlich-monopolkapitalistischen Gesellschaften interessierten politischen Gruppierungen einzuschlagen haben, wollen sie ihr Ziel nicht auf Grund einer möglicherweise von ganz falschen Annahmen ausgehenden Strategie verfehlen. Je nachdem, wie das Verhältnis von Faschismus und Monopolkapitalismus tatsächlich beschaffen ist und der Prozeß der Entstehung des Faschismus im Schoße der monopolkapitalistischen Gesellschaft sich im einzelnen vollzieht, je nachdem, welchen Charakters dieser Prozeß ist, welchen Gesetzen er unterliegt und an welche Bedingungen er geknüpft ist, muß notwendigerweise auch die ihrer ganzen Natur nach zuallererst als offensive Faschismusprophylaxe sich verstehende Aktivität der progressiven politischen Kräfte sich einer so oder so akzentuierten strategischen Orientierung verschreiben und aus dieser ihre konkreten Handlungsanweisungen beziehen.

An nichts ist dies deutlicher geworden als an den Richtungsdebatten innerhalb dieser demokratischen Opposition, in denen bezeichnenderweise immer wieder zutage tritt, daß die aktuellen strategischen Differenzen, um die hier gestritten wird, synchronisiert sind mit auch jeweils entsprechend unterschiedlichen Faschismusauffassungen, d. h. bei gleich leidenschaftlicher Ablehnung des Faschismus, wie sich versteht, mit doch spezifisch differierenden Bestimmungen der Beschaffenheit des Zusammenhanges von Monopolkapitalismus und Faschismus. Das kann auch gar nicht anders sein, denn jede Faschismuserklärung impliziert ein bestimmtes Imperialismusverständnis, und nur aus Unterschieden in der Beurteilung des Imperialismus, der Gesetzmäßigkeiten und Mechanismen jedweder Art also, die in den monopolkapitalistischen Gesellschaften wirksam sind und deren jeweilige Wirklichkeit hervorbringen, können sich ernstliche Meinungsverschiedenheiten über die einzuschlagende Strategie der demokratischen und sozialistischen Kräfte ergeben, aus eben derselben Unterschiedlichkeit der Urteile über den Monopolkapitalismus aber resultiert auch alle Unterschiedlichkeit der Faschismusdeutungen.

Eine Faschismustheorie enthält also notwendig, ob ausgesprochen oder unausgesprochen, schon immer eine Imperialismustheorie oder doch mindestens wesentliche Elemente zu einer solchen in sich. Damit aber wird klar, daß die Faschismusdebatte eine Debatte über unsere gegenwärtige gesellschaftliche Wirklichkeit selbst ist, und zwar in ihrer ganzen Vielfalt und nicht etwa bloß in bezug auf ihre rechtsradikalen Erscheinungen, denn indem wir nach den Mechanismen suchen, die speziell diese Erscheinungen hervorbringen, müssen wir notwendig zunächst nach den allgemeinsten Gesetzen fragen, die unsere Gesellschaft im ganzen bestimmen, weil wir erst von da her zum Verständnis auch ihrer spezielleren Bewegungsformen und schließlich noch ihrer subtilsten und verzwicktesten Mechanismen vorstoßen können. Dies zwingt freilich, auch den Rückschluß als zulässig zuzugeben, daß nämlich dann, wenn uns die Erklärung bestimmter gravierender Vorgänge im Überbau der Gesellschaft, wie also etwa eben des Umschlags der parlamentarisch-demokratischen Staatsform in die faschistische, nicht recht gelingen will, wir wohl offenbar auch den Monopolkapitalismus noch nicht in allen seinen Aspekten und bis in alle in ihm wirkenden Gesetzlichkeiten hinein durchschaut haben.

Ein wenig haben wir heute, cum grano salis gesprochen, die Situation, daß die schlüssige Faschismuserklärung geradezu zum Test auf die Stichhaltigkeit aller Imperialismustheorien oder zumindest auf deren Ausgereiftheit geworden ist, zur Bewährungsprobe speziell unseres Vermögens also, den Begriff des Kapitalismus, d. h. den realen Widerspruch, den dieser definiert, wirklichkeitsadäquat für die verschiedenen Entwicklungsphasen des Kapitalismus (also vom Boden der Entwicklungsgeschichte der Produktivkräfte aus) in all seinen notwendigen Verästelungen und Modulationen bis in diejenige vordergründige Ebene hinein zu explizieren, auf der die politische Geschichte sich abspielt. Wir diskutieren, wenn wir über den Faschismus diskutieren, immer hierüber, und hierbei ergibt sich nun allerdings ein interessanter und äußerst wichtiger Umstand.

Der Faschismus läßt sich nicht erklären, ohne daß der Widerspruch zwischen der sozialen Funktion, die er objektiv erfüllt, und der Massenbasis, auf die er sich stützt, erklärt würde. Eine solche Erklärung aber ist offensichtlich nur möglich unter der Bedingung, daß das subjektive Bewußtsein der verschiedenen Schichten der monopolkapitalistischen Gesellschaft hinsichtlich seiner Entstehung, d. h. der Prozesse, die zusammen es hervorbringen, zum Gegenstande einer ebenso exakten, vom gleichen ökonomischen Ansatz ausgehenden wissenschaftlichen Erforschung gemacht wird wie die Basisprozesse selbst. Alle Vermutung spricht dafür, daß in den Gesetzmäßigkeiten, denen die Prozesse der Bewußtseinsbildung unterliegen, das bislang unentdeckte Bindeglied steckt, aus dem sich erklärt, weshalb eine in Protest gegen die monopolkapitalistische Wirklichkeit entstehende Massenbewegung zur Massenbasis nur noch verschärfter politischer Herrschaft der objektiven Interessen des Monopolkapitals werden kann und weshalb die Übernahme der Macht wie die Umwälzung der gesamten bisherigen politischen Ordnung des bürgerlichen Staates durch die faschistische Massenpartei zwar Personen aus deren Reihen in alle Führungsstellen des neuen Staats, aber gleichwohl nicht einen einzigen genuin-nicht-monopolkapitalistischen Inhalt politisch zum Zuge bringt.

Dies heißt also, daß heute von der Faschismusdiskussion ein heilsamer Zwang auf die allgemeine und speziell die marxistische Imperialismusdiskussion rückwirkt, ihre Aufmerksamkeit auch auf die Bewußtseinsprozesse im Monopolkapitalismus zu richten und die bislang etwas vernachlässigte Anwendung der dialektisch-materialistischen Erkenntnismethode auf diesen Bereich intensiv nachzuholen, nicht im Sinne, versteht sich, von Ideologiekritik, die nur das Mißverhältnis von subjektivem Bewußtsein und objektivem Interesse im Resultat und unter dem Gesichtspunkt des gesellschaftlichen „Cui bono?" aufweist, sondern im Sinne von materialistischer Bewußtseinsforschung, die den genauen Verlauf des Zustandekommens falschen Bewußtseins und das Herausfinden seiner Gesetze zum Gegenstand hätte. Diese Aufgabe stellt sich ohnehin unausweichlich, denn mindestens in den sozialistischen Staaten, in denen dem hohen Vergesellschaftungsgrade, wie er heute kennzeichnend für alle industrialisierten Gesellschaften ist, kein auch nur annähernd so funktionstüchtiges indirekt-ökonomisches Motivationssystem für die Aufrechterhaltung des Reproduktionszusammenhangs der Gesellschaft durch objektiv kooperatives Verhalten der Subjekte entsprechen kann wie im Kapitalismus, wird das subjektive Bewußtsein (allerdings hier als objektiv richtiges Bewußtsein), somit aber auch die Kenntnis von den Gesetzmäßigkeiten seiner Entstehung, über die man nicht schon verfügt, wenn man nur die ganz allgemeine Einsicht in die Abhängigkeit des Bewußtseins vom Sein besitzt und sich dann wundert, wenn Veränderungen im Sein nicht sofort zu entsprechenden, vielmehr oft gerade zu ganz unerwarteten Bewußtseinsveränderungen führen, zur Funktionsbedingung der gesellschaftlichen

Reproduktion, ja zur Bedingung von Produktion und Produktivität selbst. Die Faschismusdiskussion verweist also nur spätestens auf die Lücke, die die materialistische Wissenschaft aus Gründen sowohl des vollständigen Verstehens der imperialistischen Gesellschaften wie der Bewältigung entscheidender praktischer Probleme der heutigen und aller möglichen sozialistischen Gesellschaften, nicht minder aber übrigens auch aus Gründen des besseren Erkennens der Entwicklungsdeterminanten antiimperialistischer Befreiungsbewegungen, dringend zu schließen hat.

In dem Umstande wiederum, daß dies in seinen wesentlichen Stücken erst noch geschehen muß, auch die marxistische Imperialismustheorie sich also bisher noch nicht durch ihre eigene Erweiterung um eine ausgeführte Theorie der Entstehung des subjektiven Bewußtseins im Imperialismus den Zugang zu einer wirklichen Erklärung der politischen Massenbewegungen und zur Aufdeckung ihrer Entwicklungsgesetze erschlossen hat, liegt nun aber die Ursache und die objektive Legitimität dafür, daß die heutige Faschismusdebatte, soweit sie den Willen zur Abwendung von den apologetischen Positionen der vorausgegangenen, sozusagen zweiten, im Zeichen der Totalitarismusdoktrin stehenden Diskussionsphase ausdrückt, nicht auf eine bloße Rückkehr zu den Resultaten der ersten, von linkem Geiste gezeichneten Diskussionsphase der 20er und 30er Jahre hinausläuft, sondern mit diesen sich nicht zufriedengibt. Denn das herausragende Resultat dieser Phase, die Dimitroffsche Faschismusdefinition, die die Anstrengungen der führenden theoretischen Köpfe aller Parteien der damaligen Kommunistischen Internationale zusammenfaßte, blieb auf die – freilich zutreffende und auch zuallererst wichtige – Feststellung der objektiven sozialen Funktion des Faschismus beschränkt, während das hierzu scheinbar in Widerspruch stehende soziale Rekrutierungsfeld des Faschismus zwar gesehen, eine Erklärung für diese theoretisch wie praktisch gleich wichtige Diskrepanz aber nicht gefunden wurde. Die Kenntnis der Bedingungen, unter denen sich faschistische Reservoire bilden, und der Gesetze, denen ihre Entwicklung folgt (und eine solche Kenntnis ist ohne Zweifel noch nicht gegeben, wenn man nur sagt, daß der Faschismus die Massen mit raffinierter Demagogie verführe, denn dies ist nur die zutreffende Feststellung des zu erklärenden Sachverhalts, nicht dessen Erklärung selbst), stellt nun aber die Voraussetzung für einen jeden wirksamen Kampf gegen drohenden abermaligen Faschismus dar, und so liegt ein potentiell progressives Moment, das zu einer erheblichen Präzisierung unseres allgemeinen Imperialismusverständnisses führen kann, in der Tendenz der jüngeren Faschismusdebatte, sich mit den bisherigen Ergebnissen der marxistischen Faschismusforschung nicht zu begnügen. Gesucht ist ein Faschismusbegriff, in dem die Auskunft über den objektiven Charakter des Faschismus mit der Auskunft auch schon über dessen wesentliche Entstehungsgesetze verknüpft ist, weil der antifaschistische Kampf eines solchen Begriffes bedarf.

Damit aber haben wir jetzt beinahe schon eine vollständige Begründung für die Renaissance der Faschismusdebatte in den letzten Jahren vor uns. Der erste Grund für diese Renaissance besteht natürlich darin, daß der Imperialismus nach einer Pause, die in die unmittelbaren Nachkriegsjahre fiel, an verschiedensten Stellen der Welt heute wieder verstärkt offenen Faschismus hervorbringt, seine Hauptländer nicht ausgenommen. Der zweite Grund ist der, daß angesichts dessen die Totalitarismusdoktrin, deren Funktion die Entschuldigung des Monopolkapitalismus und die Aufforderung zum Kampfe gegen den Kommunismus im Namen des Antifaschismus als eines „Antitotalitarismus" ist, ihre Überzeugungskraft einbüßt und somit mehr und mehr auch ihren politischen Irritationszweck verfehlt. Der dritte Grund aber ist der, daß nun freilich trotz des Zusammenbruchs dieser bisher so verhängnisvoll wirkenden Sichtblende und des wieder frei gewordenen Ausblicks auf den monopolkapitalistischen Charakter des Faschismus die marxistische Interpretation, die das Verdienst hat, diesen Charakter festgestellt zu haben, in ihrer augenblicklichen Form auch nicht als befriedigend empfunden wird, eben weil sie in dieser vorliegenden Form noch keine schlüssige Antwort gibt auf die Frage, wie Faschismus entsteht und wo folglich aktiver antifaschistischer Kampf, vorbeugender und innerhalb schon vom Faschismus beherrschter Gesellschaften, praktisch ansetzen muß. Im ganzen also eine günstige Ausgangskonstellation, um sich die Konzentration aller Köpfe auf diese noch offenen, allerdings tief in das innere Geflecht unserer Gesellschaft hineinführenden Fragen und daraus am Ende einen gehörigen Erkenntnisfortschritt zu erhoffen.

Aber so einfach darf man sich die konkreten Umstände einer solchen Situation des Umdenkens, der nahezu allgemeinen Abkehr von den Dogmen der bislang dominierenden Totalitarismustheorie oder -ideologie, nun auch wieder nicht vorstellen. Denn zum einen wendet sich natürlich manch einer nur von ihnen ab, um sie, die abnehmende Wirkung ihrer bisherigen plumpen Form spürend, in einer modischeren, dem gegenwärtigen Klima gemäßeren Gewandung wiedererstehen zu lassen. Zum anderen zieht das zur Sprache gelangende Ungenügen der Dimitroffschen Faschismusdefinition nicht nur diejenigen an, die dem Ungenügen abhelfen wollen, sondern selbstverständlich auch diejenigen, die vor allem an dem Anstoß nehmen, was bei Dimitroff richtig war, also in Abrede stellen möchten, daß der Faschismus überhaupt, nämlich seiner objektiven Funktion nach, monopolkapitalistisch ist. Viele von ihnen mischen sich nur deshalb unter den Chor der Kritiker Dimitroffs, um mit linker Gebärde und modisch-marxistischem Vokabular den objektiven Zusammenhang von Kapitalismus und Faschismus wieder generell zu verunklaren und schließlich ganz vom Tisch zu diskutieren. Überhaupt zieht eine solche Situation alle Theorien und Thesen, die jemals irgendwann einmal zum Thema aufgestellt worden sind und noch irgendwo ein paar lebende Anhänger haben, an, jetzt in neuer Verkleidung, aufgeputzt mit einigen empirischen Einzelfakten aus der neueren Forschung, sich noch einmal um die ihnen früher verweigerte Gunst allgemeinen Gehörs zu bewerben. Es gilt also, vorsichtig und sehr wählerisch zu sein gegenüber der Inflation neuer Tonarten und nicht schon deshalb einer von ihnen blindlings zu verfallen, weil aus ihr ein Lippenbekenntnis gegen den Kapitalismus im allgemeinen und die Totalitarismusdoktrin im besonderen hervorklingt und jeder Satz sich im übrigen vielleicht wie ein Denkmal marxistischer Zunftsprache ausnimmt. Auch der Marxismus hat viele Hintertüren, durch die ein pfiffiger Kopf wieder aus ihm hinausgelangen kann, und es hätte etwas geradezu Unnatürliches an sich, wenn es heute, in der dem Monopolkapitalismus wenig günstigen allgemeinen Diskussionssituation namentlich unter der intellektuellen Jugend, nicht eine ganze Anzahl von Leuten gäbe, die sich in solcher Pfiffigkeit üben.

Aus diesem Grunde rechtfertigt es sich, wenn man mit Tendenzen, die in dieser Diskussion auftauchen und bedenklich sind, doch in verfänglicher Gewandung erscheinen, frühzeitig eine scharfe Auseinandersetzung vom Zaune bricht. Fällig ist eine solche Auseinandersetzung unter anderem mit all jenen Theorien, die, meist vorgetragen im Stile geläufiger marxistischer Analysen unter Verwendung eines erheblichen Teiles der von der marxistischen politischen Ökonomie zur Verfügung gestellten Begriffe, dem etablierten Faschismus, ohne dies auch nur irgendwie überzeugend begründen zu können, die Verfolgung genuiner, aus den Interessen des Monopolkapitals angeblich nicht zu erklärender Ziele zuerkennen wollen.

Die Begründungen, die hierfür im einzelnen ins Feld geführt werden, beruhen alle entweder auf leicht nachweislichen Verkennungen der aus der nachliberalen Entwicklung des Kapitalismus resultierenden neuartigen politischen Bedingungen fortschreitender Kapitalakkumulation und der Modifikationen, die eine an ihnen orientierte Politik je nach der innenpolitischen Lage (den Fronten des subjektiven Bewußtseins) annehmen muß, so daß von diesen Theoretikern dem Monopolkapital als ein ihm Fremdes gegenübergestellt wird, was doch nur der Ausdruck seiner modernen Bedürfnisse ist; oder sie beruhen auf einer bloßen Verlängerung der am Faschismus in seiner Protestphase beobachteten soziologischen Merkmale in den etablierten Faschismus und dessen Politik hinein, auf deren Inhalt rückfolgernd aus der Zusammensetzung der Parteimitgliedschaft geschlossen wird, wobei alles, was dem jeweiligen Autor an der faschistischen Politik unerklärlich und jedenfalls mit seinem eigenen Bilde vom Kapitalismus unvereinbar ist, über das großartig die Verbindung herstellende Etikett „irrational" den nachweislich auf Irrationalismus angewiesenen Mittelschichten zugeschrieben und somit in der Regel gerade das am allermeisten Satanische, Exzessive, Zerstörerische am Faschismus zum Ergebnis nichtkapitalistischer Einflüsse im Faschismus wird.

In beiden Fällen verbleiben diese Autoren also letztlich im Bannkreise der liberalen Faschismusinterpretation, die nur eben von vornherein davon ausgeht, daß der Faschismus kein Monopolkapitalismus sein kann, sich zum Beweise dessen dann aber gleichfalls des Kunstgriffs bedient, unter dem Namen des modernen Kapitalismus nur ein zurechtgeschminktes Bild vom liberalen Kapitalismus zu bieten, um so am Ende auf die nichtmonopolkapitalistischen Schichten der Gesellschaft, vom Mittelstande bis zum Proletariat, als eigentliche Inspiratoren des Inhalts der faschistischen Politik zu schließen, während unsere Autoren erst nach aufwendiger Auseinandersetzung mit dem Tenor der geläufigen liberalen Versionen sich ganz am Ende, im Ergebnis ihrer Gegendarstellungen, diesem gleichsam von hinten herum wieder anschließen, sehr begrenzt und vorsichtig, aber hinreichend, um den Klassencharakter des Faschismus zu vernebeln, ob sie nun auf die älteren Mittelstandstheorien direkt zurückkommen oder Teile des Mittelstandes mit dem Monopolkapital zu einer „neuen Klasse" amalgamieren, die im Faschismus zum Beherrscher des „verselbständigten", d. h. von der ökonomischen Rationalität des Kapitalismus emanzipierten und vorwiegend nun also von ihren „eigenen" Interessen programmierten Staates wird.

Natürlich könnte man, unter Berufung sogar auf das obenstehend Gesagte, einwenden, daß darüber, ob in alledem nicht vielleicht doch etwas Treffendes stecke, solange nichts als schon ausgemacht gelten könne, wie eben noch keine schlüssige Erklärung für die Metamorphose einer gegen die traditionellen Parteien des Monopolkapitals anwachsenden Massenbewegung in die Massenbasis gerade des nämlichen Monopolkapitals vorliegt und somit auch noch kein theoretischer Beweis für die Unmöglichkeit eines Eindringens nichtkapitalistischer Inhalte in die Politik etablierter faschistischer Regime. Aber die Fälle, von denen wir hier sprechen, zeichnen sich ja nicht aus durch ein dementsprechend vorsichtiges Offenhalten aller Möglichkeiten und durch in jedwede Richtung gehende sorgfältige Beobachtungen, sondern sie entscheiden die Frage, und zwar eindeutig ohne hinreichende Untersuchung des objektiven Kontextes, aus dem sich die Inhalte der faschistischen Politik allerdings erklären ließen. Sie schlagen die Tür zu, die den Zugang zu zentralen und für den antifaschistischen Kampf lebensnotwendigen Einsichten in bislang verborgene Mechanismen der imperialistischen Gesellschaften bietet, um statt dessen aus ungenügendem Kapitalismusverständnis und mangelnder Fähigkeit, Politik überhaupt nach einer exakten und mehr als beliebigen Methode auf ihren sozialen Interessennenner zu bringen, neue Klassen zu konstruieren und damit sowohl einer Theorie der Transformation des Kapitalismus im Faschismus – wohlgemerkt: nicht der bürgerlichen politischen Ordnung, sondern des Kapitalismus selbst – das Wort zu reden wie auch jede Debatte über die gesellschaftlichen Bewußtseinsprozesse im Imperialismus gegenstandslos zu machen und abzuschneiden. Doch so apodiktisch diese Autoren ihre Thesen von einer neu formierten Klasse oder von nichtkapitalistischen Wesenszügen im Faschismus zum Vortrag bringen, so haltlos sind regelmäßig die Begründungen, auf die sie sie stützen.

Dies wollen wir uns – da es hier um einen Richtungsstreit ersten Ranges geht, der in fast alles hineinreicht, was heute unausdiskutiert zwischen den verschiedenen Gruppen der demokratischen Öffentlichkeit steht und sie so unterschiedlich agieren läßt – nun an einem Einzelbeispiel gleichsam in natura näher ansehen, nämlich an dem Aufsatz von Gert Schäfer zum Thema „Ökonomische Bedingungen des Faschismus".

Es versteht sich nach dem bisher Gesagten, daß dies nicht in Blick auf einen einzelnen Autor geschieht, sondern natürlich eben in Blick auf die hier angesprochene allgemeinere Tendenz, die sich im übrigen nicht nur in der Faschismusdebatte bemerkbar macht. Die rare Deutlichkeit allerdings, mit der sich in Schäfers relativ kurzem Text die in allen ähnlichen Ansätzen stets gleichermaßen, aber oft doch nur sehr unkenntlich verborgenen Konsequenzen schon über wenige Seiten hin offenbaren, kam einer Einladung gleich, an Hand dieses drastischen Falles nun einmal die ganze in diese Richtung zielende Diskussionstendenz zur Debatte zu stellen, wobei gerade Schäfers Aufsatz zu einem schnelleren Verständnis der Substanz des in wechselnden Varianten sich gewiß noch über Jahre fortsetzenden Streites verhelfen und vor allem über die praktisch-politischen Wegentscheidungen, um die es dabei geht, vielleicht schlagartiger informieren kann als eine notwendig weitschweifige Auseinandersetzung mit den vielen, im Detail mannigfach voneinander abweichenden Arbeiten aller oder auch nur der wichtigsten Autoren, die insgesamt jener Grundtendenz folgen.

II Gert Schäfer nimmt sich in seinem Text vor, „einen Interpretationsrahmen im Hinblick auf die ökonomischen Bedingungen des Faschismus zu formulieren" (natürlich nur im Ansatz und nicht ausgeführt, das versteht sich, und wir stellen es in Rechnung). Zur Begründung der Notwendigkeit seines Vorhabens schickt er eine Kritik der liberalen und der marxistischen Faschismusinterpretation voraus.

Was wirft er der liberalen vor? Daß sie die Entstehung des Faschismus aus dem Kapitalismus ignoriere, und insoweit hält er ihr Ergebnisse der marxistischen Faschismusforschung als Argumente entgegen. Was wirft er der marxistischen vor? Daß sie eine „Identifikation von Kapitalismus und Faschismus" vornähme. Hier stutzt man. Haben die Marxisten Kapitalismus und Faschismus oder auch nur Monopolkapitalismus und Faschismus etwa jemals in dem Sinne miteinander identifiziert, daß sie sie miteinander gleichgesetzt hätten? Natürlich nicht. Also kann Schäfer nur etwas anderes meinen, nämlich die marxistische Identifizierung des Faschismus als monopolkapitalistisch, seine Bestimmung als eine politische Herrschaftsform des Monopolkapitalismus überhaupt. In der Tat, dies meint er, und damit haben wir das wesentliche Anliegen seiner Kritik auch schon in der Hand.

Seine Gegenthese: Das faschistische Regime sei in Wirklichkeit durch eine „Kompromißstruktur" gekennzeichnet. Die faschistische

Ökonomie sei keine kapitalistische mehr, weil sich das rückständige, an vorkapitalistischen Leitbildern orientierte Potential der faschistischen Massenbewegung mit dem neuen Bedürfnis der Wirtschaft nach einem starken, die Wirtschaftsprozesse lenkenden Staat, welches selbst schon kein kapitalistisches mehr sei, träfe und im faschistischen Staate mit ihm ein Bündnis eingehe, in dem „die faschistischen Praktiker der Gewalt" sich nach und nach notwendig immer mehr „über den ihnen zugedachten Auftrag herrschender Eliten hinwegsetzten und ihr eigenes Bild von der Gesellschaft zu verwirklichen suchten", wobei sie den ökonomischen Regelungsmechanismus in immer weitergehendem Umfange ihren „politisch gesetzten" Bedürfnissen unterstellen und damit die kapitalistische Ökonomie auflösen. Die „neue soziale Herrscherklasse", zustande gekommen dadurch, daß die ehemals „herrschenden Eliten" in einer bestimmten innenpolitischen Situation „um der Erhaltung der eigenen Privilegien willen die Teilung der Macht mit einer neuen ‚politischen' Amtselite in Kauf" nehmen mußten, repräsentiere also nicht nur politisch das Ende der bürgerlichen Demokratie, sondern auch ökonomisch das Ende des Kapitalismus.

Also, unverblümt und geradeheraus gesagt: das ist ein schöner Unfug und vor allem ein Musterbeispiel nun wahrhaft irrationalistischer Gegenübersetzung von Politik und Ökonomie. Nur auf drei Punkte daraus, die alle miteinander zusammenhängen, sei hingewiesen.

Zuallererst auf die Kapitulationserklärung, die in Schäfers Begriff von der „Kompromißstruktur" steckt. Dieses Wort besagt oder signalisiert eigentlich nur, daß Schäfer mit dem Widerspruch zwischen sozialer Basis und sozialer Funktion des Faschismus nicht fertig geworden ist. Er sucht sich aus der Affäre zu ziehen, indem er soziale Funktion und Massenbasis gleichsam in zwei bis zur Machtergreifung des Faschismus getrennte gesellschaftliche Fraktionen auseinandersortiert, die er dann im etablierten Faschismus unentwegt sowohl miteinander paktieren wie miteinander ringen sieht, statt zu begreifen, daß alle Widersprüchlichkeit, die im zur Macht gelangten Faschismus zutage tritt, die Widersprüchlichkeit des Monopolkapitalismus selbst ist und deshalb dessen Fraktionen in gleichem Maße wie die faschistische Führung durchzieht, so daß alle diese Fraktionen immer wieder wechselnd einmal in ein partielles Gegeneinander, ein andermal in ein auch wieder nur partielles Miteinander geraten, aber kein einziges Mal eine Konstellation auftaucht, die als der Ausdruck eines Dualismus von aus der Massenbasis der Partei repräsentierten politischen Zielen und „eigentlich" monopolkapitalistischen Zielen gedeutet werden kann. Derartige, nur allzu gängige Auslegungen nähren sich durchweg von Beispielen, die sich bei näherer Nachprüfung immer nur als Beispiele für das erschreckend mangelhafte, naive Imperialismusverständnis ihrer Entdecker herausstellen, für deren Unfähigkeit nämlich, sich den Rigorismus imperialistischer Politik, zu dem diese aus Gründen des Imperialismus selbst getrieben wird, zu erklären. So etwa das beliebte und auch bei Schäfer wiederkehrende Beispiel von der „ökonomischen

Unrationalität" der Vernichtung von Arbeitskräften in den KZs, womit gesagt sein soll, daß hierfür doch unmöglich der Kapitalismus verantwortlich gemacht werden könne, wie dessen Ausweitung in Schäfers Fußnote 11 (die man zwecks vertiefter Einblicknahme in die Relevanz solcher Äußerungen am besten gleich in Verbindung mit der Schäferschen Fußnote 4 und im dortigen Kontext lesen sollte) und vor allem das bei Schäfer nicht vorkommende, aber sonst zumeist angeführte Rassismusargument, das von der Unkenntnis der Genese des imperialistischen Rassismus lebt. Nicht minder aber auch das Autarkieargument, das ein einziges Zeugnis für die Nichtaufarbeitung der Großraum- und Kartellierungspläne des deutschen Imperialismus (und eben keineswegs etwa nur des Nationalsozialismus) wie der Nichterkenntnis des Stellenwertes des Autarkieprogramms im Rahmen der imperialistischen Strategie insgesamt und zudem noch des mangelnden Wissens um die einfachsten strategischen Erfordernisse der imperialistischen Kriegsvorbereitung ist. Schäfer hat gegenüber einigen dieser üblichen Argumente offenbar schon Scheu, was wir daraus schließen, daß er sie nicht mehr anführt. Er behält somit nur noch wenige in der Hand, die freilich um nichts besser sind. Sie müssen sein ganzes theoretisches Gebäude empirisch abstützen. Würde er, was er solchermaßen noch als genuin-nichtkapitalistisch zu reklamieren sich zutraut, statt dessen, wie es zutreffend wäre, ebenfalls aus dem Imperialismus selbst heraus erklären, so zerbräche seine gesamte Theorie an der Wirklichkeit mangels eines in dieser zu findenden Indizes für die „Kompromißstruktur". Er hätte dann zwar die Aufgabe gelöst, die er am Anfang seines Aufsatzes selbst andeutet und um die es in der Tat geht, nämlich die Handlungen der Subjekte und Klassen aus den „objektiven Grundformen" der Geschichte her zu begreifen, was nämlich nur heißen kann, aus ihrer einheitlichen Quelle, aber seine „Kompromißstruktur", die nur das Finalprodukt seines Versagens vor dieser Aufgabe ist, wäre dann dahin, so wie alle Faschismustheorien, die auf die Konstruktion eines „Bündnisses" von politischen Machthabern und sozialer Elite, eines Klassenkompromisses oder einer aus ihm hervorgehenden Klasse „neuer Qualität" hinauslaufen, nur anmaßende Dogmatisierungen der subjektiven Unfähigkeit sind, den kapitalistischen Widerspruch dort, wo er uns in seiner entwickeltesten Form, im Imperialismus, in geschichtlich konkreter Gestalt entgegentritt, theoretisch zu bewältigen, weshalb diese Theorien sämtlich in dem Augenblick zusammenbrechen müssen, in dem der imperialistische Charakter derjenigen politischen Inhalte, die ihnen als Beweise einer „genuinfaschistischen" Politik gelten, durchgängig nachgewiesen ist – und deshalb offenbar fürchten ihre Vertreter nichts mehr als dies.

Der zweite Punkt betrifft die Schäfersche Ansicht, daß schon der Übergang zu staatlicher Direktion der Wirtschaftsprozesse als solcher eine Bewegung des Austrittes aus dem „Kapitalismus, wie er seinem Begriff entspricht," sei. Am deutlichsten wird dies an der Stelle, wo Schäfer sagt, schon bei Lenin habe die Erkenntnis, daß der imperialistische 1. Weltkrieg das Verschlingen aller Kräfte der Gesellschaft durch die räuberische Staatsmacht bis zur völligen Katastrophe steigerte, „eigentümlich quer" gestanden „zu der danach rezipierten These, daß wir ‚trotz allem im Kapitalismus, wenn auch in einem neuen Stadium, aber doch unverkennbar im Kapitalismus' bleiben". Dann noch einmal, vielleicht noch deutlicher, an derjenigen Stelle, wo es über Franz Neumann heißt, dieser habe, indem er auf die staatsinterventionistische Regelung des ökonomischen Systems als Folge des von Marx vorausgesagten Zentralisations- und Konzentrationsprozesses, doch als Erscheinung eben erst unseres Jahrhunderts, verwies, „den von Marx entwickelten Begriff des Kapitalismus . . . hinter sich gelassen". Natürlich, wenn man als Kapitalismus nur den liberalen Kapitalismus gelten lassen will, dann ist schon der Monopolkapitalismus – und nicht erst der Faschismus – kein wirklicher Kapitalismus mehr. Die Bemerkung zu Lenin, der vom Imperialismus der Weltkriegszeit sprach, zeigt deutlich, daß Schäfer zu dieser Ansicht neigt. Und weshalb neigt er ihr zu, trotz des doch gerade im 1. Weltkriege und der Folgezeit, wie man meinen möchte, so erdrückend zutage getretenen kapitalistischen Charakters aller Politik der kriegführenden Mächte, was sich ohne Vorhandensein einer kapitalistischen Ökonomie in diesen Ländern doch wohl nicht gut verstehen ließe? Für Schäfer gilt, wie wir sehen, dies alles nichts gegenüber einer Formalie. Wo der Staat, meint er, in die Selbstregulierung des ökonomischen Systems sich einschiebt, da ist der Kapitalismus nicht mehr der Kapitalismus. Das heißt, Schäfer hat einen ganz und gar formalistischen Kapitalismusbegriff, dem das Funktionsmodell alles, die soziale Funktion aber nichts ist. Würde ihn diese interessieren, so könnte ihm natürlich nicht entgehen, daß der Staat aus keinem anderen Grunde in die Selbstregulierung des ökonomischen Systems eingreift als deshalb, weil diese selbst von einem bestimmten Entwicklungspunkte der Akkumulation und der Produktivkräfte an das Bedürfnis danach aus sich hervorbringt, die Befriedigung dieses Bedürfnisses zur Existenzfrage des Kapitalismus wird und der wirtschaftspolitisch in Aktion tretende Staat also nur eine unmittelbare Hervorbringung und ein allenfalls dialektischer Antipode der Selbstregulierung, aber niemals ein Modifikateur des Kapitalismus ist. Denn dieser modifiziert sich mit der Entwicklung der Produktivkräfte zuerst und vor dem Staate, um auch unter neuen Bedingungen fortlaufend Profit realisieren, also gerade derselbe bleiben zu können, und diese primäre Modifikation, die der ökonomische Kapitalismus zwecks Wahrung seines Wesens fortwährend vornimmt, produziert den wirtschaftsaktiven Staat, der wirklich nichts anderes ist als das unmittelbare Produkt dieses Bestrebens des Kapitalismus nach Wahrung seiner eigenen Identität über alle Stufen hin und durch alle wechselnden Formen hindurch, der also zum ökonomischen Mechanismus hinzugehört, ein Teil von ihm selbst ist, nur einen Aspekt der Ökonomie und ihr abstraktestes Funktionsglied – und zwar ein unentbehrliches und immer wichtiger werdendes – darstellt, so daß der Staat nie ein von der

Ökonomie sich verselbständigender und den Kapitalismus allmählich aufhebender, sondern immer nur ein auf der Basis von dessen eigenen Veränderungen ihn reproduzierender Faktor sein kann. Die Bezeichnung Kapitalismus allein jener Phase vorbehalten zu wollen, die einen weitgehend staatsfrei funktionierenden Selbstregulierungsmechanismus der Ökonomie aufweist (wenn natürlich auch dies wieder nur eine halbe Wahrheit ist, denn der nicht intervenierende Staat muß anwesend sein, wenn die Selbstbewegung der Ökonomie funktionieren soll, und als solch anwesender, aber nicht intervenierender Staat ist er ebenso schon ein Produkt und eine Bedingung der kapitalistischen Ökonomie wie der heute interventionistische), steht natürlich jedermann frei und ist eine bloße Vereinbarungssache, läuft aber doch offensichtlich auf eine absolut unfruchtbare, blasse, nichtsnutzige Spielerei hinaus, der der Verzicht auf einen erstrangigen operativen Erkenntnisbegriff, wie dieses Wort es in der Marxschen Verwendung ist, gegenübersteht, und diesen ersteren, lächerlich formalistischen und pedantischen Begriff Marx selbst unterstellen zu wollen, wie Schäfer es versucht, dürfte nichts anderes als eine Dreistigkeit sein. Als ob sich das, was das Wesen des Kapitalismus ausmacht, durch den Staatseingriff und die expandierende Rolle des Staates veränderte und nicht gerade erhielte! Aber die Aufblähung der Staatsintervention zu einer heiligen Kuh, dergegenüber das Wertgesetz zum wesenlosen Grase wird, das diese frißt, hat gleichwohl ihre Geschichte und auch bei Schäfer ihren Sinn. Mit eben diesen Argumenten wurde bekanntlich schon vom historischen sozialdemokratischen Revisionismus der Übergang vom Kapitalismus zum Imperialismus als Transformation des Kapitalismus und als Hinauswachsen des Kapitalismus über sich selbst verklärt (mit allen bekannten Folgen, die dies für die politische Entwicklung der proletarischen und demokratischen Bewegung hatte), und die Liberalen bezichtigten vom Tage der ersten strukturellen Deliberalisationserscheinungen an alles Unangenehme, was die monopolkapitalistische Entwicklung in der Folgezeit hervorbrachte und von feinfühligeren Naturen nicht immer verteidigt werden konnte, als die Folge des in neuerer Zeit so schrecklich grassierenden, überhandnehmenden schleichenden Sozialismus im bürgerlichen Staate, dem das freie Unternehmertum zum Opfer falle, so daß an ihm und den „natürlichen" Gesetzen des freien Profitstrebens, nach denen es lebt, die „Entartung" der modernen Staaten zu menschenfeindlichen, apokalyptischen Leviathanen in gar keinem Falle liegen könne. Die Dinge haben ihre strenge Logik: wer die Exzessivität des Faschismus nicht als den bloßen unmittelbaren Ausdruck der Exzessivität des Imperialismus selbst anerkennen, sondern sie einem von ihm getrennt gedachten oder ihn gar allein darstellenden, also vom „eigentlichen" Kapitalismus „verselbständigten" Staat, der dann notwendig von anderen gesellschaftlichen Kräften zumindest mitgetragen und mitprogrammiert sein muß, zuschreiben will, der muß, da sich zwischen Monopolkapitalismus und Faschismus kein tiefgehender ökonomischer Einschnitt mehr nachweisen läßt, die Kerbe schon beim Übergange vom Kapitalismus der freien Konkurrenz zum Monopolkapitalismus anbringen und damit notwendig in die Imperialismusdeutungen des klassischen Revisionismus zurückfallen, wobei es keinen Unterschied macht, ob er diesen eine optimistische oder wie Schäfer (vgl. hierzu vor allem die Fußnote 12) eine pessimistische Wendung gibt.

Damit braucht zum dritten Punkte, der antithetischen Behandlung von Staat und „eigentlichem Kapitalismus“ oder von „Politik“ und (reiner!) „Ökonomie“ – wie sie am gedrängtesten in der Schäferschen Bemerkung zum Ausdruck kommt, es leide „keinen Zweifel, daß der konsequente Faschismus auch in ökonomischer Hinsicht nicht mehr kapitalistisch sein kann“, weil die „Direktion der Ökonomie nach politisch gesetzten Bedürfnissen . . den kapitalistischen Mechanismus der Tauschwertproduktion nur so lange benutzen“ könne, „wie er die politischen Direktiven erfüllen kann“ –, eigentlich gar nicht mehr viel gesagt zu werden. Würde Schäfer nicht leugnen, daß die „politisch gesetzten Bedürfnisse“ ökonomisch gesetzte Bedürfnisse sind und das Geheimnis ihrer scheinbaren Fremdheit zum Vorgange der unmittelbaren Kapitalverwertung und Werterzeugung der diesem Vorgange oder dem ‚Mechanismus der Tauschwertproduktion‘ selbst innewohnende Widerspruch ist, der in unserem Jahrhundert zu progressiver Entfaltung gelangt und ein Spannungsverhältnis zwischen staatlicher und privatwirtschaftlicher Problemsicht erzeugt, in dem nur die widersprüchlichen Aspekte ein und desselben Systeminteresses sich einander konfrontieren, so daß nicht „die Politik“ als ein irgendwie in sich selbst oder von anderen sozialen Kräften her Begründetes „der Ökonomie“, sondern die kapitalistische Ökonomie nur in Gestalt der Politik sich selbst gegenübertritt und sogar überhaupt nur in dieser Widersprüchlichkeit ein zu weiterer Entwicklung befähigtes Ganzes ist, so müßte er den Glauben an eine autonome Motivation der staatlichen Politik und damit auch an die Möglichkeit der Zerstörung der Ökonomie durch sie fallenlassen. Aber dann wäre es auch nicht mehr möglich, von der „imperialistischen Konsequenz des Faschismus“ (statt von der faschistischen Konsequenz des Imperialismus) zu sprechen, die „dessen kapitalistische Ausgangsbedingungen“ zerstöre (statt: aus ihnen erwächst und nur so lange denkbar ist, wie diese fortbestehen), und um das Offenhalten dieser Möglichkeit führt Gert Schäfer ja gerade seinen Kampf.

Wenden wir uns nun dem theoretischen Herzstück der Schäferschen Begründungen zu. Der Marxsche Kapitalismusbegriff, sagt Schäfer, sei ja nicht nur ans Privateigentum an Produktionsmitteln, sondern in gleicher Weise an „freie Lohnarbeit“ und „‚freie‘ Verfügung über Kapital“ geknüpft, erst dies zusammen ergäbe Kapitalismus, und in dem Maße nun, in dem die Bewegung von Kapital und Arbeit unter staatliche Regie gerate, werde ihre Freiheit und damit eine der konstitutiven Bedingungen des Kapitalismus aufgehoben.

Da haben wir den ganzen ins Negative gekehrten formalistischen

Staatsillusionismus Gert Schäfers im Kern seiner ökonomischen Theorie selbst. Als wenn die staatliche Regie etwas anderes wäre als nur die erweiterte Äußerungsform eben jenes ökonomischen Bewegungsgesetzes, dem Lohnarbeit und Kapital bislang auf dem Markte „in Freiheit" gehorchten, so daß mit ihrer Freiheit nicht dieses Bewegungsgesetz, sondern eben nur ihre mit diesem jetzt nicht mehr sich vereinbarende Freiheit aufgehoben wird, also nicht der Kapitalismus, sondern nur etwas, was ihm von nun an, und zwar unter verschiedenen Bedingungen in verschiedenem Grade, im Wege steht (weshalb Schäfer zugeben muß, daß der Faschismus „nur eine allgemeine Tendenz des ‚Spätkapitalismus' zum Ausdruck" bringe und dann Mühe hat, zu begründen, weshalb sie dennoch voneinander grundsätzlich geschiedene ökonomische Formationen sein sollen). Mit dem Anwachsen politischer Direktion der Ökonomie wird nicht, wie Schäfer meint, eine Bedingung des Kapitalismus annulliert, sondern gerade erfüllt; eine Bedingung des sich entwickelnden, imperialistisch werdenden Kapitalismus nämlich. Diese Entwicklung ist im Marxschen Begriffe des Kapitalismus enthalten und also dessen Bestätigung, nicht dessen Überholung. Nur in Schäfers Begriff ist sie nicht enthalten (womit sich dieser als ein nicht einmal das wirkliche Wesen des liberalen Kapitalismus voll erfassender demaskiert), und deshalb kann Schäfer durch die künstlich prinzipielle Entgegensetzung von Staatsdirigismus und Selbstregulation einen Dualismus von politischer und sozialer Herrschaft und über diesen schließlich einen Gegensatz von „imperialistischem Faschismus" einerseits, Kapitalismus andererseits konstruieren, aus dem die Möglichkeit entspringt, nun die Jahrhundertverbrechen des deutschen Imperialismus wie z. B. die Degradierung der Bevölkerung der eroberten Länder zu Sklavenarbeitern des deutschen Großmachttraums („Rückkehr zur Leibeigenschaft in den besetzten Ländern" – und alle weiteren Beispiele, die hierhin ja auch gehören, s. in Schäfers Fußnote 4) als Indiz gerade für eine angebliche Aufhebung des Kapitalismus statt als den krassesten, fürchterlichsten Ausdruck seines Fortbestehens zu interpretieren. Wenn, sagt er, eine solche, auf so ganz und gar keinem freien Arbeitsvertrage beruhende Zwangsarbeitswirtschaft zum System erhoben und überdies eine strenge politische Investitionslenkung ausgeübt wird, „dann muß gefragt werden, was am ‚totalitären Monopolkapitalismus' als kapitalistisch zu bezeichnen sei". Der Grund, wäre ihm zu antworten, aus dem dies alles geschieht, ist noch kapitalistisch, also auch alles aus diesem Grunde Geschehende selbst.

An manchen Stellen sieht es bei Schäfer freilich auf einmal so aus, als rechte man ganz unnötigerweise mit ihm, da vielleicht gar keine allzu gravierenden sachlichen, sondern nur terminologische Differenzen vorliegen. Wenn er plötzlich selbst den Faschismus als „totalitären Monopolkapitalismus" bezeichnet und also dessen Entstehung aus dem Kapitalismus wie dessen monopolkapitalistische Prägung ja gar nicht leugnet und eigentlich doch nur dessen selbstverständliche Unterschiedenheit vom liberalen Kapitalismus behauptet, Monopolkapitalismus und Faschismus hingegen im Verhältnis von Übergangsepoche und endgültig neuer Epoche eng aneinander bringt („wenn auch der Faschismus aus der imperialistischen Phase des Kapitalismus hervorwuchs, so unterscheiden sich doch seine spezifischen Eigenschaften vom klassischen Kapitalismus nicht weniger, als sich dieser von vorkapitalistischen Formen der Klassengesellschaft unterschied"), ist es dann eines großen Aufhebens wert, die möglicherweise in Nuancen sich erschöpfenden Auffassungsunterschiede auszudiskutieren?

Ginge es etwa, wie bei so vielen anderen Faschismusdisputen, nur um die Frage des Schuldanteiles des Monopolkapitals am Faschismus, dann wäre aller Aufwand in der Tat müßig. Es stellt ja keineswegs eine Entschuldigung des Monopolkapitals dar, wenn man ihm bescheinigt, daß es in die „neue Klasse", in der die „Praktiker der Gewalt Wirtschaftsführer werden und die Wirtschaftsführer Praktiker der Gewalt", hineingewachsen und sich also sozusagen in die faschistische Klasse, die für alle Verbrechen verantwortlich ist, aufgelöst habe. Der Streit geht aber nicht um die moralische Belastbarkeit des Monopolkapitals, sondern um die objektive Erkenntnis der Klassenstruktur des Faschismus (und auch schon, wie sich andeutete, des Monopolkapitalismus), darum also, ob der Faschismus eine neue Klassenordnung darstellt (und sich diese im Monopolkapitalismus schon vorbereitet) oder nicht, und dies ist nun allerdings, wie auf der Hand liegt, von unmittelbarer Bedeutung für die Frage der strategischen Orientierung aller antifaschistisch-antimonopolkapitalistischen Opposition. In der Theorie erscheint oft nur als Nuance und als nahe beieinanderliegend, was in der Praxis weit auseinanderfällt und sich dort unversöhnliche Kämpfe liefert.

Es ist einleuchtend. daß von der Klassenstruktur des Faschismus als des Inbegriffes der äußersten Gefährdung unserer Gesellschaften spiegelbildlich die Klassenstruktur der demokratischen Opposition, jedenfalls aber die Grundorientierung ihrer Strategie, ihre subjektive Vorstellung von den einzuschlagenden Wegen abhängen wird. Aus Schäfers ökonomischen Ansichten aber entspringt vor allem die Theorie vom Faschismus als der Ablösung der bisherigen herrschenden Klasse durch eine „neue soziale Herrscherklasse". In diese Klasse geht zwar die alte Klasse ein, aber sie verwandelt sich in ihr und wird von den neuen, aus der Sphäre von Partei und Staat kommenden Elementen und deren Gewaltmentalität sogar dominiert. Ohne Zweifel, dies ist unausgesprochenermaßen auch schon die Grundlegung für eine neue Strategie der Opposition.

Sehen wir uns daher lieber noch einmal in Schäfers Text um, ehe uns etwas entgeht, was zum Verständnis eines Vorstoßes von solch aktueller Brisanz dienlich sein könnte.

Die Umschau führt uns in die allgemeine Faschismusdebatte zurück, über einen Satz nämlich, der uns für das bessere Verständnis der aktuellen strategischen Konsequenzen von Schäfers Theorie ebenso nützlich sein kann wie zur Einordnung dieser bis hierhin vorerst nun doch als Einzelerscheinung behandelten ökonomischen Theorie in den Zusammenhang verwandter Meinungen, in den sie gehört und in dem sie vielleicht noch etwas mehr erkenntlich wird als nur ein Ausdruck einer gegenwärtig allgemeineren Strömung, wie wir dies anfangs schon andeuteten.

Die Berufung auf eine vor ihm schon existierende und gegenwärtig unabhängig von ihm gerade ein Comeback erlebende Theorie nimmt Schäfer selbst vor. Mit dem Satz nämlich: „Der Faschismus hat die Nachfolge des Bonapartismus angetreten." So lapidar steht es im Text. Eine grundsätzliche Identifizierung mit der Bonapartismus-Theorie also. Und für einige Worte über diese Theorie ist es angesichts ihrer ziemlich großen neuerlichen Beliebtheit allerdings ohnehin an der Zeit.

Was hat es mit der Bonapartismus-Theorie auf sich? Im Jahre 1852 analysierte Karl Marx den Staatsstreich Napoleons III. vom 2.12.1851 in seiner Schrift „Der 18. Brumaire des Louis Bonaparte" und legte dort dar, daß die Machtergreifung Louis Bonapartes an der Spitze einer Horde von deklassierten Elementen, die sich in der „Dezembergesellschaft" zusammengefunden hatten und berufsmäßige Abenteurer, verwilderte Soldaten, Lumpenproletariat mit dem einzigen Interesse der persönlichen Bereicherung waren, sich daraus erkläre, daß die politisch gegeneinander rivalisierenden Kräfte des Kapitals – des noch vorwiegend dem Bodenbesitz verbundenen monarchistisch gesonnenen und des modernen, republikanisch gesonnenen Kapitals – sich neutralisierten und zusammen zu schwach waren, um allein die Macht zu behaupten, das Proletariat aber ebenfalls noch zu uneins und zu schwach war, um sie zu ergreifen, weshalb eine Bande gewalttätiger Hasardeure in diese Lücke hineinstoßen, sich der Regierung bemächtigen und eine Terrorherrschaft über alle Klassen gleichermaßen errichten konnte. Aber, sagt Marx sogleich, dies wäre natürlich nicht möglich gewesen, wenn diese Bande damit nicht doch einem vorhandenen Klasseninteresse entsprochen hätte, nämlich dem Interesse der zahlreichsten Klasse der damaligen französischen Gesellschaft, den Parzellenbauern. Marx geht dann genauestens auf die Parzellenbauern ein und entwickelt aus der Eigentumsform der Parzelle, daß ihr kein anderes politisches Interesse entsprechen könne als das an einer von einem einzelnen ausgeübten Kommandoherrschaft. „Der politische Einfluß der Parzellenbauern findet also darin seinen letzten Ausdruck, daß die Exekutivgewalt sich die Gesellschaft unterordnet." Der soziale Inhalt der Machtergreifung Louis Bonapartes ist also das Klasseninteresse der kleinen Parzellenbauern. Dies setzt Marx dann im folgenden in Kontrast zu der Unmöglichkeit, angesichts der weit fortgeschrittenen und unaufhaltsamen kapitalistischen Entwicklung Frankreichs tatsächlich ein Interessenregiment des Parzellenbauerntums zu betreiben, und entfaltet daraus die ganze Problematik, der die Regierung Louis Bonaparte zu Beginn des Jahres 1852 gegenübersteht.

Dies muß so ausführlich zur Kenntnis gebracht werden, damit ersichtlich wird, welchen verhältnismäßig hohen Grad an Schwachsinn es bedeutete, als 80 Jahre später, nämlich im Jahre 1930, August Thalheimer auf die Idee verfiel, diese einem Vorgange im vorimperialistischen Frankreich geltende Analyse von Marx als eine vorweggenommene Faschismuserklärung zu empfinden. Thalheimer deutete, seinem Einfalle gemäß, den Faschismus in Analogie zum Bonapartismus vermittels einer Anzahl eingängiger Gleichsetzungen, indem er die Figur des faschistischen Führers mit dem Chef der Dezembergesellschaft, die Dezembergesellschaft mit der faschistischen Partei und die seinerzeitige Pattkonstellation der Klassenkräfte mit einer dem Faschismus angeblich stets vorausgehenden Konstellation des Gleichgewichts der Ohnmacht von kapitalistischer Klasse und Proletariat verglich. Das Kapital, so Thalheimer, sei nicht mehr, das Proletariat noch nicht oder wegen einer gerade erlittenen Niederlage vorerst nicht wieder zur Macht, zur alleinigen Machtausübung, fähig, und so bleibe dem Kapital, um in dieser instabilen Situation seine sozialen Privilegien nicht zu verlieren, nichts anderes übrig, als ein Bündnis mit bonapartistisch-faschistischen Horden einzugehen, indem es diesen die politische Macht abtritt, damit sie ihm durch Zerschlagung der politischen Formationen des Proletariats den Fortbestand ihrer sozialen Herrschaft garantieren. Aber dafür sei das Kapital der politischen Willkürherrschaft dieser Banden, vergleichbar der Situation im Bonapartismus, nun natürlich selbst ebenso schutzlos ausgeliefert, und dies mildere sich nur durch das Verhältnis der beiderseitigen Abhängigkeit, das darin besteht, daß die faschistische Partei nicht ohne die Bourgeoisie und deren ökonomische Macht, die Bourgeoisie nicht mehr ohne die politische Macht der faschistischen Partei auskäme. Hier haben wir also die „Kompromißstruktur", die Theorie von einem Bündnisverhältnis, das Kapital und faschistische Massenbewegung im Faschismus eingingen und das diesen erkläre, und zwar durchaus auf der Grundlage der unausgesprochenen inhaltlichen Trennung von Politik und Ökonomie in Form der ausgesprochenen Trennung von politischer und sozialer Herrschaft. Die Bezugnahme auf das historische, noch dazu die Berufung auf Marx persönlich erlaubende Beispiel des Bonapartismus deckt freilich vortrefflich die Frage zu, vor der dies alles als eine unhaltbare mechanische Gleichsetzerei, als ein nicht aufgehendes Spiel mit dem blendenden Glanz historischer Parallelisierungen erkennbar wird. Stoßen wir also in dieses Loch hinein.

Wozu fällt Thalheimer keine Gleichsetzung ein? Zu dem, was in Marxens „18. Brumaire" das Allerwichtigste ist: zur Erklärung der Form nämlich des bonapartistischen Regimes aus einem konkreten Klasseninteresse, und zwar aus der Eigentumsform einer Klasse. Brachte Bonapartes Dezembergesellschaft mit ihrem Staatsstreich das Klasseninteresse der Parzellenbauern zum Zuge – wessen Klasseninteresse brachte dann, wenn man schon mit Thalheimer gleichsetzen will, die faschistische Partei zum Zuge, die ja ausdrücklich für Thalheimer nicht identisch ist mit den Klasseninteressen des Kapitals, sondern eigene politische Interessen hat, diese ins Bündnis einbringt und sie dort, ihr politisches Machtmonopol nutzend, zum Teil auch gegen das Kapital durchsetzt? Die Dezembergesellschaft war klein im Verhältnis zu den faschistischen Millionenparteien. Um so unumgänglicher, bei ihnen ein ähnlich genuines soziales Interesse namhaft zu machen, wenn es das monopolkapitalistische nicht sein soll. Welches aus der Form ihres Unterhaltserwerbes herzuleitende objektive Interesse welcher Klasse begründet den Terrorcharakter des Faschismus, dessen angeblich auch dem Monopolkapital als Gesamtklasse wider den Strich gehende Züge?

Hier schweigt Thalheimer. Und man kann lebhaft nachempfinden, warum. Soll er sagen, es war das Interesse des proletarisierten Mittelstandes oder der aufsteigenden „Dienstklasse“? Hören wir nur ein paar Worte von Marx über die französischen Parzellenbauern, um zu begreifen, daß sich nichts Vergleichbares über die Mittelschichten moderner imperialistischer Gesellschaften sagen läßt – und dann doch wohl auch nicht auf ein dennoch seltsamerweise ganz gleichartiges politisches Interesse bei ihnen geschlossen werden kann.

Marx über die Parzellenbauern: „Ihre Produktionsweise isoliert sie voneinander, statt sie in wechselseitigen Verkehr zu bringen ... Ihr Produktionsfeld, die Parzelle, läßt in seiner Kultur keine Teilung der Arbeit zu, keine Anwendung der Wissenschaft, also keine Mannigfaltigkeit der Entwicklung, keine Verschiedenheit der Talente, keinen Reichtum der gesellschaftlichen Verhältnisse. Jede einzelne Bauernfamilie genügt beinahe sich selbst, produziert unmittelbar selbst den größten Teil ihres Konsums und gewinnt so ihr Lebensmaterial mehr im Austausche mit der Natur als im Verkehr mit der Gesellschaft. Die Parzelle, der Bauer und die Familie; daneben eine andere Parzelle, ein anderer Bauer und eine andere Familie. ... So wird die große Masse der französischen Nation gebildet durch einfache Addition gleichnamiger Größen ...“

Was davon läßt sich auf die Mittelschichten der imperialistischen Gesellschaft des 20. Jahrhunderts übertragen? Nichts. Aber Thalheimer gibt nicht etwa eine Parallelschilderung der Lage und Produktionsweise der heutigen Mittelschichten oder irgendeiner anderen Klasse, aus der dann das Interesse an einer modern-bonapartistischen Staatsform nachgewiesen würde. Er sagt hierzu überhaupt nichts. Was bei Marx also unter der Voraussetzung eines dafür vorhandenen Klasseninteresses sich erklärte, erklärt sich für Thalheimer ohne diese Voraussetzung, d. h., es erklärt sich gar nicht, und seine ganze Theorie hängt in der Luft.

Heute aber findet diese Theorie auf einmal Liebhaber, und kritischsten Köpfen entgeht, daß sie es mit einer Schachtel ohne Boden zu tun haben. Warum? Es ist nicht schwer, dies aus der allgemeinen Situation der derzeitigen linken und liberalen Intelligenz, jedenfalls eines Teiles von ihr, zu erklären. Es ist offenbar die Faszinationskraft des Ergebnisses, die den Blick für die Unsolidität seines Fundaments trübt. Aber was macht dieses Ergebnis so anziehend?

Alle Faschismuserklärungen, die ein Bündnis von Monopolkapitalismus und herrschender faschistischer Partei im Sinne der Verschmelzung verschiedener sozialer Inhalte in der faschistischen Politik behaupten, gehen schwanger mit einer Theorie der „neuen Klasse“. Nicht alle bringen das Kind gleich zur Welt wie Gert Schäfer, aber alle tragen es doch in sich. Mit der neuen Klasse aber geschieht, ist sie erst einmal im Kopfe entbunden, in der Regel folgendes:

Es bedarf einer Namensgebung. Wie wird man die neue Klasse nennen? Man wird sie die technokratische oder die bürokratische oder die staatskapitalistische, die totalitär-monopolkapitalistische oder auch die faschistische Klasse nennen, die Auswahl ist nicht sehr groß. Und kaum, daß ein solcher Name gefunden ist, wird man ihn anwenden wollen und sich umsehen nach seinen Anwendungsmöglichkeiten. So hören wir dann auf einmal von der technokratischen und bürokratischen Klasse „in West und Ost“, oder, sprachlich geschieden nur im Sinne von Unterfällen letztlich ein und desselben allgemeinen Sachverhaltes, von der staatskapitalistischen und staatssozialistischen, von der totalitär-monopolkapitalistischen und der totalitär-sozialistischen Klasse. Da wir im Faschismus und möglicherweise auch schon im Monopolkapitalismus die herrschende Klasse nicht mehr als eine rein kapitalistische, sondern als irgend etwas anderes von eigentümlich neuer Qualität ansehen, brauchen wir auch im Sozialismus die herrschende Klasse nicht für die proletarische zu halten sondern können einen Entartungsprozeß, was den Klassengehalt der Politik anbelangt, wenn er im Kapitalismus möglich ist, auch unter den ökonomischen Bedingungen des Sozialismus für möglich und die politisch Herrschenden für eine vom Proletariat unterschiedene neue Klasse halten. Damit ist unser strategisches Grundurteil betreffs praktischer demokratischer Politik im globalem Maßstabe aber bereits gefällt, denn jetzt drängt sich die Formel auf: gegen die neuen Klassen, die Technokratien, die Bürokratien usw. von West und Ost.

Wir sind also wieder, nach allem riesigen theoretischen Aufwande, zur Totalitarismusdoktrin zurückgekommen, in einer Variante allerdings, die glücklicher macht als die ältere, weil sie das ganze angestaute Unbehagen an der westlich-kapitalistischen Welt in sich aufzunehmen vermag und ihren Einstieg bei der Kritik der eigenen Gesellschaftsordnung nimmt, ohne freilich, was so manch einen insgeheim nun eben doch aufatmen läßt, an der letztlichen Empfehlung: gegen West und Ost gleichzeitig, etwas zu ändern.

Und zudem ist diese neue Version ihrer runzlig gewordenen Vorläuferin auch noch deshalb überlegen, weil der für alle Lesarten der Totalitarismusdoktrin konstitutiven Gleichsetzung der politischen Herrschaftssysteme über die Klasseninhalte hinweg wahlweise je nach Bedarf und Temperament mühelos eine negative oder auch eine positive Akzentuierung gegeben werden kann. Die negative: Kampf den verselbständigten Staatsbürokratien beider Seiten oder den neuen totalitären Klassen in West und Ost, womit man dem einfacheren alten „braun ist gleich rot“ nahe bleibt. Die positive hingegen: Die Klassenstrukturen und politischen Herrschaftsformen von Monopolkapitalismus und etabliertem Sozialismus nähern sich einander an, die Industrialisierung zwingt beide klassenlosen Bürokratien bzw. bürokratischen Klassen zur „Rationalisierung“ und „Versachlichung“ ihrer Politik – womit man im Zauberkreise der Konvergenztheorien angelangt ist.

Nun ist es aber kein Geheimnis, daß unter den heutigen politischen Gegebenheiten, einmal von der Warte derjenigen her gesehen, die in unserem Lande und in den übrigen monopolkapitalistischen Klassenstaaten die wirklich Herrschenden sind, sowohl die in ein freundliches keep smiling umgekippte Totalitarismusdoktrin, die Konvergenztheorie, wie ihre immer noch eine eisige Miene zeigende Schwester haargenau in die Landschaft passen und beide nur Instrumente zur Beförderung ein und derselben imperialistischen Politik sind; die erstere mehr hinsichtlich der Ostpolitik, die letztere in Blick auf die Opposition im Innern des Landes, die davor bewahrt werden muß, diese Ostpolitik falsch zu verstehen und etwa jetzt ihren innenpolitischen Antikommunismus abzubauen. Es kann gar keinen Zweifel daran geben, daß diese politischen Ideologien, und zwar in ihren beiden Wendungen, bewußt gehandhabte Instrumente des Klassenkampfs in der Hand der imperialistischen Mächte sind, mit denen diese überall in der Welt, wo nur immer ihr Einfluß hinreicht, operieren

Dabei sind es an sich aber immer nur zwei zusammengehörige Dinge, die sich um gar keinen Preis dem Bewußtsein der Bevölkerungsmehrheiten mitteilen dürfen und die deshalb auf jeden Fall, nicht zuletzt eben mit Hilfe dieser Ideologien, verschleiert werden müssen. Es darf sich nicht mitteilen, daß das, was in den kapitalistischen Ländern in der sichtbaren Gestalt des Staates über die Mehrheitsklassen herrscht, ob in bürgerlich-demokratischer oder in faschistischer Form, nur das Klasseninteresse des Monopolkapitals ist, und es darf sich nicht mitteilen, daß in sozialistischen Gesellschaften das im proletarischen Klasseninteresse enthaltene wirkliche Mehrheitsinteresse den Staat beherrscht und als Staat herrschend auftritt. Die einfache Klassenfrage also ist es – und wie könnte dies anders sein –, die zuallererst und unter allen Umständen unklar bleiben muß, will der Imperialismus bei sich zu Hause, in seinen Hauptländern, seine innenpolitische Basis behalten und in denjenigen Ländern, auf die er Einfluß zu gewinnen sucht, sich eine verschaffen.

Totalitarismusversionen jedweder Spielart sorgen für die Unklarheit über den politischen Frontenverlauf im Klassenkampf, indem sie den Kapitalismus und dessen Parteien auf jenen fiktiven Platz zwischen „rechts“ und „links“ rücken, auf dem sie sich wie ein friedliches Neutrum und wie die menschenfreundliche „goldene“ Mitte zwischen gewalttätigen Extremen irrationalen Ursprungs ausnehmen, so daß aller Verdacht, der Faschismus könne etwas anderes als des Kapitalismus ärgster Feind und, wo er dennoch zur Macht kommt, etwas anderes als dessen Peiniger und Zerstörer sein, sich schließlich wie von selber verflüchtigt. Aber dazu bedarf es dann selbstverständlich auch einer originellen Antwort auf die Frage nach dem Klassencharakter des Faschismus. Und auch schon der Klassencharakter des bürgerlich-demokratischen wie des sozialistischen Staates bedarf einer Umdeutung, soll die Frontstellung gegen den Sozialismus, auf die es der Totalitarismusdoktrin ja letztlich allein ankommt, zu einer Sache der Mehrheit werden können. Hier aber erweist sich nun für Anspruchsvollere, die sich mit platten Gemeinschaftsideologien und genereller Ableugnung des Klassencharakters von Gesellschaften nicht abspeisen lassen, die in der Bürokratisierungstheorie (als der eigentlich klassischen und zählebigsten Widerlegung der Möglichkeit von Sozialismus überhaupt) enthaltene These von einer angeblich aus den Eigengesetzlichkeiten des Verwaltungsprozesses hervorgehenden neuen Klasse nach wie vor als der bestgeeignete Hebel, um den Glauben an eine der marxistischen Analyse nicht mehr entsprechende neue Klassenstruktur „der Industriegesellschaften" zu wecken. Es kann nur dringend geraten werden, den Faden dieser Bürokratietheorie einmal gründlich von Max Weber an bis hinein die Frankfurter Kritische Theorie zu verfolgen und sich über seine Funktion in den Klassenauseinandersetzungen Rechenschaft abzulegen angesichts des Umstandes, daß heute weder die neuere noch auch die ältere Variante der Totalitarismusdoktrin ohne Bezug auf ihn auskommt und er uns somit nun offen im Kontext der ideologischen Klassenkampfstrategie nicht etwa irgendeiner liberaleren Kapitalfraktion oder des Kleinbürgertums, sondern des Imperialismus selbst begegnet.

Die unmittelbare Folge eines solchen Glaubens an neuformierte, der kapitalistischen Ökonomie wie dem Arbeiterinteresse gleichermaßen entfremdete „totalitäre" Herrscherklassen in West und Ost besteht nun aber für diejenigen, die sich zu diesem Glauben bekehren lassen, darin, daß sich ihr subjektives demokratisches Wollen nun nur noch in der Donquichotterie eines Mehrfrontenkampfes zu äußern vermag. Der etablierte Sozialismus erscheint ihnen jetzt als ebenso schlimm wie der etablierte Monopolkapitalismus, und als Pendant zum Faschismus konstruiert sich ihr Glaube einen „Linksfaschismus" als zweite innenpolitische Gefahr (nichts war, allen Dementis zum Trotz, weniger zufällig, als daß dieses Wort eines Tages vom Boden einer bestimmten Theorie aus fiel). So summieren sich alle Anstrengungen eines solchen fortwährend sich selbst in den Arm fallenden politischen Engagements schließlich zu bloßer Passivität, dem praktischen Effekte nach oder, wo dieser Effekt doch schon ein wenig im eigenen Bewußtsein antizipiert wird, per resignativer persönlicher Haltung von vornherein. Bis zum opportunistischen Umschlag solcher Passivität in neuerliche, nun freilich nur noch allein gegen die Linke gerichtete Aktivität ist es von da aus aber bekanntermaßen nicht weit. Die Theorie von neuen sozialen Herrscherklassen in Kapitalismus und Sozialismus, deren gemeinsames Merkmal Nichtidentität mit den Interessen von kapitalistischer Klasse bzw. Arbeiterklasse sei, lähmt und desorientiert jedenfalls alle progressive Aktivität und erweist sich als der Sockel, von dem aus die gegenwärtigen strategischen Hauptideologien des Imperialismus sich überhaupt erst entfalten lassen.

Wir haben aber gesehen, daß der Scheinuntermauerung dieser gegenwärtigen strategischen Ideologien des Imperialismus aus der Faschismusdebatte unmittelbar Schützenhilfe erwächst oder wirksame Bloßstellung droht, und wir haben gesehen, daß das, was Gert Schäfer anbietet und worin er repräsentativ ist für eine gegenwärtig weitverbreitete Interpretationstendenz, keineswegs dem letzteren dient. Es sind dennoch in der Mehrzahl engagierte, an einer progressiven Veränderung unserer Gesellschaft durchaus interessierte Demokraten, die sich zur Zeit mit Vorliebe in der Faschismusdebatte auf derartige Positionen begeben. Auch Gert Schäfer, einstiger Mitherausgeber und Mitautor des kritischen Sammelbandes „Der CDU-Staat“, zählt ja zweifellos zur demokratischen Opposition und zu den jungen Exponenten einer um demokratische Gesellschaftsveränderung bemühten Wissenschaft. Gerade dies macht den eindringlichen Hinweis auf die Konsequenzen leichtfertiger Faschismustheorien notwendig.

Anhang

Anmerkungen

Kühnl: Einleitung

1 So mehr oder weniger deutlich alle Autoren, die bei der Persönlichkeit Hitlers ansetzen und von dort aus den deutschen Faschismus und seine Politik verständlich machen wollen. Es würde zu weit führen, an dieser Stelle die Flut der Literatur, die nach diesem Schema arbeitet, bibliographisch zu erfassen.

2 So z. B. C. J. Friedrich, Totalitäre Diktatur, und in seiner Nachfolge eine große Zahl von Autoren, die davon ausgehen, daß Faschismus und Kommunismus, rechter und linker „Radikalismus" im wesentlichen gleich seien.

3 So z. B. K. D. Bracher, in: Staat und Politik. Das Fischer Lexikon, Frankfurt 1957, Stichwort Faschismus; vergleiche auch die übrigen Schriften von K. D. Bracher, besonders: Die deutsche Diktatur, Köln 1969.

4 So z. B. E. Nolte, Der Faschismus in seiner Epoche, München 1963; ders., Die Krise des liberalen Systems und die faschistischen Bewegungen, München 1968; H. A. Turner, Faschismus und Kapitalismus in Deutschland, Göttingen 1972.

5 Vgl. z. B. die Analysen Clara Zetkins aus dem Jahre 1923, von denen Teile abgedruckt sind in: Th. Pirker (Hg.), Komintern und Faschismus 1920–1940, Stuttgart 1965, und in: E. Nolte (Hg.), Theorien über den Faschismus, Köln und Berlin 1967.

6 Zu Geschichte und Struktur der KPO vgl. K. H. Tjaden, Struktur und Funktion der „KPD-Opposition" (KPO), Meisenheim 1964.

7 Zum Problem Marxismus und Psychoanalyse vgl. besonders Bernfeld u. a., Psychoanalyse und Marxismus, Frankfurt 1970; E. Fromm, Analytische Sozialpsychologie und Gesellschaftstheorie, Frankfurt 1970; Psychoanalyse und Sozialwissenschaft, Frankfurt 1971; Marxismus Digest 16: Kritik der Psychoanalyse.

8 Vgl. dazu bes. E. Schmidt, Die verhinderte Neuordnung 1945–1952, Frankfurt 1970; K. Schmidt u. T. Fichter, Der erzwungene Kapitalismus, Berlin 1971, Rotbuch 27; Th. Badstübner, Die Spaltung Deutschlands 1945–1949, Berlin 1966; D. Horowitz, Kalter Krieg, 2 Bde., Berlin 1969, Rotbuch 13 u. 14; E. U. Huster u. a., Determinanten der westdeutschen Restauration 1945–1949, Frankfurt 1972.

9 Vgl. dazu R. Kühnl, Zur politischen Funktion der Totalitarismustheorien in der BRD, in: M. Greiffenhagen, R. Kühnl, J. B. Müller, Totalitarismus. Zur Problematik eines politischen Begriffs, München 1972.

10 J. C. Fest, Hitler, Berlin 1973; W. Maser, Adolf Hitler, München und Esslingen 1971.

A. Texte aus den 20er und 30er Jahren

I. Thalheimer: Über den Faschismus

1 Karl Marx, Der 18. Brumaire des Louis Bonaparte, Frankfurt/Main 1965 (Sammlung Insel, Band 9), S. 138.

2 Ebd., S. 63.

3 Ebd., S. 133.
4 Ebd., S. 124.
5 Friedrich Engels, Einleitung [zu Karl Marx, „Bürgerkrieg in Frankreich“ (Ausgabe 1891)], in: Karl Marx, Friedrich Engels, Werke, Berlin 1956 ff., Band 22 S. 188–199, hier S. 190 f.
6 Friedrich Engels, Die Rolle der Gewalt in der Geschichte, in: Karl Marx, Friedrich Engels, Werke, Berlin 1956 ff. Band 21 S. 407–461, hier S. 415.
7 Ebd., S. 414.
8 Karl Marx, Der 18. Brumaire . . ., loc. cit., S. 130 f.
9 Ebd., S. 133.
10 Karl Marx, Der Bürgerkrieg in Frankreich. Adresse des Generalrats der Internationalen Arbeiterassoziation, in: Karl Marx, Friedrich Engels, Werke, Berlin 1956 ff., Band 17 S. 319–362, hier S. 337 f.
11 Lo stato operaio, II, 3, S. 127 ff. März 1928 [Anmerkung von August Thalheimer].
12 Friedrich Engels, Die Rolle der Gewalt . . ., loc. cit., S. 413 f.

II. Reich: Massenpsychologie . . .

1 „Die Gedanken der herrschenden Klasse sind in jeder Epoche die herrschenden Gedanken, d. h. die Klasse, welche die herrschende materielle Macht der Gesellschaft ist, ist zugleich ihre herrschende geistige Macht. Die Klasse, die die Mittel zur materiellen Produktion zu ihrer Verfügung hat, disponiert damit zugleich über die Mittel zur geistigen Produktion, so daß ihr damit zugleich im Durchschnitt die Gedanken derer, denen die Mittel zur geistigen Produktion abgehen, unterworfen sind. Die herrschenden Gedanken sind weiter nichts als der ideelle Ausdruck der herrschenden materiellen Verhältnisse, die als Gedanken gefaßten, herrschenden materiellen Verhältnisse: also die Verhältnisse, die eben die eine Klasse zur herrschenden machen, also die Gedanken ihrer Herrschaft.“ (Marx)

Gemeint sind offenbar die Reichstagswahlen vom 6. 3. 1933 (R. K.)

In der Freudschen Kulturphilosophie finden sich trotz allem Idealismus mehr Wahrheiten über das lebendige Leben als in allen bürgerlichen Soziologien und manchen „marxistischen“ Psychologien zusammengenommen.

4 Unter „Identifizierung“ versteht die Psychoanalyse den Tatbestand, daß eine Person sich mit einer anderen *eins zu fühlen* beginnt, Eigenschaften und Haltungen von ihr übernimmt, die sie früher nicht besaß, in der Phantasie sich an ihre Stelle setzen kann; diesem Prozeß liegt eine tatsächliche Veränderung der sich identifizierenden Person zugrunde, indem sie Eigenschaften des Vorbildes „in sich aufnimmt“.

5 Trotz der Ideologie „Gemeinnutz geht vor Eigennutz“ und dem „korporativen Gedanken“ des Faschismus. Die Kernelemente der faschistischen Ideologie bleiben individualistisch, wie das „Führerprinzip“, die Familienpolitik etc. Das Kollektivistische im Faschismus entstammt den sozialistischen Tendenzen aus der Massenbasis, wie das Individualistische den Interessen des Großkapitals und der faschistischen Führung entstammt.

6 Besonders lehrreich für die Erkenntnis dieser Zusammenhänge ist das Buch des Nationalsozialisten Ernst Mann, Die Moral der Kraft.

B. Neuere Interpretationen

I. Agnoli: Zur Faschismusdiskussion

1 Ernst Noltes großangelegtes Interpretationswerk „Der Faschismus in seiner Epoche" (München, Piper, 1963) erschien noch in einer Zeit relativer öffentlicher Ruhe. Daß es in Deutschland selbst Epoche machte, ist wahrscheinlich eher auf die berühmte vorhandene Lücke zurückzuführen als auf den kritischen Ertrag der Interpretation. Immerhin bildete die umfangreiche Arbeit einen ersten Ansatz zur Ausweitung der Perspektiven, den Nolte selbst erfreulicherweise weiterentwickelte in „Die faschistischen Bewegungen" (dtv – Weltgeschichte des 20. Jahrhunderts, Band 4, München 1966). Noch wichtiger ist die von Nolte besorgte Auswahl der „Theorien über den Faschismus" (in der NWB, Bd. 21, Geschichte, Köln, Kiepenheuer & Witsch, 1967). Sie empfiehlt sich als Pflichtlektüre für alle, die sich mit dem Faschismus beschäftigen – politisch wie wissenschaftlich. Ebenso empfiehlt sich aber, diese Auswahl durch andere Aufsatzsammlungen zu ergänzen, z. B. durch die deutsche Buchausgabe des 1. Heftes des „Journal of Contemporary History: Internationaler Faschismus 1920–1945" (München, Nymphenburger, 1966); vor allem aber durch den bei der Europäischen Verlagsanstalt erschienenen Sammelband „Faschismus und Kapitalismus" (Frankfurt, EVA, 1967), der die lange vermißten theoretischen Aufsätze von Thalheimer, Marcuse, Rosenberg und Bauer wieder zugänglich macht und den Schlußteil von Tascas „Nascita e avvento del fascismo" bringt.
Die EVA – von ihrem politischen Engagement her verständlich – bemüht sich sehr um Faschismus-Literatur. Francis L. Carstens „Der Aufstieg des Faschismus in Europa" (EVA 1968) kann als Ergänzung zu Noltes dtv-Band benutzt werden; Fritz Bauers gewollt politisch-polemischer Vortrag „Die Wurzeln faschistischen und nationalsozialistischen Denkens" (1965) kann wiederum Noltes bewußt philosophisches Hauptwerk um einige geistesgeschichtliche und sozialpsychologische Aspekte ergänzen. Lobenswert ist es, daß die EVA Erich Fromms „Die Furcht vor der Freiheit" wieder aufgelegt hat (1966): Mit W. Reichs „Massenpsychologie des Faschismus" – wenn auch ohne Reichs Prägnanz und Parteilichkeit – der wichtigste sozialpsychologische Beitrag zur Analyse der Faschismus-Syndrome spätkapitalistischer Gesellschaften.

2 Verbindungslinien zwischen der Vergangenheit und der Gegenwart bieten sich von selbst zwingend an, auch wenn sie nicht immer stimmen. Bei den Texten von Thalheimer und Marcuse drängen sich historische und unhistorische Vergleiche mit heutigen Zuständen geradezu auf. Cartens gelegentliche Skizzen über Aktionen faschistischer Studenten gegen unliebsame Professoren werden den Analogiekonstrukteuren à la Zehm und Ahlberg zusätzliches Material für gutachtliche Skurrilitäten liefern. Und so weiter.

3 Faschismus und Kapitalismus, S. 169.

4 Hier wären die Beziehungen zwischen Industrie und Staatsapparat in beiden politischen Systemen genauer zu untersuchen. Noch wichtiger: das Verhältnis *Gewerkschaften*–Staat in der doppelten Sicht der Integration und des Klassenkampfes. Die faschistischen Arbeitersyndikate standen unter der unmittelbaren Kontrolle des Staats- und Parteiapparats – was man von den französischen nicht sagen kann.

5 Borkenau, Zur Soziologie des Faschismus, in: Nolte, Theorien, S. 156 ff., S. 179.

6 Faschismus und Kapitalismus, S. 170.

7 a. a. O.

8 Vor allem Voegelin hat sich in der Diskussion um die formierte Gesellschaft faschistisch-korporativen (was nicht heißen soll: terroristischen) Vorstellungen angenähert, vgl. Die dritte Phase der Industriegesellschaft, in: Gesellschaftspolitische Kommentare, 11/1. Juni 1965.

9 Nolte, Die faschistischen Bewegungen, S. 204 ff.

10 Dazu Renzo de Felice, Mussolini il fascista. 1, 717 ff. Über die Entwicklung der Verhältnisse in Italien und über die Mehrheitswahl: vgl. den Bericht des Staatssekretärs (sottosegretario) Suardo im Archivo Centrale dello Stato Segreteria part. del Duce, Carteggio riservato (1922–1943) fasc. 379/R. Die Diskussionen über die Wiedereinführung der Mehrheitswahl dauerten seit 1923 an. In der 10. Sitzung des Gran Consiglio del Fascismo am 26. April 1923 war die Mehrheitswahl mit 21 Stimmen gegen 2 und bei 2 Enthaltungen abgelehnt worden. Mussolini aber, hierbei vom Führer des rechtsextremistischen Flügels Farinacci unterstützt, versuchte immer wieder zum „collegio uninominale“ zurückzukehren. Vgl. die Protokolle der besagten Sitzung in: Il Gran Consiglio nei primi dieci anni dell'Era Fascista, Nuova Europa Roma XI (d. i. 1933), S. 55 ff.

11 Sergio Panunzio, Teoria generale dello Stato fascista, Padova, Cedam, 1937, nahm den Pluralismus in Schutz. A. Volpicelli erteilte in der Einleitung zu einer italienischen Schmitt-Auswahl (Carl Schmitt, Principii politici del nazionalsocialismo, Firenze, Sansoni, 1935) dem „Begriff des Politischen“ und der Orientierung des Nationalsozialismus an Volk und Bewegung – an Stelle des Staates – eine prinzipielle Absage.

12 Vgl. die dramatischen Rundschreiben vom 3., 4., 5. und 10. 1. 1925 des Innenministers Federzoni und des *Capo del Governo* an die Präfekten des Königreichs über die Disziplinierung der *squadre d'azione* und die Wiederherstellung der staatlichen Autorität, abgedruckt in: Alberto Aquarone, L'organizzazione dello stato totalitario, Torino, Einaudi, 1965, S. 347 ff.

13 de Felice: a. a. O., S. 726.

14 Vgl. Atti dell'Assemblea generale dell'industria italiana, Roma, 28.–29. Aprile 1925.

15 Text des Paktes des Palazzo Vidoni bei Aquarone, a. a. O., S. 439. Mit dem Pakt begann die „Dreierrepräsentation“ zu funktionieren. Wichtigster Punkt: die Arbeitersyndikate verzichteten auf die Commisioni interne, auf die Betriebsräte.

16 Vgl. Enno Georg, Die wirtschaftlichen Unternehmungen der SS, Stuttgart, Deutsche Verlagsanstalt, 1963.

17 Georg, a. a. O., S. 146.

18 Sturzo, Italien und der Faschismus, Köln 1926 (bei Nolte, Theorien, S. 225).

19 Vgl. Nolte, Der Faschismus in seiner Epoche, S. 412.

20 Über den französischen Linksfaschismus, Nolte, Die faschistischen Bewegungen, S. 290 f. und 295 f.

21 Darüber am besten: R. J. Soucy, Das Wesen des Faschismus in Frankreich, in: Internationaler Faschismus, S. 46 ff., S. 59.

22 Nolte, Die faschistischen Bewegungen, S. 65 f.; Der Faschismus in seiner Epoche, S. 329.

23 Sehr prägant über diesen ideologischen Aspekt des Faschismus: George L. Mosse, Einführung: Die Entstehung des Faschismus, in: Internationaler Faschismus, S. 39 f.

24 Luigi Fontanelli, Logica della Corporazione e relative polemiche, Roma: Unione editricie sindacale italiana, 1941 (in der VII. Auflage!); vor allem

darin: La tecnica come classe dirigente, S. 83 ff.

25 Der faschistische Korporativismus wurde in der Vergangenheit und wird heute immer noch mißverstanden. Er fand in Österreich, Spanien und Portugal „Nachahmungen" ständestaatlicher Prägung, die mit dem Original nur teilweise etwas zu tun haben. Ständische Elemente lassen sich zwar im italienischen System erkennen; seinen Kern bildeten aber die institutionalisierte Regelung des Klassenkonflikts und die staatliche Mitwirkung in der Produktion. Die bei den Korporativisten gängige Terminologie unterscheidet sich entsprechend erheblich von der romantisch-ständischen Sprache der Nachahmer. Da ist von Produktivität die Rede, von Kapazität, teilhaberischer Mitarbeiterschaft von Kapital und Arbeit, Betriebsselektion, Kapitalverteilung, Normierung der Produktionstypen u. ä. Vgl. Gino Arias, Die faschistische Staatsform, in: Mussolini und sein Faschismus, hg. v. C. S. Gutkind, Merlinverlag, Heidelberg 1928, S. 189 ff., und Alfredo Gioffi, Instituzioni di diritto corporativo, Hoepli, Milano 1933. – Gino Arias galt als der bedeutendste Theoretiker des faschistischen Korporativismus und war einer der schärfsten Gegner linksfaschistischer Abweichungen.

26 E. Nolte: Die faschistischen Bewegungen, S. 242.

27 Vgl. darüber die inzwischen erschienene Schrift von A. Sohn-Rethel, Ökonomie und Klassenstruktur des deutschen Faschismus, edition suhrkamp 1973.

28 S. die in Anmerkung 1 enthaltenen Literaturangaben. Wir verweisen auch für die nachfolgenden Anmerkungen auf diese Angaben und werden die einzelnen Titel nur noch abgekürzt anbringen.

29 Es bleibt selbstredend der politischen Betrachtung überlassen, die griechischen Ereignisse liberalistisch und die Tätigkeit der CIA als Verteidigung des freien Westens zu interpretieren.

30 Die Frage wäre also, wer wen in letzter Instanz ausgenutzt hat und ausnutzen kann. Dazu vgl. die Auseinandersetzung über die Stellung der Industrie im Nazireich, in: Das Argument, 10. Jahrgang, 3. Juli 1968: Eberhard Czichon, Der Primat der Industrie im Kartell der nationalsozialistischen Macht, S. 168 ff.; und Tim Mason: Primat der Industrie? – eine Erwiderung, S. 193 ff.

31 Über den Modellcharakter faschistischer Organisationsformen vgl.: Politologie 9/2, S. 27.

32 Veröffentlichungen des RDI, Nr. 50, Januar 1930; dazu K. D. Bracher, Parteienstaat, Präsidialsystem, Notstand, in: PVS 3/3, Sept. 1962, S. 219 f.

33 Die Auffassung, daß Emanzipationsbestrebungen und Produktivitätssteigerung sich nicht vertragen, scheint zum festen Bestandteil der kapitalistischen Ideologie zu gehören. Dahinter steht in Wirklichkeit die Befürchtung, daß herrschaftsfreie Produktion zwar möglich sei, jedoch die Abschaffung des Profitsystems zur Voraussetzung habe.

34 Dr. Zirano von der Confindustria in einem Interview mit dem Verfasser (am 17. 7. 1967 in Rom): „Wenn die korporative Formel frei funktioniert, verwirklicht sie in der friedlichen Konfrontation der Kräfte die wahre Demokratie." Unter dem Faschismus hätte es „zuviel Direktiven von oben gegeben. Wir werden aber auf jene Organisationsschemata zurückgreifen müssen."

35 Zur Demokratie in der Wirtschaft: „Vor allem im Betrieb zerstört sie die Einheit und Raschheit unternehmerischer Entscheidungen . . . Für die egalitäre Demokratie ist überhaupt in allen Leistungsgebieten kein Raum." Josef Winschuh: Die Politik bleibt das Schicksal, in: Jahrbuch des deutschen Unternehmers 1964, Verlag Unternehmer-Jahrbuch, Freudenstadt 1964, S. 73.

36 „Am klarsten" – es versteht sich, unter den hier besprochenen Autoren –

Otto Bauer, Der Faschismus, in: Faschismus und Kapitalismus, S. 157 f.

37 E. Nolte, Die faschistischen Bewegungen, S. 261. Wichtig wäre z. B. eine nähere Untersuchung, *welche* Bereiche der Privatwirtschaft gefördert wurden. Diese Klärung scheint Nolte aber für belanglos zu halten.

38 Volpi di Misurata war ein führender Vertreter der Banca Commerciale, Präsident der „Vereinigung der Aktiengesellschaften" und Präsident der Compagnie Italo-Belge pour Entreprises d'Electricité. Später wurde er Präsident der Confindustria.

39 Vgl. für Italien: Gualberto Gualerni, La politica industriale fascista, vol. I (1922–1935). Istituto Sociale Ambrosiano Milano 1956, S. 31 ff.; in Deutschland spielte die Bejahung der Kartelle durch die Nazisten eine Rolle in der Annäherung zwischen ihnen und der Industrie, vgl. Schreiben von W. Reichert an Friedrich Flick v. 19. 10. 1931 über einen Diskussionsabend „Nationalsozialismus und Wirtschaft", jetzt veröffentlicht in: Eberhard Czichon, Wer verhalf Hitler zur Macht? Zum Anteil der deutschen Industrie an der Zerstörung der Weimarer Republik, Pahl-Rugenstein, Köln 1967, S. 60 f.

40 Neuerdings meinte K. L. Shell in einer Sendung des Senders Freies Berlin, dieser (von mir häufig verwendete) Begriff der abhängigen Masse sei „unqualifiziert". Ich vermute, das Urteil kommt durch die panische Angst vor dem Wort „Masse" zustande: eine wissenschaftstheoretische Angst, nicht empirisch-wissenschaftlich genug zu erscheinen, wenn man den Gebrauch des Begriffs nicht rügt; und eine politische Angst, solche Begriffe durch ihre Anwendung praktisch zu machen. Ein „differenzierender" Begriff würde also lauten: „die große, in sich durch eine Vielfalt der schichtenspezifischen Verhaltensweise ebenso wie durch zuweilen konträre Interessen strukturierte Gruppe der Arbeitnehmer (oder: der Arbeiter, der Angestellten und der Beamten)". Dieser Begriff ließe sich empirisch noch weiter teilen und schließlich in der Pluralität der Verbände auflösen. Und doch würde die ganze Rede im Prinzip eines meinen: die Masse derjenigen, die in den industriellen, administrativen, wissenschaftlichen Arbeits-, Leistungs- und Produktionsvorgängen unserer Gesellschaft a) nur vom Verkauf der eigenen Arbeitskraft und Arbeitsfähigkeit leben können (auch wenn sie drei Volksaktien als Spargroschen für Notfälle ihr eigen nennen); b) ohne durch diesen Verkauf sich Führungsbefugnisse und die unmittelbare Führungsfunktion des Kapitals („leitende Angestellte") einhandeln zu können; c) dabei also sich in einer verfestigten Abhängigkeitsstellung befinden und in besagte Vorgänge nicht selbsttätig eingreifen dürfen. Es handelt sich in der BRD um etwa 80 % der arbeitenden Bevölkerung. Und diese 80 % bilden in einer gesamtgesellschaftlich präziseren Qualität ausgedrückt eben die abhängige Masse.

41 Ernst Nolte, Der Faschismus. Von Mussolini zu Hitler. Texte, Bilder und Dokumente, Desch, München 1968.

42 „Man hätte . . . in den Jahren nach dem nationalen Umbruch eine Organisation der gewerblichen Wirtschaft auf völlig neuer Grundlage errichten können. Daß man es nicht tat, sondern statt dessen den Weg einer sinnvollen Überleitung der in der Vergangenheit entstandenen Zusammenschlüsse wählte, zeigt die Lebensnähe der nationalsozialistischen Staatsführung", Karl Guth, Die Reichsgruppe Industrie. Standort und Aufgabe der industriellen Organisation, Junker und Dünnhaupt, Berlin 1941, S. 15 f.

43 R. J. Soucy, Das Wesen des Faschismus in Frankreich, in: Internationaler Faschismus, S. 58 ff. Gegen Soucys Darstellung nehmen sich Noltes Ausfüh-

rungen in: Die faschistischen Bewegungen, S. 289 ff., sehr dünn aus.

44 G. L. Mosse, Einführung: die Entstehung des Faschismus, a. a. O., S. 31.

45 E. Weber, Die Männer des Erzengels, a. a. O., S. 149 f.

46 a. a. O., S. 173.

47 H. Seton-Watson, Faschismus – rechts und links, a. a. O., S. 254 u. S. 273.

48 Die erste deutsche Ausgabe erschien schon 1945, blieb aber – vermutlich wegen der von Fromm geäußerten Kritik an den westlichen Demokratien, die damals zu Recht als Befreier galten – ohne Resonanz. Über die Reformation: EVA-Ausgabe, S. 88 ff.

49 a. a. O., S. 135.

50 a. a. O., S. 239 ff.

51 Vgl. dazu die Arbeitsergebnisse eines Seminars über Faschismus und Antisemitismus, das unter der „Leitung" von Margherita v. Brentano und Peter Furth stattfand, in: Diskussion, 6/16. April 1965, S. 14 ff. Was sich dort sozialpsychologisch über Funktion und Rolle der Führungsgruppen des Nazismus und über die psychische Struktur Hitlers findet (S. 17 f.), enthält schon Ansatzpunkte für eine Gesamtanalyse der psychischen Mechanismen auch der Bevölkerung. Die Analyse liegt jetzt verdienstvollerweise als Raubdruck vor: Autorenkollektiv: Faschismusanalyse. Bürgerlicher und faschistischer Antisemitismus, Underground Press I, Berlin 1968. Angegebene Stellen: S. 22 ff. und S. 29 f.

52 Carsten, Der Aufstieg . . ., S. 22.

53 a. a. O., S. 82

54 a. a. O., S. 25.

55 a. a. O., S. 241.

56 a. a. O., S. 280.

57 „Der Faschismus ist die offene terroristische Diktatur der am meisten reaktionären, chauvinistischen und imperialistischen Elemente des Finanzkapitals", vgl. O. Kuusinen, Referat auf dem XIII. Plenum des EKKI, Dezember 1933: Faschismus, Kriegsgefahr und die Aufgaben der kommunistischen Parteien, Moskau 1934, S. 39. Die Beschäftigung des XIII. Plenums mit dem Faschismus verlief nicht so undifferenziert, wie die Schlußformel es vermuten lassen könnte. In der Agitationsarbeit wurde die Formel allerdings verkürzt im Sinne einer Agententheorie verwendet.

58 Vgl. A. Gramsci: I due fascismi, L'Ordine nuovo 25, August 1921, jetzt in: Gramsci: Socialismo e fascismo, Einaudi, Torino 1966, S. 297 ff.; das wichtigste Dokument der Faschismusdiskussion in der italienischen KP ist leider schwer zugänglich – und eines Raubdruckes durchaus wert: Il Fascismo in Italia, Leningrado 1926. Studio inedito per i quadri della Internazionale comunista. Die Studie wurde 1965 auf Grund von Fotokopien des Leningrader Originals von de Felice vervielfältigt herausgegeben.

59 Rosenberg: Der Faschismus als Massenbewegung, in: Faschismus und Kapitalismus . . ., S. 89. Was Rosenberg a. a. O. über faschistische Pogrome sagt, liest sich wie ein Kommentar zu jüngsten Ereignissen und zu den Forderungen einer bekannten Berliner Zeitung, politisches Ausmisten nicht der Polizei allein zu überlassen: „Die Regierung und die Behörden selbst vermeiden den direkten Angriff gegen die Revolutionäre, Demokraten, Sozialisten oder Juden. Aber eines Tages erwacht der ‚Volkszorn', der ehrliche Mann aus dem Volk, der noch an Gott, Kaiser und Vaterland glaubt, erhebt sich, zertrümmert die verruchten Rebellen und stellt die Macht der rechtmäßigen Ordnung wieder her." Für eine nähere Einschätzung der faschistischen Qualität von Terror wichtig, weil inzwischen vergessen: „Die Terrorbanden konnten

nur siegen, weil sie immer, wenn es ernst wurde, die Staatsmacht hinter sich hatten" (a. a. O., S. 79).

60 Thalheimer, Über den Faschismus, a. a. O., S. 29.

61 P. Sering, Der Faschismus, in: Zeitschrift für Sozialismus, Jg. 2, Nr. 24/25 und Nr. 26/27, Graphia, Karlsbad 1935, vor allem S. 775 ff.

62 Thalheimer, a. a. O., S. 31.

63 Der Wechsel von Führungsposition in der Wirtschaft zur politischen Führung – und die entsprechende Rückkehr in die Wirtschaftsführung – war in Italien relativ häufig, wenn auch nicht so relevant wie in den USA. Rosenberg, a. a. O., S. 79, erinnert: „Die Kapitalisten produzieren nicht selber und überlassen auch das Verkaufen anderen. Sie können auch nicht selbst ihr Militär, ihre Polizei und ihre Wählerschaft sein. Sie brauchen Helfer und Diener, um zu produzieren, um zu verkaufen und zu regieren." Nun, zuweilen regieren sie doch unmittelbar.

64 O. Bauer: Der Faschismus, a. a. O. S. 145. Ergänzend wäre das unterschiedliche Verhalten gegenüber dem nationalen und dem fremden Kapital. Auch emotional richtet sich der Kleinbürger *nicht* gegen die Kapitalisten, die er als Repräsentanten nationaler Größe bewundert. In Krupp oder Flick sieht er nicht Profitinteresse personalisiert, sondern deutschen Fleiß und deutsche Tüchtigkeit.

65 Bauer, a. a. O., S. 166 f.

66 H. Marcuse, Der Kampf . . ., a. a. O., S. 53. Über die ideelle Verwandtschaft und die strukturelle Identität von Liberalismus und Faschismus in *dieser* Hinsicht vgl. die Zitate in: J. Agnoli, Die bürgerliche Gesellschaft und ihr Staat, in: Das Argument, 8/6, Dezember 1966, S. 458 ff.

67 Woldemar Koch, Die Staatswirtschaft des Faschismus, Fischer, Jena 1935; Aldo Bertelè, I tre sistemi economici. Liberalismo, Socialismo, Corporativismo, Giappichelli, Torino 1940.

68 W. Müller, Sozialer Kapitalismus. Grundsätze einer Wirtschafts- und Arbeitskultur, Buchholz & Weisswange, Berlin 1930.

69 Luigi Sturzo – von den Faschisten *und* der römischen Kurie zur Emigration gezwungen – wurde nach dem Krieg vom Vatikan genötigt, in Rom mit der berühmten „Operation Sturzo" eine Allianz zwischen Democrazia Cristiana und dem faschistischen MSI herbeizuführen. Sturzo selbst scheiterte, die Allianz kam zustande.

70 E. Nolte, Der Faschismus in seiner Epoche, S. 515.

71 a. a. O., S. 497.

72 a. a. O., S. 8. – „Unbekannte Tatsachen" ans Licht zu fördern wäre für eine Theorie doch von einer gewissen Bedeutung.

73 a. a. O., S. 54. Über Mussolini sei nur die, freilich auch einseitige, aber belegte Schlußfolgerung von Salvatorelli-Mira erwähnt: durch die formelle Konzentration der Macht in seinen Händen „kam Mussolini dazu, überhaupt nichts mehr zu dirigieren", L. Salvatorelli-G. Mira, Storia d'Italia nel periodo fascista, Einaudi, Torino, 1964.

II. Alff: Der Begriff Faschismus

1 Freilich war schon der Bonapartismus eine Reaktion auf den proletarischen Charakter der Februarrevolution, deren Provisorische Regierung am 25. 2. 1848 das Recht auf Arbeit proklamiert hat, das freilich von der Verfassungsgebenden Versammlung verleugnet wurde. Immerhin zählte diese gut zehn Prozent Sozialisten zu ihren Abgeordneten, und es hat lange gedauert, bis in der Dritten Republik der Rückschlag des Bonapartismus und

der erfolglosen Kommune von 1871 überwunden war.

2 Als Beispiele seien Deutschland und Dänemark zitiert. Die Sozialdemokratische Partei Deutschlands erzielte bei den Reichstagswahlen von 1871: 142 000 Stimmen und ein Mandat, 1874: 351 670 Stimmen und 9 Mandate, 1877: 493 447 Stimmen und 12 Mandate, 1887: 763 128 Stimmen und 11 Mandate, 1890: 1 427 298 Stimmen und 35 Mandate, 1898: 2 107 000 Stimmen und 56 Mandate, 1903: 3 001 000 Stimmen und 81 Mandate und bei den letzten Vorweltkriegswahlen im Jahre 1912: 4 250 329 Stimmen und 110 Mandate. Proportionell nach der Stimmenzahl wären es 139 von insgesamt 396 gewesen. – Königreich Dänemark 1887: 8 406 sozialistiche Stimmen (ein Mandat), 1890: 17 232 Stimmen (3 Mandate), 1892: 20 000 Stimmen (15 Mandate), 1909: 98 721 sozialistische Stimmen (24 Mandate = rund 21 Prozent). Die Entwicklung in den anderen Staaten verlief analog.

3 Mit einer Einschränkung: der weiter unten zu erörternden Ersetzung des Faschismus durch die Militärdiktatur als der anderen Form von Repression zugunsten der Aufrechterhaltung des vom Kapitalismus bestimmten Gesamtzustands der Gesellschaft. Die ursprüngliche Zusammengehörigkeit des wirtschaftlichen und des politischen Liberalismus wird von Friedrich Engels in seiner Schrift von 1865 „Die preußische Militärfrage und die deutsche Arbeiterpartei“ an mehreren Stellen betont. „Und ohne Preßfreiheit, Vereins- und Versammlungsrecht ist keine Arbeiterbewegung möglich.“ S. 75. Vom Proletariat sagt Engels: „Es kann nicht fordern, daß die Bourgeoisie aufhöre, Bourgeoisie zu sein, aber wohl, daß sie ihre eigenen Prinzipien konsequent durchführe. Damit bekommt das Proletariat aber auch alle die Waffen in die Hand, deren es zu seinem endlichen Siege bedarf. Mit der Preßfreiheit, dem Versammlungs- und Vereinsrechte erobert es sich das allgemeine Stimmrecht, mit dem allgemeinen, direkten Stimmrecht, in Vereinigung mit den obigen Agitationsmitteln, alles übrige.“ S. 76, MEW, XVI.

4 In der Faschismustheorie der 20er Jahre wird dem Zustrom von Angehörigen der Mittelklasse zum Faschismus ein allzu entscheidendes Gewicht beigemessen. In keinem Falle scheint die Eigentümlichkeit der faschistischen Bewegungen aus ihren kleinbürgerlichen Ingredienzien verständlich gemacht werden zu können. Auch muß zwischen dem untergehenden selbständigen Mittelstand und der an Zahl und Bedeutung zunehmenden „dienenden“ Mittelklasse klar unterschieden werden. Beider Verhältnis zu Sozialismus und Reaktion ist verschieden. Während der erstere im Rahmen der kapitalistischen Repression jede Veränderung fürchten muß, ist die letztere auf sie geradezu versessen. Für sie ist der Technokratiegedanke attraktiv, während für den dahinschwindenden selbständigen Mittelstand der Zugang zu proletarischem Denken näherliegen muß. Marx hat den Aufstieg einer neuen Mittelklasse vorausgesehen. Vgl. Martin Nikolaus, Proletariat und Mittelklasse bei Marx, in: Internationale Marxistische Diskussion 3, Berlin (Merve Verlag) 1970.

5 Luigi Federzoni, der unter dem Pseudonym Giulio de Frenzi um die Jahrhundertwende mit der Publikation von Gesellschaftsromanen begann, sich dann dem imperialistischen Nationalismus anschloß, im Jahre 1912 als einer der fünf ersten bereits als faschistisch zu kennzeichnenden nationalistischen Abgeordneten ins Parlament einzog, später Minister in mehreren Regierungen Mussolinis war und als Mitglied des Großen Rates des Faschismus am 25. 7. 1943 den Diktator stürzen half, ist ein typischer Repräsentant der frühesten Form von Faschismus. Mario Morasso, der den „künstlerischen Imperialismus“ erfand, hat im Jahre 1897 die Gründung einer neuen Partei der „giovani letterati“ vorgeschlagen „per *reagire* alla falsità di tutti i partiti

politici". Er verherrlichte den Krieg der USA von 1898 und feierte M. Chamberlain, MacKinley, Wilhelm II. als „Helden des neuen Imperialismus". Vgl. seinen „Imperialismo artistico", Torino 1903. Im Jugendstil wollte er den vollkommenen künstlerischen Ausdruck insbesondere des deutschen Imperialismus erblicken, und er hielt den Automobilismus, schon vor den Futuristen, für den Ausdruck einer neuen Gewalttätigkeit.

6 Die mit der Übernahme der Regentschaft durch den Prinzen Wilhelm im Jahre 1858 beginnende Neue Ära bezeichnet im Grunde das Ende des Preußentums als besonderer historischer Formation. Erst mit Bismarcks dem Bonapartismus vergleichbarer Politik fing der historisch zum Absterben verurteilte Militarismus sich wieder. Er machte sich „nützlich" am Tage von Königgrätz. Am selben Tage verlor der Liberalismus die Wahlen zum preußischen Landtag aus Gründen, die wesentlich mit dem Kriege gegeben waren. Doch auch noch nach dem Schlag von Sedan blieb, freilich nur auf lange Sicht, dem Liberalismus eine Chance, die im August 1914 abermals zunichte wurde.

7 Die ersten Wahlen zur Nationalversammlung der Dritten Republik am 8. 2. 1871 ergaben eine konservative Mehrheit, zwei Drittel der Abgeordneten waren Royalisten, ein Drittel Republikaner aller Schattierungen. Noch Jahre hindurch verhinderte nur die Uneinigkeit der Legitimisten und Orleanisten die Wiederherstellung der Monarchie. Schon die Nachwahlen in den folgenden drei Jahren zeigten indessen das Ansteigen der republikanischen Tendenz. Die Kammerwahlen von 1876 ergaben eine Mehrheit von 356 Republikanern gegen 184 Monarchisten. Nach der Krise des 16. 5. 1877, die noch einmal die Möglichkeit des Staatsstreiches eröffnete, festigte sich mit den Wahlen vom 14. 10. 1877 der Republikanismus von neuem. Im Januar 1879 erbrachten Teilwahlen für den Senat auch dort eine republikanische Mehrheit. Eine Nachwahl am 6. 4. 1879 holte mit Auguste Blanqui den ersten Sozialisten ins Parlament der Dritten Republik. Die Sozialisten erzwangen auf diese Weise seine Freilassung aus lebenslänglicher Gefangenschaft. Die Wahlen am 21. 8. 1881 erbrachten 457 Republikaner und nur 90 Monarchisten, davon die Hälfte Bonapartisten. Die Sozialistische Arbeiterpartei erhielt erstmals 60 000 Stimmen und ein Mandat im Département Bouches-du-Rhône.

8 Die Gegenthesen zu den „Ideen von 1789" sind zusammengefaßt von H. Marcuse in dem Kapitel „Gegenrevolution und Restauration", in: „Studien über Autorität und Familie", Paris 1936, S. 189–203. Wiederabdruck in edition suhrkamp 300.

9 Konservative Proletarierfreundlichkeit hat hier wenigstens eine soziale Basis, die dem Faschismus in dieser Hinsicht fehlt. Das Bürgertum unterdrückte noch eine Klasse, das Proletariat keine mehr. Deshalb brauchte die gegenbürgerliche Reaktion nicht den totalen Staat anzustreben. Dem Faschismus blieb nur die schiere, durch keinen gesellschaftlichen Zusammenhang getrübte Ideologie. Die kapitalistische Position konnte nur noch durch ein Herrschaftssystem gerettet werden, das sich jenseits aller Klassen etablierte. Nicht erst die Tatsache, daß sich der deutsche Faschismus während des Zweiten Weltkriegs als ein partielles Unglück auch für die deutsche Kapitalistenklasse herausstellte, hat dies bewiesen. Vielmehr ist dies aus den immanenten Zwängen der faschistischen Praxis zu deduzieren.

10 Es gibt zweierlei sozialdemokratischen Revisionismus, denjenigen, der darauf abzielt, die formale Demokratie gegen die Reaktion zu verteidigen, und denjenigen, der sich mit den „Erfolgen" des Kapitalismus identifiziert. Auch

lagen der Revisionismus eines Jean Jaurès und der des deutschen Burgfriedens vom August 1914 auf verschiedener politischer Ebene.

11 Man vergleiche den Standard heutiger Warenhäuser mit denen aus der Zeit vor 1914. Das Absinken der einer breiten Masse gebotenen Qualität läßt sich nicht nur an den Waren selber ablesen, sondern auch an der Art und Weise, wie sie präsentiert werden. Der Stil der Präsentation der Waren wird dank einer perfektionierten Technik, die das letzte aus den Rohstoffen herausholt, bis zu äußerster Verfeinerung der bloßen Oberfläche getrieben. Die Waren bieten, darin dem Stil Louis-Quinze vergleichbar, eine stets glänzendere und dünnere Außenhaut, die immer mehr verspricht und immer weniger hält. Der raschere Verschleiß bleibt auf die Dauer nicht ohne Folgerungen, die die Erfahrung aus ihm zieht. Daher die immer hektischere Reklame. Die Waren selber leisten immer weniger von dem, was sie eigentlich sogar systemimmanent leisten müßten: würde den Käufern nicht pausenlos die Ideologie des Glücks mitgeliefert, so erzeugten die Waren kaum noch Gefühle des Glücks. Ihr Realitätsgehalt wird immer dünner, und es ist abzusehen, daß die Warenwelt an den Punkt gelangt, wo sie mit der Realität schlechthin brechen muß.

12 Dem Sprachgebrauch „Extremismus von rechts und links“ liegt ein Bild zugrunde, das nur ästhetisch einzuleuchten vermag. Es ist statisch, auf Symmetrie eingeschworen. Dagegen ist der Prozeßcharakter der Geschichte einzuwenden. Der politische Unterricht an unseren Lehranstalten hätte auch darin negativ zu sein, daß er die Bilder destruiert, welche die Realität zudecken – eine in der Renaissance eingeleitete, ständig erneut zu erfüllende Aufgabe innerhalb der Geschichte der Historiographie. Die Bilder für kollektive Sachverhalte sind vollends heute zu Opiaten geworden. In der individuellen Psychologie hingegen, das mag offenbleiben, können Bilder therapeutisch wirken.

13 Sie hat nicht einmal potentiell die Wichtigkeit, die manche Autoren ihr zuschreiben. Die wirtschaftliche, militärische und politische Integration der Bundesrepublik Deutschland steht dem entgegen. Hier und da mag es Angehörige der Kapitalistenklasse geben, die so wenig über ihre Interessen aufgeklärt sind, daß sie die NPD unterstützen. Das hat recht genau den Stellenwert der Tatsache, daß 1933 einige Industrielle *nicht* auf die faschistische Regierung setzten. Daß ein weiterer Aufstieg der NPD den deutschen Interessen schade, ist von der maßgeblichen Presse vertreten und sehr wohl vom Publikum begriffen worden. Deshalb war der Abstieg der rechtsradikalen Partei vorauszusagen. Die radikalste Rechtslösung ist in der Bundesrepublik Deutschland bereits versucht worden: die Politik der Stärke unter der Kanzlerschaft Adenauers, Hochrüstung und Streben nach atomarer Bewaffnung eingeschlossen. Sie gehört der Vergangenheit an, und die Richtung, die von ihr wegführt, darf als unumkehrbar gelten.

14 Die Epoche, in der es den Faschismus gab, ist von 1896 bis 1945 zu datieren. Nach der Niederlage im abessinischen Adua stürzte der italienische Ministerpräsident Crispi, und die Bourgeoisie Italiens verzichtet für lange Zeit auf die Teilnahme am imperialistischen Wettbewerb. Das „radikale“ politische Motiv des Irredentismus gewann wieder an Boden. Es diente dem politischen Fortschritt, indem es dem liberal-demokratischen Nationalstaatsgedanken entsprach. Dieses zugleich universale Prinzip war mit dem partikularen Interesse des Imperialismus nicht vereinbar. Dagegen erhob sich der neue imperialistische Nationalismus. – E. Noltes genuiner Irrtum spricht sich schon im Titel seines gedankenreichen Buches aus (Der Faschismus in seiner

Epoche, München 1963). Er definiert den Faschismus als „Antimarxismus, der den Gegner durch die Ausbildung einer radikal entgegengesetzten und doch benachbarten Ideologie und die Anwendung von nahezu identischen und doch charakteristisch umgeprägten Methoden zu vernichten trachtet, stets aber im undurchbrechbaren Rahmen nationaler Selbstbehauptung und Autonomie" (S. 51). Das willkürliche Aneinanderrücken von als solchen durchaus bezeichneten Gegensätzen läßt sich mit dem historischen Prozeß nicht in Übereinstimmung bringen. Analog ist der behauptete Epochencharakter des Faschismus zu kritisieren. Er konstruiert abstrakt und erklärt weder den Antifaschismus noch die Tatsache, daß der Faschismus in zahlreichen Ländern kaum eine Chance hatte.

15 Julius Deutsch, Antifaschismus! Proletarische Wehrhaftigkeit im Kampfe gegen den Faschismus, Wien 1926. Er erkannte vor allem das Merkmal der privaten bewaffneten Gewalt und sah, daß das parlamentarische Regime den Staat zu einer wie immer zu wertenden Rücksichtnahme zwang (S. 65). Das organisierte Proletariat war zur Teilnahme an der parlamentarischen Kultur erzogen worden und deshalb der Gewaltsamkeit des Faschismus gegenüber gelähmt (66). Deshalb war die Erziehung zur Wehrhaftigkeit und zu militärischer Disziplin für das Proletariat vonnöten (75).

16 Daß der Faschismus sich bloß im Überbau „begründen" konnte, ohne transparente Vermittlung mit den Interessen von Individuen und Klassen, macht ihn mit dem Bonapartismus vergleichbar. „Am 2. Dezember wird die Februarrevolution eskamotiert durch die Volte eines falschen Spielers, und was umgeworfen scheint, ist nicht mehr die Monarchie, es sind die liberalen Konzessionen, die ihr durch jahrhundertelange Kämpfe abgetrotzt waren. Statt daß die *Gesellschaft* selbst sich einen neuen Inhalt erobert hätte, scheint nur der *Staat* zu seiner ältesten Form zurückgekehrt, zur unverschämt einfachen Herrschaft von Säbel und von Kutte. So antwortet auf den *coup de main* vom Februar 1848 der *coup de tête* vom Dezember 1851." K. Marx, Der achtzehnte Brumaire des Louis Bonaparte, MEW VIII, S. 118. – Über Thalheimer: K. H. Tjaden, Struktur und Funktion der „KPD-Opposition" (KPO), Meisenheim 1964. – Das Interesse der Erhaltung des gesellschaftlichen Gesamtsystems, dem Bonapartismus wie Faschismus dienten und wofür sich „die benötigte Figur irgendwie und irgendwo finden" lasse und schließlich „die ordinärste Blechfigur" genüge (Thalheimer, Oktober 1929), bewahrte Thalheimer davor, die faschistische Drohung für Deutschland leichtzunehmen. „In einem Industrieland wie Deutschland kann sich der Faschismus nur an der Macht halten, wenn er ganze Arbeit macht" (1933). Zitate nach R. Griepenburg und K. H. Tjaden, Faschismus und Bonapartismus, in: Das Argument, Heft 41, Dez. 1966.

17 Dies gilt auch für Frankreich. Die 1908 gegründeten *Camelots du Roi*, die Kerntruppe der *Action Française*, taten sich durch jederart Gewalttat hervor. Maurice Pujo, einer ihrer Anführer, bezeichnete sie als „gendarmes supplémentaires". Vgl. die Darstellung bei E. Nolte, a. a. O., S. 107, 132 ff.

18 Mit Recht sagt Arthur Rosenberg: „Die kaiserliche Regierung war so stark, daß sie von Volksabstimmungen und Parlamentsmehrheiten unabhängig bleiben konnte. Es genügte, wenn der nationale Imperialismus die Reichsregierung lenkte, dann erreichte er alles, was er wollte, und er konnte sich die große demagogische Mühe der Volksbearbeitung bei den Wahlen usw. ersparen. Die herrschenden Klassen Deutschlands in der Kaiserzeit brauchten die Mittel der Demokratie nicht in dem Grade anzuwenden, wie es für die oberen Schichten in England und Frankreich zur selben Zeit notwendig

war." In: Faschismus und Kapitalismus, Theorien über die sozialen Ursprünge und die Funktion des Faschismus, Frankfurt/Main 1967, Seite 83 f. – Über das Verhältnis von Bevölkerung, Armee und Verwaltung im kaiserlichen Deutschland bieten die Parlamentsreden Karl Liebknechts anschauliche Einzelheiten, insbesondere die Rede im Deutschen Reichstag vom 20. 6. 1913. In: Reden und Aufsätze, herausgegeben von Julian Gumperz, 1921, Verlag der Kommunistischen Internationale, Seite 56 ff.

19 Der Verfasser ist inzwischen zu der Erkenntnis gekommen, daß der Erste Weltkrieg nicht durch den „Automatismus der Bündnisse" ausgelöst, sondern vom Deutschen Reich durch die Kriegserklärung an Rußland begonnen wurde (Anmerkung von 1974).

20 Arthur Rosenberg, a. a. O., Seite 89 f. Mit Recht sagt Rosenberg, daß die erste Voraussetzung für das Aufkommen privater bewaffneter Macht in der „vollständigen Erschütterung der normalen Staatsgewalt" besteht. „Erst wenn eine revolutionäre Krise ein Land völlig erschüttert und wenn die regierenden Schichten nicht mehr hoffen können, mit Gesetz und Polizei allein sich zu behaupten, sehen sie sich nach anderen Mitteln um." Treffend hat Rosenberg die dazugehörige Ideologie und ihre Künstlichkeit beobachtet. Der reaktionäre Volkszorn ist nicht echt. „Darum muß der Zorn der patriotischen Massen fabriziert werden." Rosenberg bezieht sich hier auf Beobachtungen Trotzkis, aus denen der faschistische Charakter der „Schwarzen Hundertschaften" hervorgeht.

21 Hätte die Oktoberrevolution das liberal-republikanische Regime nicht gestürzt, so hätte es wahrscheinlich beträchtliche Chancen für einen russischen Faschismus gegeben. Ein aggressiver Nationalismus hätte an die historisch unvermeidliche Loslösung Polens, Finnlands und der baltischen Staaten anzuknüpfen vermocht. Das durch den Krieg verursachte Massenelend, sicherer Anlaß einer sprunghaften Entwicklung der proletarischen Organisation im demokratischen Staat, hätte einen ausgezeichneten Anknüpfungspunkt für eine faschistische Reaktion geboten, deren Ideologie sich auf das antiwestlerische Slawophilentum berufen konnte.

22 Freilich sprach der sozialistische Maximalismus im Nachkriegsitalien oft von der Notwendigkeit der Gewalt, doch handelte er keineswegs danach. Vor den Toren der italienischen Gesellschaft stand auf nahe Sicht nicht die proletarische Revolution. Reformistischer und revolutionärer Sozialismus hätten unter den Bedingungen des demokratischen Staates ihre Kontroverse weitergeführt. Dieser Staat war nach dem Kriege noch schwächer als davor. Seine Organe glitten vielfach in die Komplizenschaft mit den privaten Banden des Faschismus ab. Der personelle Zusammenhang von Bourgeoisie und Bürokratie wirkte sich darin aus. Doch wäre ohne das Eingreifen des Königs, der am 31. 10. 1922 Mussolini mit der Ministerpräsidentschaft beauftragte, die Machtergreifung des Faschismus nicht erfolgt.

23 Julius Deutsch, a. a. O., S. 106 f.

24 Vgl. den Aufsatz über die „Associazione Nazionalista Italiana von 1910", in: Der Begriff Faschismus, edition suhrkamp 456.

25 Der Wechsel zwischen links und rechts, für den nicht erst Mussolini das typische Beispiel bot, sollte nicht aus der vorgeblichen Affinität linker und rechter politischer Positionen hergeleitet, sondern einfacher und einsichtiger aus psychischen Ursachen erklärt werden. Gegenbürgerliche Radikalität kann zum Sozialismus führen ebenso, wie dieser die Konsequenz aus ernstgenommener liberaler Demokratie zu sein vermag. Freilich unterliegt der erstere Typus leichter dem Schwanken zwischen links und rechts.

26 Wie sehr die psychischen Faktoren dann doch erst wieder in bestimmten gesellschaftlichen Situationen aktuell werden, zeigt bereits das Beispiel Hesiods. In der „Theogonie“ erzählt er vom Goldenen Zeitalter, in welchem die Menschen ohne harte Arbeit und Unterdrückung zufrieden lebten. Die Bauern seiner Zeit aber waren hungrig und unterdrückt. Prometheus wurde für seine befreiende Tat bestraft: der Fortschritt hatte den bedrückten Bauern, wie Hesiod sie kannte, nicht allzuviel eingebracht. Seine Dichtung trieb sie zur Arbeit an, „fütterte sie aber gleichzeitig mit Volkserinnerungen an einen primitiven Kommunismus“. George Thomson, Aischylos und Athen, Berlin 1957, S. 70 f. und 335 f. Dantes Dekadenzvorstellung, beispielsweise „Paradiso“ XV 97–130, nährt sich aus seinem politischen Groll gegen die Heimatstadt Florenz. Vergil hingegen kennt nach den ausgestandenen Bürgerkriegen und zu Beginn des Augusteischen Zeitalters, wie die IV. Ekloge zeigt, einen glücklichen Neubeginn der menschlichen Dinge.

27 Daß dieser Kampf ums Dasein unter den Bedingungen der Moderne darauf angelegt ist, noch das letzte Stück Natur rascher zu vernichten, als dies ohnehin geschieht, zeigte spätestens im Ersten Weltkrieg die „Materialschlacht“. Unentrinnbar ist die vom deutschen Faschismus ausgebeutete Angst vor der Dekadenz mit dem verlorenen Krieg verknüpft, mit dem die deutsche Reaktion nichts anderes zu beginnen wußte, als ihn noch einmal, und grandioser denn je, in Szene zu setzen. Vgl. hierzu die glänzende Kritik, die Walter Benjamin unter dem Titel „Theorien des deutschen Faschismus“ der von Ernst Jünger herausgegebenen Sammelschrift „Krieg und Krieger“ gewidmet hat. Die Gesellschaft, Jg. 1930, Bd. 2, S. 32–41.

28 Im Sinne der Regression auf „Natur“ ist der Rassismus notwendiges Merkmal des Faschismus, nicht freilich der Antisemitismus. Schon Bismarck, darin den Faschismus antizipierend, vereinigte in sich einen antifranzösischen Rassismus, der in seinen Gesprächen während des Deutsch-Französischen Krieges einen erstaunlichen Ausdruck fand, mit freundlicher Gesinnung Juden gegenüber. Zumal in Deutschland hatte der Haß gegen die Polen und Franzosen einen gesellschaftlichen und psychologischen Stellenwert, der mit dem gegen die Juden zu vergleichen wäre. Vielleicht ist der Haß gegen Polen und Franzosen dem deutschen Volke vor der Machtergreifung des Faschismus viel stärker eingeimpft worden als der Antisemitismus.

29 Hier ist der sozialpsychologische Teil der 1935 von Max Horkheimer herausgegebenen „Studien über Autorität und Familie“ zu nennen. In ihm unternimmt Erich Fromm auf einer gegenüber Wilhelm Reich erweiterten Ebene der Reflexion die Vermittlung von Psyche und Gesellschaft. Dieses vor allem anderen wichtige wissenschaftliche Desiderat ist durch die späteren Arbeiten des Instituts für Sozialforschung seiner Erfüllung näher gebracht worden. Bereits im ersten Heft der „Zeitschrift für Sozialforschung“ (1932) hat Erich Fromm mit seinem Aufsatz „Über Methode und Aufgabe einer analytischen Sozialpsychologie“ diese infolge der Entdeckung Sigmund Freuds notwendige Modifikation des Marxismus in die Wege geleitet. Vgl. dazu die Abhandlung über die Geschichte der Zeitschrift für Sozialforschung von Alfred Schmidt, die dem 1970 im Kösel-Verlag München erschienenen Neudruck vorangestellt ist (S. 31).

30 So zäh und konstant die unbewußte Psyche auch ist, so beweist sie doch eine nicht wegzudeutende Plastizität, ja Flüchtigkeit. Es darf dies bei der Erarbeitung des Begriffs Faschismus nicht übersehen werden. So zeigen breite Massen in revolutionären, schon in nur labilen politischen Situationen oft nur wenig mehr von den Autoritätshaltungen, in denen sie sich von Kindheit

an einzuüben hatten. Dazu zwei historische Beispiele. Ein kollektiver Masochismus der Massen war in Frankreich weder beim Kriegsausbruch 1914 noch jemals später festzustellen. Warum jedoch hat es ihn in Deutschland, kaum bezweifelbar, gegeben? Und ein Beispiel aus Deutschland: die geradezu frohe Auflehnung, die in den Jahren der Neuen Ära, von 1858 bis 1866, durch Preußen und Deutschland ging, widerspricht der Annahme einer in letzter Instanz zwingenden Wirkung psychischer Faktoren. Die Erörterung massenpsychologischer Phänomene durch die Soziologie und die Psychoanalyse könnte durch die genauere Berücksichtigung historiographischer Ergebnisse nur gewinnen. Vgl. hierzu: Marie Bonaparte, Mythes de guerre, London 1946 und Pierre Flottes, L'Histoire et l'inconscient humain, Genève 1965.

III. Clemenz: Versuch einer Begriffsbestimmung . . .

1 Phänomenologische Dimension des Faschismus soll hier heißen: Ideologie, Organisation und Herrschaftsform des Faschismus. Diese phänomenologische Dimension gleicht somit dem Objekt von Noltes „phänomenologischer Methode", die „ihren Gegenstand zunächst in seinen Eigentümlichkeiten beschreibt und gewissermaßen selbst zu Wort bringt" (Vgl. Nolte, Vierzig Jahre Theorien über den Faschismus, in: ders. [Hg.], Theorien über den Faschismus, a. a. O., S. 51, sowie ders., Der Faschismus in seiner Epoche, München 1963, S. 57). Allerdings können Noltes fragwürdige wissenschaftstheoretische Prämissen, wie sie gelegentlich hinter pointierten Formulierungen auftauchen, nicht akzeptiert werden: so etwa, wenn er davon spricht, daß „phänomenologische Theorie" (?) ihren Gegenstand „gleichsam sich selbst beschreiben" läßt (Vierzig Jahre . . ., a. a. O., S. 16). Wie eine derartige Selbstbeschreibung des Gegenstands, die auch noch den Namen Theorie beansprucht und überdies „kritischen Abstand" (a. a. O., S. 51) besitzen soll, möglich ist, zeigt Nolte nicht. Noltes „Theorie" bleibt so ein Deskriptionsversuch, der sich von heterogenen theoretischen Impulsen leiten läßt. Damit soll freilich das Verdienst von Noltes vorzüglichen Materialsammlungen zur Faschismusproblematik nicht geschmälert werden. Zur kritischen Auseinandersetzung mit Nolte vgl. auch Reinhard Kühnl, Probleme einer Theorie über den internationalen Faschismus, in: Politische Vierteljahresschrift, Jg. 1970, H. 2/3.

2 Nolte, Die faschistischen Bewegungen, a. a. O., S. 64 ff.

3 Reinhard Kühnl, Deutschland zwischen Demokratie und Faschismus, München 1969, S. 148 ff.

4 Vgl. hierzu M. Clemenz, Soziologische Reflexion und sozialwissenschaftliche Methode a. a. O., S. 174 ff.

5 Auf die wissenschaftlichen und politischen Konsequenzen dieser Begriffsverwirrung hat im übrigen Kühnl selbst hingewiesen (Probleme der Interpretation des Faschismus, in: Das Argument, H. 58, 1970, S. 278 ff.), ohne freilich seine eigene Begriffsbestimmung entsprechend zu differenzieren.

6 Horkheimer, Die Juden und Europa, in: Autoritärer Staat, a. a. O.

7 Talcott Parsons, Essays in Sociological Theory, Glencoe 1964, S. 104 bis 141.

8 Nolte, Vierzig Jahre Theorien über den Faschismus, a. a. O.

9 Vgl. Nolte, Die faschistischen Bewegungen, a. a. O., S. 252 ff.

10 Dabei handelt es sich selbstverständlich nicht um beliebige Formen autoritärer Regimes oder bürgerliche Diktaturen, sondern um solche, die – auf Grund ihrer ähnlichen historisch-gesellschaftlichen Voraussetzungen – eine besondere Affinität zum Faschismus besitzen. Das zeigt sich paradigmatisch im „Umschlagen" der autoritären Präsidialkabinette der Weimarer Republik

in die faschistische Diktatur.

11 Vgl. hierzu Lipset, Soziologie der Demokratie, a. a. O., S. 181 ff.

12 Etwa bei der Diskussion der „Keilfunktion“ rechtsextremer Bewegungen bei der Spaltung der Arbeiterschaft.

13 Zur Vermeidung von Mißverständnissen sei nochmals darauf hingewiesen, daß der teilweise noch stark deskriptive bzw. theoretisch uneinheitliche Charakter der hier zusammengestellten genetischen *Elemente* einer Theorie des Faschismus selbstverständlich auf die Dauer keine befriedigende Lösung ist. Diese Problematik reflektiert die noch immer rudimentäre Struktur einer kritischen Theorie des Faschismus, ein Sachverhalt, der für die Sozialwissenschaften freilich nicht gerade ungewöhnlich ist.

14 „Proletaroid“ soll hier im Sinne der Geigerschen Definition verwendet werden: Selbständige mit proletarischer Existenzform. Vgl. Theodor Geiger, Die Soziale Schichtung des Deutschen Volkes, a. a. O. Auch der Begriff „Mittelstand“ wird hier im Sinne Geigers verwendet.

15 In Spanien war diese Voraussetzung durch den Sturz der Monarchie und die Machtübernahme durch proletarisch-linksbürgerliche Kräfte (1931), die zugleich einen eindeutig antiklerikalen Kurs einschlugen, im wesentlichen gegeben.

16 Das Papen-Regime stand an der Grenze zwischen autoritärem Präsidialregime und bürgerlicher Diktatur. Ob eine Militärdiktatur in Deutschland für längere Zeit möglich gewesen wäre, kann nicht eindeutig beantwortet werden. Sowohl die Putschpläne Seeckts als auch das Schleicher-Regime (dessen Machtbasis in erster Linie die Reichswehr war) zeigen jedoch, daß eine *temporäre* Militärdiktatur im Bereich des Möglichen lag.

17 Als Länder mit fortgeschrittener Industrialisierung konnten im Jahre 1910 etwa Länder wie England, Deutschland, Frankreich und die USA bezeichnet werden, deren Anteil der in der Land-, Forst- und Fischwirtschaft beschäftigten Bevölkerung an der gesamten Erwerbsbevölkerung 7,8 %, 23,8 %, 30,1 % und 32 % betrug. Vgl. L. J. Zimmermann, The Economic Structure of Rich and Poor Areas, Den Haag 1960.

18 Charakteristisch hierfür ist etwa, daß im wenig industrialisierten Süditalien keine dem industrialisierten Norden vergleichbare Agrarrevolte stattfand und umgekehrt der Faschismus hier auch bis 1922 kaum Fuß fassen konnte. Ein weiteres Beispiel ist das politisch weitgehend apathische Agrarproletariat Lateinamerikas.

19 Beispiele bieten die französischen Revolutionen von 1789, 1830 und 1848 sowie die deutsche Revolution von 1848.

20 Vgl. Nolte, Die faschistischen Bewegungen, a. a. O., S. 189.

21 In diesem Zusammenhang sind auch die Angaben von Interesse, die Lipset über die politische Orientierung verschiedener Mittelstandsgruppen nach 1945 macht. Hier zeigt sich am Beispiel Frankreichs und Italiens, daß vor allem Büroangestellte und Beamte in erheblichem Maße Linksparteien unterstützen. In Frankreich werden Kommunisten und Sozialisten von 62 % der Beamten (einschließlich der Lehrer), von 49 % der Büroangestellten und von 34 % der Freiberuflichen unterstützt. In Italien werden diese beiden Parteien von 34 % der Büroangestellten und 23 % der Kleinbauern unterstützt. Vgl. Lipset, Soziologie der Demokratie, a. a. O., S. 247 ff.

22 Sternberg weist mit Recht darauf hin, daß die Anfälligkeit des Mittelstandes für den Faschismus keine gleichsam ontologische Konstante ist. Wie die Arbeiterklasse auf die Einführung von Maschinen zunächst mit der Zerstörung der Maschinen antwortete, reagierte der Mittelstand auf die Perspektive der Proletarisierung „romantisch-reaktionär“. Vgl. Fritz Sternberg, Der Faschis-

mus an der Macht, Amsterdam 1935, S. 30.

23 Geiger, Die Soziale Schichtung des Deutschen Volkes, a. a. O., S. 108.

24 Das „ständische Prinzip“ des Mittelstandes ist, wie Geiger zutreffend bemerkt, vor allem „der Protest gegen die Einebnungstendenzen der Klassengesellschaft“, a. a. O., S. 121.

25 Wie Franz Neumann, Ignazio Silone, Arthur Schweitzer u. a. gezeigt haben, kann der faschistische und nationalsozialistische Staat auf keinen Fall als monolithischer, ausschließlich von der Partei beherrschter Block interpretiert werden. Auch unter diesem speziellen Aspekt erscheint die Gleichsetzung von linkem und rechtem „Totalitarismus“ unhaltbar.

26 Die italienischen Faschisten besaßen zum Zeitpunkt ihrer Machtübernahme lediglich 33 Parlamentssitze.

27 Der gegen die politischen Aktionen der „Neuen Linken“ erhobene Vorwurf des „Linksfaschismus“ erweist sich in diesem Zusammenhang als dürftige Polemik, die demselben politischen Impuls folgt wie die bürgerliche Faschismustheorie. Der faschistische Terror war nur deshalb möglich, weil er die Sympathie der Herrschenden und den staatlichen Machtapparat im Rücken hatte.

28 Lukács, Von Nietzsche bis Hitler, a. a. O., S. 11.

29 Kapitalismus soll hier als primär *ökonomisches* System verstanden werden, das u. a. durch Privateigentum an Produktionsmitteln, damit durch Trennung von Kapital und Arbeit, Marktwirtschaft und Kapitalrechnung charakterisiert ist und nicht wie bei Dahrendorf als *politisches*, durch die politische Herrschaft des Bürgertums charakterisiertes System. Auf Grund dieser Terminologie gelangt Dahrendorf zu der eigenartigen Schlußfolgerung, das wilhelminische Deutschland sei zwar eine industrielle, aber keine kapitalistische Gesellschaft gewesen. Vgl. Dahrendorf, Gesellschaft und Demokratie in Deutschland, a. a. O., S. 54.

30 G. W. F. Hegel, Politische Schriften, Frankfurt a. M. 1966, S. 279.

31 Wilhelm Treue, Wirtschaftsgeschichte der Neuzeit, Stuttgart, 2. Aufl., 1966, S. 410

32 Zur Entwicklung des englischen Proletariats vgl. Michael Vester, Die Entstehung des Proletariats als Lernprozeß, a. a. O.

33 Dieser Charakter der faschistischen Doktrin wurde von Horkheimer und Adorno präzis formuliert: „In solchem sogenannten ‚Gedankengut‘ spiegelt kein objektiver Geist sich wider, sondern es ist manipulativ ausgedacht, bloßes Herrschaftsmittel, von dem im Grunde kein Mensch, auch die Wortführer nicht erwartet haben, daß es geglaubt oder irgend ernst genommen werde. Augenzwinkernd wird auf die Macht verwiesen: gebrauche einmal deine Vernunft dagegen, und du wirst schon sehen, wohin du kommst.“ Soziologische Exkurse, hg. von Max Horkheimer und Theodor W. Adorno, Frankfurt a. M. 1956, S. 169.

34 Vgl. Nolte, Vierzig Jahre Theorien über den Faschismus, a. a. O., S. 71.

IV. Hennig: Zum Verhältnis von Industrie . . .

1 Ausführlicher vgl. in dieser Absicht meine Arbeiten: Zur ökonomischen und politischen Funktion des Nationalsozialismus, unveröffentl. M. A.-Arb., Marburg/L. 1970/71; Zur Darstellung des Verhältnisses von Industrie und Nationalsozialismus, phil. Diss., Marburg/L. 1973 (z. T. veröffentlicht als: Thesen zur deutschen Sozial- und Wirtschaftsgeschichte 1933 bis 1938, Frankfurt 1973). – Zu den globalen wissenschaftlichen und politischen Implikaten dieser Arbeitsperspektive vgl. auch meinen Diskussionsbeitrag in:

Das Argument, 78, 15 (1973), S. 187 f.; vgl. auch, ebd., S. 181 f., ähnliche Bemerkungen von Reinhard Kühnl.

2 So Eberhard Czichon, Der Primat der Industrie im Kartell der nationalsozialistischen Macht, in: Das Argument, 47, 10 (1968), hier S. 169, 169, Anm. 10.

3 Kurt Gossweiler, Über Wesen und Funktion des Faschismus, in: ders./Kühnl/Opitz, Faschismus: Entstehung und Verhinderung, Frankfurt 1972, hier S. 37.

4 Zu den Schlußfolgerungen aus dieser Aussage vgl., wenn auch unklar und noch widersprüchlich, meine Thesen zur deutschen Sozial- und Wirtschaftsgeschichte 1933 bis 1938, a. a. O., S. 22 f., 80 ff.; vgl. auch Johannes Agnoli, Bernhard Blanke, Niels Kadritzke, Einleitung zu Alfred Sohn-Rethel, Ökonomie und Klassenstruktur des deutschen Faschismus, Frankfurt 1973.

5 Reinhard Kühnl, Der deutsche Faschismus in der neueren Forschung, in: Das Argument, 78, 15 (1973), hier S. 182.

6 Materialien zur teilweisen Aufhebung des Allgemeinheitsgrades finden sich in den „Bemerkungen zur Literatur" in: Thesen zur deutschen Sozial- und Wirtschaftsgeschichte 1933 bis 1938, a. a. O., S. 238 ff.

7 Vgl. dagegen Walter Fischer, Geschichtswissenschaft als politische Waffe, in: Das Argument, 75, 1972 = Sonderheft, Kritik der bürgerlichen Geschichtswissenschaft (II), S. 148–183, hier bes. S. 182 f.; vgl. dagegen meinen Diskussionsbeitrag (a. a. O., Anm. 1).

8 Der Imperialismus der BRD, Frankfurt 1971, S. 96.

9 Spätkapitalismus ohne Perspektive, Frankfurt 1970, S. 107.

10 Vgl. dazu auch meine „Lesehinweise für die Lektüre der ‚politischen Schriften' von Marx und Engels", in: Marx/Engels Staatstheorie, Frankfurt/Berlin/Wien 1974.

11 Betont werden muß, daß aber gerade wegen dieser weitgehenden Aussparung methodologischer, wissenschaftstheoretischer Reflexion Empirie zur Darstellung gebracht werden kann. Daß dies so blind geschieht, ist ein Manko, daß dies überhaupt geschieht, ist gegenüber dem prototypisch von Helmut Reichelt (Zur logischen Struktur des Kapitalbegriffs bei Karl Marx, Frankfurt/Wien 1970) vertretenen Ansatz ein Vorteil.

12 Im einzelnen vgl. meine Kritiken an Czichons „Wer verhalf Hitler zur Macht?", an Eichholtz/Schumanns „Anatomie des Krieges" und an Gossweilers „Großbanken, Industriemonopole, Staat" (Berlin 1971), in: NPL, 1970/4, 1973/2; Leviathan, 1973/1; allgemein vgl. auch Nicos Poulantzas, Faschismus und Diktatur, dt. München 1973; Gert Schäfer, Die Kommunistische Internationale und der Faschismus, Offenbach 1973.

13 Dietrich Eichholtz, Geschichte der deutschen Kriegswirtschaft 1939–1941, Berlin 1971[2], S. 147–158 („Exkurs: Die Hauptgruppierungen des Monopolkapitals und die Unterschiede in ihren Expansionsprogrammen"), S. 148; daß auch Gossweilers in Anm. 12 zit. Studie dieses Urteil nicht in vollem Umfang hinfällig werden läßt, glaube ich mit meinen Kritiken gezeigt zu haben (vgl. Leviathan, 1973/1, S. 140 ff.; NPL, 1973/2, S. 182 ff.).

14 Vgl. dazu Jürgen Kocka, Studien zur Sozialgeschichte amerikanischer Angestellter 1890 bis 1940, phil. Habil., Münster 1972, bes. S. 228 ff.; zusammenfassend vgl. ders., Amerikanische Angestellte in Wirtschaftskrise und New Deal 1930–1940, in: VfZG, 20 (1972), S. 333–375.

15 Zur Verwendung des Adjektivs „sowjetmarxistisch" vgl. die Anm. in: Thesen zur deutschen Sozial- und Wirtschaftsgeschichte 1933 bis 1938, a. a. O., S. 11.

16 So Walter Wimmer, Krise und Untergang der Weimarer Republik, in: 50 Jahre November-Revolution, 50 Jahre KPD, Marxistische Blätter, Sonderh. 3/1968, hier S. 22 (W. Wimmer ist Mitglied des Redaktionskollegiums der vom Institut für Marxismus-Leninismus beim ZK der SED herausgegebenen Zeitschrift „Beiträge zur Geschichte der Arbeiterbewegung", BzG). Wimmer stellt das Verhalten der KPD unter das Motto: „Trotz Fehlern – ein richtiger Grundkurs."

17 Vgl. bes. die Formulierung Dimitroffs: „Der Faschismus – das ist nicht eine Form der Staatsmacht, die angeblich ‚über beiden Klassen, dem Proletariat und der Bourgeoisie, steht', wie zum Beispiel Otto Bauer behauptet hat ... Der Faschismus – das ist die Macht des Finanzkapitals selbst ..." (VII Congress of the Communist International. Abridged Stenographic Report of Proceedings, Moscow 1939, S. 126). – Zur Verwendung des Begriffs „Klassengleichgewicht" vgl.: Thesen zur deutschen Sozial- und Wirtschaftsgeschichte, a. a. O., bes. S. 66 f., 191 f. – Anm. 189.

18 Damit soll auch auf den Anteil der SPD und des ADGB an der „Machtergreifung" hingewiesen werden. Für den ADGB vgl. z. B. die von Hannes Herr (Burgfrieden oder Klassenkampf? Neuwied u. Berlin 1971) ausgebreiteten Materialien; für die SPD liegt bislang vor allem noch keine Arbeit vor, die die sozialdemokratische Version der „rot" und „braun" gleichsetzenden Totalitarismustheorie in diesem Zusammenhang behandelt. Als prototypische Manifestation sei hier nur ein Wahlplakat erwähnt, mit dem sich die SPD als einziges Mittel gegen die „Kommu-Nazis" empfiehlt. – Zum zeitlichen Ursprung dieser Theorie, die ohne die SPD wohl kaum massenwirksam geworden sein dürfte, vgl. Peter Lösche, Der Bolschewismus im Urteil der deutschen Sozialdemokratie 1903–1920, Berlin 1967, bes. S. 250 ff.; zur Wirkung vgl. hier nur Hans J. L. Adolph, Otto Wels und die Politik der deutschen Sozialdemokratie 1894–1939, Berlin 1971, bes. S. 224 ff. – Die SPD verkennt so die NSDAP als eine „andere Spielart kommunistischer Zerstörungswut" und geht bezüglich der KPD von einer „inneren Seelenverwandtschaft mit dem Faschismus" (F. Wildung) aus, so daß sie keinen Weg zu einer Einheitsfront-Politik sieht und sucht (Materialien dazu z. B. in: Helmut Arndt, Die Stellung der deutschen Sozialdemokratie zu Wirtschaftskrise und Faschismus und die Politik und Taktik der Partei in der Phase der unmittelbaren Vorbereitung und Aufrichtung der Hitlerdiktatur, phil. Diss., Leipzig 1961; Heinz Niemann, Otto Findeisen, Dieter Lange, Karl-Heinz Wild, SPD und Hitlerfaschismus, phil. Diss., Berlin: Inst. f. Gesellschaftswissenschaften b. ZK der SED 1965). – Ebenfalls noch nicht ausreichend analysiert ist die von der SPD vertretene These, Deutschland sei nicht Italien (Literaturhinweise in: Thesen zur deutschen Sozial- und Wirtschaftsgeschichte 1933 bis 1938, a. a. O., S. 160, Anm. 76).

19 Vgl. Theo Pirker (Hg.), Komintern und Faschismus, Stuttgart 1966, S. 109 f., 119. – Gegen Pirkers These (die vor allem auch von W. Schieder und I. Fetscher vertreten wird) der „Verkümmerung des Wirklichkeitssinnes" (S. 55) in der kommunistischen Faschismusanalyse wendet sich jetzt explizit Alexander v. Plato, Zur Einschätzung der Klassenkämpfe in der Weimarer Republik: KPD und Komintern, Sozialdemokratie und Trotzkismus, Berlin 1973, hier bes. S. 281 ff.; allgemein vgl. die Materialien in Thomas Weingartner, Stalin und der Aufstieg Hitlers, Berlin 1970.

20 Zum Verhältnis KI und KPD in Sachen Faschismusanalyse vgl. Weingartner, a. a. O.; Klaus Mammach, Die Hilfe der KI für die KPD bei der Entwicklung ihrer Strategie und Taktik und die Rolle der KPD bei der Vorbereitung des

VII. Weltkongresses, in BzG, 12 (1970), S. 458–462; Elfriede Lewerenz, Zu einigen Fragen der Faschismus-Analyse der Kommunistischen Internationale in Vorbereitung des VII. Weltkongresses (1933–1935), in: BzG, 13 (1971), S. 733–750.

21 Zu den angesprochenen Differenzen vgl. den Gegensatz von Dimitroffs Referat für eine „Einheitsfront" und seine Kritik des „Sozialfaschismus"-Theorems zu A. Fogarasi, Der Bankrott der Theorien des Sozialfaschismus am Ende der kapitalistischen Stabilisierung, Moskau-Leningrad 1934, und die Spannweite der Ausführungen auf dem XIII. Plenum des Exekutivkomitees der KI (EKKI); zum XIII. EKKI-Plenum, Dez. 1933, vgl. zusammenfassend: Der Faschismus in Deutschland, Moskau-Leningrad 1934, im einzelnen s. O. Kuusinen, Faschismus, Kriegsgefahr und die Aufgaben der Kommunistischen Parteien; D. Manuilski, Revolutionäre Krise, Faschismus und Krieg; Wilhelm Pieck, Wir kämpfen für ein Rätedeutschland; O. Pjatnizki, Die Kommunistischen Parteien im Kampf um die Massen, alle: Moskau-Leningrad 1934; zu dem Gegensatz vgl. auch: Die Kommunistische Internationale vor dem VII. Weltkongreß, Moskau-Leningrad 1935. Zur Verschiebung des VII. Weltkongresses der KI vgl. Lewerenz, a. a. O.; Institut f. Marxismus-Leninismus b. ZK der KPdSU, Die Kommunistische Internationale, Berlin 1970, S. 431 ff. (437).

22 VII Congress of the Communist International, a. a. O., S. 356 f.

23 Ebd., S. 126.

24 Ebd., S. 133–138.

25 Wilhelm Pieck, Der neue Weg zum gemeinsamen Kampf für den Sturz der Hitlerdiktatur, Berlin 1954, S. 5.

26 Ebd., S. 15; VII Congress of the Communist International, a. a. O., S. 357; vgl. auch folgende Äußerung Walter Ulbrichts (Brief an die Auslandsleitung des ZK der KPD in Paris v. 27. Juni 1939, zit. n. Ulbricht, Zur Geschichte der deutschen Arbeiterbewegung, Aus Reden und Aufsätzen, Bd. II: 1933–1946, Zusatzbd., Berlin 1966, S. 118 f.): „... Die Kommunisten und die antifaschistischen Kader in Deutschland brauchen ... von unserer Seite eine prinzipielle Propaganda, die leider stark vernachlässigt worden ist ... Es fehlt von unserer Seite eine einwandfreie, nüchterne Analyse der Entwicklungstendenzen und der Triebkräfte der imperialistischen Aggression des deutschen Faschismus. Wir kleben an Schablonen, die dadurch entstanden sind, daß wir Agitationslosungen, die zeitweilig richtig waren, unverändert beibehalten und sogar noch verflachen ... Solche grobe Vereinfachungen, die das deutsche Finanzkapital nur auf Krupp und Thyssen reduzieren und Hitler lediglich als deren Hampelmann bezeichnen, wirken verwirrend." Dann aber fährt Ulbricht fort: „Dadurch könnte der Charakter des Faschismus als Herrschaft des Finanzkapitals verwischt werden, was es solchen Sozialdemokraten wie Stampfer erleichtern würde, ihre falschen Auffassungen zu verbreiten, daß ein Teil des Finanzkapitals sich hart gegen das faschistische Regime wendet. Wir brauchen eine klare Definition der Kräfte des deutschen Finanz- und Monopolkapitals." Trotz dieser partiellen Aufhebung der Eingangsposition vgl. dagegen, um die Tiefe der Selbstkritik Mitte der 30er Jahre zu verstehen, z. B. Eberhard Czichon, Wer verhalf Hitler zur Macht? Köln 1967. – Vgl. auch Wilhelm Florin, Wie stürzen wir Hitler, Moskau 1936, im Gegensatz zu Fritz Heckert, Was geht in Deutschland vor? Moskau/Leningrad 1933.

27 Zu dieser These vgl. demnächst eingehender Michael Crasemann, Franz Greß, Eike Hennig, Heinz Knoth, Politische Funktion und soziale Basis des

deutschen Faschismus, Düsseldorf, Bertelsmann Universitäts-Verlag.

28 Vgl. z. B. mit prototypischer Deutlichkeit die Vorbemerkung „Zur Geschichte der deutschen antifaschistischen Widerstandsbewegung 1933–1945" (Berlin 1958²); vgl. auch NPL, 1970/4, S. 437 – Anm. 24.

29 Zur Darstellung und Kritik der Arbeiten Arthur Schweitzers vgl. demnächst Crasemann, in: ders., Greß, Hennig, Knoth, a. a. O. (Anm. 27).

30 Vgl. auch Reinhard Kühnl, Formen bürgerlicher Herrschaft. Liberalismus–Faschismus, Reinbek b. Hamburg 1971 (rororo aktuell 1342), bes. S. 139 ff.; eine ausführliche Darstellung findet sich in Crasemann, Greß, Hennig, Knoth, a. a. O.

31 Dietrich Eichholtz, Probleme einer Wirtschaftsgeschichte des Faschismus in Deutschland, in: JWG, 1963/III, hier S. 126.

32 Gossweiler, a. a. O. (Anm. 3).

33 Ebd., S. 17 – vgl. bes. noch S. 12 f.; ähnlich vgl. auch Kühnl, Formen bürgerlicher Herrschaft, a. a. O., bes. S. 141.

34 Vgl. dazu Leviathan, 1973/1, S. 141 ff.; NPL, 1973/2, S. 183 ff.

35 Dazu und zur folgenden Argumentation vgl. Gert Schäfer, „Ökonomische Bedingungen des Faschismus", in: Detlef Horster, Marios Nikolinakos (Hg.), Ist die Epoche des Faschismus beendet? Frankfurt 1971, S. 68–88; H. C. F. Mansilla, Faschismus und eindimensionale Gesellschaft, Neuwied u. Berlin 1971.

36 Jürgen Kuczynski, Die Geschichte der Lage der Arbeiter unter dem Kapitalismus I/5, Berlin 1966, S. 72 (im Original hervorgehoben).

37 Gert Schäfer, a. a. O., Anm. 35, S. 71 – Anm. 4, s. auch S. 79 f., 86.

38 Vgl. bes. Tim Mason, Der Primat der Politik – Politik und Ökonomie im Nationalsozialismus, in: Das Argument, 41, 8 (1966), S. 473–494; Primat der Industrie? Eine Erwiderung, ebd., 47, 10 (1968), S. 193–209.

39 Vgl. Wolf Rosenbaum, Staatsinterventionismus und Wirtschaftsplanung im modernen Kapitalismus, in: Reinhard Kühnl (Hg.), Der bürgerliche Staat der Gegenwart. Formen bürgerlicher Herrschaft II, Reinbek b. Hamburg 1972 (rororo aktuell 1536), hier S. 17 f., 47.

40 Rosa Luxemburg, Die russische Revolution, Frankfurt 1963, S. 84.

41 Hier ist zu beachten, daß 1944 nahezu jeder vierte Arbeiter in Deutschland ein Ausländer ist. – Zu deren Behandlung vgl. das Beispiel Krupp (Bernt Engelmann, Günter Wallraff, Ihr da oben – wir da unten, Köln 1973, S. 30 ff., bes. S. 34 f.). – Insges. vgl. auch Dieter Petzina, Die Mobilisierung deutscher Arbeitskräfte vor und während des Zweiten Weltkrieges, in: VfZG, 18 (1970), S. 443–455; Eva Seeber, Zwangsarbeiter in der faschistischen Kriegswirtschaft, Berlin 1964.

42 Mason, Primat der Industrie? , a. a. O., S. 205.

43 Ders., Der Primat der Politik, a. a. O., S. 481, 481, Anm. 25.

44 Dazu jetzt vor allem Bernhard Blanke u. a., Zur neueren marxistischen Diskussion über die Analyse von Form und Funktion des bürgerlichen Staates, Ref. auf d. Kongreß der Deutschen Vereinigung für Politische Wissenschaft, Okt. 1973 (ersch. demnächst in einem Sonderbd. der PVS).

45 Der folgende Abschnitt lehnt sich, auch in der Formulierung, teilweise an eine unveröffentlichte Arbeit von Heinz Knoth an, die für die in Anm. 27 zit. Publikation den Ansatz T. Masons und die Kontroverse in den „Argument"-Heften 41 und 47 darstellt.

46 An dieser Stelle vgl. Gossweilers Interpretation der Rolle der Banken und Finanzgruppen (dazu NPL, 1973/2, S. 188 ff.).

47 Marx, Das Kapital I, MEW 23, S. 587.

48 Vgl. dazu Gossweilers Interpretation der Gegensätze von Monopolgruppen in: Großbanken, Industriemonopole, Staat, a. a. O.; vgl. auch Marx/Engels, Deutsche Ideologie (Die Frühschriften, Stuttgart 1953, S. 360 f.): „Andererseits macht denn auch der praktische Kampf dieser beständig wirklich den gemeinschaftlichen oder illusorischen gemeinschaftlichen Interessen entgegentretenden Sonderinteressen, die praktische Dazwischenkunft und Zügelung durch das illusorisch ‚Allgemein'-Interesse als Staat nötig."

49 Engels, Der Ursprung der Familie, des Privateigentums und des Staats, MEW 21, S. 165.

50 Marx, Das Kapital III, MEW 25, S. 397.

51 Ebd.

52 Ebd.

53 Franz Neumann, Behemoth, New York and Evanston 1966, S. 361; vgl. auch Hans Manfred Bock, Das faschistische Modell öffentlicher Herrschaft, in: Wolfgang Abendroth, Kurt Lenk (Hg.), Einführung in die politische Wissenschaft, Bern u. München 1968, hier S. 131 ff.

54 Sohn-Rethel, Ökonomie und Klassenstruktur des deutschen Faschismus, a. a. O. (Anm. 4), S. 121, vgl. bes. auch S. 112, 120–135, 175 f., 184, zur Arbeitsteilung vgl. S. 199.

55 Niels Kadritzke, Faschismus als gesellschaftliche Realität und als unrealistischer Kampfbegriff, in: ProKla, 8/9, 3 (1973), hier S. 128 – dort (Anm. 86) auch zum Stellenwert des Hinweises auf die Produktion von absolutem Mehrwert, vgl. ebenso die Einl. von Agnoli, Blanke, Kadritzke zu Sohn-Rethel, a. a.O., S. 15. – Empirisch zu Kadritzkes Aussage vgl. meine ohne vorherige Lektüre der Arbeiten von Sohn-Rethel formulierten „Thesen zur deutschen Sozial- und Wirtschaftsgeschichte 1933 bis 1938" a. a. O., passim.

56 Zu einigen damit verbundenen Arbeitsperspektiven vgl. meine „Thesen zur deutschen Sozial- und Wirtschaftsgeschichte 1933 bis 1938", a. a. O., S. 100–103.

57 Sohn-Rethel, a. a. O., S. 112, vgl. auch S. 118 f., 122 f., 175.

58 Eichholtz, Probleme einer Wirtschaftsgeschichte des deutschen Faschismus, a. a. O. (Anm. 31), S. 103.

59 Zu letzterem vgl. S. 125–136 der „Thesen zur deutschen Sozial- und Wirtschaftsgeschichte 1933 bis 1938", a. a. O.

60 Vgl. Sohn-Rethel, a. a. O., S. 130 f., 133 f.

61 Darin ist das materiale Substrat für eine Verselbständigungstheorie zu sehen, weil sich nämlich die faschistische Exekutive aus der Ersetzung des Marktes (neben der politischen Unersetzlichkeit als „Lieferant" einer Massenbasis und als terroristische Zerschlagung der ganzen, revolutionären bis reformistischen Bandbreite „der" Arbeiterbewegung) auch die Potenz zu Eingriffen in Zirkulation, aber auch Produktion „ableitet". (Vgl. auch Sohn-Rethel, a. a. O., S. 175 f.)

62 Eichholtz, a. a. O. (Anm. 31), S. 103 f.; vgl. Sohn-Rethel, a. a. O., S. 123, 134 f., 184 f.

63 Vgl. Sohn-Rethel, a. a. O., S. 121; Ernest Mandel, Der Spätkapitalismus, Frankfurt 1972, S. 157 (vgl. S. 138 ff.).

V. Horn: Zur politischen Psychologie des Faschismus . . .

1 Aus Gründen des geringen zur Verfügung stehenden Raumes greife ich auf die Sendefassung eines größeren Manuskriptes zurück, die aus technischen Gründen Peter Laudan für den Westdeutschen Rundfunk angefertigt hatte. Für diese Textfassung danke ich ihm sehr. Der größere Beitrag wurde auf

einer Tagung der Tschechoslowakischen Akademie der Wissenschaften „Faschismus und Europa" im August 1969 in Prag vorgetragen und im Band II der Arbeiten jenes Symposions ohne die Bibliographie in Prag veröffentlicht. Es handelte sich um die letzte größere Veranstaltung des Historischen Zweigs der Akademie, der bald darauf im Sinne des Zwecks der sowjetischen Okkupation der ČSSR aufgelöst wurde.

2 Vgl. Adorno (1951, 1959), Bernfeld (1932), Fenichel (1946), Fromm (1932 a, b, 1936, 1937, 1941), Horkheimer (1936 a, b, 1951), Horkheimer und Adorno (1947), Loewenthal/Gutermann (1949), Reich (1933[2], 1934). (Titel siehe in der Bibliographie am Ende der Anmerkungen zu diesem Beitrag.)

3 Vgl. H. Dahmer u. a. und K. Horn (1972 a).

4 So schreibt H. Lefebvre (1968, S. 266 f): „Marx hat das Ökonomische niemals als bestimmend oder als Determinismus aufgefaßt, sondern den Kapitalismus als Produktionsweise, in der das Ökonomische vorherrschend ist. Heute spielt die Alltäglichkeit diese Rolle. Sie dominiert, sie resultiert aus einer globalen (ökonomischen, politischen, kulturellen) Klassenstrategie. Dieses Niveau muß man angreifen durch Parolen, durch die Parolen einer kulturellen Revolution mit ökonomischen und politischen Implikationen."

5 Vgl. u. a. Moral und Gesellschaft (1968).

6 Vgl. Horn (1974).

7 Eine Zusammenfassung gebe ich in der Einleitung („Bemerkungen zur Situation des ‚subjektiven Faktors' in der hochindustrialisierten Gesellschaft kapitalistischer Struktur", S. 17–116) zu einer Untersuchung über die gesellschaftliche und psychische Funktion gruppendynamischer Verfahren (Horn 1972 b).

8 Vgl. dazu Pirker (1965), zitiert nach Fetscher (1962, S. 218 f.).

9 Mason (1966, S. 474). Diese Unabhängigkeit ist nur im politischen Sinn gemeint; im Hinblick auf das technische Produktionspotential war das natürlich anders.

10 Burke (1967) sowie Nolte (1963) S. 43.

11 Gutachten von Dr. H. Krannhals im Prozeß gegen SS-Obergruppenführer Karl Wolff, München, September 1964.

12 1932, S. 110: „Die Ungewißheit des Angestellten, wie sie vergangene Bewußtseinsstufen, Transzendenz in der Vergangenheit sucht, steigert sich in einen orgiastischen Haß gegen die Vernunft, in einen ‚Chthonismus', worin Berserker und Kreuzzugsbilder sind, ja worin – mit einer Ungleichzeitigkeit, die stellenweise Exterritorialität wird – Negertrommeln dröhnen und Zentralafrika aufsteigt. Das macht: Der Mittelstand nimmt (zum Unterschied vom Proletariat) überhaupt nicht unmittelbar an der Produktion teil; sondern geht in sie nur mit Zwischentätigkeit ein, mit einer solchen Ferne von der gesellschaftlichen Kausalität, daß sich immer ungestörter ein alogischer Raum bilden kann, worin Wünsche und Romantizismen, Urtriebe und Mystizismen rezent werden. Selbst der unmittelbare wirtschaftliche Inhalt des mittelständischen Faschismus ist ungleichzeitig oder dazu geworden, seitdem die Handels- und Gewerbefreiheit nur noch den großen Unternehmern zugute kommt, die kleinen vernichtet: Die parlamentarische Demokratie ist derart der verhaßte Garant der freien Konkurrenz und die ihr entsprechende politische Form. Statt ihrer will gerade der Ständestaat die Wirtschaft wieder auf die Stufe frühkapitalistischen Kleinbetriebs zurückführen; dem Großkapital empfiehlt er sich als Instrument gegen den Klassenkampf, doch der Mittelschicht eben als Rettung und aktuell romantischer Ausdruck ihrer

Ungleichzeitigkeit. Ebenso hält es der Mittelstand ideologisch in der ‚Rationalisierung' nicht aus und gibt die Ratio desto eher preis, je mehr sie ihm in seiner Welt nur feindlich, doppelt feindlich erschienen ist. Nämlich als bloße spätkapitalistische Rationalisierung und als ebenso spätkapitalistische, doch ‚marxistisch-jüdisch' verstandene Wertsetzung überlieferter Gehalte."

13 Allein der Sachverhalt, daß nur die politisch relevant gewordene rechte Bewußtseinsform einer polit*psychologischen* Analyse unterzogen wird, zeigt, daß die Formulierung, in welcher „links und rechts" wie gleichgestellt mißverstanden werden können, gegen die Totalitarismusthese streng zu unterscheiden sind.

14 Vgl. z. B. Hildebrand (1969).

15 Vgl. dazu Horkheimer (1936, S. 3 ff.).

16 Vgl. dazu z. B. Horkheimer u. Adorno (1947, S. 204 ff.).

17 Vgl. dazu z. B. Rosenberg (1934, S. 86, S. 215 f.) sowie Lasswell (1935, S. 236 ff.).

18 Vgl. dazu Lemert (1962) sowie Jaques (1955).

19 Simmel, als Psychoanalytiker freilich nur die subjektive Seite des Problems hervorhebend, schreibt (1947, S. 68 f): „Die ursprüngliche gesellschaftliche Bedeutung der Arbeit, nämlich dem Individuum ein Mittel an die Hand zu geben, das sich eignet, die antisozialen Strebungen zu sublimieren, indem destruktive Energien für einen konstruktiven Zweck eingesetzt werden, ist mit der Herrschaft der Maschine verschwunden. Diese Bedeutung der Arbeit muß wiederbelebt werden, damit der Arbeitende in seiner Berufstätigkeit eine Entlastung von seiner Triebspannung finden und das Ziel des Arbeitsprozesses respektieren kann. Um dieses Ziel zu erreichen, muß er sich nicht nur einer adäquaten materiellen Vergütung seiner Arbeit erfreuen können, sondern er muß auch einen adäquaten sinnhaften, geistigen Bezug zum hergestellten Produkt haben ... In der modernen Industrie entfernen Arbeitsteilung und Arbeitszerlegung den Arbeiter so weit vom Endprodukt, daß er vom gesellschaftlichen Wert seines Arbeitsaufwandes weder etwas weiß noch sich darum kümmert. Die kompletteste Form der Entfremdung eines Menschen von seinem in das Produkt eingegangenen Energieaufwand ist natürlich die Arbeit am Fließband."

Und an anderer Stelle der gleichen Arbeit heißt es bei Simmel, ebenfalls im Hinblick auf die sozialpsychologische Bedeutung der Arbeit: „Insbesondere in den Kriegsgüter produzierenden Industriezweigen brachte der Krieg einige Fortschritte im Hinblick auf die emotionale Bindung des Arbeiters an seine Arbeit. Die soziale Zielbestimmung des Produktes wurde demonstriert, mit Worten und bildhaften Eindrücken. Ähnlicher Notbehelfe sollte man sich zu Friedenszeiten bedienen, wenn das Ziel der Produktion nicht Destruktion, sondern das Hervorbringen materieller Güter für alle ist. Jeder Arbeiter sollte die Möglichkeit haben, spezifische Fertigkeiten zu entwickeln, damit er nicht zu einem Leben verdammt ist, in dem er nichts tut als eine sich ständig wiederholende kurze mechanische Verrichtung als bloßes Anhängsel der Maschine."

Es ist hier nicht der Ort, auf die Ambivalenz solcher potentiell manipulativen Vorschläge einzugehen. Aber eines läßt sich von Simmel lernen: irrationale Massenbewegungen könnten gesellschaftlich reguliert, prophylaktisch behandelt werden. So könnte eine mehr als nur quantitative Bildungsplanung von der Vorschule an einem gewaltsamen Sinngebungsversuch ebenso einige Barrieren entgegenstellen wie die reale Erfahrung, über den Arbeitsprozeß und seine Produkte wenigstens durch Delegierte mitbestimmen zu können, wenn schon nicht die politische Kontrolle aller Produzenten über die Ziele der Produktion zu einer neuen Form der Identifizierung mit gesellschaftlich notwendiger Arbeit führen kann.

20 Vgl. dazu Horkheimer (1936 a) sowie Adorno u. a. (1959).

21 Vgl. dazu z. B. Adorno u. a. (1950), Loewenthal/Gutermann (1949), Horkheimer u. Adorno (1947, S. 212 ff.), Loewenstein (1968) sowie Fenichel (1946, S. 20 ff.).

22 Thalheimer (1930), Dahrendorf (1965^2), Parsons (1942).

23 Diese Spaltung des Seelenhaushaltes in Sentimentalität und kaum eingeschränkte bürokratisierte und technisierte Grausamkeit ist charakteristisch z. B. für die autobiographischen Auslassungen des ehemaligen Kommandanten von Auschwitz: Höss. Vgl. dazu Broszat (1963) sowie auch Fest (1963).

24 Vgl. dazu auch Adorno (1959, 1960).

25 Schnädelbach (1969), S. 89: „Es fällt in der Tat schwer, die von Marx als Ideologen kritisierten Theoretiker des klassischen Liberalismus mit Hitler, Rosenberg und Streicher im selben Zusammenhang zu nennen. Wenn Ideologien nicht ohne eine relative Selbständigkeit des Bewußtseins gegenüber dem materiellen Produktionsprozeß gedacht werden können, dann auch nicht ohne ein Minimum an Emanzipation des Bewußtseins von primär-psychischen Prozessen und Bedürfnissen. Ideologie ist nie nur falsches Bewußtsein gewesen; sie war vielmehr die adäquate gedankliche Widerspiegelung einer Gesellschaft, deren innere Organisation und äußere Erscheinungsweise auseinanderklaffen; solche Angemessenheit des Bewußtseins setzt voraus, daß die Subjektseite rational funktioniert, daß sie richtiges Bewußtsein ist im Sinne des geschichtlich erreichten durchschnittlichen Entwicklungsgrades von Rationalität. Ideologien unterscheiden sich von Massenpsychosen durch das Übergewicht gesellschaftlicher und die relative Unwichtigkeit psychischer Determinanten des falschen Bewußtseins: In ihnen erscheint die Wirklichkeit im Bewußtsein psychisch gesunder Individuen aus gesellschaftlichen Gründen als verkehrte Welt."

26 „Wenn wir die Parallelen zwischen einer kollektiven und einer individuellen Neurose zusammenfassen, so läßt sich sagen: Die Masse wie der Psychotiker denken und handeln irrational, denn ihr Ich-System ist durch Regression desintegriert. Aber: im individuellen psychotischen Bewußtsein ist der Regressionsprozeß des Bewußtseins primärer Art und konstant. Das kollektive psychotische Bewußtsein hingegen ist sekundär und nur ein vorübergehender Zustand. Der Grund dafür ist, daß beim individuellen Psychotiker das Ich mit der Realität bricht, ist also dessen pathologische Schwäche, während für die Angehörigen der Massen die Realität zuerst mit dem Ich bricht. Dieses Ich rettet sich vor individueller Regression, indem es in der pathologischen Masse untertaucht und dort im Kollektiv regrediert. Die Flucht in die Massenpsychose ist deswegen nicht nur eine Flucht vor der Realität, sondern auch eine Flucht vor individueller Erkrankung."

Bibliographie

Adorno, Th. W. (1951), Die Freudsche Theorie und die Struktur der faschistischen Propaganda, in: Psyche 24, 1970, S. 486–509.

Adorno, Th. W. (1959), Theorie der Halbbildung, in: Sociologica II, Reden und Vorträge. Frankfurter Beiträge zur Soziologie, Bd. 10. Im Auftrag des Instituts für Sozialforschung, herausgegeben von Th. W. Adorno und Walter Dirks, Frankfurt/M. (EVA) 1962, S. 168–192.

Adorno, Th. W. (1960), Meinung, Wahn, Gesellschaft, in: Th. W. Adorno, Eingriffe. Neun kritische Modelle, Frankfurt/M. (Suhrkamp) 1963, S. 147–172.

Bauer, Otto (1936), Der Faschismus, in: O. Bauer u. a. (1967).
Bauer, Otto, Herbert Marcuse, Arthur Rosenberg u. a. (1967), Faschismus und Kapitalismus. Theorien über die sozialen Ursprünge und die Funktionen des Faschismus. Herausgegeben von W. Abendroth, eingel. von D. Kliem, J. Kammler, R. Griepenburg, Frankfurt/M. (EVA).
Bendix, Reinhardt (1956), Stratifikation and Political Power, in: R. Bendix and S. M. Lipset, eds., Class, Status u. Power, Glencoe, Ill. (The Free Press).
Benjamin, Walter (1930), Theorien des deutschen Faschismus. Zu der Sammelschrift „Krieg und Frieden", Hg. Ernst Jünger, in: Das Argument Nr. 30, 6. Jg., 1964, Heft 3, S. 129–137.
Benjamin, Walter (1936), Das Kunstwerk im Zeitalter seiner technischen Reproduzierbarkeit, in: Illuminationen. Ausgewählte Schriften. Frankfurt/M. (Suhrkamp) 1961, S. 148–184.
Beres, Davis (1962), Symbol and Object, in: Bulletin of the Menninger Clinic 29, 1965, S. 3 ff.
Bernfeld, Siegfried (1932), Die kommunistische Diskussion um die Psychoanalyse und Reichs Widerlegung der Todestriebhypothese, in: Internat. Zeitschrift für Psychoanalyse XVIII, Heft 3, S. 352–387.
Blanke, Bernhard, Reimut Reiche und Jürgen Werth (1965), Die Faschismustheorie der DDR, in: Das Argument Nr. 33, Heft 2, Mai, S. 35–48.
Blauner, Robert (1964), Alienation and Freedom. The Factory Worker and his Industry. Chicago and London (The University of Chicago Press).
Bloch, Ernst (1932), Ungleichzeitigkeit und ihre Pflicht zur Dialektik, in: Ernst Bloch (1962), Erbschaft dieser Zeit, Erweiterte Ausgabe, Frankfurt/M.
Boehlich, Walter (1965), Hg., Der Berliner Antisemitismusstreit. Frankfurt/M. (Insel).
Broszat, Martin (1963), Hg., Kommandant in Auschwitz. Autobiographische Aufzeichnungen des Rudolf Höss. München (dtv).
Burke, Kenneth (1967), Zu Rhetorik in Hitlers „Mein Kampf" und andere Essays zur Strategie der Überredung. Frankfurt/M. (Suhrkamp).
Cramer, Erich, Zur Frage von Ideologie und Handeln im Antisemitismus. Manuskript.
Czichon, Eberhard (1968), Der Primat der Industrie im Kartell der nationalsozialistischen Macht, in: Das Argument Nr. 47, 10, S. 168–192.
Dahmer, H., K. Horn, Th. Leithäuser, A. Lorenzer und H. Sonnemann (1973), Das Elend der Psychoanalyse-Kritik. Beispiel Kursbuch 29. Subjektverleugnung als politische Magie. Frankfurt/M. (Athenäum).
Dahrendorf, Rolf (1965²), Gesellschaft und Demokratie in Deutschland, München (Piper).
Eichholtz, Dietrich, und Kurt Gossweiler (1968), Noch einmal: Politik und Wirtschaft 1933–1945, in: Das Argument Nr. 47, 10, S. 210–227.
Fenichel, Otto (1945), The Psychoanalytic Theory of Neurosis, New York (W. W. Norton).
Fenichel, Otto (1946), Elements of a Psychoanalytic Theory of Anti-Semitism, in: Simmel (1946), ed., S. 11–32.
Fest, J. C. (1963), Das Gesicht des Dritten Reiches. Profile einer totalitären Herrschaft. München (Piper).
Fetscher, Iring (1962), Zur Kritik des sowjetmarxistischen Faschismusbegriffs, in: I. Fetscher, Karl Marx und der Marxismus. Von der Philosophie des Proletariats zur proletarischen Weltanschauung. München 1967 (Piper), S. 218–237.
Freud, Sigmund (1927), Die Zukunft einer Illusion, in: GW., Bd. XIV,

S. 321–380.
Freud, Sigmund (1940), GW., 18 Bde. London – Frankfurt ab 1940, (Imago-Fischer).
Fromm, Erich, (1932a), Über Methode und Aufgabe einer analytischen Sozialpsychologie, in: Zeitschrift für Sozialforschung I, 1932, S. 28–54.
Fromm, Erich (1932b), Die psychoanalytische Charakterologie und ihre Bedeutung für die Sozialpsychologie, in: Zeitschrift für Sozialforschung I, 1932, S. 253–277.
Fromm, Erich (1936), Sozialpsychologischer Teil von „Autorität und Familie", Hg. Max Horkheimer, Paris 1936, S. 77–135.
Fromm, Erich (1937), Zum Gefühl von Ohnmacht, in: Zeitschrift für Sozialforschung VI, 1937, S. 95–118.
Fromm, Erich (1941), Die Furcht vor der Freiheit, Zürich 1945 (Steinberg), Frankfurt/M. 1966 (Europ. Verlagsanstalt).
Geiger, Theodor (1932), Die soziale Schichtung des deutschen Volkes. Soziograph. Versuch auf statist. Grundlage, Stuttgart 1967 (Enke, Wiss. Buchgemeinschaft, Darmstadt).
Grebing, Helga (1967), Nationalsozialismus und Demokratie in Deutschland, in: Fetscher, Iring (Hg.), Rechtsradikalismus, Frankfurt/M. (EVA).
Griepenburg, R., und K. H. Tjaden (1966), Faschismus und Bonapartismus. Zur Kritik der Faschismustheorie August Thalheimers, in: Das Argument Nr. 41, 8. Jg., S. 461–472.
Habermas, Jürgen (1968), Erkenntnis und Interesse, Frankfurt/M. 1968 (Suhrkamp).
Habermas, Jürgen (1969), Protestbewegung und Hochschulreform, Frankfurt/M. (Suhrkamp).
Haug, Wolfgang Fritz u. a. (1965), Ideologische Komponenten in den Theorien über den Faschismus, in: Das Argument Nr. 33, 7. Jg., Heft 2, Mai, S. 1–34.
Hildebrand, Klaus, Hitlers „Mein Kampf": Propaganda oder Programm? Zur Frühgeschichte der nationalsozialistischen Bewegung. In: NPL XIV, 1969, S. 72–82.
Horkheimer, Max (1936a), Hg., Autorität und Familie, Paris (Alcan).
Horkheimer, Max (1936b), Egoismus und Freiheitsbewegung, in: Zeitschrift für Sozialforschung V, 1936, S. 161–234.
Horkheimer, Max (1951), Les Leçons du Fascisme. Etude de psychologie sociale, in: Tensions et Conflicts, Hadley Cantril, ed. Paris (Librairie de Médicis), S. 201–253.
Horkheimer, Max, und Adorno, Th. W., Dialektik der Aufklärung, Amsterdam 1947 (Querido).
Horn, Klaus (1968b), Von der Gefahr privatistischer Politik, in: Universität und Widerstand. Versuch einer politischen Universität in Frankfurt, hg. von Detlev Clausen und Regine Dermitzel, Frankfurt/M. 1968, S. 117–121 (EVA).
Horn, Klaus (1969), Politische Psychologie. Erkenntnisinteressen, Themen, Materialien, in: Politikwissenschaft. Eine Einführung in ihre Probleme. Hg. von Gisela Kress und Dieter Senghaas, Frankfurt/M. 1969 (EVA), S. 215–268.
Horn, Klaus (1967), Zur Formierung der Innerlichkeit. Demokratie als psychologisches Problem, in: Der CDU-Staat, Studien zur Verfassungswirklichkeit in der Bundesrepublik, hg. von Gert Schäfer und Carl Nedelmann, Frankfurt/M. 1969[2].
Horn, Klaus (1969[2]), Über den Zusammenhang zwischen Angst und politischer Apathie, in: Marcuse u. a., Aggression und Anpassung in der Industriegesell-

schaft, Frankfurt/M. 1969² (Suhrkamp), S. 59–89.
Horn, Klaus (1972a), Anpassungslehre oder kritische Theorie des Subjekts? , in: H. P. Gente, Hg., Marxismus Psychoanalyse Sexpol, Bd. 2: Aktuelle Diskussion, Frankfurt/M. 1972, S. 116–159.
Horn, Klaus, Hg. (1972b), Gruppendynamik und der „subjektive Faktor". Repressive Entsublimierung oder politisierende Praxis, Frankfurt/M. 1973².
Horn, Klaus (1974), Elemente einer politischen Psychologie, in Druck.
Jaques, Elliot (1955), Social Systems as Defense Against Persecutory and Depressive Anxiety, in: Klein / Heimann / Money-Kyrle, eds., New Directions, in: Psycho-Analytic, London 1955, S. 478–498.
Klapper, J. T. (1960), The Effects of Mass Communications, New York (The Free Press).
Klapper, J. T. (1963), Die gesellschaftlichen Auswirkungen der Massenkommunikation, in: W. Schramm, Hg., Grundfragen der Kommunikationsforschung, München 1964, S. 85 ff.
Kris, Ernst, und Nathan Leites (1947), Trends in Twentieth Century Propaganda, in: Roheim, G., ed., Psychoanalysis and the Social Sciences, Bd. I, New York, S. 393–409.
Lasswell, Harold D. (1935), The Psychology of Hitlerism as a Response of the Lower Middle Classes to Continuing Insecurity, in: H. D. Lasswell, The Analysis of Political Behaviour. An Empirial Approach, Hamden, Conn. (Archon Books) 1966, S. 235–245.
Lefebvre, Henri (1968), Das Alltagsleben in der modernen Welt. Aus dem Französischen von Annegret Dumasy. Frankfurt/M. 1972.
Lemert, M. E. (1962), Paranoia and the Dynamics of Exclusion, in: Sociometry 25, S. 2–20.
Lipset, Seymour Martin (1959), Der „Faschismus", die Linke, die Rechte und die Mitte, in: Kölner Zeitschrift für Soziologie und Sozialpsychologie, 11. Jg., 1959, S. 401–444.
Lipset, Seymour Martin (1960), Soziologie der Demokratie. Neuwied/Rh. – Berlin-Spandau 1960, Soz. Texte, Bd. 12 (Luchterhand), S. 131 ff.
Loewenstein, Rudolph M. (1952), Psychoanalyse des Antisemitismus, Frankfurt/M. 1968 Suhrkamp.
Loewenthal, Leo, Gutermann, Norbert (1949), Prophets of Deceit. A Study of the Technique of the American Agitator, New York 1949 (Harper & Brother). Deutsch gekürzt als Agitation und Ohnmacht. Auf den Spuren Hitlers im Vorkriegsamerika, Neuwied-Berlin (Luchterhand) 1966.
de Man, Hendrik (1952²), Vermassung und Kulturverfall. Eine Diagnose unserer Zeit, Bern.
Marcuse, Herbert (1957), Eros und Kultur. Ein psychologischer Beitrag zu Sigmund Freud, Stuttgart (Klett).
Marcuse, Herbert (1963), Das Veralten der Psychoanalyse, in: H. Marcuse, Kultur und Gesellschaft 2, Frankfurt/M. 1965 (Suhrkamp), S. 85–106.
Marcuse, Herbert (1967²), Der eindimensionale Mensch. Studien zur Ideologie der fortgeschrittenen Industriegesellschaft, Neuwied und Berlin (Luchterhand).
Mason, Tim (1966), Der Primat der Politik – Politik und Wirtschaft im Nationalsozialismus, in: Das Argument Nr. 41, 8, S. 473–494.
Mason, Tim (1968), Primat der Industrie? – Eine Erwiderung, in: Das Argument Nr. 47, 10, 1968, S. 193–209.
Meinecke, Friedrich (1950), The German Catastrophe, Transl. Sidney B. Fay, Cambridge, Mass. 1950 (zitiert nach Whiteside, Andrew G. (1957).

Mitscherlich, Alexander (1957), Meditationen zu einer Lebenslehre der modernen Massen, in: Merkur XI, Nr. 109, S. 201–213, Nr. 110, S. 235–250.

Mitscherlich, Alexander (1957), Pubertät und Tradition, in: Verhandlungen des 18. Deutschen Soziologentages, hg. von der Deutschen Gesellschaft f. Soziologie, Köln-Opladen (Westdeutscher Verlag), S. 65–86.

Mitscherlich, Alexander (1963), Auf dem Wege zur vaterlosen Gesellschaft. Ideen zur Sozialpsychologie, München (Piper).

Mitscherlich, Alexander und Margarete (1967), Die Unfähigkeit zu trauern. Grundlagen kollektiven Verhaltens, München 1967 (Piper).

Moral und Gesellschaft (1968), Mit Beiträgen von Kosik, Sartre, Luporoni, Garaudy, Della Volpe, Markovic und Schaff, Frankfurt/M. (Suhrkamp).

Mosse, George L. (1966), Einführung: Die Entstehung des Faschismus, in: Intern. Faschismus 1920–1945. Deutsche Buchausgabe des Journal of Contemporary History, hg. v. Walter Laqueur und George L. Mosse, München 1966 (Nymphenburger Vlgbh.), S. 29–49.

Neumann, Franz (1942), Behemoth. The Structure and Practice of National Socialism 1933–1944, New York and Evanston 1966.

Neumann, Franz (1954), Angst und Politik, in: F. Neumann, Demokratischer und autoritärer Staat. Studien zur politischen Theorie. Hg. und mit einem Vorwort von Herbert Marcuse. Eingeleitet von Helge Pross, Frankfurt/M. 1967 (EVA), S. 261–291.

Nolte, Ernst (1962), Zur Phänomenologie des Faschismus, in: Vierteljahresheft für Zeitgeschichte 10, S. 373–407.

Nolte, Ernst (1963), Der Faschismus in seiner Epoche. Action française – Italienischer Faschismus – Nationalsozialismus, München 1963 (Piper).

Nolte, Ernst (1967), Hg., Theorien über den Faschismus, Köln – Berlin 1967, Neue Wissenschaftliche Bibliothek, Geschichte, Bd. 21 (Kiepenheuer & Witsch).

Parsons, Talcott (1942), Demokratie und Sozialstruktur in Deutschland vor der Zeit des Nationalsozialismus, in: T. Parsons, Soziologische Theorie, Berlin und Neuwied 1964, S. 256–281, Soziologische Texte Bd. 15 (Luchterhand).

Pirker, Theo (1965), Komintern und Faschismus 1920–1940, Stuttgart 1965, zitiert nach Fetscher (1962).

Plessner, Helmuth (1962), Die verspätete Nation. Über die Verführbarkeit bürgerlichen Geistes, Stuttgart (Klett).

Reich, Wilhelm (1933[2]), Massenpsychologie des Faschismus. Zur Sexualökonomie der politischen Reaktion und zur proletarischen Sexualpolitik, Kopenhagen – Prag – Zürich (Sexpol).

Reich, Wilhelm (1934), Was ist Klassenbewußtsein? In: Zeitschrift für Polit-Psychologie und Sexualökonomie I, 1934, Heft 1, S. 16–28, Heft 3/4, S. 226–255.

Reiche, Reimut, und Blanke, Bernhard (1965), Kapitalismus, Faschismus und Demokratie, in: Das Argument Nr. 32, 7. Jg., Heft 1, S. 12–29.

Rosenberg, Arthur (1967), Der Faschismus als Massenbewegung. Sein Aufstieg und seine Zersetzung, in: Bauer, Otto u. a. (1967), S. 75–141.

Regius, Heinrich (Max Horkheimer), (1934), Dämmerung. Notizen in Deutschland, Zürich.

Schnädelbach, Herbert (1969), Was ist Ideologie? Versuch einer Begriffserklärung, in: Das Argument Nr. 50, Kritik der bürgerlichen Sozialwissenschaften, Sonderband z. 10. Jg., S. 71–92.

Sève, Lucien (1972), Marxismus und Theorie der Persönlichkeit. Aus dem Französischen von Joachim Wilke. Frankfurt/M. (Verlag Marxist. Blätter) 1972.

Simmel, Ernst, ed. (1946), Anti-Semitism. A Social Disease. New York (Int. Univ. Press).
Simmel, Ernst (1946), Anti-Semitism and Mass Psychopathology, in: Simmel (1946) ed., S. 33–78.
Soziologische Exkurse (1956), Nach Diskussionen und Vorträgen. Frankfurter Beiträge zur Soziologie des Instituts für Sozialforschung, hg. von Th. W. Adorno und Walter Dirks, Bd. 4, Frankfurt/M. (EVA).
Thalheimer, August (1930), Über den Faschismus, in: O. Bauer u. a. (1967).
Westphal, Reinhart (1965), Psychologische Theorien über den Faschismus, in: Das Argument Nr. 32, 7. Jg., 1965, Heft 1, S. 30–39.
Whiteside, Andrew G. (1957), The Nature and Origins of National Socialism, in: Journal of Central European Affairs 17, 1957/8, S. 48–73.

VI. Opitz: Die faschistische Massenbewegung

1 Zur Mittelstandstheorie in den 20er und 30er Jahren s. einerseits etwa Theodor Geiger, Die Mittelschichten und die Sozialdemokratie, in: Die Arbeit, 8. Jg./1931, Heft 8 (auch ders., Panik im Mittelstand, ebd. 7. Jg./1930, Heft 10), ders., Die soziale Schichtung des deutschen Volkes, Stuttgart 1932, ders., Die Klassengesellschaft im Schmelztiegel, Köln-Opladen 1949, Svend Riemer, Zur Soziologie des Nationalsozialismus, in: Die Arbeit, 9. Jg./1932, Heft 2, ders., Mittelstand und sozialistische Politik, ebd. Heft 5, Harold Lasswell, Psychology of Hitlerism, in: The Political Quarterly, 4/1933, Rudolf Heberle, Landbevölkerung und Nationalsozialismus, Stuttgart 1963 (verfaßt 1932–34), zu ihrer Kritik andererseits die Abschnitte II (Revolution des Mittelstandes oder Diktatur des Finanzkapitals?) und III (Der Mittelstand und das Proletariat) des bei Ernst Nolte, Theorien über den Faschismus, Köln-Berlin 1967, unter der Überschrift „Was ist Faschismus?" wiedergegebenen Auszugs aus Rajani Palme Dutt, Fascism and Social Revolution, London 1934, in denen das Wesen der Auseinandersetzung zwischen der Faschismustheorie der Kommunistischen Internationale und den mittelstandstheoretisch bestimmten liberalen und sozialdemokratischen Faschismusdeutungen vorzüglich herausgearbeitet ist. Nach 1945 findet die Mittelstandstheorie ihre Fortsetzung u. a. in den USA bei Daniel Lerner, The Nazi-Elite, Stanford 1951, Talcott Parsons, Essays in Sociological Theory, Glencoe 1949 (deutsch als „Beiträge zur soziologischen Theorie" Neuwied 1964) und insbesondere bei Seymour Martin Lipset, Political Man. The Social Bases of Politics, New York 1960 (deutsch als „Soziologie der Demokratie" Neuwied 1962), in der Bundesrepublik vor allem bei Ralf Dahrendorf, Gesellschaft und Demokratie in Deutschland, München 1965, und – ausgeweitet zur Theorie einer „neuen ‚Elite'" – bei Iring Fetscher, Faschismus und Nationalsozialismus. Zur Kritik des sowjetmarxistischen Faschismusbegriffs, in: Politische Vierteljahresschrift, 3. Jg., Heft 1/März 1962. Ihr sind alle Erklärungsansätze zugehörig oder doch eng verwandt, die den Faschismus auf eine vorrangig den Mittelschichten zugeschriebene irrationale Gesellschaftsmentalität zurückführen und als Revolte gegen den Industrialisierungsfortschritt (bzw. auch, in einer Umkehrvariante, als dessen explosionsartige – bei Dahrendorf: unbeabsichtigte – Durchsetzung) deuten, so also durchaus auch diejenigen Versionen, die sich an der in Zusammenhang mit der Industriegesellschaftsideologie Mitte der 60er Jahre in den USA ausgebildeten Kategorie der „Modernization" oder an Stadientheorien des Wirtschaftswachstums (Walt W. Rostow, The Stages of Economic Growth, Cambridge 1960, deutsch Göttingen o. J.) orientieren wie etwa David Schoenbaum, Die

braune Revolution, Köln-Berlin 1968, und zuletzt Henry Ashby Turner, jr., Fascism and Modernization, in: World Politics, Vol. 24/July 1972 (deutsch in: ders., Faschismus und Kapitalismus in Deutschland, Göttingen 1972, S. 157 ff.), der den Faschismus dementsprechend als „utopischen Anti-Modernismus" bestimmt.

2 Siehe das Kapitel „Der Fetischcharakter der Ware und sein Geheimnis" in Karl Marx, Das Kapital, Bd. I, MEW 23, Berlin 1962, S. 85 ff.

3 Agnoli, der die Ausbildung korporativistischer Strukturen für das Wesensmerkmal von Faschismus hält, beruft sich bei seiner dementsprechenden Unterscheidung von „maskierten" und „offenen" Formen des Faschismus (s. Johannes Agnoli, Zur Faschismusdiskussion, in: Berliner Zeitschrift für Politologie, 9. Jg. Nr. 2/1968 und Nr. 4/1968, wie auch Agnolis Referat vom 2. 6. 1972 in der Hamburger ESG-Forumsreihe, einschließlich der anschließenden Diskussion und zusammen mit den obigen Aufsätzen veröffentlicht im Verlag O, Hamburg 1973, unter dem Titel J. Agnoli, Zur Faschismusdiskussion, Ein Beitrag zur Bestimmung des Verhältnisses von Politik und Ökonomie und der Funktion des heutigen bürgerlichen Staates; hier zum New Deal S. 11 und S. 34/35) auf Angelo Tasca, von dessen 1936 erschienenem Buch „Nascità e Avvento del Fascismo" das theoretische Schlußkapitel wiedergegeben ist in Bauer, Marcuse, Rosenberg u. a., Faschismus und Kapitalismus, Frankfurt/Main 1967. Der Begriff „maskierter Faschismus" wird bereits in der 26. Sitzung der Programmkommission des VI. Weltkongresses der Kommunistischen Internationale vom 13. 8. 1928 von Semard (Frankreich) gebraucht und als Bezeichnung für „eine Art Regierungsfaschismus" erläutert, „der sich durch die Herrschaft des Finanzkapitals über den Staat und die Parlamente auf Grund der Vorherrschaft der Exekutivgewalt über die gesetzgebende Gewalt, auf Grund der engsten Arbeitsgemeinschaft der Sozialdemokratie mit dem Kapitalismus auswirkt" (s. Internationale Presse-Korrespondenz Nr. 95, 8. Jg./1928, S. 1828 f.). Die Tendenz, in die Theorie vom „Sozialfaschismus" und ihr entsprechende Strategieempfehlungen auszumünden, ist bis heute allen unmittelbaren Identifikationen des Faschismus mit den seit den 20er Jahren zunehmend hervortretenden neuen monopolkapitalistischen Formierungsstrukturen und allen sich hierauf stützenden analytischen Unterscheidungen von offenem und nur „maskiertem" Faschismus immanent.

4 Diese Integrationsmodelle können hier nicht näher dargestellt werden. Sie unterscheiden sich voneinander vor allem auf Grund der politischen Massenbasis, auf die sich die staatsmonopolistische Exekutivgewalt stützt, und der entsprechend spezifisch abgewandelten – die Formbesonderheiten des politischen Herrschaftssystems konstituierenden – exekutivischen Integrationsmittel. Eine systematische Theorie der monopolkapitalistischen Integrationsformen, wie sie bislang noch aussteht, hat mithin eine Theorie der politischen Kräfte in monopolkapitalistischen Gesellschaften zur Voraussetzung.

5 Ein inhaltlicher Demokratiebegriff, wie er hier im Gegensatz zum gängigen bürgerlichen angewandt ist, läßt sich von keinem anderen Punkt als dem der objektiven Mehrheitsinteressen aus entfalten. Die dabei als die von der herrschenden monopolkapitalistischen Minorität abgehobene Mehrheit in den Blick tretenden „nichtmonopolistischen Schichten" stellen freilich zunächst nur unter dem Aspekt dieser gemeinsamen objektiven Entgegengesetztheit, nicht aber auch schon in jedweder anderen Beziehung – und zum wenigsten auf der subjektiven Ebene – ein interessenmäßig in sich homogenes Potential dar. Die ständige sorgfältige Analyse des mit der voranschreitenden Ent-

wicklung des Monopolkapitalismus sich ausweitenden Umfangs ihrer objektiven Interessenkoinzidenzen wie verbleibender divergenter Interessenelemente und des Niederschlages von beidem in ihrem Bewußtsein gehört deshalb auf der einen Seite ebenso zu den wichtigsten Vorbedingungen und Aufgaben realistischer demokratischer Strategiebildung, wie auf der anderen Seite die Orientierung derartiger Analysen an der fundamentalen klassenanalytischen Sachverhaltsaussage des Begriffs der nichtmonopolistischen Schichten die Voraussetzung für exakte Ergebnisse und eine zutreffende gegenständliche Bestimmung der jeweils historisch gegebenen „objektiven Mehrheitsinteressen" ist.

6 Vgl. z. B. Hitlers Werbereden vor deutschen Industriellenkreisen in den Jahren 1926–1932 und ihren zur damaligen offiziellen NSDAP-Propaganda scharf kontrastierenden Inhalt sowie das entsprechende Kurshalten der Münchener Parteizentrale, das Auseinandersetzungen mit dem „linken" Parteiflügel hervorrief. Materialien zu ersterem: Adolf Hitlers exklusiv für Industrielle verfaßte Broschüre „Der Weg zum Wiederaufstieg" aus dem Jahre 1927, erstmals veröffentlicht in H. A. Turner, Faschismus und Kapitalismus in Deutschland, a. a. O., S. 40 ff.; Wortlaut des Vortrages von Hitler im Düsseldorfer Industrie-Klub am 27. 1. 1932, in: Max Domarus (Hg.), Hitler, Reden und Proklamationen 1932–1945, Würzburg 1962/63, Bd. I, S. 68 ff.; Angaben zu weiteren Hitler-Vorträgen vor Industriellen bei Turner, a. a. O., S. 35; zu letzterem in: Reinhard Kühnl, Die nationalsozialistische Linke 1925–1930, Meisenheim/Glan 1966, insbes. Teil 5 des Dokumentenanhangs.

7 Diese Feststellung darf freilich nicht zu einer Fehleinschätzung der Führung des sogenannten „linken Flügels" der NSDAP und einer entsprechend vereinseitigten Sicht der Hintergründe des 30. 6. 1934 verleiten. Schleichers Bemühungen um die Einbeziehung des Strasser-Flügels in eine den Interessen des neuindustriellen Monopolkapitals entsprechende sozialliberale Präsidialregierung Schleicher–Strasser–Leipart im Dezember 1932/Januar 1933 (s. Wilhelm Grotkopp, Die große Krise, Düsseldorf 1954, S. 77/78; K. D. Bracher, Die Auflösung der Weimarer Republik, Villingen 1964, S. 668 ff.; Kurt Gossweiler, Die Röhm-Affäre von 1934 und die Monopole, in: Monopole und Staat in Deutschland 1917–1945, Berlin 1966, S. 158 f.) wären ebensowenig wie das dezidierte Interesse der hinter den „Deutschen Führerbriefen" stehenden Industriellenkreise an Strasser (s. den kommentierten Dokumentenanhang zu E. Berliner, Das monopolkapitalistische Problem der Massenbasis, die „Deutschen Führerbriefe" und Alfred Sohn-Rethel, in: Blätter für deutsche und internationale Politik, Heft 2/1974, S. 163 ff.; zu den Inspiratoren und Trägern der „Deutschen Führerbriefe" Werner Müller/Jürgen Stockfisch, Die Veltenbriefe, in: Zeitschrift für Geschichtswissenschaft/ZfG/, Heft 12/1969, S. 165 ff.; zur Finanzierung Strassers durch Silverberg auch Turner, a. a. O., S. 147) erklärlich, wenn Strassers Programmatik eine antimonopolistische und nicht in Wirklichkeit nur, wie Strassers weitgehende Übereinstimmungen mit den konjunkturwirtschaftlichen Reformvorstellungen der auf eine Politik der „produktiven Kreditschöpfung" drängenden damaligen „deutschen Keynesianer" und insbesondere sein wirtschaftliches „Sofortprogramm" von 1932 bezeugen (s. hierzu Grotkopp, a. a. O. S. 279 ff.), eine promonopolistisch-reformerische im Sinne des gleichfalls eine Diktaturlösung anstrebenden neuindustriell-sozialliberalen Flügels des Monopolkapitals, ähnlich etwa derjenigen Sombarts, gewesen wäre. Auch eine Untersuchung der charakteristischen Eigentümlichkeiten der Strasser-

schen Sozialdemagogie würde leicht deren besondere Nähe zum national-sozialen (Naumannianischen) Tenor der neuindustriell-sozialliberalen Agitation zutage fördern. Nur diese konzeptionelle und persönliche Sonderbeziehung Gregor Strassers zu den politischen Führungskräften des neuindustriellen Monopolkapitals macht Schleichers weitgesteckte Regierungsumbildungspläne Ende 1933/Anfang 1934 als einen Akt des auch nach dem 30. 1. 1933 unvermindert fortdauernden Machtkampfes der Monopolgruppen um den endgültigen Einfluß im faschistischen Staat und die Bedeutung, die hierbei Röhms Anspruch auf die Reichswehrführung zukam, voll begreiflich (s. hierzu, wie zu den Hintergründen des 30. 6. 34 insgesamt, Kurt Gossweiler, Die Röhm-Affäre von 1934 und die Monopole, a. a. O., insbes. S. 158/159) und erklärt, weshalb sich unter den Opfern des 30. 6. auch Strasser und Schleicher befanden. Brachte mithin das Drängen der unteren Chargen der Röhmschen SA auf eine „zweite“, gegen das Großkapital gerichtete „Revolution“ die enttäuschten antimonopolistischen Stimmungen der kleinbürgerlichen Massengefolgschaft zum Ausdruck und deren Beantwortung mit dem Blutbad vom 30. Juni die – gesetzmäßige – Reaktion eines jeden zur Macht gelangten Faschismus auf sie, so stellte diese blutige Reaktion im speziellen Falle Deutschland zugleich einen Schlag der damals hinter Hitler, Göring und der Reichswehrführung stehenden schwerindustriell-junkerlichen Richtung gegen die neuindustriellen Machtkonkurrenten und ihren Plan einer Kräfteverschiebung in der Staats- und Armeeführung dar. Der 30. 6. 1934 war daher, wie Kurt Gossweiler formuliert, „in erster Linie Ausdruck“ – und, wie man hinzufügen muß, die gewaltsame Lösung – „des Widerspruches zwischen dem monopolkapitalistischen Klassencharakter der faschistischen Diktatur und ihrer kleinbürgerlichen Massenbasis“, zugleich aber auch „Ausdruck des zugespitzten Machtkampfes verschiedener Gruppen innerhalb der herrschenden Klasse und der Naziführung“. (Kurt Gossweiler, Die „Röhm-Affäre“ in der westdeutschen Geschichtsschreibung – ein Beispiel für die Beihilfe westdeutscher Historiker zur Remilitarisierung Westdeutschlands, in: Wissenschaftliche Zeitschrift der Humboldt-Universität zu Berlin, Gesellschafts-Sprachwissenschaftliche Reihe XIX [1970] 2, S. 191 ff.; hier auch eine ausführliche Auseinandersetzung mit gegenläufigen Darstellungen des 30. 6. 34 nebst umfangreichen bibliographischen Angaben.)

8 So etwa beispielhaft Arno Klönne, der von einer „Interessenkoalition“ und einer „Teilung der Macht mit einer neuen ‚politischen‘ Amtselite“ spricht (Arno Klönne, Was heißt Faschismus?, in: werkhefte 10/1969, S. 275 ff.) sowie alle in Anknüpfung an Thalheimers Bonapartismustheorie oder an die sozialdemokratischen (Bauer, Hilferding) Faschismusinterpretationen der 20er und 30er Jahre von einer Trennung zwischen sozialer und politischer Herrschaft ausgehenden und eine „Verselbständigung“ der faschistischen Staatsexekutive gegenüber dem Monopolkapital annehmenden Theorieversionen, sosehr sie in der Bestimmung des behaupteten neuen Verhältnisses von „Politik“ und „Ökonomie“ auch differieren, es teils als ein Subordinationsverhältnis, teils als ein beidseitiges Zwangsbündnis, teils als zeitlich unterteilt in eine Phase geteilter und eine Phase alleiniger Parteiherrschaft beschreiben wie Arthur Schweitzer (Big Business in the Third Reich, Bloomington 1964; teilw. deutsch in: ders., Die Nazifizierung des Mittelstandes, Stuttgart 1970), Dieter Petzina (Autarkiepolitik im Dritten Reich, Stuttgart 1968) und Tim Mason (Der Primat der Politik – Politik und Wirtschaft im Nationalsozialismus, in: Das Argument Nr. 41, 8. Jg./Dezember 1966, und Primat der Industrie? – Eine Erwiderung, in: Das Argument Nr. 47,

10. Jg./Juli 1968). Siehe in jüngster Zeit auch die um eine Ausweitung des Verselbständigungstheorems zu einem Generalansatz der Kapitalismusanalyse bemühte Staatsdiskussion in den Zeitschriften „Probleme des Klassenkampfes", „Kapitalestate" und „Leviathan" sowie als neueste publizierte Bekundung der Zwangsbündnistheorie die mit dem Jahre 1941 datierte Aufzeichnung von Alfred Sohn-Rethel „Zur Klassenstruktur des deutschen Faschismus" („Beide Teile sind nach der Art eines gegenseitigen Abhängigkeitsverhältnisses aneinander gekettet. Sie halten nicht zusammen, weil sie sich mögen, sondern obwohl sie einander hassen."), in: ders., Ökonomie und Klassenstruktur des deutschen Faschismus. Aufzeichnungen und Analysen, herausgegeben und eingeleitet von Johannes Agnoli, Bernhard Blanke und Niels Kadritzke, Frankfurt/Main 1973, S. 186 ff. (Zitat S. 198).

9 Darauf verweist auch Togliatti, wenn er, obgleich im übrigen in eine definitorische Bindung des Faschismus an das Kriterium der Massenbewegung abgleitend, in seinen „Lektionen über den Faschismus" auf die Frage, wann sich die autonom entstandene (faschistische) „Bewegung im Kleinbürgertum in eine zielgerichtete Bewegung" verwandele, die Antwort gibt: wenn „ein neues Element hinzutritt", nämlich „die reaktionärsten Kräfte der Bourgeoisie als organisierendes Element eingreifen". Vollkommen zutreffend wird hier der erfolgsbedingende „Organisationsfaktor" in engstem Zusammenhang mit der klaren Programmatik („zielgerichtet" – diese nämlich als dessen unentbehrlicher Kompaß oder der organisierende Inhalt – und daher als etwas gesehen, was die kleinbürgerliche Basis mangels Fähigkeit zur Ausbildung einer solchen Programmatik nie in zureichendem Maße aus sich selbst hervorbringen, sondern nur immer von außen, als ein Element anderer sozialer Kräfte, in sie hineingelangen kann. (Palmiro Togliatti, Lektionen über den Faschismus, Frankfurt/Main 1973, S. 17/18.)

10 Hiervon zeugt die gesamte Wirtschaftsgesetzgebung und wirtschaftspolitische Praxis des Nationalsozialismus, beginnend mit der Durchführung des Gesetzes „zur Vorbereitung des organischen Aufbaus der deutschen Wirtschaft", durch die an die Spitze der in Reichsgruppen zusammengefaßten Wirtschaftsbranchen als Führer (entsprechend dem „Führerprinzip") fast ausschließlich Vertreter der Monopolunternehmen gelangten und in dieser Funktion weitestreichende Anweisungsbefugnisse gegenüber den zwangskartellierten mittleren und kleinen Unternehmen erhielten (beim in den Reichsgruppen gleichzeitig geübten Abstimmungsverfahren bemaß sich die Stimmenzahl nach der Kapitalstärke). Der ökonomische Konzentrationsprozeß nahm eine außerordentliche Beschleunigung an. So sank in den Jahren zwischen 1933 und 1939 die Zahl der Selbständigen um das Doppelte als in den Jahren zwischen 1925 und 1933 (vgl. Schoenbaum, a. a. O., S. 149), die Zahl der Handwerksbetriebe verringerte sich, nach einem anfänglichen Scheinaufschwung, allein zwischen 1936 und 1939 um 11 % (Schoenbaum, a. a. O., S. 173; hier auch Angaben über die Rückgangsraten in einzelnen Handwerksbranchen).

VII. Der gegenwärtige Faschismus . . .

1 Internationale Beratung der kommunistischen und Arbeiterparteien. Moskau 1969. Berlin 1969, S. 40.

2 Siehe Georgi Dimitroff, Ausgewählte Schriften in drei Bänden, Bd. 2, S. 630.

3 Ebenda, S. 527.

4 Siehe R. Garaudy. L'alternative. Editon Robert Laffont, Paris, 1972.

C. Kontroverse

I. Schäfer: Ökonomische Bedingungen . . .

1 Diese Positionen werden unten näher erörtert.

2 Tatsächlich erlangten die faschistischen Bewegungen überall nur als Bündnispartner von Teilen der herrschenden Klassen Verfügung über die staatlichen Sanktionsmittel.

3 Vgl. Talcott Parsons, Democracy and Social Structure in Pre-Nazi Germany (1942), in: Essays in Sociological Theory, Glencoe 1964, 104 ff.; vgl. zur Sozialpsychologie des Faschismus Klaus Horn, Sozialpsychologische Aspekte des Faschismus, in: Faschismus und Europa, Symposium Prag 1969, Bd. II, 107 ff. Die Programmatik des Faschismus läßt sich negativ bestimmen als Rückgang hinter alle emanzipatorischen Momente der bürgerlichen Gesellschaft – mit Ausnahme von technischer Entwicklung und Leistungsmoralität. Ernst Nolte hat das so beschrieben: „Geheilt werden soll die Welt gerade *von* der jüdisch-christlich-marxistischen Welterlösungslehre und *zu* jenem absoluten Herrenrecht, das die Sklaven für immer in ihr Sklavenlos zwingt. Es kann nur als Ausdruck einer Partikularität verstanden werden, die sich als solche für gefährdet hält und deshalb unter Abstreifung ihrer *geschichtlichen* Eigenart mit stärkster Betonung die naturhaft-urtümlichen Züge ihrer Existenz hervorkehrt und für immer zu sichern versucht." (Der Faschismus in seiner Epoche, München 1963, 504 f.)

4 Vgl. Zeitschrift für Geschichtswissenschaft, 1962, Heft 6, 1440. Vgl. VII. Weltkongreß der Kommunistischen Internationale, Frankfurt 1971 (Neudruck des Verlags „Marxistische Blätter"). Offener Terror, Chauvinismus, Imperialismus in dieser Form sind das genaue Gegenteil des von Karl Marx analysierten Kapitalismus, „wie er seinem Begriff entspricht". Siehe hierzu unten.

5 Vgl. Imperialismus heute, Berlin 1967^{4}, S. 77–159.

6 Vgl. Martin Broszat, Der Staat Hitlers, München 1969 (dtv); T. W. Mason, The primacy of politics – Politics and economics in National Socialist Germany, in: S. J. Woolf (ed.), The Nature of Fascism, London 1968, S. 165 ff.

7 Vgl. zuletzt S. J. Woolf (ed.), Anm. 6.

8 Franz Neumann hat diesen Gesichtspunkt in seinem großen Werk Behemoth, The Structure and Practice of National Socialisme (N. Y. 1963^{3}) herausgearbeitet, siehe insbesondere 39 ff., S. 255 ff.

9 „Ausgehend vom Liberalismus des vorigen Jahrhunderts findet die Entwicklung naturgeschichtlich ihr Ende im kommunistischen Chaos" (Hitler, zitiert nach Politische Fibel, Berlin 1940, S. 58).

10 Das Problem, was „politische Verselbständigung" sei, ist auch in den Bonapartismustheorien *nicht* geklärt.

11 Die Vernichtungsaktionen der Nazis widersprachen in eklatanter Weise nicht nur kapitalistischer ökonomischer Rationalität, zum Beispiel die Ausrottung jüdischer Metallarbeiter angesichts des Arbeitskräftemangels oder der Einsatz von Eisenbahnen zur Massenvernichtung angesichts des Eisenbahnmangels für den Frontnachschub. Die deutsche Generalität hat so – im Verein mit der Wehrwirtschaft – versucht, diese Aktionen mit dem Hinweis auf ökonomische Notwendigkeiten der Kriegführung zu verhindern – wohlgemerkt: nur *diese* Vernichtungsaktionen.

12 W. I. Lenin, Staat und Revolution (1917), Berlin 1967, S. 5, 13 f.
Ders., Der Imperialismus als höchstes Stadium des Kapitalismus (1916). Auch Rosa Luxemburg hat die Möglichkeit einer nicht-sozialistischen „Auf-

hebung" des Kapitalismus geahnt und verzweifelnd am geschichtlichen Beruf des Proletariats festgehalten (vgl. z. B. Die russische Revolution, Frankfurt 1963, S. 83 ff.).

13 Imperialismus heute (s. Anm. 5), S. 146, 112, 184. Das vulgärmarxistische Verhältnis von Basis und Überbau wird hier auf den Kopf gestellt, ohne daß das Verhältnis von Ökonomie und Politik systematisch geklärt würde.

14 So Rudolf Hilferding, Das Finanzkapital (1910).

15 W. I. Lenin (s. Anm. 12).

16 Vgl. Neumann (Anm. 8), S. 255 ff.

17 Vgl. Karl Marx, Das Kapital, I. Band (MEW 23), bes. S. 599, 164, 603, 609 f. u. passim.

18 Vgl. F. Engels, Die Entwicklung des Sozialismus von der Utopie zur Wissenschaft, in: Marx-Engels Studienausgabe I (ed. Fetscher), Fischer-Bücherei 764, S. 174.

19 Am 26. 2. 1935 wurde im Deutschen Reich das „Arbeitsbuch" gesetzlich eingeführt – Indiz für die Rückkehr zu einer Arbeitszunftverfassung und zur Aufhebung „freier Arbeit". Vgl. Broszat, Anm. 6, S. 205.

20 M. Dobb, Organisierter Kapitalismus, Frankfurt 1966, S. 144.

21 Den Versuch, mit dem Hebel des Antisemitismus eine Massenbasis für die herrschenden Klassen zu schaffen, haben bestimmte Kapitalistengruppen und politische Eliten schon im Kaiserreich unternommen. Vgl. Kurt Stechert, Wie war das möglich? , Stockholm 1945.

22 Vgl. D. Bell, The Radical Right, Garden City 1963.

23 Vgl. Ernst Nolte, Anm. 3.

24 So haben die Wirtschaftsverbände in der Weimarer Republik seit 1928 wieder und wieder den Abbau von Sozialleistungen, u. a. die völlige Abschaffung der Sozialversicherung gefordert – einer der wesentlichen Gründe des Scheiterns der Großen Koalition unter H. Müller (SPD).

25 Arno Klönne, Was ist Faschismus? , in „Links"-Sozialistische Zeitung, Dez. 1969, S. 11.

26 Vgl. Nolte, Anm. 3, bes. S. 486–512.

27 F. L. Neumann (Anm. 8), S. 633.

28 Christel Neusüß, Imperialismus und Weltmarktbewegung des Kapitals, Erlangen 1972, S. 64; vgl. G. Schäfer, Einige Probleme des Verhältnisses von ‚ökonomischer' und ‚politischer' Herrschaft, in: Marx/Engels Staatstheorie, Ullstein-Buch Nr. 3008, S. CV f.

29 Peter Hess, Monopoltheorie und Kapitalismuskritik, in: Wirtschaftswissenschaft, 1971, S. 971; vgl. Schäfer, a. a. O., S. CXXXII.

30 Margaret Wirth, Zur Kritik der Theorie des staatsmonopolistischen Kapitalismus, in: Probleme des Klassenkampfs 8/9 1973, S. 29; vgl. Schäfer, a. a. O., S. CXXVIII f.

31 Reinhard Opitz, Über Faschismus-Theorien und ihre Konsequenzen, in: Blätter für deutsche und internationale Politik 12, 1970, S. 1287.

32 Jürgen Kuczynski, Studien zur Geschichte des staatsmonopolistischen Kapitalismus in Deutschland, Berlin 1963, S. 53; vgl. G. Schäfer, Die Kommunistische Internationale und der Faschismus, Offenbach 1973 (Verlag 2000), bes. S. 140 ff.

33 Dietrich Eichholtz, Probleme einer Wirtschaftsgeschichte des Faschismus in Deutschland, in: Jahrbuch für Wirtschaftsgeschichte, Berlin 1963, Teil III, S. 98, S. 117; vgl. Schäfer, a. a. O., bes. S. 138 f.

34 Opitz, a. a. O., S. 1276.

Die Autoren

Johannes Agnoli, geb. 1925.
Veröff.: Demokratie und Neue Obrigkeit 1963; Le régime parlementaire en RFA 1966; Die bürgerliche Gesellschaft und ihr Staat 1966; Die Transformation der Demokratie 1967; Strategia rivoluzionaria e parlamentarismo 1969; Die Schnelligkeit des realen Prozesses 1969; Operai studenti e marxismo nella Germania occidentale 1973; Classe e stato in Germania 1973.

Wilhelm Alff, geb. 1918, Professor für moderne Geschichte an der Universität Bremen.
Arbeiten über Condorcet, Michelet und Beccaria sowie über zeitgeschichtliche Fragen.

Manfred Clemenz, geb. 1938, Professor für Soziologie, Universität Frankfurt/Main.
Veröff.: Soziologische Reflexion und sozialwissenschaftliche Methode, Frankfurt/Main 1970; Gesellschaftliche Ursprünge des Faschismus, Frankfurt/Main 1972; Beiträge in Sammelbänden und Fachzeitschriften.

Georgi M. Dimitroff, geb. 1882, gest. 1949; seit 1935 Generalsekretär der Kommunistischen Internationale (Komintern), Abgeordneter des Obersten Sowjets, 1946 bulgarischer Ministerpräsident, 1948 Generalsekretär der Bulgarischen KP.

Eike Hennig, geb. 1943; 1971 M. A.-Prüfung, 1973 Promotion, seit 1971 Lehrbeauftragter und Mitarbeiter am Fachbereich Gesellschaftswissenschaften, Universität Frankfurt/Main.
Veröff. u. a.: Massenmedien und Meinungsbildung, München 1970 (zus. mit R. Zoll); Thesen zur deutschen Sozial- und Wirtschaftsgeschichte 1933 bis 1938, Frankfurt/Main 1973; „Anmerkungen zum Verhältnis von Theorie und Empirie“, in: Gesellschaft 2, Frankfurt/Main 1974.

Klaus Horn, Dipl.-Soziologe, Professor und wissensch. Mitglied am Sigmund-Freud-Institut in Frankfurt/Main, studierte Soziologie, Philosophie, Psychologie und Nationalökonomie. Arbeitsgebiete: Politische Psychologie und Medizinsoziologie. Leiter des Arbeitskreises Politische Psychologie der DVPW und Mitherausgeber des „Leviathan“, Zeitschrift für Sozialwissenschaft.
Veröff. u. a.: Dressur oder Erziehung. Schlagrituale und ihre gesellschaftliche Funktion, Frankfurt/Main 1971^4; Gruppendynamik und der subjektive Faktor. Repressive Entsublimierung oder politisierende Praxis, Frankfurt/Main 1973^2. Diverse Aufsätze in Zeitschriften und Sammelbänden.

Reinhard Opitz, geb. 1934, Dr. phil., lebt als freiberuflicher Publizist in Köln. Zeitschriftenveröffentlichungen zu Fragen der Gesellschaftspolitik und -theorie.
Buchveröff.: Der deutsche Sozialliberalismus 1917–1933, Köln 1973.

Wilhelm Reich, geb. 1897, gest. 1957; österr. Psychoanalytiker.
Veröff.: Die Funktion des Orgasmus (1927); Charakteranalyse (1933); Die Massenpsychologie des Faschismus (1933); Dialektischer Materialismus und Psychoanalyse (1934); Die sexuelle Revolution (1936–45).

Gert Schäfer, geb. 1941, Akad. Rat beim Seminar für die Wissenschaft von der Politik, T. U. Hannover.
Veröff. u. a.: Der CDU-Staat. Studien zur Verfassungswirklichkeit der Bundesrepublik (Hg.), Frankfurt/Main 1969^2; „Demokratie und Totalitarismus“, in: G. Kress / D. Senghaas (Hg.), Politikwissenschaft, Frankfurt 1972^2, S. 93–134; Die Kommunistische Internationale und der Faschismus, Offenbach 1973; „Einige Probleme des Verhältnisses von ökonomischer und politi-

scher Herrschaft“, in: K. Marx / F. Engels, Staatstheorie, Materialien zur Rekonstruktion der marxistischen Staatstheorie, Berlin 1974, S. XCIII–CXXXVIII.

August Thalheimer, geb. 1884, gest. 1948; studierte Sprachwissenschaft und Völkerkunde; 1907 Promotion; Eintritt in die SPD. Seit 1914 zum Luxemburg-Liebknecht-Kreis gehörig. 1919–24 Mitglied der Zentrale des Spartakusbundes. Bis 1928 Mitglied der Programmkommission der Kommunistischen Internationale. Professor in der UdSSR und Mitglied der KPdSU. Theoretische Arbeiten über dialektischen Materialismus. Seit 1928 Haupttheoretiker der KPO. 1929 aus der KI und der KPdSU ausgeschlossen. 1933 Emigration nach Paris, 1939 interniert, 1941 nach Kuba. Nach Kriegsende vergebliche Versuche, eine Rückkehr nach Deutschland einzuleiten. Politiktheoretische Arbeiten.

Quellennachweise

August Thalheimer: Über den Faschismus, in: Gegen den Strom. Organ der KPD (Opposition), Jg. 1930 Berlin, gekürzt; in der vorliegenden Fassung abgedruckt in: W. Abendroth (Hg.), Faschismus und Kapitalismus, Europäische Verlagsanstalt, Frankfurt 1967

Wilhelm Reich: Massenpsychologie des Faschismus, Kopenhagen 1933, in neuer Fassung publiziert vom Verlag Kiepenheuer & Witsch, Köln 1972 (Auszüge). Alle deutschen Rechte beim Verlag Kiepenheuer & Witsch, Köln

Georgi Dimitroff: Arbeiterklasse gegen Faschismus, Verlagsgenossenschaft ausländischer Arbeiter in der UdSSR, Moskau-Leningrad 1935; neu publiziert vom Dietz Verlag Berlin 19 (Auszüge)

Johannes Agnoli: Zur Faschismusdiskussion, Berliner Zeitschrift für Politologie, 9. Jg. (1968), Nr. 2 u. 4

Wilhelm Alff: Der Begriff Faschismus und andere Aufsätze zur Zeitgeschichte, Frankfurt 1971 (Ed.Su. 456), S. 14–50 © Suhrkamp Verlag, Frankfurt am Main 1971

M. Clemenz: Gesellschaftliche Ursprünge des Faschismus, Frankfurt 1972, Ed.Su. 550, S. 205–232 © Suhrkamp Verlag, Frankfurt am Main 1972

Eike Hennig: Zusammenstellung und Ergänzung von Texten aus: Neue Politische Literatur 1970, H. 4; Leviathan 1973, H. 1 (Bertelsmann Universitätsverlag); Neue Politische Literatur 1973, H. 2; Thesen zur deutschen Sozial- und Wirtschaftsgeschichte 1933–1938, Frankfurt 1973, Ed.Su. 662 (Näheres in der Vorbemerkung des Beitrages von Hennig)

Klaus Horn: Zur Sozialpsychologie des Faschismus, Sendung des WDR III vom 10. 3. 1970, stark überarbeitet

Reinhard Opitz: Die faschistische Massenbewegung, Vortrag an der Universität Hamburg vom 23. 6. 1972 (bisher nicht publiziert)

Gert Schäfer: Ökonomische Bedingungen des Faschismus, in: Blätter für deutsche und internationale Politik 1970, H. 12, Pahl-Rugenstein Verlag, Köln

Reinhard Opitz: Über Faschismustheorien und ihre Konsequenzen, ebd.

K. I. Sarodow: Der gegenwärtige Faschismus und die Realität seiner Gefahr, Bericht in: Probleme des Friedens und des Sozialismus, 1973, H. 3

837/1

aktuell rororo

Herausgegeben von Freimut Duve

Politik in der Bundesrepublik

CARL AMERY / JOCHEN KÖLSCH (Hg.) Bayern – ein Rechts-Staat? Das politische Porträt eines deutschen Bundeslandes [1820]

EMIL BANDHOLZ Zwischen Godesberg und Großindustrie oder Wo steht die SPD? [1459]

NORBERT BLÜM Reaktion oder Reform. Wohin geht die CDU? [1503]

KARL-HERMANN FLACH / WERNER MAIHOFER / WALTER SCHEEL Die Freiburger Thesen der Liberalen [1545]

ERICH FRISTER / LUC JOCHIMSEN (Hg.) Wie links dürfen Lehrer sein? [1555]

NORBERT GANSEL (Hg.) Überwindet den Kapitalismus oder Was wollen die Jungsozialisten? [1499]

IMANUEL GEISS / VOLKER ULLRICH (Hg.) 15 Millionen beleidigte Deutsche oder Woher kommt die CDU? [1414]

MARTIN GREIFFENHAGEN (Hg.) Der neue Konservatismus der siebziger Jahre [1822]

VOLKER MAUERSBERGER (Hg.) Wie links dürfen Jusos sein? Vom Bürgerschreck zur Bürgerinitiative [1769]

JÖRG RICHTER (Hg.) Klassenkampf von oben? oder Angstmacher von rechts. Dokumente und Analysen eines gescheiterten Wahlkampfes [1658]

HUGO RITTER Verrat an der sozialen Marktwirtschaft? [1608]

RUDOLF SCHARPING / FRIEDHELM WOLLNER Demokratischer Sozialismus und Langzeitprogramm. Diskussionsbeiträge zum Orientierungsrahmen '85 der SPD [1713]

HANS SEE Volkspartei im Klassenstaat oder Das Dilemma der innerparteilichen Demokratie. Nachwort von Wolfgang Abendroth [1576]

THESENSTREIT UM ‹STAMOKAP› Die Dokumente zur Grundsatzdiskussion der Jungsozialisten [1662]

Soziale Konflikte

PRODOSCH AICH (Hg.) Da weitere Verwahrlosung droht . . . Fürsorgeerziehung und Verwaltung. Zehn Sozialbiographien aus Behördenakten [1707]

GÜNTER AMENDT (Hg.) Kinderkreuzzug oder Beginnt die Revolution in den Schulen? [1153]

AUTORENKOLLEKTIV PRESSE Wie links können Journalisten sein? Mit einem Vorwort von Heinrich Böll [1599]

ULRICH EHEBALD Patient oder Verbrecher? Strafvollzug provozierter Delinquenz. Gutachten zum Fall N. Vorwort: Gerhard Mauz [1501]

ROBERT GOODMAN Stadtplanung als Geschäft oder Handlanger am Reißbrett. Die Zerstörung der amerikanischen Stadt [1654]

HEINZ GÜNTHER / PETER SCHENKEL-TAPPERT Wie kommt der Mensch zu seiner Wohnung? Thesen für eine «Kommunale Wohnungsvermittlung» [1708]

KARIN GÜNTHER-THOMA / REGINA HENZE / LINETTE SCHÖNEGGE Kinderplanet oder Das Elend der Kinder in der Großstadt [1602]

MARIOS NIKOLINAKOS Politische Ökonomie der Gastarbeiterfrage. Migration und Kapitalismus [1581]

KARL H. PITZ Das Nein zur Vermögenspolitik. Gewerkschaftliche Argumente und Alternativen zur Vermögensbildung [1709]

PETER RATH (Hg.) Trennung von Staat und Kirche? Dokumente und Argumente [1771]

JÖRG RICHTER (Hg.) Die vertrimmte Nation oder Sport in rechter Gesellschaft [1547]

HANS SEE Die Gesellschaft und ihre Kranken oder Brauchen wir das klassenlose Krankenhaus? Ein Beitrag zur politischen Soziologie der Medizin [1598]

UWE SCHULTZ (Hg.) Umwelt aus Beton oder Unsere unmenschlichen Städte. Nachwort: A. Mitscherlich [1497]

166/53–53d

rororo aktuell

Herausgegeben von Freimut Duve

JOHAN GALTUNG Kapitalistische Großmacht Europa oder Die Gemeinschaft der Konzerne? [1651]

SICCO MANSHOLT Die Krise. Europa und die Grenzen des Wachstums [1823]

WALTER MENNINGEN (Hg.) Ungleichheit im Wohlfahrtsstaat. Der Alva-Myrdal-Report der schwedischen Sozialdemokraten [1457]

ANASTASSIOS MINIS Die Folter geht weiter. 111 Tage Einzelhaft bei der Militärpolizei des Athener Regimes [1714]

WALTER MÖLLER / FRITZ VILMAR Sozialistische Friedenspolitik für Europa [1551]

MARIO SOARES Portugal – Rechtsdiktatur zwischen Europa und Kolonialismus [1655]

Dritte Welt

ULRICH ALBRECHT / BIRGIT A. SOMMER Deutsche Waffen für die Dritte Welt [1535]

MARCIO M. ALVES Brasilien – Rechtsdiktatur zwischen Armut und Revolution [1549]

DIE ARMUT DES VOLKES. Verelendung in den unterentwickelten Ländern. Auszüge aus Dokumenten der Vereinten Nationen. Zusammengestellt und eingeleitet von Folker Fröbel, Jürgen Heinrichs, Otto Kreye [1772]

JAN DELEYNE Die chinesische Wirtschaftsrevolution. Eine Analyse der sozialistischen Volkswirtschaft Pekings [1550]

FRANTZ FANON Die Verdammten dieser Erde. Vorwort v. J.-P. Sartre [1209]

ERNESTO CHE GUEVARA Brandstiftung oder Neuer Friede? Reden und Aufsätze. Hg. v. Sven G. Papcke [1154]

Konterrevolution in Chile. Analysen und Dokumente zum Terror. Hg. vom Komitee «Solidarität mit Chile» [1717]

MAO TSE-TUNG Theorie des Guerillakrieges oder Strategie der Dritten Welt / Einleitender Essay von Sebastian Haffner [886]

ERIKA RUNGE Südafrika – Rassendiktatur zwischen Elend und Widerstand. Protokolle und Dokumente zur Apartheid. Mit einem Beitrag von Christina Oberst-Hundt [1765]

Welternährungskrise oder ist eine Hungerkatastrophe unausweichlich? Hg. von der Vereinigung Deutscher Wissenschaftler [1147]

Militärpolitik und Abrüstung

ULRICH ALBRECHT / BIRGIT A. SOMMER Deutsche Waffen für die Dritte Welt [1535]

A. BOSERUP / A. MACK Krieg ohne Waffen? Studie über Möglichkeiten und Erfolge sozialer Verteidigung. Kapp-Putsch 1920 / Ruhrkampf 1923 / Algerien 1961 / ČSSR 1968 [1710]

FRIEDEN IN EUROPA? Zur Koexistenz von Rüstung und Entspannung. Von Carola Bielfeldt u. a. [1686]

EGBERT JAHN Kommunismus – Und was dann? Zur Bürokratisierung und Militarisierung des Systems der Nationalstaaten [1653]

STUDIENGRUPPE MILITÄRPOLITIK Ein Anti-Weißbuch. Materialien für eine alternative Militärpolitik [1777]

USA-Kritik

JAMES BALDWIN Hundert Jahre Freiheit ohne Gleichberechtigung oder The Fire Next Time [634]

RICHARD J. BARNET Der amerikanische Rüstungswahn oder Die Ökonomie des Todes. Mit einem Beitrag von Claus Grossner [1450]